Dieses Buch im Internet:
http://ocalan-books.com/#/book/die-kapitalistische-moderne-herausfordern-ii

Die kapitalistische Moderne herausfordern II
Kapitalistische Moderne sezieren –
Demokratischen Konföderalismus aufbauen
ISBN 978-3-945326-66-4

Network for an Alternative Quest (Hg.)
http://networkaq.net

Copyright © International Initiative Edition
International Initiative
"Freedom for Abdullah Öcalan – Peace in Kurdistan"
P.O. Box 100 511
50445 Köln, Germany
info@freedom-for-ocalan.com

Copyright © dieser Ausgabe
Mezopotamien Verlag, Neuss
www.pirtuk.eu

Satz: Holger Deilke
Titelmotiv: Annett Bender

Mit Übersetzungen von
Lars Stubbe (John Holloway, David Harvey, Janet Biehl)
KURD-AKAD, Internationale Initiative, Civaka Azad und anderen

Die kapitalistische Moderne herausfordern II

Kapitalistische Moderne sezieren –

Demokratischen Konföderalismus aufbauen

Konferenz 2015

Inhalt

Editorial	8
0.1 Gülistan Kahraman Eröffnungsrede	12
0.2 Norman Paech Begrüßungsansprache	14
0.3 Elmar Altvater Eine solidarische, solar-nachhaltige, kommunale Gesellschaft im Mittleren Osten	17
0.4 Reimar Heider Spiralen: Eröffnungsrede im Namen des Organisationskomitees	27
0.5 Abdullah Öcalan Grußbotschaft	31

Session I:
Die kapitalistische Moderne sezieren — 35

1.1 Muriel Gonzáles Athenas Kolonisierte Denkweisen	36
1.2 Kenan Ayaz Kapitalismus – Akkumulation von Wert oder Macht?	47
1.3 David Harvey Von der Pariser Kommune nach Rojava	53
1.4 Radha D'Souza Industrialismus: Recht, Wissenschaft und Imperialismus	68
1.5 Rojda Yıldırım Religionismus und Säkularismus – Religion und Staat	78
1.6 Tamir Bar-On Von Marxismus und Nationalismus zu radikaler Demokratie: Abdullah Öcalans Synthese für das 21. Jahrhundert Call for Papers Topic	85

Session II:
Demokratische Moderne   99

2.1 Havin Guneser   100
Neue Konzepte – Demokratischer Konföderalismus und
demokratische Autonomie

2.2 Emine Ayna   111
Befreiung des Lebens:
Politische und moralische Gesellschaft

2.3 Asya Abdullah   117
Demokratische Nation – Heilung für den Nationalismus

2.4 Michael Panser   123
Macht und Wahrheit: Machtanalytik und nomadisches Denken als
Fragmente einer Philosophie der Befreiung
Call for Papers Topic

2.5 Federico Venturini   133
Sozialökologie und die nichtwestliche Welt
Call for Papers Topic

Session III:
Ökologische Industrie und kommunale Ökonomie   141

3.1 Silke Helfrich   142
Kommunale Ökonomie – Plädoyer für die Commons

3.2 Saniye Varlı   153
Die Frauenkooperative Bağlar

3.3 David Graeber   160
Alle Ökonomien sind im Grunde humane Ökonomien

3.4 Penny Vounisiou   172
Gemeinsamer politischer Imperativ für
eine revolutionäre Perspektive

3.5 Azize Aslan   182
Der Aufbau der demokratischen, ökologischen, geschlechterfreiheitlichen kommunalen Ökonomie in Kurdistan | Call for Papers Topic

Session IV:
Die Stolpersteine revolutionärer Theorie überwinden 195

4.1 Ehmed Pelda 196
Reproduktion des Kapitalismus:
Konsum und Gewohnheiten

4.2a Rengîn Rênas 206
Grußadresse der Frauenverteidigungseinheiten YPJ

4.2b Fidan Yıldırım 211
Das Konzept der Selbstverteidigung

4.3 Sara Aktaş 218
Die zentrale Rolle der Freiheit der Frau
in einem alternativen Modell

4.4 Nazan Üstündağ 228
Machtbeziehungen: Staat und Familie

4.5 Dilar Dirik 237
Feminismus und die kurdische Freiheitsbewegung
Call for Papers Topic

Session V:
Lehren aus alternativen Praktiken 251

5.1 Arno-Jermaine Laffin 252
Internationalismus – Weiterentwicklung eines Konzepts

5.2 Dimitrios Roussopoulos 261
Individuum und Nachbarschaft – Die Montreal-Bürger*innenversammlungen

5.3 Alex Mohubetswane Mashilo 275
Südafrika: Fortschrittliche Politik in einem kapitalistischen Land?

5.4 Joám Evans Pim 298
Gandhi und Öcalan:
Von Ozeanischen Kreisen zum Demokratischen Konföderalismus

5.5 Mustefa Ebdî — 308
Die Kantone – Widerstand und Aufbau

5.6 Necîbe Qeredaxî — 316
Eingeklemmt zwischen Staat und Freiheit

5.7 Shirzad Kamanger — 324
Rojhilat – das Modell KODAR

5.8 Selma Irmak — 331
Bakur: Vom Staat zur Demokratie

5.9 John Holloway — 341
Der Vierte Weltkrieg und wie er gewonnen werden kann
Ein Tribut an die Kurden und die Zapatistas

5.10 Andrés Pierantoni Giua — 348
Die Bolivarische Erfahrung von Venezuela bis Bolivien:
Plurinationalismus und Stärkung der Community

5.11 Janet Biehl — 363
Bürgerversammlungen, von Neuengland bis Rojava

5.12 Gönül Kaya — 373
Schlusswort

Editorial

Die zweite Konferenz der Reihe »*Die kapitalistische Moderne herausfordern*« fand vom 3. bis 5. April 2015 an der Universität Hamburg unter dem Titel »*Kapitalistische Moderne sezieren – Demokratischen Konföderalismus aufbauen*« statt. Wir freuen uns, die beinahe 40 Redebeiträge präsentieren zu können, die auf der Konferenz gehalten wurden.

Während der Vorbereitung dieser zweiten Konferenz brachten wir mehr Menschen aus Kurdistan, der Türkei und Europa mit verschiedensten Hintergründen zusammen, als wir das vorher gekonnt hatten, um zu diskutieren, was die Ziele dieser Konferenz sein sollten. Das Timing der Konferenz war ungewöhnlich: Sie fand am Osterwochenende statt, das mit Abdullah Öcalans 66. Geburtstag zusammenfiel. Einige Wochen vorher war es dem Widerstand in Kobanê/Rojava gelungen, die Stadt gegen massive Angriffe des Islamischen Staats zu halten, und genau während der Konferenz fand das letzte Gespräch zwischen Öcalan und dem türkischen Staat statt, bevor der Dialogprozess abgebrochen wurde. Diese zweite Konferenz baute daher auf dem Erfolg der ersten auf und profitierte gleichzeitig von der Begeisterung über den Widerstand von Kobanê und der Tatsache, dass Rojava als Modell weltweit Zustimmung fand.

Daher nahmen wir uns für diese zweite Konferenz vor, das Paradigma der kurdischen Freiheitsbewegung und seine Hauptaspekte detaillierter vorzustellen, um ein besseres Verständnis dieses Modells zu ermöglichen. Gleichzeitig boten wir ein weiteres Mal eine Plattform, auf der Intellektuelle, AktivistInnen und Bewegungen zusammenkommen, Erfahrungen teilen und Verbindungen knüpfen konnten. Das funktionierte: Wichtige kritische DenkerInnen und mehr als 1200 Menschen nahmen teil. Beide Konferenzen hatten dieselbe Grundstruktur. Wir versuchten, ideologische Debatten über kritische

Themen der heutigen Welt mit alternativen Praktiken in Kurdistan und weltweit zu verbinden.

Es gab einige Neuerungen, wie den »Call for Papers«, großartige kurdische Musik mit einigen der besten Stimmen und MusikerInnen aus Kurdistan und Europa. Und natürlich gab es die Geschichten von Leuten, die Mittel und Wege auftaten, um bei der Konferenz dabei sein zu können. Alle zusammen – TeilnehmerInnen, RednerInnen und OrganisatorInnen – schufen so eine begeisterte Atmosphäre, die ihren Höhepunkt in endlosen *standing ovations* für die junge YPJ-Kommandantin Rengîn Rênas fand, die live aus Kobanê zugeschaltet war. Die theoretische Tiefe unserer RednerInnen – darunter bekannte Namen wie David Harvey, John Holloway und David Graeber und weniger bekannte – traf auf die Stimmen von AktivistInnen und Bewegungen, und beides inspirierte und motivierte die Teilnehmenden mit Hoffnung für die Zukunft.

Wie schon 2012 haben wir diese Konferenz vollständig auf Deutsch, Englisch und Türkisch dokumentiert, so dass diese Diskussionen dauerhaft verfügbar sind und uns auch weiterhin Kraft geben können. Alle Reden sind auch als Videoaufnahmen in Originalsprache auf unserer Website http://networkaq.net und auf dem YouTube-Kanal »Network for an Alternative Quest« verfügbar.

Zahllose Menschen haben sowohl zur Durchführung dieser Konferenz als auch zur Erstellung dieses Buches beigetragen. Wir können sie unmöglich alle nennen, doch viele wissen, wer sie sind und dass ohne ihre Arbeit, Solidarität und Unterstützung weder die Konferenz noch dieses Buch möglich gewesen wären. Wir freuen uns, die Früchte all dieser Beiträge als ein bleibendes Dokument vorlegen zu können. Vielen Dank euch allen! Destên we sax be!

Network for an Alternative Quest: Internationale Initiative »Freiheit für Abdullah Öcalan – Frieden in Kurdistan« • KURD-AKAD Netzwerk kurdischer AkademikerInnen • YXK – Verband der Studierenden aus Kurdistan • Kurdistan Report • ISKU – Informationsstelle Kurdistan e.V. • Cenî – Kurdisches Frauenbüro für Frieden • Civaka Azad – Kurdisches Zentrum für Öffentlichkeitsarbeit

Die kapitalistische Moderne herausfordern II

Kapitalistische Moderne sezieren –

Demokratischen Konföderalismus aufbauen

0.1 Gülistan Kahraman

Eröffnungsrede

Liebe Genossinnen und Genossen,
Liebe Freundinnen und Freunde,
ich heiße Sie im Namen des Verbandes der Studierenden aus Kurdistan (YXK) zu unserer zweiten Konferenz »Die kapitalistische Moderne herausfordern« herzlich willkommen. Wir freuen uns, heute hier zahlreiche Gäste aus vielen verschiedenen Ländern der Welt begrüßen zu dürfen. 2012 hat die erste Konferenz »Die kapitalistische Moderne herausfordern – Alternative Konzepte und der kurdische Aufbruch« bei uns an der Universität Hamburg stattgefunden. Drei Tage lang diskutierten hunderte Studenten/innen, Intellektuelle und Aktivisten/innen über gemeinsame Perspektiven, um das gegenwärtige kapitalistische System, welches durch Kriege und Krisen geprägt ist, zu überwinden. Zugleich wurden auch die Ideen der kurdischen Freiheitsbewegung diskutiert, die ein demokratisches, ökologisches und frauenbefreites Gesellschaftsmodell als Alternative zum Kapitalismus entwickelt hat. Abdullah Öcalan entwickelte trotz seiner schweren Haftbedingungen dieses demokratische Gesellschaftsmodell, welches die künstlich gezogenen Grenzen der Nationalstaaten im Nahen und Mittleren Osten quasi aufhebt und eine Alternative zur kapitalistischen Moderne schafft. Innerhalb der vergangenen drei Jahre wurden diese theoretischen Ansätze in Rojava zur Realität. Heute, bei der zweiten Konferenz unter der Überschrift »Die kapitalistische Moderne sezieren – Demokratischen Konföderalismus aufbauen« werden sowohl die Kritik der kapitalistischen Moderne als auch der Aufbau des demokratischen Konföderalismus im Mittelpunkt stehen. Der demokratische Konföderalismus hat in Rojava/Nordsyrien Fuß gefasst. Aus dem Bürgerkrieg in Syrien ging die Revolution der Kurden hervor, und Rojava rief die demokratische Autonomie aus. Das Modell von

Rojava bindet alle Völker, Religionsgruppen und insbesondere die Frauen gleichermaßen mit ein, in dem die Menschen sich in basisdemokratischen Räten selbst organisiert und verwalten. Daher sind die zwei Hauptthemen der Konferenz Ökonomie und die Frauenbefreiung.

Wir sind heute hier alle zusammen gekommen, weil wir an ein anderes Leben glauben, fern von der kapitalistischen Moderne. Unsere Unterschiede sind nicht unsere Schwächen, sondern bedeuten Vielfalt, die das Leben bereichert. Lange genug wurden Menschen nach Ethnien, nach Religionszugehörigkeit und nach Geschlecht aufgeteilt und gegeneinander aufgehetzt. Solange wir nicht unsere gemeinsamen Perspektiven und Träume – egal ob in Rojava, in Deutschland oder anderswo – zum Bindeglied im Kampf für eine gemeinsame freie Zukunft machen, werden andere versuchen, unsere Unterschiede zur Grundlage von Feindschaften zu machen, um davon zu profitieren.

Ich heiße nochmals Sie alle, die ihre Träume und Kämpfe für eine demokratische, gerechte und ökologische Welt mit uns vereinen wollen, im Namen des Verbandes der Studierenden aus Kurdistan herzlich willkommen. Wir freuen uns auf drei schöne Tage mit Ihnen.

Verband der Studierenden aus Kurdistan

Gülistan Kahraman *studiert Jura und ist seit 2010 im Verband der Studierenden aus Kurdistan (YXK) aktiv.*

0.2 Norman Paech

Begrüßungsansprache

Sehr verehrte Damen und Herren, verehrte Kolleginnen und Kollegen, liebe Gäste der zweiten Konferenz »Die kapitalistische Moderne herausfordern«.

Ich begrüße Sie sehr herzlich in den Räumen dieser Universität in Hamburg. Ich bin zwar nicht ihr Hausherr, aber ihr seit gut vierzig Jahren bis heute in Lehre und Forschung verbunden. Und ich bin mir sicher, im Namen der Lehrenden, Forschenden, der Studierenden sowie der Verwaltung dieser Universität sprechen zu können, wenn ich sage, dass sie sich freuen und geehrt fühlen, Gastgeber einer so großen internationalen Konferenz sein zu können.

Sie haben sich viel vorgenommen. Es geht wie vor drei Jahren, als sie sich zum ersten Mal unter dem gleichen Thema trafen, um die Krise des kapitalistischen Systems und um die Suche nach alternativen Konzepten. Beides schon damals alte Themen und man könnte sich fragen, was den Analysen, Kassandrarufen und Grabgesängen noch an neuen Erkenntnissen hinzuzufügen ist. Gewiss, die gnadenlose Erpressung Griechenlands hat die enorme Aggressivität des neoliberalen Modells des Kapitalismus und ihrer Protagonisten gerade hier in Deutschland erwiesen. Aber grundlegend neu ist diese Erkenntnis vom Charakter dieses Systems und seiner Diktate nicht.

Bereits 2004 schrieb Samir Amin, langjähriger Direktor des Afrikanischen Instituts für Wirtschaftliche Entwicklung und Planung und einer der bedeutendsten marxistischen Theoretiker Afrikas in seinem Buch »The liberal Virus: Permanent War and the Americanisation of the World«, »Der liberale Virus: Permanenter Krieg und die Amerikanisierung der Welt«: »Ich kann nur zusammenfassen, dass der Kapitalismus in seine abfallende senile Phase eingetreten ist. Die

Logik, die dieses System regiert, ist nicht länger in der Lage, das einfache Überleben der Hälfte der Menschheit sicher zu stellen. Kapitalismus ist barbarisch geworden, er ruft direkt zum Völkermord auf. Es ist jetzt mehr denn je notwendig, ihn durch andere Logiken der Entwicklung mit einer höheren Rationalität aufzurufen.« Und zehn Jahre später bestätigt er diese Aussage in einem Interview im Sender »Democracy Now« mit den Worten: »Natürlich unterschreibe ich auch heute noch, was ich unter dem Titel ›Der liberale Virus‹ geschrieben habe, weil dieser Virus unglücklicherweise viele Menschen angesteckt hat – nicht nur die Führer des politischen Systems, sondern in großem Maßstab auch die Völker selbst ... Was heute Not tut, ist genau das zu errichten, was wir die souveränen Projekte der Nationen genannt haben, weil wir von den Nationen ausgehen. Die Welt ist niemals von der Spitze aus verändert worden, durch die Veränderung der globalen Ordnung. Die Veränderung kommt von der Basis und das sind die Nationen, weil sie es sind, die das Kräfteverhältnis zu verändern beginnen. Und das schafft die Bedingung dafür, schließlich auch die globale Ordnung von einem unipolaren System der Herrschaft zu einer verhandelten multipolaren Globalisation zu verändern.«

Die tiefe Krise des Kapitalismus ist seit langem diagnostiziert. Sie sollte auch dem letzten Zweifler deutlich geworden sein angesichts der barbarischen Kriege zur Neuordnung der Welt und Sicherung der Ressourcen im Nahen und Mittleren Osten und in Afrika und der täglichen Nachrichten über die Strangulierung einer Gesellschaft am Abgrund in Griechenland. Aber es bleiben noch zwei unbeantwortete Fragen: Welche andere Logik der Entwicklung mit einer höheren Rationalität soll an die Stelle des abgewirtschafteten Kapitalismus treten? Und zweitens: Wer soll, wer ist in der Lage, diese neue Logik durchzusetzen? Oder sind wir weiter dazu verdammt, zu warten, bis das System an seinen eigenen Widersprüchen zusammenbricht?

Gesellschaftliche Veränderungen werden nicht in wissenschaftlichen Konferenzen durchgesetzt. Sie sind das Ergebnis der Kämpfe der Völker. Und da sind wir nicht arm an Beispielen. Blicken wir nach Lateinamerika, nach Cuba und Venezuela, blicken wir zurück auf die Dekolonisation Afrikas, aber auch auf den Kampf des kurdischen Volkes um Unabhängigkeit und Demokratie. Und blicken wir auf die Menschen von Rojava, die hoffentlich ihre Vorstellung von einer neuen demokratischen Gesellschaft ohne den Griff zu den Waffen realisieren können.

Schwierige Fragen und sie erscheinen immer wieder in den Vorträgen und in den Arbeitsgruppen dieser Konferenz. Es geht immer wieder darum, friedliche Wege aufzufinden, Vorschläge zu machen, um einen politischen Dialog zu eröffnen, nicht aufzuhören zu kämpfen. Und vor drei Jahren bei der ersten Konferenz, die ich eröffnen durfte, habe ich gesagt: Wir werden noch den Tag erleben, wo die Kurden und Kurdinnen in Frieden und Gerechtigkeit, Gleichberechtigung und Freiheit, ohne Angst vor Dorfschützern, Polizei und Armee leben können, und ich glaube, ich täusche mich nicht, wenn ich mit Blick auf die jüngsten Entwicklungen in der Türkei, in Syrien und auch im Irak trotz des Terrors der Islamisten sage, dass wir diesem Tag auch jetzt schon etwas näher gekommen sind.

Sie haben mit der Hamburger Universität einen ruhigen Ort gewählt, hier können Sie ganz ungestört Ihre Vorstellungen und auch Ihre Projekte entwickeln. Ich wünsche Ihnen für diese Konferenz drei friedliche Tage der fruchtbaren Diskussionen des Dialogs und wünsche Ihnen viel Erfolg. Aber lassen Sie mir noch eine persönliche Bemerkung zum Schluss.

Der Mann, der alle diese Fragen so lange überdacht hat, der nicht nur über sie geschrieben hat, sondern auch nach diesen gehandelt hat, sitzt immer noch im Gefängnis und wir dürfen über diese Diskussion nicht unsere Aufgabe vergessen, dass wir Abdullah Öcalan aus dem Gefängnis befreien. Danke sehr.

Norman Paech ist emeritierter Professor für Verfassungs- und Völkerrecht und ehemaliger Abgeordneter des Deutschen Bundestages, Linksfraktion.

0.3 Elmar Altvater

Eine solidarische, solar-nachhaltige, kommunale Gesellschaft im Mittleren Osten
Eröffnungsreferat

Ich bedanke mich sehr für die Einladung, das Eröffnungsreferat auf dieser wichtigen Konferenz zu halten. Es können schon aus Zeitgründen nur einige knappe Anmerkungen zu diesem großen theoretischen und politischen Thema formuliert werden, das vom »Network for an Alternative Quest« aufgeworfen wird. Es betrifft viele Menschen in allen Weltregionen. Denn eine friedliche Zukunft kann nur geschaffen werden in einer demokratischen, solidarischen und solar-nachhaltigen Gesellschaft. Daran zu arbeiten ist eine große, sehr große Aufgabe. Denn es ist einfacher, im geologisch nahezu vollständig explorierten Nahen und Mittleren Osten ein neues gigantisches Ölfeld als in den mittelöstlichen Gesellschaften den Frieden zwischen den Völkern zu finden.

Das ist paradox, denn die geologische Geschichte des Nahen und Mittleren Ostens befindet sich jenseits menschlicher Gestaltungsmacht, der Frieden zwischen den Völkern ist jedoch sehr wohl von Menschen zu machen. Doch gibt es ebenso viele Friedensangebote wie Versuche, den Friedensprozess zu sabotieren. Frieden wünschen sich alle Menschen, doch Frieden zu schaffen ist eine schwer lösbare Aufgabe. Beispielsweise folgen dem Friedensangebot von Abdullah Öcalan 2013, das gerade zum Newroz-Fest 2015 erneuert worden ist, das schreckliche Attentat von Al-Hasaka mit 45 Toten und das neue Polizeigesetz, das die Türkei in einen Polizeistaat verwandeln könnte, weil die Rechte von Bürgerinnen und Bürgern zugunsten der Vollmachten für die Polizei radikal beschnitten worden sind. Auch das Zusammenspiel von AKP-Regierung und IS während des Kampfes um Rojava zeigt, wie schwierig die Suche nach Frieden im Nahen und Mittleren Osten ist.

Es entsteht eine reaktionäre Koalition, die in der Militärkampagne gegen die Huthi-Rebellen im Yemen Gestalt annimmt und weniger durch ein gemeinsames positives Projekt zusammengebracht als durch den Willen beseelt ist, den Iran draußen und die USA und Großbritannien bei der Stange zu halten. Da bildet sich eine Koalition von Ölförderern und Ölverbrauchern, eine neue Querfront von Teilen der OPEC und der IEA-Länder, die alle fest auf den Fossilismus und dessen Fortsetzung eingeschworen sind.

Der Frieden ist auch deshalb so schwer zu machen, weil es um mehr als um den Rojava genannten Landstreifen in Syrien oder die Zukunft der etwa zwanzig Millionen Kurden in der Türkei, der neun Millionen im Iran, der sechs Millionen im Irak, der vier Millionen in Syrien und der kurdischen Diaspora in Europa und in der GUS geht. Es dreht sich um handfeste ökonomische und daher geostrategische Interessen in der gesamten Region von Afghanistan über den Persischen Golf, die arabische Halbinsel bis Nordafrika und die Schwarzmeer-Region und Zentralasien. Alle wichtigen geopolitischen Akteure sind involviert, auch solche fernab der geographischen Region wie die USA, Russland und China. Die USA sind traditionell die geopolitisch aktivste und aggressivste Macht. Von ihnen wird derzeit der Bürgerkrieg in der Ukraine verantwortungslos angeheizt, wird eine Front gegen das orthodoxe Russland und den schiitischen Iran aufgebaut, werden alle Regime gestützt, die den westlichen Interessen dienen, gleichgültig, wes Geistes Kind sie sind und welcher Verbrechen sie sich schuldig machen. Es sind Fundamentalisten in den USA, Fundamentalisten in einigen arabischen und afrikanischen Staaten, russophobische Eliten in Osteuropa, die die Zukunft der gesamten Menschheit aufs Spiel setzen. Diese fundamentalistischen Bedrohungen fügen sich in die Aufrüstungsmaßnahmen zu einem neuen Kalten Krieg, der sehr schnell in einen heißen Krieg umschlagen kann, zumal die US- und IS-Fundamentalisten und ihre Mentoren, wenn auch mit ganz unterschiedlicher Motivation, den Finger am Abzug haben.

So viel zur Aktualität der Ereignisse. Ich wage nicht, genauer darauf einzugehen, weil mir die Kenntnis der Region, ihrer Geschichte, ihrer Kultur, der sozialen und politischen Gemengelage und der daraus resultierenden Konflikte fehlt. Aber es können einige geostrategische und politisch-ökonomische Widersprüche und tektonische Bruchlinien bezeichnet werden, die zum Verständnis der Konflikte und Krisen von Belang sind.

I.

Zunächst aber zu den erfreulichen Entwicklungen in der Region. Die nach dem Ersten Weltkrieg gezogenen Grenzen des Sykes-Picot-Abkommens werden in Frage gestellt – doch auf neue Weise, nicht indem sie neu und konfliktreich gezogen, sondern indem sie unerheblich gemacht werden. Die imperiale Grenzziehung durch französische und britische Diplomaten hat die heute etwa vierzig Millionen Kurden auf vier Länder, auf Iran, Irak, Syrien und die Türkei, verteilt – wenn man von der Diaspora absieht. So ist ein Dauerkonflikt angefacht worden, weil die Kurden heimatlos geworden sind. Nach mehreren Jahrzehnten des Kampfes, in dem sogar internationale Organisationen und Bündnisse gegen die kurdische Militanz Partei ergriffen und die PKK auf die schwarze Liste terroristischer Organisationen setzten, ist von kurdischer Seite mit höchster Autorität durch Abdullah Öcalan ein Friedensangebot gemacht und zum Newroz-Fest 2015 erneuert worden. Verhandlungen sollen den Status der kurdischen Bevölkerung innerhalb der Nationalstaaten, in denen sie leben, klären. Das ist vor allem in der Türkei bedeutungsvoll, aber nicht nur dort. Wenn die Form des Nationalstaats nicht das »Gefäß« sein kann und auch nicht sein soll, in dem das kurdische Volk zusammengefasst ist, stellt sich sofort die Frage, welche anderen Gefäße auf welcher Töpferscheibe durch wen und wie geformt werden können.

Die Kurdenfrage wird so aus den ideologischen, aus quasireligiösen und machtpolitischen Auseinandersetzungen um Grenzen zu einem theoretischen und einem ethischen Problem erhoben, das nicht nur für Kurden von Bedeutung ist. In der europäischen Tradition ist die Rolle des Nationalstaats, dieses seit dem Westfälischen Frieden von 1648 und der Etablierung eines internationalen Systems von Nationalstaaten selbstverständliche und daher scheinbar alternativlose Gebilde, niemals in Frage gestellt worden. Wie viele und wie blutige Konflikte hat es in der europäisch dominierten Weltgeschichte um die Grenzen des Nationalstaats und dessen Territorium gegeben! Dabei ging es nicht immer in erster Linie um natürliche, um ethnische oder religiöse Grenzen, sondern um natürliche Ressourcen oder Gebiete mit strategischer Relevanz. Deren Beherrschung sicherte den Nationalstaaten ökonomische und politische Macht, internationale Relevanz und politischen und kulturellen Glanz, in dem sich die Herrschenden sonnen konnten. Sie konnten so Mitglied des sogenannten »charming circle« der europäischen kolonialen und später imperialen Nationalstaaten werden, im Vergleich zu denen der Rest der Staaten in der Welt erstens spät und häufig zu spät die Bühne betrat und zweitens im »Konzert der Mächte« allenfalls die zweite Violine spielen durfte.

Diese Tradition der Inklusion der Dazugehörigen und der Exklusion aller anderen, der Definition des Innen und Außen und einer kontrollierten Grenze dazwischen wird nun ebenso in Frage gestellt wie die hierarchische Abfolge von dominanten und dominierten Regionen, Ethnien, Religionen. Nicht immer hat es einen Verfassungskompromiss zur Balancierung der Unterschiede und manchmal Gegensätze innerhalb von Nationalstaaten und zwischen ihnen gegeben. Nicht wenige Beispiele sind aus aller Welt geläufig, die zeigen, wie sich Gegensätze zu Konflikten und diese bis zu manchmal lang anhaltenden Bürgerkriegen zuspitzen; von Nordirland bis Tschetschenien, von Georgien bis Jemen, von Jugoslawien bis Kaschmir – und nicht zuletzt auch in der Türkei und in anderen mittel-östlichen Staaten.

Nun aber deutet Abdullah Öcalan für den Konflikt zwischen der Türkei und Kurdistan eine Alternative an, die das gesamte staats- und hegemonietheoretische Denken und alle traditionellen politischen Konzeptionen und Projekte herausfordert. Die Botschaft lautet: Der Nationalstaat ist nicht das einzige Gefäß, in dem Menschen Identität und Schutz, also so etwas wie eine Heimat finden und zufrieden oder gar glücklich werden können, indem sie die Aufforderung der US-amerikanischen Verfassung ernst nehmen: pursuit of happiness. Wir müssen also über den Nationalstaat hinausdenken. Das Gefäß ist in Zeiten der Globalisierung und der Weltbeherrschung – des Anthropozän bzw. Kapitalozän – zu eng geworden. Wenn Menschen die Erdsysteme verändern, die von Geologen bestimmten »planetary boundaries« reißen, einen Klimakollaps herbeiführen können, ist der Nationalstaat, selbst ein territorial ausgedehnter Nationalstaat, nur eine kleine Nummer. Doch vielleicht ist diese auch zu groß, weil das Alltagsleben nicht im nationalen, sondern im regionalen und lokalen Rahmen gestaltet wird, solidarisch und solar, nachhaltig. Es ist nicht überraschend, wenn dieser radikale Vorschlag zur Lösung eines seit Generationen schwelenden Konflikts nicht nur auf Zustimmung stößt. Es ist daher verständlich, wenn eine gründliche Debatte über die zukünftige Gestaltung der kurdischen Gesellschaften in den jeweiligen Ländern und über neue Kooperationsformen geführt wird.

II.
Wer die kapitalistische Moderne seziert – das ist das Thema dieses Kongresses –, findet schnell viel faules Fleisch, aber auch unbändige Kraftreserven – sowohl solche, die das Alte, die überlieferten Herrschaftsverhältnisse bewahren sollen, als auch solche, die eine neue Welt errichten können, eine Welt der größeren Gleichheit zwischen den Einkommen und Vermögen, zwischen den Nationen und Geschlechtern, eine Welt des Ausgleichs zwischen Jungen und Alten, zwischen Norden und globalem Süden. Gleichheit ohne Gleichmacherei und der Ausgleich sind nicht möglich, wenn Fortschritt auf dem Weg der Entwicklung der vergangenen Jahrzehnte gesucht wird.

Alle Analysen zeigen ohne Ausnahme, dass in den vergangenen Jahrzehnten des Neoliberalismus die Ungleichheit enorm zugenommen hat. Die Studie von Thomas Piketty über das »Kapital im 21. Jahrhundert« hat mit dieser Erkenntnis und den daraus gezogenen Schlussfolgerungen sogar Weltberühmtheit erlangt. David Harvey hat darauf hingewiesen, dass die ökonomische Ungleichheit notwendig zunehmen muss, wenn Kapitalakkumulation nicht mehr hauptsächlich aus dem produzierten Mehrprodukt finanziert wird, sondern als Enteignung aus der durch vergangene Arbeit produzierten bzw. von der Natur ererbten Substanz.

Fortschritt im Sinne von mehr Gleichheit, Ausgleich und daher Frieden und Glück ist nur möglich im Zuge einer »großen Transformation« der gegenwärtigen kapitalistischen Gesellschaftsordnung. Ob diese revolutionär erfolgt oder der Kapitalismus reformiert wird, kann immer erst post festum entschieden werden, und auch nur unter Berücksichtigung der historischen Zeit, die ein Kompositum aus den vielen Zeiten der vielen handelnden historischen Subjekte im Kampf der Klassen ist. Der ist ja keinesfalls überwunden, wie eine verbreitete These behauptet hat. Aber er nimmt heute andere Formen als in der Vergangenheit an.

III.

Der Rahmen und das Regelwerk der Auseinandersetzung sind heute der Markt, nicht ein freier Markt, sondern der aus Gesellschaft und Natur entbettete Markt, der deshalb der Gesellschaft als Sachzwang gegenübertritt. Dieser Sachzwang ist eine mächtige Ideologie, die das Handeln der politischen Akteure von Estland bis Saudi-Arabien, von der Türkei bis Mexico anleitet und folglich eine politische Gewalt von globaler Reichweite ist. Er ist daher in den Institutionen der globalisierten Welt fest verankert und er hat viele Namen, von »Strukturanpassungsprogrammen« der Weltbank und des IWF über »Konsens von Washington«, wie Williamson das Regelwerk der »Institutionen von Washington« bezeichnet, »acquis communautaire«, zu dem sich alle EU-Mitgliedsländer verpflichten müssen, bis zur »Troika«, deren Auflagen Griechenland fast bis zum Exitus, Grexit genannt, würgen. Eine neoliberale globale Ordnung mit einem durch den Markt definierten Ordnungsrahmen hat die Funktion des nationalstaatlichen Souveräns übernommen. Was ist schon die Macht des nationalstaatlichen Souveräns, was bedeutet die legitime

Entscheidung einer demokratisch gewählten Regierung in Griechenland (und anderswo) gegenüber dem erpresserischen Druck der Troika? Dieser ist umso härter, je geringer die Ressourcenausstattung und die finanziellen Reserven eines Landes.

Machtressourcen können, so zeigen es die Erfahrungen aus Jahrtausenden, Menschen sein, die zu Soldaten und zu Sklaven gemacht werden, Tiere, vor allem Pferde, mit denen die menschliche Kraft vervielfacht werden kann, Land, um dort Nahrung anzubauen, mineralische Ressourcen zu schürfen, um Waffen aus Metall schmieden zu können, um an Gold und andere edle Metalle heranzukommen, das als Geld »schlagkräftig« zum Kauf aller Ressourcen genutzt werden kann. So war es mit Abstufungen in der gesamten präindustriellen Geschichte überall in der Welt. Erst seit der fossil-industriellen Revolution in der zweiten Hälfte des 18. Jahrhunderts hat sich dies grundlegend geändert.

Die Energiereserven der politischen und vor allem der ökonomischen Macht speisen sich nun aus externen, aus fossilen Quellen, aus der Natur, deren Ressourcen rücksichtslos geplündert und deren Tragfähigkeit für schädliche Emissionen überlastet wird. Dass die Natur auf der begrenzten Kugelfläche des Planeten Erde kein Füllhorn ist und Respekt und daher Beschränkungen des Verbrauchs von Naturressourcen geboten sind, ist überall in der Welt, in allen Kulturen, in traditionellen ebenso wie in modernen Gesellschaften, bekannt und die meisten Menschen sind sich dessen bewusst. Dieses Wissen hat die Wissenschaften beflügelt, ist aber auch Glaubenskern von vielen Religionen. Ebenso bekannt sind aber auch die ignorante und die arrogante Missachtung von Schranken der Natur und der menschlichen Gesellschaften in der kapitalistischen Moderne.

Die Welteroberer aller Zeiten von Alexander und Augustus über Dschingis und Kublai Khan, Tamerlan, ja bis Hitler haben die Grenzen der Erde immer zu überwinden versucht und dann entdecken müssen, dass ihnen neue Grenzen erwuchsen. Die Grenzüberschreitung der Welteroberer war sehr oft mit unfassbarer Grausamkeit verbunden, über alle Maßen verbrecherisch. Insofern ist auch Guantanamo keine Ausnahme, keine bloße Entgleisung, die als »unamerikanisches« Fehlverhalten Einzelner entschuldigt werden könnte. Es ist ein Ausdruck der rücksichtslosen Missachtung von Grenzen.

Die imperialen Nationalstaaten und deren politische Klassen neigen aber auch dazu, ihre imperialen Machtressourcen zu überdehnen. Das ist der »overstretch«, an dem auch moderne Imperien wie das US-amerikanische zu scheitern drohen, wie von radikalen Kritikern der US-Dominanz in der Welt gewarnt wird.

Sie haben die Legitimität ihres Tuns überbeansprucht und daher den Konsens ihrer Herrschaft untergraben. Genauso wichtig ist die Erosion der ökonomischen und finanziellen Reproduktion des Systems. Dieses basiert faktisch zu 80%, mental und ideologisch aber zu 100% auf fossilen Brennstoffen, deren Verbrennungsprodukte als Klimagase auch zu 100% auf Erden in der Atmosphäre bleiben und für den Treibhauseffekt verantwortlich sind. Das ist alles bekannt, für die Politikgestaltung jedoch fast unerheblich.

Das herrschende Konsum- und Produktionsmodell der entwickelten Industriestaaten (und auch der »Schwellenländer«) wird zum Sachzwang, der keine Abweichung zulässt und daher seine Fortsetzung gebietet. Doch wie soll dies möglich sein, wenn die Grenzen nicht wie von den Reitern des Dschingis Khan immer weiter gen Westen und von Kublai Khan gen Osten geweitet werden können? Dann fängt der Streit um die Ressourcen an. Nein, er fängt nicht an, wir sind mittendrin.

»Land grabbing« oder der moderne Extraktivismus sind zwei der Kampfplätze, der dritte und in unserem Kontext bedeutendste aber ist das Öl.

Fernand Braudel und ihm folgend die Weltsystemtheorien haben zwischen Weltreichen und der Weltwirtschaft unterschieden. Die Welteroberer der Prämoderne zielten immer auf die Errichtung eines Weltreiches unter ihrer jeweiligen politischen Herrschaft. Seit der kapitalistischen Moderne aber ist die Eroberung ein Prozess der Inwertsetzung, d. h. der Integration von Regionen, Lebensweisen, Gemeingütern in den globalen Verwertungsprozess des Kapitals. Dieser ist schrankenlos in Raum und Zeit, d. h. er umschließt alle geographischen Räume, bezieht sich auf alle Ressourcen, die irgendwie in Wert gesetzt werden können, und er kennt keine zeitlichen Schranken, ist also ein sozialer Prozess der dauernden Beschleunigung – bis zum Crash.

Zur Beschleunigung ist Energie notwendig. In der gesamten Menschheitsgeschichte bis zur industriellen Revolution stand nur die solare Energie zur Verfügung, das hat den Energieverbrauch den jahreszeitlichen und tagtäglichen Rhythmen der Sonnenstrahlung angepasst. Die Sonne war die Meisterin des Energiesystems der Menschheit. Das ist bei der Nutzung der fossilen Energieträger anders. Denn in Kohle, Öl und Gas ist die Energie chemisch gespeichert und daher zu jeder Zeit, an jedem Ort nutzbar und sie kann nach Bedarf konzentriert werden, zur Produktion, zum beschleunigten Transport und auch zum Antrieb des Kriegsgeräts, also zur Destruktion. Die Menschen haben sich nun mit Hilfe der fossilen Energieträger zum Meister des Energiesystems aufgeschwungen.

Die Entfaltung der imperialen Macht ist zerstörerisch. Das ist Marktmacht einerseits und politische, bzw. geopolitische Macht andererseits. Marktmacht können nur Gesellschaften entfalten, die über eine starke Wirtschaft verfügen. Das kann durch hohe Wettbewerbsfähigkeit erreicht werden, also durch hohe Produktivität und niedrige Lohnkosten. Imperiale Marktmacht kommt also dann zustande, wenn die Verteilung zugunsten des Kapitals verbessert und zulasten der arbeitenden Bevölkerung verschlechtert wird. Alle Daten von allen internationalen Organisationen zeigen, dass genau dies in den vergangenen Jahrzehnten seit der neoliberalen Konterrevolution in den 1970er Jahren geschehen ist.

Dabei spielen die globalen Finanzmärkte die Rolle eines Katalysators. Sie mobilisieren das Kapital und beschleunigen die Zirkulation des Kapitals auf den Finanzmärkten bis zum Crash. Die modernen Finanzkrisen zeigen allerdings, dass der Ausdruck »Crash« eher eine Verharmlosung ist. Sie haben Existenzen zerstört, richten Gesellschaften zugrunde, zerstören die Zukunft einer ganzen Generation und sind mitverantwortlich für soziale und politische Konflikte, die den Frieden in der Welt gefährden. Kapital muss sich verwerten und es müssen daher immer neue Sphären der Kapitalanlage gefunden werden.

Das ist die Ursache der Aggressivität der imperialistischen Allianzen, gerade im Nahen und Mittleren Osten, weil sich dort die Tankstelle befindet, wo sich das System mit Energie versorgt. Eine Lösung des Problems wird es nur dann geben, wenn in einer langen Frist, die aber bereits begonnen hat, auch wenn niemand sie mit Trompetenschall eingeleitet hat, die Gestaltung des individuellen und gesellschaftlichen Lebens von den fossilen Energieträgern unabhängig wird. Denn eine solidarische, eine solar-nachhaltige, kommunale Gesellschaft, wie sie auch Abdullah Öcalan imaginiert, wird nur möglich sein, wenn die Finanzmärkte kontrolliert und die Macht des Kapitals begrenzt werden.

Elmar Altvater ist emeritierter Professor für Politikwissenschaft. Er gilt als Mitbegründer einer ökologischen Ökonomie sowie als früher Kritiker einer deregulierten Globalisierung der Güter- und Finanzmärkte.

0.4 Reimar Heider

Spiralen: Eröffnungsrede im Namen des Organisationskomitees

Liebe Gäste, liebe Vortragende, liebe Helferinnen und Helfer, im Namen des Organisationskomitees möchte ich Sie ganz herzlich zu unserer zweiten Konferenz willkommen heißen.

Vor vier Jahren fand sich eine Reihe von Gruppen zusammen, um das Netzwerk »Network for an Alternative Quest« aus der Taufe zu heben. Zweck des Netzwerkes war die Durchführung von Konferenzen – was wir nun auch schon zum zweiten Mal tun.

Wir kannten die Diskussionen, die in der kurdischen Linken und in der kurdischen Gesellschaft seit Anfang der 2000er Jahre geführt wurden, und wussten gleichzeitig, dass sehr wenig davon außerhalb kurdischer Kreise bekannt ist. Wir wollten einerseits auf Konzepte wie den demokratischen Konföderalismus aufmerksam machen. Andererseits wollten wir die innerkurdische Diskussion durch einen Austausch mit anderen fortschrittlichen Bewegungen befruchten. Wir glauben, dass uns das mit unserer ersten Konferenz 2012 gelungen ist. Die Beiträge der Konferenz sind frisch als Buch erschienen und können darüber hinaus noch immer im Internet als Videos abgerufen werden.

2012 versuchten wir, Begriffe wie demokratische Autonomie in die Diskussion einzuführen. Heute, drei Jahre später, erleben wir ein explodierendes Interesse an diesen Begriffen. Viel davon hat mit den Entwicklungen in Rojava zu tun, einer Praxis, die mehr über diese Konzepte aussagt, als wir in einer Konferenz darzustellen vermögen. Viele der hier Anwesenden sind in der letzten Zeit nach Kurdistan gereist und können ihre Eindrücke mit ihren theoretischen Einsichten verbinden. Auf diese Kombination kommt es uns an.

Einige haben sich über das Symbol unseres Netzwerks gewundert, die Triskele. Auf den ersten Blick zeigt die Triskele drei sich windende Pfade, die miteinander verbunden sind. Es gibt keinen direkten, keinen einfachen Lösungsweg. Es ist eine suchende und langsame Bewegung nach außen. Damit symbolisiert es die Natur unserer Suche. Das Symbol hat allerdings auch eine lange Geschichte. Es wurde in Newgrange in Irland entdeckt, eingraviert in ein Megalithbauwerk. Dieses Bauwerk entstand vor rund 5000 Jahren, lange bevor in diesem Teil der Welt staatliche Zivilisationen entstanden – und damit ist es eines der ältesten Bauwerke der Welt. Die Debatte über die Werte und sozialen Strukturen von Gesellschaften, die noch kein Klassensystem kannten, taucht im Kontext der politischen Diskussionen über Kurdistan immer wieder auf – eine weitere Verbindung zu unserer Konferenz.

Zwei Themenkomplexe fanden wir 2012 nicht ausreichend behandelt: Patriarchat und Frauenbefreiung sowie Wirtschaft. Wir haben in diesem Jahr mehr Referentinnen und Referenten zu diesen Themen eingeladen und hoffen auf interessante Vorträge und spannende Diskussionen.

In fünf bzw. sechs Sessions möchten wir uns von Theorie zu Praxis, von Analyse zu Umsetzung und von abstrakt zu konkret bewegen. Zunächst soll es in Session 1 um die Analyse, das »Sezieren« des Kapitalismus gehen. Als Alternative möchten wir in Session 2 Überlegungen zur demokratischen Moderne präsentieren. In Session 3 geht es dann endlich um Alternativen in der Ökonomie. Session 4 soll sich mit Themen beschäftigen, von denen wir glauben, dass der kurdische linke Diskurs Antworten auf Fragen erarbeitet hat, die weltweite Relevanz besitzen. Zweifellos wird hier die Frauenbefreiung – die ja auch eine Befreiung der Männer aus dem Patriarchat bedeutet – eine wesentliche Rolle spielen. In der großen Session 5, die wir in 5a und 5b unterteilt haben, stehen dann praktische Erfahrungen aus allen vier Teilen Kurdistans und weltweit im Mittelpunkt.

In einem Punkt geht die diesjährige Konferenz bereits jetzt über ihre Vorgängerin hinaus. Statt einer Simultanübersetzung in vier

Sprachen bieten wir diesmal sechs Sprachen an: Zu Deutsch, Englisch, Kurdisch und Türkisch sind Spanisch und Italienisch hinzugekommen. An dieser Stelle gilt schon jetzt unser ganz besonderer Dank unserem transnationalen Dolmetscher-Team. Ihr macht durch Eure Arbeit diese Konferenz erst möglich, vielen Dank!

Eine weitere Neuerung dieser Konferenz möchte ich ebenfalls erwähnen. Wir haben Ende letzten Jahres einen sogenannten »Call for Papers« gemacht. Damit wollten wir insbesondere Studierende animieren, sich akademisch mit verschiedenen Themen auseinanderzusetzen. Aus den Texten, die unter anderem von Studierenden, Akademiker_innen und politischen Gefangenen eingereicht wurden, hat eine Kommission fünf ausgewählt, die in diesen Tagen auf der Konferenz präsentiert werden. Ein derartiger »Call for Papers« soll fester Bestandteil weiterer Konferenzen werden.

Wir alle werden in den nächsten Tagen Begriffe hören, die für uns neu sind. Ob diese aus der feministischen Theorie stammen oder aus dem Diskurs um die Commons, aus der mittelöstlichen Geschichte oder aktuellen Diskussionen aus Lateinamerika oder Kurdistan. Wir hoffen, viele Denkanstöße zu bekommen, interessante Diskussionen zu führen und Brücken zu schlagen zwischen Intellektuellen und Aktivisten, Menschen aus vielen Gegenden der Welt, Frauen und Männern, die auf unterschiedliche Weise um Befreiung kämpfen. Manche konnten nicht anreisen, weil Staaten ihnen ein Visum verweigerten, andere sind aus anderen Gründen verhindert.

Eine Person möchte ich in diesem Zusammenhang besonders erwähnen. Er feiert morgen seinen 66. Geburtstag, wenn wir denn von »feiern« reden möchten. Abdullah Öcalan sitzt seit über 16 Jahren in Isolationshaft auf einer Gefängnisinsel, seit beinahe vier Jahren kann er keinen Besuch von seinen Anwältinnen und Anwälten mehr empfangen. Trotzdem ist es ihm gelungen, in diesen Jahren durch seine Schriften weiterhin viele Menschen für den Kampf um Befreiung zu inspirieren. Das gilt besonders für den Widerstand in Rojava und Kobanê, aber auch für viele der hier Anwesenden. Wir freuen uns deshalb, heute eine Vorab-Ausgabe der englischen Übersetzung eines seiner neuesten Bücher präsentieren zu können.

Die Kampagne für seine Freiheit und die Freiheit der politischen Gefangenen in der Türkei hat bis Februar dieses Jahres mehr als 10,3 Millionen Unterschriften gesammelt. Je weiter der politische Prozess voranschreitet, desto dringlicher wird diese Freiheit auf die Tagesordnung kommen. So sind wir zuversichtlich, in einer der nächsten Konferenzen Abdullah Öcalan persönlich als Redner begrüßen können.

Dank der Delegation von Abgeordneten der HDP konnten wir von Abdullah Öcalan eine Grußbotschaft für diese Konferenz erhalten, die wir nun vortragen möchten.

Ich wünsche uns allen eine interessante und inspirierende Konferenz. Vielen Dank.

Reimar Heider ist Arzt und Menschenrechtsaktivist. Er ist einer der Sprecher der Internationalen Initiative »Freiheit für Abdullah Öcalan – Frieden in Kurdistan« und Übersetzer mehrerer Bücher Abdullah Öcalans.

0.5 Abdullah Öcalan

Grußbotschaft

Liebe Teilnehmerinnen und Teilnehmer,

ich grüße alle, die nach Wahrheit suchen, wozu auch ihr gehört. Eure Konferenz ist von historischer Bedeutung, um das grundlegende Paradigma der Freiheit für Gegenwart und Zukunft zu beleuchten und umsetzen zu können. In diesem Sinne glaube ich, dass eure Konferenz einen bedeutenden Beitrag zur Verwirklichung der menschlichen Utopie der Freiheit leisten wird. Gerne wäre ich auf dieser Konferenz persönlich dabei. Doch ich spüre, dass ich im Denken, Fühlen und mit meinem Kampfgeist bei euch bin. Insofern brenne ich darauf, meine Überlegungen als Freiheitskämpfer, der sich als Gegner der kapitalistischen Moderne definiert, mit euch zu teilen.

Die kapitalistische Moderne ist in vielen Bereichen an die Grenze der Fortführbarkeit gestoßen. Das beschleunigte Bevölkerungswachstum, der Verbrauch von Ressourcen, die Umweltzerstörung, die massiv zunehmenden sozialen Verwerfungen, der moralische Zerfall, die Abstraktion des Lebens von Zeit und Raum, der Verlust des Zaubers und der Poesie des Lebens im großen Alltagsstress, die Berge von Atomwaffen, die die Welt in eine Wüste verwandeln können, und immer neue Kriegsformen, welche die gesamte Gesellschaft angreifen – all dies erinnert an eine wahr gewordene Apokalypse. Dass es überhaupt so weit kommen konnte, zeigt bereits den Bankrott unseres Wahrheitsregimes. Ich möchte kein Panorama der Hoffnungslosigkeit zeichnen. Doch wenn wir sehen, wie vor unseren Augen und in uns selbst das Leben zerstört wird, können wir nicht schweigen, sondern müssen aufschreien.

Wegen dieses Umfangs ist die westliche Moderne, die aus der Dreiheit von Industrialismus, National-Etatismus und Kapitalismus besteht, das blutigste Zeitalter, die blutigste Zivilisation der Geschichte. Die Moderne mit dieser ihr zugrunde liegenden Dreiheit führt zum Bürgerkrieg innerhalb der Gesellschaft – dem Faschismus – sowie nationalen, regionalen und globalen Kriegen zwischen Staaten. All dem zugrunde liegt – ich wiederhole es – die Art und Weise der Herstellung und Aufteilung von Profit. Wenn der Nationalstaat die Industrialisierung zum Hauptziel erklärt, so wird er dadurch kapitalistisch oder erklärt zumindest seine Absicht dazu. Wenn die Kapitalisten den Nationalstaat zu ihrem politischen Ziel erklären, machen sie deutlich, dass der Nationalstaat nur möglich ist, wenn die Nation durch Nationalismus zusammengeleimt wird, und dass dies die günstigste Staatsordnung für ihr Profitsystem darstellt.

Dieser totale Kriegszustand der kapitalistischen Moderne gegen die Gesellschaft erfordert dringend und zwingend ihre Alternative, die demokratische Moderne. Die demokratische Moderne, also das Vorhandensein von Kräften der demokratischen Zivilisation im Hier und Jetzt, ist weder eine Erinnerung an ein goldenes Zeitalter der Vergangenheit noch eine Utopie für die Zukunft. Ihr Vorhandensein im kapitalistischen System zeigt sich im Vorhandensein aller gesellschaftlichen Einheiten, die sich gegen seine Interessen stellen.

Eine Alternative kann nur darstellen, wer gegen die drei Säulen der Moderne – Kapitalismus, Industrialismus und Nationalstaat – ein eigenes System entwirft. Ein alternatives System können wir unter dem Namen demokratische Moderne mit demokratischer Gesellschaft, ökologischer Industrie und demokratischem Konföderalismus vorschlagen. Die Chancen auf einen Erfolg wachsen, wenn die Gegnerinnen und Gegner des Systems sich mit dem Erbe der demokratischen Zivilisation vereinigen.

Der demokratische Konföderalismus stellt die grundlegende politische Form der demokratischen Moderne dar und besitzt eine tragende Rolle bei ihrem Wiederaufbau. Der demokratische Konföderalismus präsentiert die demokratische Nation als grundlegendes Instrument zur Lösung für die ethnischen, religiösen, städtischen, lokalen, regionalen und nationalen Probleme, die vom monolithischen, homogenen, einfarbig-faschistischen Gesellschaftsmodell herrühren, welches die Moderne über den Nationalstaat vermittelt. In der demokratischen Nation besitzt jede Ethnie, jede religiöse Vorstellung, jede städtische, lokale, regionale oder nationale Tatsache das Recht, sich mit ihrer eigenen Identität und ihrer demokratisch-föderalen Struktur zu beteiligen.

Die Theorie der demokratischen Moderne ist überlegen, weil sie die Probleme nicht aus einer Perspektive von Macht und Staat betrachtet. Sowohl historische Systeme mit Hierarchien und staatsbasierten Zivilisationen als auch die kapitalistische Moderne als zeitgenössische Vertreterin der historischen Zivilisationen besitzen diese auf Macht und Staat ausgerichtete Perspektive. Dabei stellen Macht und Staat gerade die Quelle der Probleme dar, die sie mit der ihnen innewohnenden Dimension der Gewalt lösen wollen.

Die Krankheit der Macht tötet wirklich das Leben. Das Zeitalter der demokratischen Moderne ist eine Zeit, in der das Leben nicht durch die Krankheit der Macht dahingerafft, sondern das Leben als freie Frauen und die ökologische-ökonomische Gesellschaft ohne Macht entdeckt werden. Nationen der demokratischen Moderne sind keine Projekte, die ohne Frauen geplant und durchgeführt werden können. Im Gegenteil, es sind Revolutionen, die verwirklicht werden, indem bei jedem Schritt die Weisheit und der Aktionismus der Frau geteilt werden. Die ökonomische Gesellschaft entstand unter Führung der Frau; auch ihr erneuter Aufbau benötigt die kommunale Kraft der Frau. Die Wissenschaft der Ökologie ist eine Wissenschaft, welche die Sensibilität der Frau mit der Gesellschaft zusammenbringen wird. Die demokratische Moderne ist ganz klar das Zeitalter der Revolution der Frau und der Zivilisation der Frau. Die Frau entwirft ihre eigene Wahrheit, indem sie sich selbst analysiert, und bringt die freie Frau als wesentliches Element des Lebens in ihr System ein.

Die kapitalistische Stufe der machtbasierten Zivilisation ist keineswegs die höchste Stufe der Vernunft; es ist eine Stufe, auf der die ihr zugrunde liegende traditionelle Mentalität sich erschöpft und die Vernunft der Freiheit in ihrem ganzen Reichtum hervortritt. So ist es möglich, der kapitalistischen Moderne – diesem Paradigma des Krieges gegen Gemeinschaftlichkeit und Freiheiten – die demokratische Moderne entgegenzusetzen und sie zu leben. Mit anderen Worten: »Eine andere Welt ist möglich.«

Liebe Freundinnen und Freunde,
Diskussionen über die Moderne, besonders die demokratische Moderne, können dazu beitragen, unseren Begriff von Wahrheit neu zu entwickeln. Wir können uns von einem Leben, das auf falschen, hässlichen und schlechten Wegen vergeudet wird, losreißen und uns auf den Weg eines wahren, guten und schönen Lebens begeben. Wenn durch die Mentalitätsrevolution der demokratischen Moderne Philosophie, Kunst und Wissenschaft vergesellschaftet werden, können wir unseren Wahrheitsbegriff stärken und ein gutes und schönes Leben verwirklichen. Im Leben eines Menschen gibt es nichts Wertvolleres, als die Wahrheit über die Realität zu begreifen, in der er lebt. Die Suche nach Wahrheit ist die wertvollste Tätigkeit des Menschen. Eine kurze Definition des Menschen könnte lauten: das Wesen, das Wahrheit ermöglicht. Wahrheit ist Liebe, Liebe ist ein freies Leben.

In diesem Sinne grüße ich nochmals alle Teilnehmerinnen und Teilnehmer. Ich warte gespannt auf die Ergebnisse der Konferenz und wünsche viel Erfolg. Die Freiheit wird obsiegen.

Gefängnis Imrali
Abdullah Öcalan

__Abdullah Öcalan__ ist Gründer der Arbeiterpartei Kurdistan (PKK). Seit seiner Verschleppung 1999 verfasste er in Isolationshaft auf der Insel Imrali mehr als zehn Bücher, welche die kurdische Politik revolutionierten und von denen einige in bisher 20 Sprachen übersetzt wurden. Er hat ausführlich zu Geschichte, Philosophie und Politik publiziert und gilt als Schlüsselfigur für die politische Lösung der kurdischen Frage. Von ihm stammen die Konzepte der demokratischen Moderne und des demokratischen Konföderalismus als eines nichtstaatlichen politischen Systems.

Session I:

Die kapitalistische Moderne sezieren

1.1 Muriel Gonzáles Athenas

Kolonisierte Denkweisen
Vorschläge für eine feministische Epistemologie

Ich freue mich, das Thema der Kolonisierung des Denkens mit Aktivistinnen der kurdischen und Befreiungsbewegung diskutieren zu können, und möchte mich auf diesem Wege noch mal herzlich für die Einladung bedanken.

Warum brauchen wir eine kritische und m. E. feministische Epistemologie? In neueren Forschungen, in denen nun auch Erkenntnisse der radikal-feministischen Bewegung eingearbeitet wurden, wurde nach der politischen Funktion von (Natur-)Wissenschaft gefragt. Dies baute auf der Erkenntnis auf, dass die Interpretation und Legitimierung sozialer Ungleichheit als natürliche Differenz in den Wissenschaften definiert wurden. Dies ist nicht allein mit Mitteln der Ideologiekritik aufzulösen, da die Ungleichheiten in den Erkenntnisstrukturen im Objektivitätskonzept selbst verankert sind und damit naturalisiert werden. Daher ist es Anliegen der feministischen Wissenschaftsforschung, die Geschlechterdifferenz als Subtext, als Epistemologie der Wissenschaftsgeschichte sichtbar zu machen. Aber nicht nur das Feld der Geschlechterverhältnisse und ihre Asymmetrien wurden in den Fokus der Kritik gestellt, auch andere Bereiche der dominanten gesellschaftlichen Wissensproduktion wie Nationalismus, Wissenschaft, Sexismus, Religion etc. wurden kritisch beäugt. Zu Recht weist auch Abdullah Öcalan in seinen analytischen Schriften, die leider zum großen Teil noch nicht ins Deutsche übersetzt wurden, immer wieder auf diese Kategorien hin und kritisiert sie als Denkmuster und soziale Praktiken, die zu überwinden sind. Der Ansatz dieses Vortrags versucht noch ein Stück weit hinter diese Kategorien zu blicken und fragt nach Bedingungen der Wissensproduktion, nach selbstverständlichen Denkschemata, nach der Matrix westeuropäischer Denkart.

Session I: Die kapitalistische Moderne sezieren

Grundsätzlich muss zu Beginn festgestellt werden, dass die heutigen Gesellschaften durchdrungen sind von Mechanismen, Erkenntnissen, Diskursangeboten, Instrumenten, die sich auf Wissenschaft berufen. Die Bedeutung von Wissenschaften ist seit der europäischen Aufklärung immer mehr gewachsen. Diese unangefochtene soziale Stellung von Wissenschaften oder wissenschaftlichen Erkenntnismodellen gilt es zu betrachten und ihren Zusammenhang zu asymmetrischen Gesellschaftsstrukturen zu analysieren.

Im Folgenden werden die historischen Entwicklungen einiger wirkungsmächtiger Epistemologien der Wissenschaften erläutert, um anschließend einige Ansätze und Modelle der feministischen Epistemologie zu besprechen.

Die Konstruktion der Wissenschaften
Wie ist es zu den herrschenden Paradigmen und Epistemen der modernen Wissenschaften gekommen? Am Beispiel der Geschichtswissenschaft und der Kategorie Geschlecht möchte ich diesen Prozess exemplarisch erläutern.

In der zweiten Hälfte des 18. Jahrhunderts wurde in den Universitäten und gelehrten Kreisen offen darüber nachgedacht, wie eine Theorie der Geschichte und Historiographie auf neue konzeptionelle Beine gestellt werden könnte. Ich erinnere daran, wir befinden uns mitten in den Auseinandersetzungen der nationalstaatlichen Entstehungsgeschichte vieler Länder Europas, Westeuropa hatte seine Glaubenskriege hinter sich gelassen und die Regionen säkular aufgeteilt, die Welt schien »entdeckt« und erschlossen zu sein und nun wurde sie politisch aufgeteilt, neue Technologien der Massenproduktionen wurden auf den Markt gebracht, die Kategorie Arbeit setzte sich in der westeuropäischen Gesellschaft zum normierenden und strukturierenden Dispositiv durch, die allgemeine Mobilität und die Alphabetisierung breiter Teile der Bevölkerung machten zudem eine »Verwissenschaftlichung« (oder Verbreitung von »Wissen«) der okzidentalischen christlich geprägten Gesellschaften möglich.

Die Geschichtswissenschaft sah sich nun in ihrem Projekt der Theoretisierung vor die Herausforderung gestellt, die Fülle der Erscheinungen in Raum und Zeit in eine kommunizierbare Ordnung zu bringen. Abstrakt gesagt, setzte man auf ein hierarchisch gedachtes Verhältnis des Ganzen zu den Teilen, des Allgemeinen zum Besonderen statt auf die Vorstellung von der Gleichrangigkeit des Verschiedenen. Praktisch bedeutete dies: Die Neukonzeptionierung der Lehre vom Menschen setzte dabei auf zwei folgenreiche Hierarchisierungen. Die erste, kulturvergleichend eingesetzte Erziehungsmetapher: der Europäer des christlichen Abendlandes als Erzieher der Menschheit – und damit höher platziert als alle anderen Menschen. Die Analogien zwischen der Erziehung des Kindes und den Entwicklungsabfolgen der Menschheitsgeschichte waren zahlreich (beispielsweise Gotthold Ephraim Lessings »Die Erziehung des Menschengeschlechts«). Und als zweite Hierarchisierung – durch die Ausarbeitung einer Sonderanthropologie des Weibes – das Allgemeine des Menschseins im männlichen Geschlecht zu sehen und dabei überhaupt die Konstruktion einer bestimmten Maskulinität. Beispielsweise wurde der von den Medizinern und Biologen gestalteten neuen Gynäkologie das weibliche Geschlecht zugeordnet, dahingegen das männliche Geschlecht von den unterschiedlichen kognitiven Bemühungen erfasst und in diversen akademischen Disziplinen verhandelt.

So ist es nicht verwunderlich, dass das, was im 19. Jahrhundert in den Nationalstaaten als universitäre Geschichtswissenschaft etabliert und als wissenschaftlich erforschte Geschichte galt, immer mehr an Bedeutung gewann, dass Frauen in dieser als Geschichtsschreiberinnen überhaupt nicht und als Gegenstand des historiographischen Interesses nur selten vorkamen. Damit spiegelten und zementierten die wissenschaftlichen Geschichtsvorstellungen immer wieder die anthropologische Grundannahme, dass das weibliche Geschlecht mehr der auf unveränderbare Dauer angelegten Natur denn der dem historischen Wandel zugewandten Kultur angehöre. Die in dieser Zeit neuartige Verständigung über allgemeine Geschichte und mit der Durchsetzung verbindlicher Konzepte und Methoden einhergehende Verwissenschaftlichung der Geschichtsschreibung verbauten langfristig den wissenschaftlichen Zugang zur Geschichte der Geschlechterverhältnisse und fokussierten ihr Hauptsubjekt: den weißen, westeuropäischen christlichen Mittelschichtsmann.

Als die Frauen Zugang zu den Wissenschaften und der Politik erhielten, hatten die starren Geschlechterrollen des 19. Jahrhunderts bereits einen erheblichen Teil ihrer Funktionen erfüllt und den Frauen ihre Rolle zugewiesen. Sie wurden teilweise nicht mehr so starr gehandhabt und man ließ Frauen beispielsweise an den Universitäten zu. Dennoch änderten sich die Konstruktionen des Weiblichen bis heute kaum. Sie sind ahistorisch angelegt und überdauern daher auch unterschiedliche historische Momente, denn die sogenannte Natur der Frau überdauert alle gesellschaftlichen Ereignisse. Diese Konstruktionen, obwohl sie nicht den historischen und sozialen Erfahrungen von Frauen entsprechen, bilden ein Verweissystem, das die Hierarchie der Geschlechter sichern hilft. So wird aus feministischer Wissenschaftsperspektive und -kritik das Geschlechtermodell als Funktions-, Positions- und Verhältnisbegriff verstanden, der andere Kategorien sozialer Strukturierung wie Klasse/Schicht und Ethnizität durchquert und diese dabei auf spezifische Weise profiliert.

Die Postmoderne hat keine weitere Gleichberechtigung gebracht, obwohl uns der öffentliche und dominante Diskurs dies zu vermitteln versucht. Die Politik der universalen Prinzipien oder auch globalisierten Bezüge hat ihre totalitären Züge längst offenbart, über das Instrument der Vergesellschaftung wurde aus der Idee der Gleichheit die Verkehrung zur Angleichung betrieben, ins Auslöschen der Differenz, und war oft gleichbedeutend mit der Vernichtung der Andersartigen.

Bei diesem Prozess wurden folgende Paradigmen oder besser gesagt Epistemologien, also Denkschemata den modernen Wissenschaften zugrunde gelegt:
– Dichotomien, binäres Denken: Die Spezifik und Funktionsweise von modernen Gesellschaften, modernen Lebensformen, modernen Wissens werden beschrieben

mit Dichotomien. Dabei werden Begriffspaare gebildet, die konstituierend für unser Denken sind: Staat/Familie, Mann/Frau, Erwachsener/Kind, Individuum/Gesellschaft, Natur/Kultur, Gleichheit/Differenz, Universalität/Partikularität, mechanisch/organisch, selbstbezogen/solidarisch, Gemeinnutz/Eigennutz und daraus resultierend Moderne/Postmoderne. Diese Liste ließe sich endlos weiterführen. Bei dieser Dichotomisierung von Erfahrungen und Konzepten, also von sozialer Praxis und Theorie, wird Differenz reduziert auf funktionale Aspekte und eine Vereinheitlichung von Lebensaspekten hergestellt. Da diese Konzeptualisierungen auch nicht hierarchiefrei gedacht sind, funktionieren sie auch als Motor für die Ausdifferenzierung gesellschaftlicher Subsysteme. Beispiel: Frauen – Natur – Privatheit – Familie > Bezugssystem für Frauen.
- Fortschrittsdenken – Positivismus: Entwicklung der Menschheit im Sinne des Fortschritts. Entdeckungen, Erfindungen, aber auch Kriege, Politiken stehen im Zeichen des Fortschritts der Menschheit (meine Vorrednerinnen haben diese bereits erläutert).
- Subjektpositionen: das einheitliche, identische Subjekt. Das bewusst rational und in sich logisch agiert: Es funktioniert wie ein Sonnensystem und beansprucht universelle Deutungshoheit. Der Mann und sein Wirken als Allgemeingeschichte und Vorlage für jedwede Matrix.

Lineare Geschichte: zielgerichtet, ungebrochen, sich selbst reproduzierend. Vor allem muss sie jeder Subjektivitätskritik standhalten können.
Es gibt bereits aus der feministischen Frauen- und Geschlechterforschung zahlreiche Ansätze, diesen Paradigmen andere Geschichte entgegenzusetzen:
Isabel V. Hull hat sich einem Kernthema der politischen Geschichtsschreibung zugewandt: Entstehungsbedingungen und Wir-

kungen frühneuzeitlicher Staatlichkeit in Deutschland. Sie kommt, entgegen den Modellvorstellungen von Historikern des Absolutismus, die diese Entstehung mit dem Konzept der Sozialdisziplinierung verbunden haben, auf eine differenzierende Geschlechterpolitik der frühneuzeitlichen Staaten, die nicht durchgängig im Sinne männlich-patriarchaler Normen praktiziert wurde. Gerade diese geschlechtliche Differenzierung wird von ihr als wesentliche Dimension der Konstitution und Legitimation von Staatlichkeit in der Frühen Neuzeit nachgewiesen. Weiter führt sie aus, dass die Geschlechterpolitik aufgeklärt-absolutistischer Institutionen zu größerer Gleichheit tendierte als die folgenden liberal-bürgerlichen Gesellschaften.

Ein anderes Beispiel sind die Forschungen von Nathalie Zemon Davis. Sie untersucht auf mikrohistorischer Ebene drei Frauenleben in der Frühen Neuzeit. Und legt dabei eine Geschichte der Möglichkeiten, der Handlungsspielräume von Personen frei. Davis zeigt die kreativen Handlungsspielräume von Frauen des 17. Jahrhunderts auf, die sich gerade deren gesellschaftlichen Marginalpositionen verdankten, abseits der Zentren politischer und religiöser Macht.

Wie sich die Kategorie »Geschlecht« im Laufe des 19. Jahrhunderts zu einer gesellschaftlichen Hauptordnungskategorie entwickelte, hat besonders Ute Frevert in ihren Untersuchungen zu Geschlechterverhältnissen in der Moderne gezeigt. Die Kategorie Geschlecht zur Herstellung von Differenz – auf der Ebene der sozialen Praxis sowie auf der des Diskurses – entwickelte sich immer mehr zu einem konstitutiven Strukturelement der bürgerlichen Gesellschaft und wurde wiederum von dieser immer wieder neu hergestellt und zementiert.

Vorschläge zu einer feministischen Epistemologie
Über die genannten Analysen hinaus gab es bereits die ersten Ansätze einer neuen Epistemologie. Diese konzentrierten sich zunächst auf zwei Fragestellungen: Erstens, auf welche Weise konstituiert die Abwehr des Subjektiven ein Erkenntnismodell (Epistemologie), das eine hierarchische Geschlechterbeziehung befördert? Und zweitens, wie sind zeitgenössische patriarchale Verhältnisse in den reduktio-

nistischen Vorstellungen der (Natur-)Wissenschaften repräsentiert? Drei Ansätze der feministischen Wissenschaft sollen hier kurz vorgestellt werden:

Feministische Wissenschafts- und Gesellschaftstheorie ist in ihren Überlegungen der Logik der dichotomen Aufteilungen in der Wissenschaft nachgegangen und hat ihre eigene Lesart der Moderne und ihr eigenes theoretisches Bezugssystem entwickelt. Zentral dabei waren zunächst die Unterscheidung von biologischem und sozialem Geschlecht, von sex und gender und weiterhin die Analyse der geschlechtsspezifischen Arbeitsteilung mit ihren weitreichenden sozialpsychologischen Folgen. Dabei, so die Analyse, dient der weibliche Körper als Matrix für Projektionen von abgespaltenen Wünschen und Ängsten des sog. modernen Menschen. Das Weibliche steht nicht für sich selbst, sondern erfüllt die Funktion eines kulturellen Bildes, im Mythos des ewig Weiblichen mag es für Frauen vielleicht eine Vergangenheit geben, aber keine Geschichte.

Dem hält der feministische Empirismus Folgendes entgegen: Er geht davon aus, dass Sexismus und Androzentrismus gesellschaftlich bedingte Verzerrungen sind, die durch strikte Anwendung der bereits existierenden methodologischen Normen wissenschaftlicher Untersuchung korrigiert werden können. Ihr Argument ist, dass Feministinnen eine umfassendere und kritischere Perspektive haben aufgrund ihrer grundsätzlich kritischeren Haltung und damit prädestiniert sind, Verdunklungsmechanismen zu beseitigen, denen Erkenntnis und Beobachtungen unterliegen. Feministischen Wissenschaftlerinnen fallen somit androzentrische Verzerrungen eher auf als Wissenschaftlern. Außerdem seien es die sozialen Bewegungen selbst, die die herkömmliche Wissenschaft zu Objektivität gezwungen hätten. Man denke an das Beispiel der lateinamerikanischen Revolutionen im 19. Jahrhundert oder die proletarischen Revolutionen am Ende desselben und im beginnenden 20. Jahrhundert, Entwicklungen, die die Auffassungen von wissenschaftlicher Objektivität entscheidend beeinflusst haben. Kritisiert wurde seitens des feministischen Empirismus auch die Auswahl der untersuchten Ereignisse, die zu einer androzentrischen Wissenschaft führten.

Ein solcher Ansatz ist sehr verführerisch, da er nur auf »unseriöse« Wissenschaft abzielt, nicht aber auf den gesamten Ansatz der Wissenschaft. Doch er lässt außer Acht, dass die gesellschaftliche Verortung sehr wohl Einfluss auf die Methodiken und Epistemologien und damit auf die Ergebnisse einer Forschung selbst haben.

Das feministische Standpunktdenken: Dieser Ansatz hat seinen Ursprung in Hegels Dialektik von Herr und Knecht und in der Weiterentwicklung dieser Thematik durch Marx, Engels und Lukacs. Hier wird grundsätzlich davon ausgegangen, dass die gesellschaftliche Identität des Beobachters oder der Beobachterin eine wichtige Variable für die mögliche Objektivität von Forschungsergebnissen ist. Daher sind feministische Standpunkte, die sich aus weiblicher Erfahrung gründen und universelle Charakterzüge besitzen, besser geeignet, gesellschaftliche Phänomene zu erklären. Außerdem können nach neueren Erkenntnissen der gesellschaftlichen Strukturiertheit, das heißt der Intersektionalität von Kategorien, feministische Standpunkte vielfältig sein. Je nach Ethnizität (race), Klasse, Kultur etc. bringen sie verschiedene Standpunktperspektiven mit in die Untersuchungen, die diese umso objektiver gestalten.

Eine Besonderheit verdient m. E. eine Erwähnung: Das Konzept des situierten Wissens. Eine ihrer Vertreterinnen, Donna Harraway, geht davon aus, dass erkenntnistheoretische (also epistemologische) Überlegungen von einer Partikularität und Körperlichkeit aller Visionen ausgehen müssen. Alle Sichtweisen haben demzufolge einen Ort, eine Position, die in methodischer Reflexion kenntlich zu machen ist. Jede Wissenschaftlerin hat ihr Eingebettetsein in der Gesellschaft, ihr Herkommen und ihre Handlungsweise zu kontextualisieren. Standpunkte am Rande der Gesellschaft sind, wie bereits erläutert, dazu besser befähigt. Da hier die Subjekte eben widersprüchlich, unabgeschlossen, unzulänglich und verletzlich, uneinheitlich und nicht ahistorisch existieren, und deshalb seien sie eher zu Begegnung und Dialog fähig. Nicht Universalität, sondern Partialität ist die Bedingung für Objektivität und Rationalität, und eine Sensibilität für Macht und Verantwortung eingeschlossen.

Der feministische Postmodernimus: Dieser Ansatz stellt beide vorgenannten grundsätzlich in Frage. Hier werden die Grundfesten der Wissenschaft angegriffen und mit den Mitteln beispielsweise der Dekonstruktion, der Historisierung, der Psychoanalyse, der Semiotik usw. wird nach Diskursgeschichten gesucht und nicht nach »Wahrheiten«. Wie wurde über das Frauenwahlrecht geschrieben und geredet, wer hat darüber geredet, in welchen Medien zu welcher Zeit, wer war das Publikum, das sind Fragen, die der Diskursgeschichte dienen und nicht der Herstellung von »Wahrheiten«. Effekte dieser Forschungen waren die Denaturalisierung der Differenzen durch eine radikale konstruktivistische Sichtweise. Der Kategorie Geschlecht entspricht demnach keinerlei körperliche und natürliche Grundlage, sie maskiert nur mehr ein fragmentarisches Selbst.

Doch auch in diesen drei Ansätzen werden nicht immer konsequent die wissenschaftlichen Paradigmen wie Objektivität und Universalität in Frage gestellt.

Forderungen an eine feministische Epistemologie/Wissenschaft
Sie muss, um wirkungsmächtig Analysen und Veränderungen zu betreiben, methodologisch, konzeptuell und inhaltlich offen gestaltet werden. Nur dann kann sie kontroverse, spannungsreiche Forschungs- und Diskussionsfelder bieten und vermeiden, in die gleichen Paradigmenfallen der frühen Ansätze zu treten. Theoretisches Desiderat muss dabei sein, mit Subjektkonzepten zu arbeiten, indem das Subjekt zum einen zum aktiven Handeln fähig ist, also nicht nur herrschende Regeln und Normen ausführt, zum anderen darf der Ursprung des Handelns nicht im Inneren des Subjekts (Bewusstsein, Wille usw.) verortet werden, das frei von jeglicher sozialer und kultureller Prägung ist. So wie männliche Figuren der Geschichtsschreibung erscheinen. Das Subjekt darf also nicht als rational handelndes, seine Interessen verfolgendes, autonomes Wesen konzipiert werden. Ängste, Zwänge, Leid sind als Motivationsgrundlage durchaus denk-

bar, die Frage ist, wie können diese konzeptualisiert werden oder sind diese überhaupt rekonstruierbar. Geschlecht muss als Kategorie gedacht werden, ausgehend von einer interaktiven Herstellung einer Kategorie (»doing gender«). Geschlecht hat man nicht, sondern man tut es. Die Bedeutung von Geschlecht ist dabei handlungsleitende Disposition (also selbstverständliche Denk- und Wahrnehmungsvoraussetzungen oder auch Handlungskompetenz), an der sich Menschen orientieren. Die Kategorie Geschlecht muss als die Manifestation einer gesellschaftsordnenden und -normierenden bipolaren Einteilung gespiegelt werden, also als Macht-Ordnungsprinzip. Nur eine so gelagerte Forschung in Verbindung mit sozialen Bewegungen kann die Gesellschaft in unserem Sinne bewegen.

Und dann ist das heutige Geschlechterverhältnis auch nicht schon zehntausend Jahre alt, sondern ein Ergebnis der Entwicklungen der europäischen Moderne seit dem ausgehenden Mittelalter.

Ich möchte noch hinzufügen, das scheint mir entscheidend für politische Auseinandersetzungen, dass es m. E. keine Geschichte, Tradition, Rechtfertigung braucht, um ein anderes Leben zu fordern. Wir müssen uns nicht auf »unsere« Geschichte berufen können, um zu fordern, dass alle Menschen mit Respekt, Achtung und Solidarität behandelt werden. Es ist mehr: Wir brauchen kein bestimmtes Geschlecht, keine Klasse, auch keine entsprechenden Sprachen, um zu fordern, in Frieden zu leben. Selbst wenn der Mensch schon immer Krieg geführt hat, selbst wenn es die friedliche quasi matriarchale Klangesellschaft nicht gegeben hat, haben wir das Recht, eine gleichberechtigte und solidarische Lebensweise zu fordern. Einfach, weil wir es tun!

Vielen Dank für Eure Aufmerksamkeit!

Muriel Gonzáles Athenas *ist Aktivistin in feministischen, antirassistischen und autonomen Netzwerken. Seit zwei Jahren arbeitet sie mit der kurdischen Frauenbewegung in Deutschland für einen neuen Aufbruch in emanzipatorischen Bewegungen. 2013 eröffnete sie in mehreren katalanischen Städten die Ausstellung »… damit die Freiheit keine Utopie bleibt!« über aktuelle Positionen der kurdischen Bewegung. Sie ist Historikerin und arbeitet als wissenschaftliche Mitarbeiterin an der Universität zu Köln. Ihre wissenschaftlichen Schwerpunkte sind Geschlechterforschung, Arbeit und Kapitalismus, eurozentrische Geographien, feministische Epistemologie und historiographische Methoden.*

1.2 Kenan Ayaz

Kapitalismus – Akkumulation von Wert oder Macht?

Ich grüße respektvoll alle TeilnehmerInnen dieser Konferenz. Ich freue mich sehr, an einer solchen Tagung im Rahmen der Ideen Abdullah Öcalans, des Repräsentanten des kurdischen Volkes, teilnehmen zu können. Ich werde versuchen, die These zu diskutieren »Der Kapitalismus ist nicht Wirtschaft, sondern Macht«.

Viel ist über den Kapitalismus gesagt worden. Er hat sich besonders seit dem 16. Jahrhundert in Westeuropa herausgebildet, mit Amsterdam und London als Zentren, und präsentierte sich vor allem als Wirtschaftsmodell. Dabei ging es nicht nur um ein Wirtschaftssystem, sondern die Ökonomie wurde vorgeschoben, um zu verdecken, dass es sich im Wesentlichen um ein System ideologischer, kultureller und politischer Herrschaft handelte. Er versuchte sich als ein Wirtschaftsmodell zu präsentieren, das Reichtum produziert, von dem die gesamte Menschheit profitieren, durch das sie reich werden könne. Dabei stützte er sich auf die positiven Wissenschaften, die benutzt wurden, um die eigene Denkweise auf der Erde zur beherrschenden, hegemonialen zu machen. Dass der Kapitalismus seinen eigenen Beginn auf das 16. Jahrhundert datierte und die vorangegangenen Entwicklungsstufen ignorierte, diente dazu zu verschleiern, dass es sich um eine Herrschaft handelte, die auf den vorherigen Stufen Staat und Macht aufbaute. Um sich als fortschrittliches System gerieren zu können, das den Menschen nutzt, wurden alle Vorgängersysteme negiert. Das kapitalistische System entstand vielleicht als eine Stufe des Verfalls der Zivilisation, gleichzeitig sollen wir in ihm jedoch das A und O aller Dinge sehen.

Nachdem dem Mittleren Osten die Machthegemonie abgerungen worden war, begann der Kapitalismus im 16. Jahrhundert in den italienischen Städten. Später wanderte sein Zentrum nach Amsterdam und London und er setzte an, zum herrschenden Weltsystem zu werden. Unter Ausnutzung der positiven Wissenschaften trachtete er nach gesellschaftlicher Akzeptanz.

Marx und Engels wollten den Kapitalismus bekämpfen und entwickelten die sozialistische Theorie. Sie hatten gute Absichten und hohe Ansprüche, doch war ihre Kapitalismusanalyse nicht vollständig. Im Laufe seiner 150-jährigen Praxis wurde der Sozialismus im Realsozialismus auf das rein Ökonomische reduziert, wodurch er ungewollt zur Stütze des Kapitalismus wurde. Theoretische Grundlagen für die Theorien von Marx und Engels waren die englische politische Ökonomie, die deutsche idealistische, hegelianische Philosophie und der französische utopische Sozialismus. Die englische politische Ökonomie führte dazu, dass alles mit der Ökonomie erklärt wurde, das französische Denken zum Zurückdrängen der Religion und zur Betonung von Laizismus und Positivismus und das hegelianische Denken dazu, dass mehr in nationalstaatlichen Kategorien gedacht wurde, und zu einem Nationalismus auf der Grundlage des Nationalstaats.

Natürlich liegt es auch an den Mängeln des Kampfes gegen den Kapitalismus, dass dieser weiterbestehen und sich als zivilisatorische Ära und gar als Gipfel der Zivilisation darstellen konnte. Als sei er kein Fegefeuer für die Menschheit, bedeute er nicht die Zerstörung von Menschlichkeit und Gesellschaft, sei er keine Katastrophe für die Gesellschaft – so wurde er unter den Bedingungen seiner Zeit als freiheitliche, revolutionäre und fortschrittliche Tendenz gesehen.

Die marxistische Theorie teilte die Geschichte in verschiedene Abschnitte ein, die angeblich zwangsläufig durchlaufen werden müssten: Sklaverei, Feudalismus, Kapitalismus, Sozialismus. Um zum Sozialismus zu gelangen, musste man also durch den Kapitalismus hindurch. Mit einem solchen theoretischen Hintergrund ließen die Gesellschaftsforschung und ihre Methodik Besonderheiten von Raum und Zeit außer Acht. Die marxistische Theorie stützte sich vor allem auf das europäische Denken seit dem 16. Jahrhundert und analysierte nicht die Zivilisation als Ganzes, ignorierte eigene Erfahrungen und die kommunalistische Phase des Urkommunismus. Sie fragte nicht, wie Macht und Staat entstanden waren, wie sie zerstörerischen Einfluss auf die Gesellschaft gewinnen konnten. So gelang es dem Marxismus nicht, den Kapitalismus zu überwinden. Er wurde ungewollt zu seiner Stütze von links, zu einer Spielart des Kapitalismus. Ein wichtiger Grund für die enorme Wirkung des Kapitalismus auf die Gesellschaft war, dass er der Gesellschaft die Möglichkeit zur wirksamen Verteidigung nimmt. Die realsozialistische Praxis in Russland und China stützte letztlich den Kapitalismus und trug zur Zerrüttung der Gesellschaften bei.

Marx und Engels hatten große Ideale, aber einer ihrer Fehler war, nicht auf die Gesellschaftlichkeit zu setzen und sich nicht auf die vorkapitalistischen historischen Epochen zu stützen. An diesem Punkt setzt Öcalan an und weitet die Kapitalismusanalyse aus. Indem er Sozialismus als Verteidigung der Gesellschaft begreift, befasst er sich mit der Gesellschaft, der Natur, der Frau und dem Universum als Ganzem und stellt die Frage, wie das Leben sein sollte.

Die Formulierung und die These, dass der Kapitalismus nicht Ökonomie, sondern Macht bedeute, wurde vielleicht von Öcalan formuliert und systematisch ausgearbeitet. Doch hatte vor ihm der Historiker Fernand Braudel in seinen Schriften den Kapitalismus als Plünderung und Zerstörung betrachtet und damit auch ausgedrückt, dass der Kapitalismus nicht Ökonomie bedeute, sondern der Todfeind der Ökonomie sei. Trotzdem ist es ihm und anderen nicht ausreichend gelungen, diesen Gedanken auszubauen und ein alternatives System zu schaffen.

Öcalans Feststellungen zum Kapitalismus, also dass es sich dabei nicht um eine Art der Ökonomie, sondern um deren Negation, um ihren Todfeind handle, dass der Kapitalismus ein System zur Beherrschung der Ökonomie und zur Errichtung einer Macht über die Ökonomie darstelle, zeigen, dass der Kapitalismus keine Ökonomie ist. Ökonomie bedeutet nämlich Gesellschaftlichkeit. Ein ökonomisches Modell, das nicht auf Ausbeutung oder irgendeiner Form von Profit beruhte, war vielleicht dasjenige vor dem Übergang zur Zivilisation, das sich gebildet hatte, als die Menschheit in der natürlichen

Gesellschaft lebte und sesshaft wurde. Es befriedigte die gemeinsamen Bedürfnisse der natürlichen Gesellschaft durch gemeinschaftliche Produktion und beruhte auf dem Teilen. Gleichzeitig war es eine Form der Demokratie, denn das Leben gestaltete sich um die Frau herum. Dass die Frau im Zentrum des gesellschaftlichen Lebens stand, für gemeinschaftliche Produktion und gerechtes Teilen der Produkte sorgte, brachte der Gesellschaft Gleichheit, Freiheit und Wohlstand. Der Kapitalismus stützt sich hingegen von Anfang an, bis heute, auf die Raubkultur, die um den »starken und gerissenen Mann« herum entstand und es auf die gesellschaftlichen, menschlichen Werte, die sich um die Frau herum entwickelt hatten, abgesehen hat und alle geschaffenen Werte an sich reißen will.

Die Macht, die in der sumerischen Stadt Uruk ihren Anfang nahm und über den Hauptstrom und die Nebenflüsse der Zivilisation bis nach heute getragen wurde, hat im New York der USA ihren Gipfelpunkt erreicht. Dieser Aufstieg hängt mit den von ihr verwendeten Methoden zusammen. Wie gefährlich der Kapitalismus für die Menschheit geworden ist, zeigt sich in der Zunahme der Arbeitslosigkeit auf der Welt, in den Kriegen, Zerstörungen und Katastrophen, in die Menschen in den letzten Jahrhunderten gestürzt wurden. Soziologische Bewertungen historischer Prozesse gehen von deren Ergebnissen aus. So sieht die positivistische Philosophie die Stufe der Zivilisation als Fortschritt, als Reichtum, als modern an. Wenn wir aber die seit der Entstehung von Macht und Staat und später bei der Herausbildung des Nationalstaats seit dem 16. und 17. Jahrhundert abgelaufenen Prozesse betrachten, erkennen wir, dass die Menschheit eigentlich mit einem großen Krieg konfrontiert ist. In den letzten 500 und besonders in den letzten 100 Jahren hat die Menschheit schlimmere Katastrophen hervorgerufen als je zuvor. Der Erste und der Zweite Weltkrieg brachten Millionen von Toten. Heute steht der Kapitalismus unter der Führung der USA im Zenit. Seine Intervention im Mittleren Osten, die Tatsache, dass er auf den Nationalstaat setzt und mit den Nationalstaaten Völker in die Katastrophe stürzt, hat weiteren Millionen Menschen den Tod gebracht. Allein im Irak sollen seit 2003 mehr als eine Million Menschen getötet worden sein. Der Kapitalismus zerstört Natur und Gesellschaftlichkeit, gleichzeitig gibt es ein übermäßiges Bevölkerungswachstum. Er führt Kriege, um seine Herrschaft zu sichern. Genozide und Assimilation zeigen, dass er der Feind von Mensch und Natur ist.

Der technische Fortschritt und der extreme Profit, der im Kapitalimus akkumuliert wird, schaffen in der Gesellschaft große Ungleichheit und Ungerechtigkeit. Obwohl Ökonomie gleichbedeutend ist mit Gesellschaftlichkeit, nicht nach Profit strebt und auf dem Teilen beruht, wird der Gesellschaft eine Kultur der Börsenspekulation und Plünderung, der Zinsen und des Finanzkapitals aufgezwungen. Eigentlich verarmt die Gesellschaft dadurch. Gleichzeitig sind Millionen Menschen arbeitslos, Millionen Menschen kämpfen mit dem Hunger, während auf der anderen Seite ein Unternehmen, eine Gruppe, eine Klasse durch fiktive Börsengeschäfte extrem reich werden kann. Dies führt zu Katastrophen, welche die gesamte Menschheit bedrohen. Hier müssen wir feststellen, dass der Kapitalismus kein ökonomisches Modell ist, sondern ein System, das es auf die Ökonomie abgesehen hat, das die Ökonomie beherrscht, sie für die eigene Machterhaltung ausnutzt. Daher ist er keine Ökonomie, sondern ein Machtsystem.

Der Kapitalismus entwickelte sich, indem er die Gesellschaft, die Natur und die Frau ausgebeutet hat. Die Bezeichnung Ökonomie stammt aus dem Griechischen. Doch auch bevor sie so bezeichnet wurde, also im Neolithikum und in der natürlichen Gesellschaft, hatte es eine Hauswirtschaft (Ökonomie) der Frau gegeben, eine Ordnung der Frau. Die Frau ist die eigentliche Begründerin der Ökonomie, doch im heutigen kapitalistischen System wird sie am meisten ausgegrenzt und ihre Arbeit unsichtbar gemacht, verleugnet, aus der gesellschaftlichen Wahrnehmung verbannt. Aus dieser Perspektive heraus bedeutet es nicht, dass der Kapitalismus stark ist, wenn er in der Phase der Zivilisation seinen Gipfel erreicht hat. Es spricht für einen Mangel an Verteidigung des Gesellschaftlichen. Das macht den Kapitalismus heute stark.

Im Kampf um die globale Hegemonie, der vor allem von den USA und Großbritannien geführt wird, wenden sie sich dem Mittleren Osten zu, um ihre eigene Krise zu kaschieren. Weltweit, aber besonders im Mittleren Osten, werden religiöse Ideologien, Konfessionalismus und Nationalismus gefördert, was sich für die Menschheit destruktiv auswirkt. Die Hinwendung zu religiösem Denken in der Folge des »arabischen Frühlings« bringt letztlich eine noch stärkere globale Herrschaft des Kapitalismus mit sich.

Der Kapitalismus ist nicht Ökonomie, sondern Macht. Er ist ein System, das die Ökonomie zerschlägt, plündert, herabwürdigt, die Gesellschaftlichkeit vernichtet, den Individualismus befeuert, den zwischenmenschlichen Beziehungen die Wärme nimmt, das Leben auf Materielles und Geld ausrichtet. Daher müssen wir große Kämpfe führen, um den Kapitalismus überwinden zu können und Öcalans Aphorismus zu bestätigen: »Auf dem Sozialismus zu beharren bedeutet, auf dem Menschsein zu beharren.«

Vielen Dank.

Kenan Ayaz ist kurdischer Menschenrechtsaktivist, der aufgrund seiner politischen Ansichten für 12 Jahre in der Türkei inhaftiert war. Er ist in der kurdischen Freiheitsbewegung aktiv.

1.3 David Harvey

Von der Pariser Kommune nach Rojava

Ich schreibe diese Worte im Anschluss an eine inspirierende und informationsreiche Konferenz, von der ich selbst viel lernte, einschließlich der einfachen Tatsache, dass ich noch viel mehr über die Lage der Kurden und das Gewirr der Politik im Nahen Osten zu lernen habe. Inspiriert worden bin ich von den Berichten über die radikale Neuordnung der Ausübung von Regierungsmacht in Rojava und Nordsyrien, Ergebnis eines bitteren militärischen Sieges der Kurden über den IS, in dessen Verlauf das Land zerstört wurde und sich der syrische Staat zurückzog.

Allerdings war ich gebeten worden, in der Konferenz über den Nationalstaat zu sprechen. Ich habe mich dem teilweise entzogen, denn der Begriff macht mich immer nervös. In dem Begriff werden zwei Worte miteinander verknüpft und er wird oft als in sich identisches Konzept präsentiert, obgleich er in sich widersprüchlich ist[1]. Der Staat ist eine territorial definierte politische und institutionelle Ordnung innerhalb derer bestimmte Machtzuständigkeiten exklusiv zusammengefasst sind, die für gewöhnlich unter dem Begriff „staatliche Souveränität" firmieren. Typischerweise verfügt der kapitalistische Staat über das Gewaltmonopol, reguliert die Tauschmittel (obwohl Staaten der Euro-Zone dieses Recht an eine suprastaatliche Behörde abtreten) und hat die Macht, Gesetze, Regeln und Institutionen innerhalb des Territoriums zu bestimmen, über das es eine souveräne Gerichtsbarkeit ausübt.

Typischerweise nimmt er auch die Schlüsselrolle in der Planung und dem Aufbau der physischen und sozialen Infrastruktur innerhalb seines Territoriums ein. Die Nation wiederum ist ein Kollektiv von

---

1   Der englische Begriff für Nationalstaat ist „nation state". Da Englisch keine agglutinierende Sprache ist, werden hier zwei Begriffe zu einem neuen, widersprüchlichen Konzept zusammengestellt; Anm.d.Ü.

Menschen, das durch Gemeinsamkeiten in Abstammung, Sprache, Kultur, Gewohnheiten, Geschichte, kollektiven Erinnerungen, religiösen Verbindungen oder ethnischen Identitäten (oft lose) verbunden ist. Die Bevölkerung kann oder kann nicht geographisch konzentriert sein. Gäbe es einen einheitlichen Nationalstaat, so handelte es sich eindeutig um das, was Marx eine „widersprüchliche Einheit" nennen würde. Praktisch alle Staaten, so zeigt sich, sind plurinational, erkennen dies jedoch (mit Ausnahme der neuesten Verfassungen Ecuadors und Boliviens) nicht in ihren Verfassungen oder Gründungsdokumenten an. Großbritannien, Kanada, Belgien, Finnland, die Türkei und fast alle Staaten des Nahen Ostens sind plurinationale Staaten. In anderen Fällen, wie zum Beispiel Frankreich, haben Jahrhunderte von Zwang und Einwilligung ein ehemals plurinationales Territorium zu einer linguistischen Identität verschmolzen. Im Fall des türkischen Staats hat der Nationalismus nach dem Ende des Osmanischen Reichs zur Vertreibung der Griechen und Juden, dem Genozid an den Armeniern und der Forderung an die Kurden, sich vollständig im Sinne der türkischen nationalen Identität zu assimilieren, geführt. In den Vereinigten Staaten ist der lang andauernde Versuch, jeden, ungeachtet seiner Herkunft, im „Schmelztiegel" USA „zum Angelsachsen zu verschmelzen", größtenteils misslungen.

Die Bedeutung der nationalen Identität für den Staat liegt darin begründet, das vorrangigste Mittel zu sein, durch das der Staat Legitimität und Zustimmung für seine Handlungen erlangt und unter seinen Bürgern, ungeachtet ihrer Zugehörigkeit zu Klasse, Geschlecht, Religion und Ethnie, Solidarität erzeugt. Der Ausdruck „nationales Interesse" wird benutzt, um politische Handlungen zu rechtfertigen, einschließlich der Schaffung von Krieg und Frieden. Die Wendung „aus Gründen der Staatsräson" bezieht sich üblicherweise auf Handlungen, die nicht offen als im nationalen Interesse stehend gerechtfertigt werden können. Ohne Heimatland ist es jedoch schwierig, ein Gefühl der nationalen Identität zu erreichen. Gegenwärtig befinden sich einige Staaten auf der Suche nach einer Nation (insbesondere diejenigen, die von britischen und französischen Kolonisatoren, die für die meisten der heute geltenden Staatsgrenzen dieser Welt verantwortlich sind, auf dem Reißbrett konzipiert worden sind) und einige Nationen auf der Suche nach einem Staat (wie es offensichtlich das Ziel des nicht der PKK angehörenden Teils der kurdischen Bewegung, der Kaschmiris und in jüngerer Zeit der Katalanen, Basken und Schotten gewesen ist). Diesen grundlegenden Widerspruch in der Organisation menschlicher Gesellschaften, versucht Öcalan zu überwinden. Ich pflichte einem solchen Projekt bei. Alle plurinationalen Staaten sollten plurinationale Verfassungen haben. Als die schottische Unabhängigkeitsbewegung vom Nationalismus getrieben war, habe ich sie nicht unterstützt, aber als der Antrieb aus der Vorstellung kam, einen autonomen Raum zu schaffen, innerhalb dessen eine Anti-Austeritätspolitik und ein sozialistischeres Gesellschaftsmodell aufgebaut werden könnten, begann ich es zu unterstützen.

Wenn weder der Staat noch die Nation unterschiedliche Völker zusammenbringen können, was kann es dann? Als ich vor zwei Sommern in Diyarbakir war, fand ich eine Broschüre, die über Ergebnisse einer irgendwann im 19. Jahrhundert durchgeführten Volkszählung in einem bestimmten Teil der Stadt berichtete. Mich erstaunte, wie viele Familien mit unterschiedlicher Religionszugehörigkeit und unterschiedlichen Muttersprachen am selben Ort lebten und ich wunderte mich, wie sie alle zueinander in Beziehung stehen könnten. Eine offensichtliche Antwort ist: durch den Tauschmarkt. Ein Laib Brot und ein Paar Schuhe sprechen gewissermaßen die gemeinsame Sprache der Waren und diese Sprache wird von allen Menschen verstanden, ungeachtet ihrer Sprache, Religion oder Ethnie. Dies ist der positive Aspekt des Warentauschs. Waren können getauscht werden – Schuhe gegen Brotlaibe – aber da Tauschbeziehungen sich räumlich und zeitlich ausweiten, sind Formen von Geld notwendig, wodurch die Unterscheidung zwischen dem Gebrauchswert und dem in der Ware geronnenen Tauschwert, in eine äußerliche Unterscheidung zwischen Geld auf der einen Seite und allen Waren auf der anderen ausgedrückt wird.

Aber was stellt das Geld hier dar? Die Antwort, sagt Marx, liegt in der durch den Markt vermittelten gesellschaftlichen Arbeit, die wir für andere erledigen. Diese gesellschaftliche Arbeit nennt er „Wert". Der Wert, der durch den Tauschmarkt das Licht erblickt, reguliert die marktförmigen Tauschbeziehungen, die ihn hervorgebracht haben. Der Wert ist das, was allen Waren gemein ist und das Geld ist sein materieller Ausdruck. Tatsächlich ist der Wert der immaterielle doch objektive Ausdruck der gesellschaftlichen Arbeit, verborgen in Adam Smiths „unsichtbarer Hand" des Marktes. Aber was macht das Geld eigentlich und wer kontrolliert es? Früher gab es Geldwaren wie Gold und Silber, aber jetzt gibt es Zentralbanken, denen eine Schlüsselrolle zukommt, sodass wir sagen könnten, wir leben unter einer Diktatur der Zentralbanken der Welt. Die Fähigkeit, die Politik der Austerität in Frage zu stellen, wurde während des schottischen Referendums durch das Versprechen gezügelt, das britische Pfund als Tauschmittel zu behalten und damit der Geldpolitik der Bank von England untergeordnet zu bleiben. Autonomie in Bezug auf die Sozialpolitik ist umsetzbar, jedoch Autonomie von der Welt des Geldes ist es nicht.

Geldformen und Warentausch können nicht ohne Formen des und Vereinbarungen über das Privateigentum funktionieren, die an juristische Personen gebunden sind. Außerdem müssen die Qualität und Integrität der Währung sichergestellt sein. Der kapitalistische Staat existiert unter anderem, um die individuellen Eigentumsrechte und die Integrität der Währung sicherzustellen. Dies schließt die staatliche Regulierung individuellen Verhaltens ein, was den individuellen Freiheiten widerspricht, die vermeintlich den Rechten am Privateigentum innewohnen. Autoritäre und autokratische Staaten stehen den Staaten des Laisser-faire gegenüber. Bewegungen einzelner Privateigentümer (wie die libertäre[2] *tea party* in den Vereinigten Staaten) entstehen im Kampf gegen „exzessive" staatliche Regulie-

---

2 Damit ist der marktradikale Liberalismus gemeint. Die linksradikalen Strömungen von Libertären, die sich gegen jede Form kapitalistischer Herrschaft richten, sind dieser Denkrichtung absolut entgegengesetzt; Anm.d.Ü.

rung und Besteuerung, bis das Chaos übermäßig individualisierter Aktivität zu einer Krise führt, die durch Eingriffe des kapitalistischen Staates gelöst werden muss.

Ein Problem entsteht jedoch, denn mit der Geldform gibt es nichts, um Privatpersonen daran zu hindern, sich gesellschaftlichen Reichtum (Wert) anzueignen. Dies hat eine Fülle von Konsequenzen für die Definition einer kapitalistischen Ökonomie. Es erlaubt beispielsweise einer kapitalistischen Klasse den gesellschaftlichen Reichtum und die Produktionsmittel zu monopolisieren und lässt einer Arbeiterklasse keine andere Option zu überleben, als durch den Verkauf ihrer Arbeitskraft als Ware auf dem Arbeitsmarkt.

Die folgende Skizze von Marx' Kapitaltheorie ist beachtenswert. Das Kapital wird durch eine Reihe ineinander verschränkter Widersprüche ausgedrückt:

Gebrauchswert versus Tauschwert

Geld (die Repräsentation von Wert) versus Wert (gesellschaftliche Arbeit)

Privateigentum versus Staat

Private Aneignung versus kollektive Produktion des gesellschaftlichen Reichtums

Eigentümer (Kapitalisten) versus Nicht-Eigentümer der Produktionsmittel (Arbeiter)

Dies sind die ersten fünf Widersprüche, über die ich in einem kürzlich veröffentlichten Buch unter dem Titel „Siebzehn Widersprüche und das Ende des Kapitalismus"[3] geschrieben habe. Ich hatte ein zweifaches Ziel beim Schreiben dieses Buchs. Das erste war, genauer zu definieren, was es bedeutet antikapitalistisch zu sein, da mir aufgefallen war, dass viele Personen und soziale Bewegungen sich vage als antikapitalistisch bezeichnen ohne eigentlich zu wissen, was es bedeuten könnte. Außerdem wollte ich eine Auseinandersetzung darüber anregen, warum wir jetzt alle antikapitalistisch sein sollten. Ich werde gleich kurz auf diese beiden Ideen eingehen. Aber lasst mich

---

3 Originaltitel: Seventeen Contradictions and the End of Capitalism. Auf Deutsch: Harvey, David (2015) *Siebzehn Widersprüche und das Ende des Kapitalismus* (Berlin: Ullstein).

vorher veranschaulichen, wie die ineinander verschränkten Widersprüche während der jüngsten Krise funktionierten. Ich werde dies am Beispiel der Rolle des Wohnraums und des Immobilienmarkts in der Entstehung der Krise 2007-8 ausführen.

DIE KRISE

1 GEBRAUCHSWERT – TAUSCHWERT
Die Apologeten des Kapitalismus sagen uns, dass der beste Weg den Menschen Gebrauchswerte, wie etwa Wohnraum, zur Verfügung zu stellen, in der Errichtung eines „effizienten" Marktsystems besteht. Indem Tauschwerten und der Orientierung auf Profit eine Präferenz gegeben werden, könnten den Menschen Gebrauchswerte effizient und zu geringen Kosten zur Verfügung gestellt werden. Das System des Tauschwerts beraubte in der Krise 2007-8 jedoch mehr als 6 Millionen Haushalte in den USA des Gebrauchswerts ihres Wohnraums. Das System des Tauschwerts hat bisher tatsächlich immer nur für die Mittelklasse und die Reichen funktioniert. Für das untere Drittel der Bevölkerung hat es ohne öffentliche Subventionen nie ordentlichen und erschwinglichen Wohnraum zur Verfügung gestellt, denn der Zugang zu Wohnraum ist vom Einkommen abhängig.

GELD – WERT
Der Wert ist in gesellschaftlicher Arbeit verankert aber seine Repräsentation als Geldform ist weniger eingeschränkt. Geld kann zu einem spekulativen Instrument gemacht werden, sodass sogar auf Dinge, die keine Produkte menschlicher Arbeit sind (wie zum Beispiel der Boden) ein Preis erhoben werden kann. Die raschen Preissteigerungen der letzten Jahre auf den Wohnungsmärkten von Irland bis zur Türkei, China, New York und São Paulo, stellen einen überzeugenden Nachweis der These dar, dass das Verhältnis zwischen dem Wert als gesellschaftlicher Arbeit und den Geldpreisen von Vermögen außer Kontrolle geraten ist, da letztere durch Spekulation überbewertet sind.

Infolgedessen kommt es zu Wohnungsbau für Wohlhabende, der als spekulative Investition (zur Geldwäsche geeignet) genutzt wird und nicht, um darin zu leben, während gleichzeitig der Bau bezahlbarer Wohnungen für die Armen vernachlässigt wird.

PRIVATEIGENTUM UND DER STAAT

Die Politik der fortgeschrittenen kapitalistischen Staaten war seit langem auf die Schaffung von Wohneigentum ausgerichtet, teils weil „verschuldete Eigenheimbesitzer nicht streiken" und weil sie von Natur aus zur Unterstützung von Privateigentum und Kapitalismus tendieren. Eigenheimbesitzer entwickeln eine Bindung an ihre Häuser, sowohl als künftige Tauschwerte wie auch als Gebrauchswerte. Sie verhalten sich ausgrenzend und fördern die gesellschaftliche Spaltung, um unerwünschte Menschen fernzuhalten. Der Wert ihrer Eigenheime wurde für sie zum Spekulationsobjekt. In den USA war der Staat bestrebt, die bisher vom amerikanischen Traum des Eigenheimbesitzes ausgeschlossenen Gruppen über eine Reform der Hypotheken und durch Subventionen für Wohnungsbaufirmen und Käufer einzubeziehen. Diese Politik, ergänzt um eine niedrige Zinssatzpolitik für Hypotheken, führte zu einer durch die Bauwirtschaft getriebenen Hochkonjunktur von 2001 bis 2007 und ihrem anschließenden Zusammenbruch, der zu einer schweren Störung des Finanzsystems führte.

PRIVATE ANEIGNUNG GESELLSCHAFTLICHEN REICHTUMS

Zur Vermarktung neuer Formen der Wohnraumfinanzierung wurden neue Programme aufgelegt, die eine Riesenwelle unterfinanzierter Hypotheken produzierte, an denen sich Anwälte, Buchhalter, Hypothekare, Banken bereicherten, indem sie schutzlose Bevölkerungsgruppen in ihre Programme saugten, was zu einer Riesenwelle von Akkumulation durch Enteignung führte, die durch den Spekulationsboom der Immobilienwerte verborgen wurde. Als dieses System zusammenbrach, zeigte sich, dass es von Raub, Diebstahl und illegalen Machenschaften geprägt war und eine der dramatischsten

Formen der Umverteilung des Reichtums von einer Klasse auf eine andere Klasse in der Geschichte der USA darstellte.

KLASSENUNTERSCHIEDE VERSCHÄRFEN SICH
Im Jahr 2008 wurden an der Wall Street fast 50 Mrd. US-Dollar in Prämien an diejenigen ausgezahlt, die das Weltfinanzsystem zum Sturz gebracht hatten. Im selben Zeitraum verloren die afroamerikanische Bevölkerung mehr als 60% ihres Vermögens, die Latinos fast genauso viel und die weiße Bevölkerung ca. 30% ihrer Vermögenswerte (zusammen beliefen sich die Verluste auf ca. 100 Mrd. US-Dollar). Die reiche Kapitalistenklasse gewann überproportional viel und die schutzlosesten Bevölkerungsgruppen verloren überproportional viel. Im Anschluss an die Krise kauften Hedgefonds und Gruppen von privatem Eigenkapital die zwangsversteigerten Häuser auf, um sie monopolisiert zu sehr hohen Mieten zu verpachten. Die Reichen werden reicher (sogar inmitten einer gewaltigen Krise) und die Armen werden ärmer (die Last der Krise tragend). Die Reichen müssen einfach enteignet werden von ihren unrechtmäßig erworbenen Gewinnen und der Reichtum muss nach dem Prinzip „Jeder nach seinen Fähigkeiten, jedem nach seinen Bedürfnissen!"[4] gerecht umverteilt werden.

Ich hoffe, Ihr werdet meinen Rückgriff auf ein US-Beispiel verzeihen, da ich die dortige Situation natürlich am besten kenne. Aber ich fand es wichtig zu veranschaulichen, dass die auf den ersten Blick sehr abstrakten Kategorien und Widersprüche, die Marx im Kapital entwickelt hat, eingesetzt werden können, um zu beleuchten, was im Vorfeld der Krise von 2007-8 geschah und gleichzeitig aufzuzeigen, welche Art von gesellschaftlicher Veränderung für eine antikapitalistische Zukunft erforderlich ist.

WARUM ICH EIN ANTIKAPITALIST BIN
Ich bin nicht aufgrund einer fehlerhaften DNA zum Antikapitalisten geworden. Ich bin nicht als Antikapitalist aufgezogen worden oder

---
4 Karl Marx (1875/1987) *Kritik des Gothaer Programms*, MEW 19, S. 21.

weil es ein traumatisches oder brutales Ereignis in meiner persönlichen Geschichte gab, das mich in diese Richtung geführt hätte. Ich bin noch nicht einmal Antikapitalist, weil ich all die Fernsehsender, die eine sich nie realisierende Traumwelt versprechen, nicht ausstehen kann (obgleich dies etwas zur Leidenschaft meines Antikapitalismus beiträgt). Ich bin ein Antikapitalist aus Vernunftgründen. Ich bin zu dem Schluss gekommen, dass jeder vernunftbegabte Mensch auch zum Antikapitalisten werden sollte. Selbstverständlich weiß ich, dass in diesen modernen und poststrukturalistischen Zeiten und in einer Welt, in der sogar in der Linken Affekte die Vorhand über die Vernunft gewinnen, dieses Beharren auf Vernunft nicht angesagt ist. Ich verstehe mich als vernunftgeleitet handelnd, nicht im Sinne des großen Ideals der Aufklärung (obwohl ich denke, dass vieles an der Aufklärung immer noch für sie spricht), sondern in dem einfachen Sinne, dass ich es vernünftig finde auszuweichen, wenn ein rasendes Auto fahrerlos auf Dich zukommt.

Ich habe mich im Alter von 35 Jahren der Marx-Lektüre zugewandt, weil ich mit der Gesellschaftstheorie, die ich bis dahin gelesen hatte, zutiefst unzufrieden war. Diese schien mit den politischen und ökonomischen Prozessen um mich herum nichts oder nur wenig zu tun zu haben. Da ich bei meiner ersten Lektüre keine große Ahnung darüber hatte, worum es im „Kapital" ging, entschied ich, es über den besten Weg, der mir bekannt war, zu lernen, also es zu lehren, und ich lehrte es jedes Jahr (manchmal mehrfach), ungefähr vierzig Jahre lang. Dadurch verstand ich die kapitalistischen Widersprüche und die Formen, in denen diese Widersprüche periodische Krisen produzierten, besser. Mir wurde auch deutlich, dass Krisen nicht nur Momente des Zusammentreffens verschiedener Widersprüche sind, sondern auch Momente, die es dem Kapital ermöglichen, sich selbst zu erneuern oder seine Form zu ändern. Aber es handelt sich auch um Momente, in denen es sozialen Bewegungen möglich sein könnte, ihre Stärke zur Geltung zu bringen, um entweder den Kurs der kapitalistischen Entwicklung zu ändern oder mit der komplexen Arbeit zu beginnen, Alternativen zu suchen und aufzubauen.

Es gibt jedoch einige Widersprüche, die in unserer Zeit besonders gefährlich sind (im Gegensatz zu denen, mit denen Marx sich zu seiner Zeit befasste). Einer besteht in der Notwendigkeit, das exponentielle Wachstum ständig aufrecht erhalten zu müssen. Das Kapital muss wachsen, wenn es nicht sterben will und deshalb ist Wachstum von Anfang an ein unverhandelbarer Aspekt. Mit der Zeit wird exponentielles Wachstum immer mehr zu einem Problem, und mit dem Beitritt des ehemaligen Ostblocks und China in das kapitalistische Weltsystem und dem damit einhergehenden massiven Zuwachs der globalen Arbeitskraft von zwei auf drei Mrd. Lohnarbeiter seit 1980 bilden sich deutliche Grenzen für ein exponentielles Wachstum heraus. Die globale Umweltzerstörung ist ein weiterer gefährlicher Widerspruch, der diese Entwicklung zuspitzt. Darüber hinaus lässt der verstärkte Einsatz von Mechanisierung, Automatisierung, Informationstechnologien und künstlicher Intelligenz die Möglichkeit von bedeutungsvoller und befriedigender Arbeit immer mehr in die Ferne rücken. Ein großer Teil der Arbeitsbevölkerung wird zu einer industriellen Reservearmee mit instabiler und vorübergehender Beschäftigung gemacht oder ist zu unbedeutender und erniedrigender Arbeit verdammt. Wenn all dies mit steigendem Konsum gekoppelt ist, der im Hinblick auf den Wunsch nach wirklicher Befriedigung oft keinen Sinn ergibt, so führt das zu einer in der Bevölkerung weit verbreiteten Entfremdung. Ein Mangel an Demokratie und ein von und für den Nutzen der Eliten geschaffenes politisches System verschlimmern diese Entfremdung um ein Vielfaches. Das Ergebnis sind Ausbrüche von manchmal orientierungslosen aber massiven Unruhen.

Exponentielles Wachstum, die Umweltzerstörung und die weit verbreitete Entfremdung sind die drei gefährlichsten Widersprüche unserer Zeit. Obgleich das Kapital sie im Prinzip alle überleben könnte, ginge das nur mit drakonischen und gewaltsamen Repressionsmitteln und durch die Militarisierung des täglichen Lebens, also Bürgerkriege und urbane Aufstände, die überall auftreten.

Diese Situation veranlasst mich dazu, ein Antikapitalist zu sein und zu fragen, wie die Widersprüche des Kapitals neu konfiguriert werden könnten, sodass das Leben für jeden lohnenswerter, sicherer und befriedigender sein kann.

EINE ANTIKAPITALISTISCHE AGENDA

Zum absoluten Mindestverständnis als Antikapitalist gehört für mich, einen Weg zu finden, um die kapitalistische Produktionsform durch eine Alternative zu ersetzen, die sich nicht auf die fortdauernde Kapitalakkumulation in immer weniger Händen, die wachsende Umweltzerstörung und die steigende Entfremdung der Menschen – Entfremdung von der Arbeit, durch überflüssigen Konsum, von der Zivilgesellschaft und dem Staat, durch die falschen Versprechungen einer monetarisierten Demokratie und von der Natur selbst – stützt.

Revolutionen sind keine Ereignisse. Sie sind Prozesse – oft langsame und unvollständige – die es einer neuen Gesellschaftsform erlauben, aus dem Mutterleib des Alten zu entstehen.

Mit der Theorie des Monetarismus und dem Strukturwandel der politischen Subjektivität von der Solidarität starker sozialer Bewegungen hin zum Individualismus des Marktes, von der unter staatlichem Kommando operierenden Planwirtschaft hin zum Übergehen der Staatssouveränität durch die Macht der Anleihegläubiger, standen der in den 1970er Jahren einsetzenden neoliberalen Revolution diese und viele weitere Instrumente zur Verfügung. Diese revolutionäre Bewegung zeigte deutlich, dass langsame Revolutionen und Evolutionen möglich sind. Pessimisten der Linken! Bitte notiert das.

Aber es gibt noch viel Arbeit zu erledigen. Es ist teilweise Aufgabe der Theorie, einen plausiblen Pfad hin zur revolutionären Transformation zu zeichnen und dies versuche ich in „Siebzehn Widersprüche" zu machen. Der Trick besteht darin, die Kraft des sozialen und politischen Drucks von der einen Seite des Widerspruchs zur Seite, die dem revolutionären Wandel gegenüber aufgeschlossen ist, zu verschieben. In einigen Fällen muss der Widerspruch vollständig aufgelöst werden. Lasst uns anhand der von mir bereits dargestellten fünf Widersprüche sehen, wie das funktioniert.

Im Fall vom Gebrauchswert und Tauschwert besteht der offensichtlichste Pfad darin, einen Weg zu suchen die Macht von Tauschwertbeziehungen über die Versorgung mit den für ein angemessenes menschliches Leben erforderlichen Gebrauchswerten zu schwächen und letztlich aufzuheben.

Marx sprach sich dafür aus, ebenso wie Öcalan dies tut. Dies kann auf zwei Wegen geschehen. In derselben Art und Weise, wie der Thatcherismus und der Reaganismus zunehmende Bestandteile des Alltagslebens erfolgreich kommodifizierten und so die Macht der Tauschbeziehungen, die unser Schicksal bestimmen, stärkten, können wir diesen spezifischen neoliberalen Trend umlenken, indem wir die Gesundheitsfürsorge, die Bildung, das Wohnen und die Versorgung mit lebensnotwendigen Waren dem Zugriff des Marktes entziehen. Damit wird die neoliberale Form des Kapitals zurückgewiesen, nicht aber der Kapitalismus im Allgemeinen. Hier kommen die Beziehungen zwischen unterschiedlichen Widersprüchen ins Spiel, um einen zweiten Pfad der revolutionären Bewegung zu bestimmen.

Mit der Zeit hat die Repräsentation der gesellschaftlichen Arbeit in Form von Geld seine Verankerung im Tun dieser gesellschaftlichen Arbeit verloren. Die Bewegung des Geldes wird nicht mehr durch das System realer Werte kontrolliert. Angesichts der für eine grenzenlose Kapitalakkumulation bestehenden Barrieren wird die Macht des Geldsystems verstärkt, begleitet von einer wachsenden Zentralisierung des gesellschaftlichen Reichtums, der das wirtschaftliche, soziale und politische Leben reguliert. In Zeiten der Krise sehen wir, wie der Kapitalismus verzweifelt darum kämpft, seine Verwurzelung in der gesellschaftlichen Arbeit wieder zu festigen, ohne damit die enorme Zentralisierung von Reichtum und Macht in den Händen Weniger zu durchbrechen. Es müssen also Schritte gemacht werden, um die Funktionen des Geldes einzudämmen. Ein erster Schritt bestünde darin, das Geld aus dem demokratischen Prozess zu verbannen, gefolgt von klaren Schritten zur Beseitigung spekulativer Aktivitäten (z. B. durch effektive Steuerregelungen)[5] und das Kapital daran zu hindern,

---
5 Gemeint ist die Abschaffung der Rolle des Geldes bei scheinbar demokratischen Wahlen

Session I: Die kapitalistische Moderne sezieren 65

seine Macht zu nutzen um sich einen Großteil des gesellschaftlichen Reichtums durch Manipulationen des Geldsystems anzueignen. Dies bedeutet jedoch nicht die Abschaffung aller Tauschwertstrukturen, da der Handel mit Gütern und Dienstleistungen über einen Markt auch in jeder zukünftigen Gesellschaft von Bedeutung sein wird. Privatkundenbanken sollten zu Institutionen der Gemeinschaft werden und den öffentlichen Einrichtungen angehören.

Damit all dieses an Zugkraft gewinnt, bedarf es einer radikalen Rekonfiguration der Beziehungen zwischen dem Staat und dem Privateigentum, die letztlich zur vollständigen Abschaffung (oder dem „Absterben"[6]) der institutionellen Mächte führen, insbesondere der dem Staat unterstellten Mächte der Militarisierung und der organisierten Repression/des Gefängnissystems.

Wenn die konventionelle Regierungsmacht zusammenbricht, wie es in Argentinien nach dem Crash von 2001 der Fall und wie es aktuell der Fall in Rojava in Syrien ist, dann erweisen sich die Menschen als hochgradig phantasievoll und innovativ in der Versorgung mit lebensnotwendigen Gütern zur Sicherung eines minimalen Lebensstandards. In Argentinien wurden zum Beispiel Nachbarschaftsräte gebildet und nicht mehr produzierende und aufgegebene Fabriken „zurückerobert" und unter die Kontrolle von Arbeitern gebracht, und es wurde ein umfassendes Tauschhandel-Netzwerk etabliert, um mit dem Mangel an Bargeld in den Haushalten zurechtzukommen. Ab einem bestimmten Punkt der Erholung von der Krise zerfielen jedoch die Räte, wurde das Tauschsystem systematisch angegriffen und zerstört (es ist immer noch unklar von wem), während viele der von den Arbeitern kontrollierten Kooperativen als radikale Inseln in einem Meer wiederauflebender kapitalistischer Aktivität überlebten. Das rasche Anwachsen neuer kommunaler Verwaltungsstrukturen in Rojava ist ein anderes Beispiel (über das ich noch viel mehr wissen möchte).

---

und der politischen Repräsentation allgemein, sowie die Abschaffung der Spekulation auf Boden Immobilien; Anm.d.Ü.
6 Anspielung auf den von Friedrich Engels geprägten Begriff vom „Absterben des Staates"; Anm.d.Ü.

Eine Befriedung und die damit einhergehende Wiederherstellung der Souveränität des syrischen Staats über sein Territorium einschließlich Rojavas, stellt eine der größten Gefahren für diese revolutionäre Bewegung dar. Wenn die in Rojava entstehenden Experimente von langer Dauer sein sollen, müssen sie in der gesamten Bevölkerung der Region so tief verankert sein, dass es unmöglich ist, sie ihrer Wurzeln zu berauben. Dies bedeutet, dass der demokratische Konföderalismus insbesondere die Interessen der arabischen Bevölkerung und anderer Minderheiten einbeziehen muss und deren größtmögliche Partizipation fördern muss. Geschieht dies nicht, wird der syrische Staat die Ausgrenzungen nutzen, um Unfrieden zu schüren und seine zentralistische Regierungsfunktion wieder durchzusetzen. Der Plurinationalismus muss auch von militanten Kurden praktiziert werden.

Die langfristige Perspektive besteht in der Verdrängung der auf Privateigentum basierenden Ordnung zugunsten eines wachsenden Grades gemeinwirtschaftlich betriebener Aktivitäten[7](dazu gehört u. a. die Schaffung alternativer gemeinschaftlicher Eigentumsrechte oder auch von nicht marktförmigen Rechten wie sie in der Institution der *Waqfs*[8] zu finden sind). Der Aufbau lokaler Räte und einer konföderativen Demokratie als Instrumente für die gemeinschaftliche Steuerung dieser *commons* sind von grundlegender Bedeutung.

Die Umstrukturierung von Eigentumsrechten zusammen mit den vorgeschlagenen Beschränkungen im Gebrauch und der Machtfülle von Geld werden einen großen Beitrag dazu leisten, eine Lebenswelt zu schaffen, in der die Möglichkeit von Privatpersonen, sich den gesellschaftlichen Reichtum anzueignen, stark eingeschränkt sein wird. Die konsequente Schwächung der Klassenmacht wird mit einer Schwächung dieser Klasse die Politik, die Justiz und die Medien

---

7 Im Original spricht Harvey hier von „commoning". Hier sei nur kursorisch auf die deutschsprachige Debatte um die Allmende und gemeinwirtschaftliche Ordnungen verwiesen, die auch hierzulande unter dem Begriff des „Commons" zusammengefasst wird; Anm.d.Ü.

8 Sog. „fromme Stiftung" nach islamischem Recht; Anm.d.Ü.

zu beherrschen, einhergehen, da die durch konföderale Institutionen integrierten direkten Formen von Demokratie zum Kern der revolutionären Transformation werden. Die allmähliche Aufnahme von Ressourcen zur Steuerung der *commons* werden die allmähliche Übernahme derjenigen Bereiche des Staatsapparats erlauben, die, wie zum Beispiel das Gesundheitswesen, der Verkehr, die Bereitstellung von Infrastruktur und öffentlichen Gütern, für das Miteinander der Menschen konstruktiv und essentiell sind.

Es sollte offensichtlich sein, dass die umfassenden Umgestaltungen der ersten vier Widersprüche eine Situation schaffen, in der es für die Klasse der Kapitalisten äußerst schwer sein wird, sich selbst als herrschende Klasse mit ausschließlicher Macht über den Staat zu konstituieren, wie es derzeit der Fall ist.

Diese hier bloß skizzierte Definition dessen, was es heißt ein Antikapitalist zu sein, beruht teilweise auf einer theoretischen Entfaltung der Widersprüche des Kapitals. Aber sie beruht auch auf dem Wissen über die Geschichte revolutionärer Bewegungen (wie zum Beispiel der Pariser Kommune von 1871) und einer tiefen Wertschätzung der Erfolge und Niederlagen der unzähligen Kämpfe, die in der Geschichte der Menschheit auf der Suche nach einem besseren Leben geführt wurden. Der Kampf geht weiter.

David Harvey ist vielfach ausgezeichneter Professor der Anthropologie und Geographie am Graduiertenzentrum der städtischen Universität von New York (CUNY). 1961 erhielt er seinen Doktortitel in Geographie von der Universität Cambridge. Harvey ist Autor zahlreicher Bücher und Aufsätze, die in der Entwicklung der Disziplin der modernen Geographie Berühmtheit erlangten. Er ist ein Befürworter des Konzepts des Rechts auf Stadt.

1.4 Radha D'Souza

Industrialismus: Recht, Wissenschaft und Imperialismus

Ich schlage drei Fragen vor, die, wie ich glaube, der Schlüssel für eine neue alternative Politik sind, die ich »Widerstand mit Regeneration« nennen werde. Ich werde nicht versuchen, diese Fragen heute zu beantworten. Die richtigen Fragen zu stellen ist allerdings der erste Schritt, um die richtigen Antworten zu finden. Mein Ziel ist es heute, einige Ideen für die Diskussion über Alternativen zu eröffnen. Mein erster Punkt bezieht sich auf meinen Zugang zur Frage nach Alternativen. Ich nähere mich dieser Frage vom Standpunkt der »Dritten Welt« aus, die eigentlich zwei Drittel der Welt umfasst. Mein zweiter Punkt ist, dass Industrialismus und Demokratie grundsätzlich unvereinbar sind. Mein dritter Punkt betrifft unsere Fähigkeit, ein neues Wissen für den »Widerstand mit Regeneration« zu entwickeln, das Gesetz, Wissenschaft und Imperialismus in Frage stellt.

1. Zugänge zu Alternativen in der »Dritten Welt«
Industrialismus und Moderne wurden in den Gesellschaften der »Dritten Welt« durch Kolonialismus und Imperialismus eingeführt. Die Moderne entwickelte sich in diesen Gesellschaften nicht durch ihre inhärenten Widersprüche. Sie war nicht Resultat des Verlaufs ihrer eigenen Entwicklung. Kolonisierende Mächte zwangen sie ihnen auf. Dies trifft auf alle Formen des Kolonialismus zu: Siedlungs- und Nichtsiedlungskolonialismus, direkte und indirekte Herrschaft – wie z. B. in den Protektoratssystemen – oder ökonomischer Kolonialismus, der manchmal als Semikolonialismus bezeichnet wird. Unabhängig von der Form des Kolonialismus war die Moderne immer ein von außen kommender Zwang. In dieser Hinsicht unterscheiden sich Industrialismus und Moderne in der »Dritten Welt« grundlegend von Industrialismus und Moderne in europäischen Gesellschaften und europäischen Siedlungsgesellschaften.

In europäischen Gesellschaften entwickelte sich die Moderne aus den ihr inhärenten Widersprüchen heraus sowie innerhalb ihrer eigenen Geschichte und des europäischen kulturellen Kontextes. Der Kapitalismus entstand, im Wettbewerb mit verschiedenen sozialen Klassen, aus den europäischen Gesellschaften heraus. Diese Tatsache ist entscheidend, wenn wir über Alternativen sprechen. Europäischer Kolonialismus plünderte und verwüstete – und plündert und verwüstet noch immer – die Natur, die Arbeiter_innen und Kulturen der gesamten kolonialen Welt. Wir hatten Sklav_innenarbeit, dann Zwangsarbeit, und jetzt haben wir Migrant_innenarbeit und Süßigkeitengeschäfte, die von transnationalen Konzernen auf der ganzen Welt eröffnet werden. Industrialismus ist das Aussaugen des natürlichen und gesellschaftlichen Reichtums durch externe Investoren, Produzenten und Bergbaugesellschaften. Industrialismus führt ein Schisma, eine Spaltung in die Gesellschaften der »Dritten Welt« ein, wo ein Bereich – der moderne Sektor – mit den kolonialen/imperialen Mächten verbündet ist, während der »traditionelle« Sektor zu den Menschen, der Natur und dem Land hält. Es gibt einen internen Kolonialismus, der von der äußeren Kolonisation unterstützt wird.

Diese realen Unterschiede zwischen den Industrialismen der Ersten und der Dritten Welt müssen unsere Suche nach Alternativen belehren. Während wir immer offen sein müssen, von jeder Kultur und intellektuellen Tradition zu lernen, sollten wir doch bedenken, ob sie zu den Realitäten der Gesellschaften mit kolonialer und imperialer Geschichte passen. Wir können nicht Ideen, die im euroamerikanischen Kontext entstanden sind, herausreißen und erwarten, dass sie automatisch in der »Dritten Welt« funktionieren. Unsere Alternativen müssen aus unseren Realitäten erwachsen. Selbstbeschränkung ist der Ausgangspunkt für unsere ökonomische, soziale und kulturelle Entwicklung. Das bedeutet, dass wir zunächst einmal ein Problem haben. Alternativen für Menschen in der »Dritten Welt« haben eine externe und eine interne Dimension. Intern müssen wir Wege finden, uns mit unserer eigenen Natur, unseren Kulturen und Geschichten zu verbinden, um für das ökonomische, soziale und kulturelle Wohl unserer Völker zu sorgen. Wenn wir beginnen, das zu tun, stehen wir unausweichlich der äußeren Aggression der zerstörerischsten militärischen Kräfte kapitalistischer Staaten gegenüber. Wie können wir Alternativen entwerfen, die uns befähigen, die Kohärenz zwischen Natur, Kultur und Arbeit zu sichern und uns gleichzeitig gegen die zerstörerischsten Kräfte zu verteidigen, die die menschliche Zivilisation jemals gesehen hat?

Es ist nützlich, sich in Erinnerung zu rufen, dass die Nach-Weltkriegs-Welt von drei Eröffnungsereignissen eingeläutet wurde: dem Holocaust, Hiroshima und Nagasaki sowie der Teilung Indiens. Der Holocaust demonstrierte die zerstörerischen Kapazitäten, die das Zusammenkommen der Logik des industriellen Wettbewerbs, der Unvorhersehbarkeit von Finanzmärkten und militarisierter Staatsgewalt möglich machen. Hier kann darauf hingewiesen werden, dass Japan angeboten hatte sich zu ergeben, als die Atombomben abgeworfen wurden. Die Teilung Indiens zeigte der Welt die furchtbaren Konsequenzen von Demokratie und Herrschaft des Gesetzes, wenn diese durch kolonisierende Mächte eingeführt werden. Die Samen der Teilung des Subkontinents waren von der kolonialen Politik der »verantwortungsvollen Regierung« gesät worden. »Verantwortungsvolle Regierung« – den heutigen Demokratie-Werbekampagnen sehr ähnlich – führte Wahlsysteme ein, die auf einer kommunalen Wähler_innenschaft beruhte, die wiederum die Bevölkerung nach Religionszugehörigkeit klassifizierte. Wie also entwickeln wir Strategien, die intern regenerativ wirken, und gleichzeitig Kapazitäten, um äußerer Aggression zu begegnen?

2. Industrialismus und Demokratie

Mit dieser Einführung in mein Konzept des Industrialismus werde ich nun zu meinem zweiten Punkt über den Industrialismus kommen. Ich möchte damit beginnen, an etwas zu erinnern, das eine alte tamilische Philosophin, Auvaiyaar, sagte: »Baue klein und lebe groß!« Wenn du groß leben willst, musst du klein bauen. Industrialismus tut das Gegenteil. Er baut groß und unsere Leben werden kleiner und immer bedeutungsloser, in institutionellen Irrgärten, die Kafka so schön beschreibt.

Industrialismus und Demokratie sind grundsätzlich unvereinbar. Industrialismus bedeutet groß angelegte Produktion, basierend auf Arbeitsteilung im globalen Maßstab. Industrialismus hängt von der Expansion der Maßstäbe ab. Im Laufe der Geschichte verfolgte der Industrialismus eine Expansion von lokalen, nationalen und regionalen zu globalen Maßstäben der Produktion, der Vermarktung und des Verbrauchs. Erweiterte Ausmaße der Produktion, der Vermarktung und des Verbrauchs ziehen eine umfassende Aneignung von Natur und Arbeit nach sich. Erweiterte Ausmaße von Aneignung fordern umfangreiche Bürokratien und professionelle Armeen, die auf Befehls-Kontrollmechanismen basieren. Sie setzen juristische und institutionelle Mechanismen voraus, die menschlicher Vermittlung entzogen sind, und basieren stattdessen auf Vermittlung durch Technologie und das moderne Gesetz.

Große Staudämme benötigen ein umfangreiches Management, große Investitionen von globalen Investoren, zentralisierten Staaten sowie regionalen und internationalen Organisationen. In den vergangenen Jahrzehnten haben wir gesehen, wie diese Projekte überall zu Unterdrückung und Entfremdung geführt haben. Der türkische Staat versucht die Wirtschaft zu modernisieren, aber der Ilısu-Staudamm vertreibt Kurd_innen. Es gibt zwei rivalisierende Konzepte von Natur und von menschlichen Beziehungen zur Natur, die am Ort des Dammes aufeinander prallen. Was, wenn ein kurdischer Staat denselben Damm bauen würde? Würde das einen Unterschied machen? Überall in der »Dritten Welt« haben wir gesehen, wie dekolonisierte Staaten letztlich dasselbe taten wie Kolonialstaaten in der Vergangenheit. Sie glaubten an die Idee, dass Kapitalismus ohne Kolonialismus möglich ist, und endeten weder in industrieller Entwicklung nach europäischem Vorbild noch in nationaler Unabhängigkeit, für die sie gekämpft hatten. Große Dämme brachten groß angelegte Vertreibung, führten zu ausgedehnten Protesten und Widerstand, aber dieses Mal brachte der Widerstand keine mächtigen antikolonialen Bewegungen hervor, die die Imperien im 19. Jahrhundert erschüttert hatten.

Demokratie, im Gegensatz dazu, führt zur Teilhabe der Menschen an Entscheidungen über bewohnte Gegenden. Industrialismus entwickelte sich im Abreißen der Verbindung zwischen Natur und Menschen. Der ursprüngliche Riss befreite Natur und Menschen davon, an einen Ort gefesselt zu sein. Er öffnete den Weg zur Kommerzialisierung von Natur und Arbeit und machte Natur und Arbeit »ortlos«. Technologien bewirken, dass das Wasser in meinem Hinterhof in ferne Gegenden geleitet wird. Ich könnte in einem ergiebigen Flusstal leben und kein Wasser zum Trinken haben, weil die Wasserquellen in großem Umfang von Abfüllbetrieben eingenommen wurden. Technologien zwingen den Gesellschaften Architekturen auf. Es spielt keine Rolle, ob groß angelegte Aneignung von Natur und Arbeit von einem liberalen, einem sozialistischen oder einem nationalistischen Staat durchgeführt wird. Demokratie setzt, im Gegensatz dazu, die Wiederherstellung der Einheit zwischen Völkern und Natur voraus. Die Einheit von Natur und Menschen kann nur an Orten verwirklicht werden, nicht in einer ortlosen Welt bürokratischer Institutionen. Der Industrialismus des 19. Jahrhunderts hat sich im 20. Jahrhundert in Militarismus verwandelt. Die beiden Weltkriege veränderten den Charakter der industriellen Wissenschaft sowie der Institutionen des Staates und der Gesellschaft auf radikale Art und Weise. Seit den Weltkriegen ist Militarismus der Motor wissenschaftlicher und technologischer sowie rechtlicher und institutioneller Innovationen. Die Fragen an Wissenschaft und Recht wurden durch die Anforderungen des Militarismus und der Herrschaft gestellt. Das 20. Jahrhundert führte neue Felder der Wissenschaft ein, wie die Sozialpsychologie, Managementwissenschaften und organisatorisches Verhalten, Kybernetik und Kommunikationstechnologien. Alle diese Felder und Neuerungen wurden während der Weltkriege entwickelt, um Krieg zu führen, nicht um Frieden zu praktizieren. Die Weltkriege schlossen Institutionen von Staaten, Militär und Organisationen der Zivilgesellschaft, wie Universitäten

Session I: Die kapitalistische Moderne sezieren

und Vereine, sowie sozialwissenschaftliche Forschung zusammen, so dass die Grenzen zwischen Öffentlichem und Privatem, Staat und Gesellschaft in der Nachkriegszeit verschwammen. Die Türen zwischen betrieblichen Bürokratien, wissenschaftlichen Bürokratien und rechtlichen Bürokratien sind weit geöffnet und gelegentlich lesen wir skandalöse Geschichten über sie in der Zeitung.

Große Institutionen sind Komplexe von Gesetzen, in denen Macht in kleinen Knoten konzentriert ist. Demokratie basiert andererseits auf einem Schrumpfen der Maßstäbe. Demokratie bedeutet die Beteiligung von Menschen an geographischen Orten. Der Ort vereinigt Natur, Arbeit und Kultur. Die Ideologie des Ortes ist die »Regeneration«. Regeneration der Natur, der Gesellschaft und des Lebens. Die Ideologie des industriellen Militarismus ist der »Grenzismus«, das Ziehen von Grenzen – Eroberung von Völkern, Natur und Kulturen. Industrielle Wissenschaft studiert die Natur, um sie an groß angelegte Produktion, Vermarktung und Verbrauch anzupassen. Das Recht ist das Studium der Regeln, die menschliche Beziehungen untereinander und zur Natur beherrschen. In industrialisierten Gesellschaften erschafft das Gesetz Komplexe großer Institutionen, in denen es Menschen verortet – die Orte der Menschen befinden sich in diesem oder jenem Unternehmen, in dieser oder jener Organisation, in welcher sie existieren müssen. Um die Einheit von Menschen und Orten wiederherzustellen, wird eine andere Art von Wissenschaft und Recht benötigt als die Wissenschaft und das Recht, die Militarismus und Industrialismus stützen.

Unser Problem ist, dass der Industrialismus, den wir haben, Moderne mit Demokratie verschmilzt. Diese Verschmelzung und Verbindung von Moderne und Demokratie ist problematisch. Dies trifft noch mehr auf die »Dritte Welt« zu, wo der Kolonialismus Institutionen schuf, die alles andere als demokratisch waren. Viele radikale Bewegungen in verschiedenen Teilen der »Dritten Welt« haben die Unvereinbarkeit von expansionistischer industrieller Entwicklung und formaler Demokratie herausgestellt. Die Herausforderung ist: Wie entkoppeln wir diese beiden Konzepte – Industrialismus und

Demokratie im öffentlichen Diskurs und in der politischen Praxis? Dies ist eine weitere Frage für die alternative Politik.

3. »Widerstand mit Regeneration«: das Recht, die Wissenschaft und den Imperialismus herausfordern
Ich komme zu meinem letzten Punkt über die Wissensbasis für »Widerstand mit Regeneration«. Die Wissensbasis für den Industrialismus ist ein Wissenskorpus, den wir europäische Aufklärung nennen. Sie ist zwar keineswegs ein homogener Wissenskorpus. Allerdings ist sie vorangeschritten, indem sie die Autorität der Kirche und die Theologie in Frage stellte. Die europäische Aufklärung entwickelte sich im Laufe des Kampfes gegen den europäischen Feudalismus. Dieser basierte auf der Autorität der Kirche, Macht und Ordnung in der Welt zu organisieren, sowie auf der Theologie als Quelle des Gesetzes. Die europäische Aufklärung entwickelte sich deshalb als Antithese zu Kirche und Theologie. Im aufklärerischen Denken übernahm Wissenschaft den Platz Gottes und der Staat den der Kirche. Die Struktur des aufklärerischen Wissens trug den Abdruck der europäischen intellektuellen Traditionen. Tatsächlich ließ es sich vom vorchristlichen Europa inspirieren, besonders von Griechenland und Rom (…), behielt aber die gedankliche Struktur, die Kirche und Theologie in die europäische Gesellschaft eingraviert hatten. Das kulturelle Fundament der europäischen Moderne bestand in der europäischen Geschichte und seinen Traditionen fort. In den Kolonien war dies nicht der Fall. Dort zerstörte die koloniale Wissenschaft den Nexus zwischen der natürlichen und der sozialen Welt. Wissenschaft war nicht das Resultat sozialer Veränderungen in der Gesellschaft, sondern eher das Resultat des kolonialen Eingriffs, um Natur und Arbeit auszubeuten. Die Wurzeln der modernen Wissenschaft sind in der »Dritten Welt« im besten Falle spärlich.

Über fünfhundert Jahre lang dominierte das aufklärerische Denken die Vorstellungen von Wissenschaft und Recht und es hat die menschliche Zivilisation an den Rand eines Abgrunds gebracht. Das Elend der Umwelt umgibt uns überall. Wir haben die Fähigkeiten verloren, grundlegende Entscheidungen über unsere täglichen Bedürfnisse zu treffen – über die Nahrung, die wir zu uns nehmen, das Wasser, das wir trinken, das Material, mit dem wir unsere Häuser bauen. Wir leben in einer Welt der Unsicherheiten – der Zusammenbruch einer Bank, ein nukleares Desaster, eine Umweltkatastrophe; eine falsche soziale, ökonomische oder technische Entscheidung irgendwo in Washington oder Genf, ein kleiner Fehler können zu riesigen Verlusten führen und große Teile der Gesellschaft betreffen, die weit entfernt von dem Ort leben, an dem die Entscheidung getroffen wurde. Mit dem wachsenden Umfang der Produktion, der Vermarktung und des Verbrauchs vergrößert sich auch der Umfang der Katastrophen. Es ist interessant zu sehen, dass Wissenschaftler_innen in der Nachkriegszeit, die erstaunliche Entdeckungen machten, die ersten waren, die erkannten, dass sie womöglich ein Frankenstein-Monster erschaffen hatten. Nach der Bombardierung von Hiroshima und Nagasaki sagte Einstein: »Ich wäre Schuster geworden, wenn ich gewusst hätte, dass sie das tun.« Oppenheimer, Norbert Wiener, Berners-Lee wurden zu Kritikern ihrer eignen Erfindungen. Und man muss sich fragen: warum? Ihre Kritik ihrer eigenen Erfindungen legt nahe, dass zwischen den Entwicklungen in der Wissenschaft und den sozialen Institutionen sowie den rechtlichen und konstitutionellen Kontexten, in denen Wissenschaft auftritt, eine Diskrepanz besteht.

Dasselbe trifft auf das Gesetz zu. »Es gibt keine Gesellschaft«, sagte Margaret Thatcher, eine Prophetin des Neoliberalismus. Die Erhebung des Vertragsrechts in jede Sphäre des menschlichen Lebens hat jede Spur von Gesellschaft zerstört. Angefangen beim Weltraum, kann bis hin zum Körper alles ein Objekt von Verträgen sein. Mittlerweile gibt es einen umfangreichen Gesetzeskorpus zu Adoptionen und wie sie verfasst werden sollten. Verträge zwischen internationalen Finanzorganisationen wie der Weltbank oder dem Internationalen Währungsfonds mit Staaten der »Dritten Welt« diktieren die Formen konstitutioneller und rechtlicher Veränderungen, die von der »Dritten Welt« vorgenommen werden müssen. Die Denker_innen der Aufklärung hoben Verträge auf eine metaphysische Ebene, denn Verträge waren freiwillig und stellten die übersinnliche Quelle des Gesetzes der Theologie in Frage. Man muss sich fragen, was an der Unterzeichnung eines Vertrages zwischen einer Frau in einem »Dritte Welt«-Land, die ihr Kind zur Adoption freigibt, und einem kinderlosen Paar in Europa freiwillig genannt werden kann, oder an der Einwilligung eines armen Mannes, seine Niere einer reichen Person zu spenden, nur weil sie keine andere Möglichkeit haben, das Geld, das sie benötigen, zu verdienen.

Recht und Wissenschaft waren im aufklärerischen Denken zentral. Ein Großteil des modernen Wissens entwickelte sich aus ihrem Rahmenkonzept von Fragen über die menschlichen Beziehungen zur Natur und zueinander. Indem sie sich gegen den Feudalismus zur Wehr setzten, rebellierten die aufklärerischen Denker_innen gegen die Fesselung an den geographischen Ort. Sie rebellierten gegen die Heiligkeit der Natur, denn diese Heiligkeit war von Gott vorgegeben worden, sie rebellierten gegen das Naturgesetz, denn es hatte seine Wurzel in der Theologie. Allerdings gab es keine antifeudalen Revolutionen in der »Dritten Welt«. Dort integrierte der Imperialismus feudale Gesellschaften insgesamt in seine imperialen Macht- und Herrschaftsstrukturen. Seit dem Kolonialismus haben Feudalismus und Imperialismus Seite an Seite gestanden und sich gegenseitig bestärkt. Es überrascht nicht, dass sich keine neue Wissenschaft und kein neues Recht aus den nationalen Unabhängigkeitskämpfen entwickelt haben.

Nationale Unabhängigkeitsbewegungen glaubten, dass moderne Wissenschaft und Konstitutionalismus für das Wohl ihrer Bevölkerung genutzt werden könnten, sobald die Kolonialherren einmal beseitigt wären. Stattdessen kehrte der Imperialismus als Neoimperialismus und später als Neoliberalismus zurück, die stark von Wissenschaft, Technologie, Recht und Institutionen geleitet wurden. Auf ähnliche Art und Weise verhielten sich sozialistische Revolutionen zu einer politischen Infragestellung des Kapitalismus: Sozialistische Wissenschaft basierte größtenteils auf denselben positivistischen

Rechtssystemen, die die Aufklärung hervorgebracht hatte. Sozialist_innen glaubten, dass sie nach der Entmachtung der Kapitalist_innen die aufklärerische Wissenschaft und das moderne Recht einspannen könnten, um eine gleiche und gerechte Gesellschaft zu schaffen. Die meisten Bäuer_innen stimmen dem Sprichwort zu: »Du kannst nicht den einen Samen säen und eine andere Frucht ernten.« Dasselbe gilt für das Wissen. Einstein meinte: »Kein Problem kann auf derselben Bewusstseinsstufe gelöst werden, auf der es geschaffen wurde.« Wir können kapitalistisches Wissen nicht nutzen, um Sozialismus aufzubauen, oder imperialistisches Wissen, um Selbstbestimmung zu praktizieren. Die Herausforderung beim Nachdenken über Alternativen ist: Können wir über die Kritik der Ökonomie und der Politik hinausgehen, um die Grundbedingungen zu erforschen, die unsere derzeitige politische Ökonomie am Leben erhalten? Was sind die Grundvoraussetzungen für den militärisch-industriellen Komplex, in dem wir leben? Welche Art von Wissen benötigen wir, um eine Gesellschaft zu schaffen, die eine Antithese zur Aufklärung darstellt? Woher wird das Wissen kommen?

Radha D'Souza *lehrt Jura mit Schwerpunkt Internationales Recht und Entwicklung, Recht in Dritte-Welt-Gesellschaften und Ressourcenkonflikte in der Dritten Welt. Sie ist als Aktivistin für soziale Gerechtigkeit und Bürgerrechte in Indien und international aktiv.*

1.5 Rojda Yıldırım

Religionismus und Säkularismus – Religion und Staat

Liebe Freundinnen und Freunde,
zunächst möchte ich – ähnlich wie die vorigen RednerInnen – betonen, dass das Thema der Religion, das heute immer noch in unserer Welt relevant ist, eine komplexe Angelegenheit ist. Zu diesem Zeitpunkt erfahren wir in verschiedenen Regionen rund um den Globus durch mitunter extrem brutale im Namen der Religion begangene Gräueltaten, dass Menschen auf den vermeintlichen Befehl Gottes hin enthauptet und massakriert werden. Aus diesem Grund ist es vielleicht notwendig, das Thema der Religion, das einen gordischen Knoten und ein immenses Problem darstellt, umso sorgfältiger und sensibler zu analysieren und mit mutigeren Ansätzen und Diskussionen heranzutreten, um das Thema gesünder zu behandeln. Denn wenn wir über Religion sprechen, sprechen wir über das Leben von Menschen. Wenn wir über Religion reden, reden wir über Angelegenheiten und Phänomene des Lebens und des Todes, die den Alltag der Menschen direkt, einschließlich entscheidungsbestimmender Mechanismen hinsichtlich des Menschenrechts zu leben, beeinflussen. Einige von uns in diesem Raum können mit Religion Furcht einflößende und einschüchternde Bilder assoziieren, während andere das Thema als interessant empfinden. Aber als Frauen, die historisch die größten Opfer von Religion waren, behalten wir eine wichtige Perspektive besonders für das Interpretieren von Religionen, die von Hegemonie und Macht konstruiert wurden.

Bei der Evaluierung der Geschichte der Religionen müssen wir uns insbesondere vor einem bestimmten Fehler hüten. Wenn wir zwischen der Religion als gesellschaftlichem Bedürfnis und der Umwandlung der Religion in ein Vehikel, hier Medium, von Macht unterscheiden, werden wir den Religionen nicht Unrecht getan haben. Gerade aus diesem Grund ist es bei der Analyse von Religionen wichtiger – mehr noch als der Glaube, dem wir angehören –, Antworten auf die Frage zu finden, was die Religion darstellt. Dies ist für uns von entscheidender Bedeutung. Wenn wir über die Geschichte der Religionen reden, müssen wir uns klarmachen, dass in den Sozialwissenschaften allgemein und besonders durch die positivistische Auffassung genau wie in der Geschichtsschreibung die Etablierung einer Perspektive, die von Macht und Staat ausgeht, zu einer fehlerhaften Interpretation der Religionen beigetragen hat.

Unsere Annäherung an die Religion kann nicht mit einem groben und materialistischen Verständnis erfolgen. Zum Beispiel mögen einige von uns sagen, dass Religion nur Unsinn ist und Gott nicht existiert. Andere von uns hingegen werden vielleicht anderen ihre Religion aufzwingen, indem sie behaupten, dass Gott alles, das einzig Wahre und Absolute ist. Diese beiden Wege repräsentieren die beiden Extreme des gleichen Ansatzes und sind beide falsch. Ein anderes Problem ist, dass viele von uns die Religion mit Rückständigkeit gleichsetzen mögen. Andere mögen die Religion mit der absoluten Wahrheit gleichsetzen, indem sie behaupten, dass sie der einzig richtige Weg und die göttliche Autorität sei. Die Schlussfolgerungen, dass Religion Rückständigkeit oder absolute Wahrheit sei, sind zwei Seiten der gleichen Mentalität. Gerade weil die grobe Verleugnung der Religion eine gesellschaftliche Gegenreaktion geradezu bedingt, ist es wichtig, sich die Religion gründlicher anzusehen und die Beziehung zwischen Religion und Mensch, Religion und Gesellschaft, Religion und Natur zu analysieren, um bessere Ergebnisse zu erzielen.

In der Tat nimmt die Geschichte der Religionen einen bemerkenswerten Platz in dem Abenteuer ein, Menschen menschlich zu machen. Denn die Religion entstand als gesellschaftliche Notwendigkeit. In der Emanzipation des Menschen ist die Religion wahrhaft eine wichtige Stufe des Denkens für die erste Etablierung des menschlichen Bewusstseins, als Sinn gebende Kraft und auf der Suche nach der Wahrheit. Und deshalb entsteht in der Sozialisation des Menschen die Religion als Identität. Vor der 5000-jährigen Geschichte der Klassenzivilisation, im Kampf des Menschen um das

Menschsein, gegen das Unbekannte in der Natur, stellte Religion eine Antwort auf Fragen dar, die sich ergaben, als der Mensch sich als metaphysisches Wesen entwarf. Aus diesem Grund können wir das Phänomen der Religion nicht getrennt von der Sozialisation des Menschen analysieren. Vor der Klassenzivilisation, zum Beispiel in den animistischen Glaubensrichtungen, betrachteten sich die Menschen als Teil der Natur. Durch den Totemismus haben sie sich mit einer Klanidentität organisiert. In den fortgeschritteneren Stadien haben sie sich in Form von Stämmen, Menschen und Nationen organisiert. Es ist wichtig, die Rolle der Religion bei der Bildung solcher sozialer Identitäten, welche wichtige Stadien des menschlichen Bewusstseins und der Mentalität darstellen, zu betonen.

Glaube und Verbundenheit machen Menschen zu spirituellen und metaphysischen Wesen. Anstatt eine der ältesten Fragen der Philosophie – ob die Seele oder die Materie wichtiger ist – zu beantworten, war es entscheidend zu erkennen, dass Menschen sowohl metaphysische als auch materielle Wesen sind, und die Suche nach beiden zu verteidigen. Wenn wir also die Wichtigkeit einer Analysemethode verstehen, welche nicht darauf abzielt, die menschlichen Realitäten auf agnostische Weise zu bewerten, sondern die Möglichkeit des metaphysischen Charakters des Menschen zu akzeptieren, so können wir das Verhältnis zwischen Religion und Menschen auf eine solide Grundlage stellen.

Es ist sinnvoll zu fragen: Sind die Religionen in ihrer heutigen Form wirklich konfrontativ? Ist die Religion ein zerstörerisches Phänomen? Ist Religion ein destruktives Phänomen? Ist Religion wirklich ein Kriegsgrund? Liegt es in der Natur der Religion zu kämpfen, Blut zu vergießen und gegensätzliche Identitäten zu schaffen? Es ist wichtig, diese und ähnliche Fragen zu stellen, aber die richtige Antwort lautet: In Wirklichkeit ist keine Religion an sich konfrontativ, weil sich keine Identität auf der Grundlage der Konkurrenz oder Feindschaft mit einer anderen Identität bildet. Alle sozialen Identitäten sind bei ihrer Entstehung friedlich. Identitäten konstruieren sich im Einklang mit der Natur und allen Wesen, einschließlich der

Religion. Aber ist es die Religion selbst, die Konfrontation, Zerstörung und Kriegsführung zu ihrem Charakter hinzufügt, oder sind es andere Faktoren, die die Religion zu einem Konflikt auslösenden Faktor machen? Wir können getrost antworten, dass die Rolle der Religion in der natürlichen Gesellschaft keinen konfrontativen Charakter hatte, sondern im Gegenteil eine sozialisierende Rolle spielte. Was die Religion konfrontativ macht, sind die Apparate von Macht und Staat selbst. Zum Beispiel trat der Wahrheit suchende Charakter der Religion bei der Sozialisierung in den Hintergrund, nachdem sich die Zivilisation auf der Grundlage von Macht, Staat und Klasse entwickelt hatte; religiöser Dogmatismus entstand eigentlich als Intervention gegen die Fähigkeit des Menschen, Dinge infrage zu stellen.

Es ist definitiv das Eingreifen von Macht und Staat in die Religion, das ihr ihren konfrontativen Charakter verleiht. In diesem Sinne ist die Geschichte der Klassenzivilisation zugleich die historische Periode von Staats- und Machtstrukturen, die versuchen, Religion in eine religionistische Ideologie zu verwandeln, um ihre eigene Macht und Herrschaft mit dem Schleier der Religion zu verhüllen. Denn je mehr mit der Ausweitung der Klassenzivilisation Gott in den Himmel gehoben und die himmlische Ordnung als göttliche Hierarchie heiliggesprochen wurde, desto mehr wurde die irdische Ordnung der Ausbeutung hierarchisch und etatistisch.

Wenn die Götter untereinander eine Hierarchie geschaffen haben, wenn der eine Gott unter allen Göttern exklusiver gestaltet ist, wenn der Himmel in Stufen unterteilt ist und wenn jede Stufe unter oder über einer anderen Stufe steht, dann bedeutet dies, dass Ungleichheit und die Existenz eines Oben und eines Unten Gesetze des Universums sind. Wenn alles etwas hat, das über und unter ihm steht, dann muss es auch ein Oben und ein Unten in den Klassen- und Unterdrückungsverhältnissen zwischen den Menschen geben. Die Strukturen von Macht und Staat stellten sich als Widerschein Gottes auf der Erde dar, und die Männer der Religion bekamen Attribute der Heiligkeit. Und so wurde der Mann der Religion Gottes sichtbares

Gesicht, während Gott sein unsichtbares Gesicht wurde.

Ein anderer Punkt ist, dass mit dem Übergang zu Klasse, Staat und männlicher Herrschaft Dynastien und Könige vergöttert wurden, während Menschen in Ameisen verwandelt wurden. Die größten Opfer göttlicher Gebote waren Frauen und alle unterdrückten Klassen. Die sprichwörtlichen Pharaonen und Nimrods repräsentieren das Gottkönigtum in der Kultur des Nahen Ostens. Es handelt sich nicht nur um einzelne Personen, sondern um eine kulturelle Institution. Die Trennung zwischen dem Gottkönig und der ausgeschlossenen Bevölkerung war so übertrieben und verzerrt, dass zwei Arten von Menschen definiert wurden: die Gottkönige als Unsterbliche und gewöhnliche Menschen als Sterbliche. Auf diese Weise wurde der Begriff der Unsterblichkeit im Konzept der Gottheit mit der Unsterblichkeit des Staates gleichgesetzt. Als sich der Staat vollständig etabliert hatte, wurden auch die Götter unsterblich gemacht.

Der Staat wird im Allgemeinen als Beginn der Geschichte betrachtet. Als ob der Mensch als gesellschaftliches Wesen seine Augen aufgeschlagen hätte, und da lag der Staat neben ihm und öffnete ebenfalls die Augen. Dass der Staat als A und O betrachtet wird, stammt von dieser Auffassung her. Doch in Wirklichkeit »wurde der Staat weder geboren, noch hat er geboren«. Es wird so getan, als habe er immer existiert und werde ewig existieren. Der Glaube ist dabei natürlich nicht für diejenigen da, die diese Institution nach göttlichem Willen besitzen, sondern für diejenigen, die regiert und unterdrückt werden. Je furchterregender und ausbeuterischer sich die Staaten gebärden, desto furchterregender und ausbeuterischer werden auch stets in der Geschichte die Götter präsentiert.

Bereits im Embryonalstadium wuchs der Staat in inniger Beziehung zur Religion, denn die ersten Gottkönige waren Priester. In diesem Sinne geschieht die Verehrung des Staates und Gottes in derselben Periode der menschlichen Mentalität und der geschichtlichen Entwicklung. So können wir die Wege verfolgen, in denen alle religiösen Kriege im Namen der Geschichte Versuche von Macht und Staatsstrukturen waren, die Religion zu institutionalisieren und zu

Session I: Die kapitalistische Moderne sezieren

instrumentalisieren, um das Ziel der Herrschaft zu verbergen. Lange Zeit krönten die Päpste Könige und Kaiser. Die Herrschaft derjenigen Könige und Kaiser, die nicht von Päpsten gekrönt waren, wurde stets mit Argwohn betrachtet. Ohnehin kam dies nicht allzu häufig vor. Im Falle von König Heinrich IV. können wir die Unfähigkeit eines Königs ohne den Segen des Papstes sehen. Nachdem er tagelang in Canossa im Regen gewartet hatte, wurde Heinrich endlich vom Papst empfangen, wonach seine Herrschaft offizielle Legitimität erhielt. Mit seiner Zwei-Schwerter-Theorie behauptete der heilige Thomas von Aquin, dass ein Schwert in der Hand des Papstes und das andere in der Hand des Königs sei und dass dies zur komplementären Beziehung zwischen Staat und Macht führe. Wir alle wissen, dass die gegenwärtigen Kriege, die im Namen des Islams oder der Religion geführt werden, dazu dienen sollen, die 5000 Jahre alte Ordnung der Ausbeutung im Namen Gottes und der Religion zu legitimieren. In der Phase der kapitalistischen Moderne wurde die Religion in eine Ware verwandelt, die gekauft und verkauft werden kann. Vielleicht ist das der Grund, warum die kapitalistische Moderne die Religion als Kehrseite der Moderne betrachtet. Der so genannte Islamische Staat, der heute im Nahen Osten entstand, ist ein Beispiel für den extremsten Ausdruck des Religionismus. ISIS ist auch zugleich ein männlich dominierter Imperialismus; es ist die äußerste Art und Weise, in der sich die kapitalistische, modernistische und imperialistische Ideologie im Namen des Religionismus im Nahen Osten etabliert hat. Der Laizismus, der im Namen des Nationalstaates auftaucht – inklusive demjenigen, der uns als bloße Trennung von Staat und Religion präsentiert wird –, veranschaulicht das Versagen, das Verhältnis von Religion und Gemeinschaft heute zu entschlüsseln, weil es nicht gelungen ist, die Beziehung zwischen Religion und Staat unter den Bedingungen der Entstehung des Staates zu entschlüsseln.

Wir können Folgendes vorschlagen: Erstens müssen Religion und Glaube definitiv getrennt von Staat und Macht behandelt werden. Zweitens: Religion ist als gesellschaftliches Bedürfnis entstanden; es ist weder möglich noch richtig, dies zu ignorieren. Drittens: Religion ist eine Kultur, wird jedoch als Machtmittel benutzt. Wenn der Religionismus gemeinsam mit Nationalismus, Sexismus und Szientismus gelöst wird, kann er aufhören, ein Unterdrückungsmittel zu sein. Wenn wir also die demokratische Moderne gegen die kapitalistische Moderne verteidigen wollen, müssen wir unbedingt gegen den religiösen Dogmatismus kämpfen.

Als Schlussfolgerung behaupten wir, dass wir als Frauen, die die größten Opfer des Etatismus, Nationalismus, des Religionismus und des Szientismus waren, diejenigen sein werden, die alle Knoten durch unseren Kampf um die Geschlechterbefreiung lösen. Alle von uns haben die Gräueltaten erlebt, dass der so genannte Islamische Staat als der offenste Ausdruck des Religionismus in der Lage ist, gegen alle Menschen der Welt und besonders gegen Frauen zu handeln. Als Ergebnis – in einer Zeit, in der diejenigen, die in den Himmel gehen wollen, die Welt in die Hölle verwandeln – ist der einzige Ausweg der Aufbau der demokratischen Moderne. Als die Menschheit nach dem Anschlag auf Charlie Hebdo »Je suis Charlie« rief, verurteilte sie eigentlich im Namen des Gewissens der Menschheit die Verwandlung der Religion in ein Werkzeug der Unterdrückung. Wenn nur für eine Minute die Lösung der Religionsfrage den Frauen überlassen würde, so bin ich sicher, dass Frauen in der Lage wären, die Verflechtungen zwischen Religion und Freiheit, Religion und Demokratie zu lösen. Wie bei anderen Fragen auch, bedeutet die Freiheit der Frau den Kampf gegen Religionismus, Szientismus, Nationalismus und Sexismus. Denn die Freiheit der Frauen ist die Freiheit der ganzen Welt und der Gesellschaft. Deshalb muss der Kampf gegen den Religionismus weitergehen. Mein Respekt für alle ...

***Rojda Yıldırım** ist eine Frauenrechtsaktivistin, die aufgrund ihrer politischen Ansichten für 10 Jahre im Gefängnis war. Sie ist aktiv im Kampf für Frauenbefreiung und Freiheit der Kurd_innen. Zurzeit forscht sie über verschiedene Glaubensrichtungen.*

1.6 Tamir Bar-On

**Von Marxismus und Nationalismus zu radikaler Demokratie:
Abdullah Öcalans Synthese für das 21. Jahrhundert**
Call for Papers Topic

Einleitung

Sein Name ist in der Türkei bekannt, im Rest der Welt ist er ein Mysterium. Für viele Kurden ist er ein Held, während er für die Mehrheit der Türken ein blutrünstiger Krimineller ist. Abdullah Öcalan ist der Führer der Arbeiterpartei Kurdistans (PKK). Beginnend in den 1990er Jahren machte er eine radikale Wende, vom gefeierten Führer der PKK zum Intellektuellen, der auf die Gewalt seiner Vergangenheit verzichtet. Momentan lebt Öcalan im türkischen Gefängnis İmralı, wo er seine bisher dreibändigen Gefängnisschriften (Öcalan, 2007, 2011, 2012) schrieb.

Seit fast 15 Jahren darbt Öcalan als einziger Gefangener, bewacht von 1500 Soldaten, in einem türkischen Gefängnis. Er ist ein Einsiedler, in einem abgelegenen türkischen Gefängnis im Marmara-Meer. Dementsprechend hatte er viel Zeit, die Strategien für den Kampf um kurdische Rechte und Unabhängigkeit zu überdenken. Er hat sich auch zu anderen Schlüsselthemen Gedanken gemacht: den gewalttätigen Guerillataktiken und Strategien seiner vom Marxismus inspirierten PKK, der Beschaffenheit des türkischen Staates und seiner ideologischen Grundlagen, den Spaltungen und feudalen Strukturen der Kurden, der Geschichte der Zivilisation und neuen Modellen, um die Kurdenfrage und Probleme der Menschheit an sich zu lösen.

Das Novum in Öcalans Schreiben ist sein historischer Ansatz, um sich den Kurden und allgemeiner mittelöstlichen Zivilisationen anzunähern. Dieses Paper vertritt eine gramscianische Interpretation Öcalans, die auf dessen zahlreichen Schriften nach der Festnahme durch den türkischen Staat, insbesondere The Road Map basiert. Allerdings wird die These vertreten, dass der Anführer der PKK zu einer radikaleren, einer »demokratische Autonomie« vertretenden, Position gerückt ist und damit über den ehemaligen italienischen kommunistischen Führer hinauswächst.

Antonio Gramsci, geboren 1891 in Ales, Sardinien, war ein politischer Theoretiker und Vorsitzender der Kommunistischen Partei Italiens. Wegen seines Widerstandes gegen die faschistische Herrschaft Benito Mussolinis ein Held für Marxisten in Italien und auf der ganzen Welt, schrieb er seine eigenen Gefängnisschriften im Gefängnis und starb 1937 in einem von der Regierung kontrollierten Krankenhaus in Rom (Gramsci, 1971, 1992, 1996, 2007). Ich benutze Antonio Gramsci, um uns kulturell-zivilisatorische Veränderungen, die es erlauben, politischen Raum für neue ideologische Synthesen zu schaffen, verstehen zu helfen (Gramsci, 1971, S. 445; 506–507). Gramsci folgend nutze ich Öcalans Schriften, um die Rolle von Intellektuellen in der Geschichte hervorzuheben. Intellektuelle Ideen spielen, wenn es darum geht, Geschichte zu machen und Konsens unter der Bevölkerung in der bürgerlichen Gesellschaft gegen oder für herrschende ideologische Rahmenbedingungen zu schaffen, eine Schlüsselrolle. Ein Intellektueller ist eine Person, deren Beruf darum kreist, Ideen zu produzieren und zu verbreiten. Gramsci unterschied zwischen »organischen« und »traditionellen« Intellektuellen, wobei erstere mit einer bestimmten Klasse (Bourgeoisie oder Proletariat), letztere mit der alten sozioökonomischen Ordnung und dem »hegemonialen Projekt« verbunden sind (1971, S. 131–133). Öcalan ist weder Vertreter der Bourgeoisie noch des Proletariats im dogmatischen marxistischen Sinne, da er den Ein-Parteien-Dogmatismus der kommunistischen Staaten und den engstirnigen Sozialismus der alten PKK kritisierte. So erklärt er beispielsweise im ersten Band der Gefängnisschriften (2007, S. 234–236), dass nationale Befreiungsbewegungen »exzessiven Gebrauch von Gewalt« gemacht hätten; der kommunistische Ein-Parteien-Staat »ein Werkzeug für die Implementierung eines totalitären Verständnisses von Regierung« sei; die Losung von der »Diktatur des Proletariats« »hauptsächlich für

Propaganda benutzt« werde und dass es »keinen Sozialismus ohne Demokratie« geben könne.

Die Einflüsse auf Öcalans Theorien sind divers. Demokratische Theorien, der ökologische Anarchist Murray Bookchin, Immanuel Wallerstein, die neue Linke, feministische Theorie, Marx und Hegel beeinflussen sein Denken. So ist zum Beispiel Öcalans Fokus der letzten Jahre auf Konföderalismus und demokratische Autonomie jenseits des Staates vom ökologischen Anarchisten Murray Bookchin beeinflusst (Akkaya und Jongerden, 2013). Sein Ziel ist ein neues Zivilisationsmodell, in dem »demokratische Zivilisation« nur ein Teil einer noch aufkommenden globalen, zivilisatorischen Synthese sein werde. Er favorisiert eine »moderne Demokratie« und föderalistische Prinzipien, während er sich nach einer neuen historischen Synthese weltweiter Gesellschaften sehnt (2007, S. 255–256). Eine »neue Demokratie der Völker«, so Öcalan, werde im Mittleren Osten scheitern, wenn sie der westlichen Demokratie nicht überlegen ist (2007, S. 237). Diese mutige Behauptung bestärkt die hegelianische Idee, dass sich die Geschichte hin zu universellem zivilisatorischem Fortschritt entwickle und dass zunächst »moderne Demokratie« der höchste Ausdruck dieses Fortschritts sei. Wenn eine neue zivilisatorische Synthese entstehe, stellt Öcalan fest, dann müsse sie auf dem realen historischen Fortschritt aufbauen, der aus dem Aufkommen »demokratischer Zivilisation« entstanden ist: Individualismus, Rechtsstaatlichkeit, Herrschaft des Volkes, Säkularismus und Frauenrechte.

Gramsci und Öcalan verbinden

Ich nutze Gramscis Gefängnisschriften, sein Beispiel und sein theoretisches Verständnis, um die Wandlung in Öcalans Denken zu erklären. Außerdem lege ich nahe, dass die Inhalte von The Road Map den Kurden, Türken und anderen Völkern im Mittleren Osten einen Ausweg aus den Sackgassen Autoritarismus, unkritischer Nationalismus und staatliche Assimilierung bieten.

Ferner stelle ich die These auf, dass The Road Map mit einer gramscianischen metapolitischen Berufung verbunden ist. Metapolitische Berufung bedeutet hierbei: Erstens lehnen Intellektuelle direkte oder aktivistische parlamentarische oder außerparlamentarische Interventionen ab und fokussieren ihre Energien darauf, die Herzen und Köpfe zu verändern und die Zivilgesellschaft zu erobern; zweitens eine Fixierung darauf, was Robert Nozick argumentierte (1974 in Zaibert, 2004, S. 113), war »die grundlegende Frage der politischen Philosophie, eine, die Fragen vorgibt, wie der Staat organisiert werden sollte«; und drittens eine raffinierte Form von Politik, die keine Flucht vor politischem Handeln ist, sondern eine Fortsetzung von »Krieg« mit »gewaltfreien« Mitteln (Bar-On, 2013, S. 3). Um sich von faschistischen oder bolschewistischen Strategien eines »frontalen Angriffs auf den Staat« zu distanzieren, hat Öcalan Gramscis Begriff des »Positionskrieges« oder der Zentralität einer Politik des ideologischen Kampfes fortgedacht. (Bar-On, 2013, S. 3).

Gramsci hat darauf hingewiesen, dass politischer Kampf »erheblich komplexer« als Krieg sei, da er sowohl Elemente von Konsens als auch von Zwang beinhaltet (1971, S. 481). Außerdem hat Gramsci darauf beharrt, dass »je größer die Zahl der Apolitischen ist, desto größer muss der von illegalen Kräften getragene Teil sein«, oder umgekehrt, »je zahlreicher die politisch organisierten und ausgebildeten Kräfte sind, desto notwendiger ist es, den Rechtsstaat zu ›decken‹« (1971, S. 479–480). Er unterscheidet zwischen drei »Arten des Krieges«: Bewegungskrieg, Stellungskrieg und Untergrundkrieg (1971, S. 481). Er erklärt, dass Gandhis passiver Widerstand ein »Stellungskrieg ist, der in bestimmten Momenten ein Bewegungskrieg wird und in anderen ein Untergrundkrieg« (Gramsci, 1971, S. 481). Er betont auch, dass Boykotte in den Bereich des Stellungskrieges fielen, Streiks eine Form des Bewegungskrieges seien und die geheime Vorbereitung von Waffen und Kampftruppen dem Untergrundkrieg zugerechnet werde (Gramsci, 1971, S. 481).

Öcalans Verständnis vom »Stellungskrieg« hat sich seit seiner Gefangennahme durch den türkischen Staat verändert. Sein Aufruf, demokratische Zivilisation weltweit zu verbreiten, seine scharfe Kritik am beschränkten Nationalismus und dogmatischen Marxismus sowie seine Ablehnung des Gebrauchs von Gewalt sollten im Kontext dieser generellen Veränderungen betrachtet werden. Öcalans Wandlungsprozess sollte unter Einbeziehung sowohl externer Zwänge als auch von durch seine Gefängniserfahrung ausgelöste innere Reflexion analysiert werden (Bar-On, 2009, S. 258). Mit hegelianischen und marxistischen Perspektiven teilt Öcalan die Annahme, dass sich Geschichte auf einer universalen Ebene rationaler und hin zu höheren spirituellen, sozioökonomischen oder politischen Rahmenbedingungen entwickle (Bar-On, 2009, S. 258).

Wie Gramsci postuliert Öcalan einen weniger dogmatischen Blick auf die Geschichte, in der es kein »Ende der Geschichte« (Fukuyama, 1989, S. 3–18) gebe und politische Kämpfe immerwährend offen blieben und konstant der Bewegung und Veränderung unterworfen seien. Er betont wie Gramsci die Wichtigkeit der Eroberung der Zivilgesellschaft, da sich dahin in der gegenwärtigen Welt revolutionäre Aktivität richten solle. Für Öcalan ist die Zivilgesellschaft »das Werkzeug der demokratischen Möglichkeiten – das die Tür zu bisher unmöglichen Entwicklungen öffnet« (Öcalan, 2007, S. 227). Er hoffe auf dem Wege der Kultur, des Internets, Bildungssystems und Bewusstseins in der Bevölkerung das kurdische Volk auf eine Art und Weise, die über den bewaffneten Kampf unmöglich war, zu ihrem »heiligen Land« der Befreiung zu führen.

Öcalans Aufruf zum Waffenstillstand aus dem Gefängnis İmralı im Frühjahr 2013 zeigt sein Vertrauen in die Möglichkeiten radikaler Veränderungen durch die Zivilgesellschaft und den »Stellungskrieg«. Dennoch ist für Öcalan genauso wenig wie für Gramsci die Option des bewaffneten Kampfes völlig vom Tisch. Ob die bewaffneten Kräfte der PKK eingesetzt werden würden, hänge davon ab, ob der türkische Staat seine Zugeständnisse in Bezug auf die vereinbarte Road Map erfülle, individuelle Rechte wie Meinungsfreiheit und Gleichheit respektiere und kurdische kollektive Rechte garantiere, einschließlich gesetzliche, sprachliche, Bildungs- sowie Medienrechte.

Öcalan (2008) argumentiert, Unabhängigkeit sei keine notwendige Vorbedingung für die Garantie kultureller und sprachlicher Rechte der Kurden: »Gleiche Rechte innerhalb einer demokratischen Türkei« ist die Devise. Oder, wie er schrieb (2008, S. 39): »Ich biete der türkischen Gesellschaft eine einfache Lösung. Wir fordern eine demokratische Nation. Wir sind nicht gegen den Einheitsstaat und die Republik. Wir akzeptieren die Republik, ihre einheitliche Struktur und ihren Laizismus. Allerdings denken wir, dass sie zu einem Staat umdefiniert werden sollte, der Völker, Kulturen und Rechte respektiert.« Man erinnere sich, dass Gramscis »Stellungskrieg« gewaltfreie Elemente wie Boykotte beinhaltet, während die Anwendung von Gewalt eine Option des »Untergrundkrieges« sein kann.

Analyse der Gefängnisschriften III: die Road Map
Ich denke, dass die Road Map mit einer gramscianischen metapolitischen Berufung verbunden ist, die Inhalte dieses Dokuments jedoch radikalere Vorschläge sind als die Ideen des ehemaligen Führers der Kommunistischen Partei Italiens.

Im ersten Teil erinnern Öcalans Lösungen für die kurdische Frage an die Bedenken von Protestbewegungen wie Occupy Wall Street, der Indignados-Bewegung aus Spanien und Portugal, den Protesten gegen die Regierung in Griechenland und dem Arabischen Frühling im Hinblick auf den Wunsch nach direkter anstatt repräsentativer Demokratie, Kritik an der überproportional großen Macht des Geldes im politischen Prozess und die radikalere Forderung, die Gesellschaft zu demokratisieren, indem »über frühere modernistische politische Projekte hinausgegangen« und damit die Trennung zwischen Herrschern und Beherrschten aufgehoben werde (Gill, 2008, S. 245). Wo Gramsci und Öcalan einst die Kommunistische Partei als Schlüsselfigur im antihegemonialen Kampf betrachteten, ist Öcalan heute Prophet einer radikalen populären Demokratie, die sowohl Staaten als auch dogmatische linke Eliten hinterfragt. Öcalan ist ein Verfechter der »demokratischen Autonomie«, einer Form der Demokratie, die die Bürger in der Zivilgesellschaft zum Ausgangspunkt nimmt, über Wahlen als zentrale demokratische Instanz hinausgeht und die Rolle von Repräsentanten als Schlüsselfiguren des demokratischen

Prozesses infrage stellt (z. B. Parteivorsitzende, Politiker, Beamte etc.). Als Unterstützer der »demokratischen Autonomie« vertritt Öcalan die Meinung, dass die Zivilgesellschaft (unter Einbeziehung von Minderheiten, kulturellen und religiösen Gemeinschaften etc.) und direkte Formen von Demokratie »repräsentative« politische Eliten als Hauptakteure von Demokratisierung und sozialem Wandel ersetzen (Öcalan 2008, S. 32).

Während in der Vergangenheit das Ziel der PKK ein »nationaler Befreiungskampf« mit der Perspektive eines unabhängigen kurdischen Staates in der Türkei gewesen war, ist ihr Ziel heute ein Projekt der »radikalen Demokratie«. In seinen Versuchen, einen sterilen und dogmatischen Marxismus zu ersetzen, suchte sich Öcalan demokratische Praktiken außerhalb des Staates, der PKK (als Bewegung oder Partei) und eines engen Fokus auf die Klassenfrage zu überlegen (Akkaya und Jongerden, 2013). Diese »radikale Demokratie« versucht nicht nur gegen bestehende politische Institutionen und das Denken der Altlinken anzukämpfen, sondern bietet sich als Alternative zum neoliberalen Projekt an, in dem die Marktgesellschaft zunehmend die Demokratie ersetzt. Das Projekt der »radikalen Demokratie« verändert nicht nur die PKK, sondern beeinflusst radikale, linke soziale und politische Bewegungen, von den Befreiungsbewegungen in Lateinamerika bis hin zu den Antiglobalisierungsdemonstrationen in Nordamerika und Europa (Akkaya und Jongerden, 2013).

Im zweiten Teil umreißt Öcalan seine zentralen Konzepte, theoretischen Rahmen und Prinzipien, die vermutlich die Demokratisierung der Türkei und des gesamten Mittleren Ostens erlauben würden.

Wie Gramsci zu einer anderen Zeit hat auch Öcalan die Welt des dogmatischen Marxismus verlassen. Er erörtert, dass Demokratisierung bei weitem nicht nur die »Diktatur des Proletariats« oder Klassenkampf bedeute, sondern den Schutz der freien Meinungsäußerung und Vereinigungsfreiheit für alle Individuen ungeachtet ihrer Klassenposition, Sprache, Ethnie oder ihres Glaubens (Öcalan, 2012, S. 20). Überdies beharrt er darauf, dass die Kurdenfrage innerhalb des Kontextes einer türkischen, säkularen Republik gelöst werden könne, und lehnt die Idee ab, dass sie definitiv über das Projekt eines Nationalstaates entschieden werden könne (Öcalan, 2012, S. 20). Für ihn repräsentiert ein Nationalstaat Homogenisierung, Assimilierung und im schlimmsten Fall das Phantom des Genozids. Er behauptet fest, dass die Türkei sogar eine »Nation der Nationen« werden könne (2012, S. 21). Er ist unnachgiebig in seiner Meinung, dass die kollektiven Rechte von Kurden oder Türken mit Respekt vor den individuellen Rechten ausbalanciert werden müssen.

Das Prinzip der demokratischen Lösung wird versuchen, die Zivilgesellschaft zu demokratisieren, während die Zivilgesellschaft nicht darauf aus sein wird, den Staat zu stürzen (Öcalan, 2012, S. 30). Die demokratische Lösung entspringt eher den zivilgesellschaftlichen denn staatlich-technokratischen Kräften. Sie zielt darauf ab, die Zivilgesellschaft zu beschützen, demokratische Institutionen verfassungsrechtlich abzusichern und würde die Existenz des Staates nicht negieren. Öcalans Fokus auf die Zivilgesellschaft als Motor für historischen Wandel gibt Gramsci, aber auch Rosanvallon und andere Vertreter von Ansätzen direkter Demokratie wieder. Im Denken des Anführers der PKK sind mit seiner Kritik an Staatsmacht, Bürokratien und dogmatischem Marxismus sowie dem Wunsch nach demokratischer Partizipation von unten nach oben sogar anarchistische Charakterzüge erkennbar.

Kein politischer Ansatz wird ohne die angemessene Balance zwischen kollektiven (Staat, Zivilgesellschaft, Kurden etc.) und individuellen Rechten funktionieren, so Öcalan. In gramscianischem Tonfall erläutert er, dass die »ideologische Hegemonie«, die er »kapitalistische Moderne« und »Positivismus« nennt, überwunden werden muss (2012, S. 31). In dieser Hinsicht könne die Zivilgesellschaft eine Schlüsselrolle dabei spielen, die vorherrschende prostaatliche und prokapitalistische ideologische Hegemonie zu unterminieren.

Das Prinzip von Moral und Gewissen bringt die Bedeutung von Religion und Moral bei der demokratischen Entscheidungsfindung mit sich. Abstrakte Vernunft- und Administrativlösungen werden Probleme nur verschärfen oder schlimmstenfalls zu Genoziden führen (Öcalan, 2012, S. 33–34). Hier huldigt Öcalan indirekt der Dialektik der Aufklärung (1944) von Theodor Adorno und Max Horkheimer (2002). Die Moderne war ein dialektischer Prozess, der sowohl kulturellen Fortschritt als auch Barbarei beinhaltet, so Adorno und Horkheimer. Für sie führten die Versuche der modernen Aufklärung, Mythen mit Vernunft zu begegnen, zur »Mythologie« einer modernen Welt, die vom exzessiven Glauben an eine »instrumentelle Vernunft« bestimmt wird. Aus dieser Perspektive sind die Schrecken des Holocausts lediglich eine Fortsetzung des Projekts der Moderne mit ihrem utopischen Glauben an »instrumentelle Vernunft« und technologischen Fortschritt. Für Öcalan beinhaltet die »kapitalistische Moderne« auch widersprüchliche fortschrittliche und barbarische Prozesse, in denen der Konservatismus und der Feudalismus der Kurden überwunden werden können und über die universelle Ausbreitung des Kapitalismus dennoch neue Herrschaftsstrukturen implantiert werden.

Im vierten Teil behauptet Öcalan, dass er vom türkischen Staat und seiner Haft gelernt habe. Für ihn ist der bewaffnete Kampf ein »Kampf für die Wahrheit« (Öcalan, 2012, S. 78). Hat nicht auch Gramsci durch seine Schriften und das Überdenken von Strategien, um den Kapitalismus zu besiegen, vom Gefängnis gelernt? Die »Wahrheit«, die der bewaffnete Kampf offengelegt hat, ist nicht die, dass die Kurden einen Staat brauchen (da dieser den assimilationistischen türkischen Staat reproduzieren könnte), sondern »die Existenz der Kurden« (Öcalan, 2012, S. 78). Die PKK ist heute stärker darauf konzentriert, demokratische Lösungen innerhalb der Türkei zu finden, als auf den bewaffneten Kampf oder einen Nationalstaat oder den Sozialismus zu errichten. In dieser Hinsicht hat Öcalan Gramscis Bindung an die Kommunistische Partei Italiens überwunden.

Eine gramscianische Lesart der Road Map erlaubt es uns zu erkennen, inwieweit Veränderungen in Mentalitäten und der Zivilgesellschaft ein Vorspiel zu revolutionärem politischem Wandel sind. Gramsci betonte eher die Rolle hegemonialer und gegenhegemonialer Ideen in der Zivilgesellschaft denn des repressiven Staatsapparats bei der Aufrechterhaltung von liberalen, kapitalistischen Demokratien. Öcalan ist überzeugt, dass der kurdisch-türkische Konflikt zum ersten Mal in der Geschichte durch Diskussionen und ohne Waffen gelöst werden kann. Diese Position festigte sich durch seine Inhaftierung 1999, hat ihren Ursprung allerdings in seiner Hinwendung zur »demokratischen Autonomie« in den frühen 1990ern. Er behauptet, dass sich die »demokratische Zivilisation« weltweit verbreitet und dieser Prozess die Kurden in ihrem Kampf für ihre Rechte unterstützen wird.

Bemerkenswert an Öcalans Road Map ist, dass er dem türkischen Staat das Handwerkszeug für die Lösung des »Kurdenproblems« an die Hand gegeben hat. Öcalan erscheint als Friedensstifter. Das ist eine beachtenswerte Verwandlung für einen Mann, der einst von der Waffe lebte. Das Gefängnis von İmralı ist für Öcalan eine bittere Pille zu schlucken, hat aber den gefeierten PKK-Anführer möglicherweise in einen wahren Gramsci unserer Zeit verwandelt.

Öcalan ist ein neuer Typ von organischen Intellektuellen der »subalternen Kräfte, die dabei helfen, Arbeiter, Bauern und indigene Völker zu organisieren«, genauso wie bisher vernachlässigten Gruppen in der Zivilgesellschaft wie Frauen und Kurden im Mittleren Osten (Gill, 2008, S. 182). Öcalan repräsentiert eine größere Welle von Bewegungen im neuen Jahrtausend, die der Gramscianer Stephen Gill als die »postmodernen Prinzen« oder ein »Set progressiver Kräfte in Bewegung« nannte (Gill, 2008, S. 182). Diese Bewegungen, unter anderem eine Reihe indigener Bewegungen in Lateinamerika, Occupy Wall Street und Teile des Arabischen Frühlings, schlagen innovative politische Formen vor, die die Teilung/Trennung zwischen Herrschern und Beherrschten infrage stellen (Gill, 2008, S. 237–248). Während Öcalans Augenmerk auf die Zivilgesellschaft Gramsci widerspiegelt, transformieren seine Vorschläge in der Road Map für eine pluralistischere, umfassendere und flexiblere Art und Weise Politik zu machen, die die neoliberale Globalisierung, staatlichen Nationalismus und die Kommunistische Partei ablehnen, die Ideen des italienischen kommunistischen Helden. Trotz seiner Inhaftierung hat Öcalan die kurdische Frage in der türkischen Republik »eindeutig geprägt« (Kiel, 2011, S. 1). Doch seine radikalen demokratischen Vorschläge zur Lösung des kurdischen »Problems« werden im Falle ihrer Umsetzung zum Verlust realer Macht für Öcalan, die PKK und Führer und Staaten im ganzen Mittleren Osten führen. In seiner Aneignung der »demokratischen Autonomie« bottom-up und Ablehnung von Partei- oder Staatsdogmatismus ist Öcalan revolutionärer als Gramsci.

Literatur

Adorno, T. W., und Horkheimer, M. (2002). Dialectic of Enlightenment. Stanford, CA: Stanford University Press.

Akkaya, A. H., und Jongerden, J. P. (2013). »Confederalism and autonomy in Turkey: The Kurdistan Workers' Party and the Reinvention of Democracy.« In The Kurdish Question in Turkey: New Perspectives on Violence, Representation and Reconciliation, 186–204. Gunes, C., and Zeydanlioğlu, W., London: Routledge.

Akkaya, A. H., und Jongerden, J. (2012). »Reassembling the Political: The PKK and the project of Radical Democracy.« European Journal of Turkish Studies, 14.

Alexander, Y., Brenner, E. H., und Tutuncuoglu Krause, S. (2008). Turkey: Terrorism, civil rights and the European Union. New York: Routledge.

Bar-On, T. (2013). Rethinking the French New Right: Alternatives to modernity. Abingdon, England: Routledge.

(2009). »Understanding Political Conversion and Mimetic Rivalry.« Totalitarian Movements and Political Religions, 10(3), 241–264.

Bruno, G. (October 19, 2007). »Inside the Kurdistan Workers' Party (PKK).« Council on Foreign Relations. 19 October. Accessed on 3 March 2014, from: http://www.cfr.org/turkey/inside-kurdistan-workers-party-pkk/p14576.

Brzezinski, Z. (2007). Second Chance: Three Presidents and the Crisis of American Superpower. New York: Basic Books.

Çiçek, C. (2011). »Elimination or Integration of Pro-Kurdish Politics: Limits of the AKP's Democratic Initiative.« Turkish Studies, 12(1), 15–26.

Efegil, E. (2011). »Analysis of the AKP Government's Policy Toward the Kurdish Issue.« Turkish Studies, 12(1), 27–40.

Fukuyama, F. (1989). »The End of History?« National Interest, 16, 3–18.

Gentile, E. (2006). Politics As Religion. Trans. George Staunton. Princeton, NJ: Princeton University Press.

Gill, S. (2008). Power and Resistance in the New World Order (second edition). New York: Palgrave Macmillan.

Global Terrorism Database. University of Maryland. Retrieved on 3 March 2014, from: http://www.start.umd.edu/gtd/search/Results.aspx?expanded=no&casualties_type=&casualties_max=&success=yes&country=209&ob=GTDID&od=desc&page=110&count=20.

Gramsci, A. (1971). Selections from the Prison Notebooks. New York: International Publishers.

-------------. (1992/1996/2007). Prison Notebooks, volumes 1–3. New York: Columbia University Press.

Gunes, C. (2012). »Unblocking the Impasse in Turkey's Kurdish Question.« Peace Review: A Journal of Social Justice 24(4), 462–469.

Gunter, M. (2007). »Review of Prison Writings: The Roots of Civilisation, by Abdullah Öcalan.« Middle East Policy, 14, 166–167.

-------------. (2000). »The Continuing Kurdish Problem in Turkey after Öcalan's Capture.« Third World Quarterly, 21(5), 849–869.

Jenkins, G. (2011). »The fading masquerade: Ergenekon and the politics of justice in Turkey.« Turkey Analyst, 4(7) (4 April).

Kiel, S. L. (2011). »Understanding the Power of Insurgent Leadership: A Case Study of Abdullah Öcalan and the PKK.« Master's thesis. Washington: Georgetown University.

Kurth Cronin, A. (August 28, 2003). »Terrorists and Suicide Attacks.« Congressional Research Service Report for Congress. Accessed on 3 March, 2014, from: http://www.fas.org/irp/crs/RL32058.pdf.

Marcus, A. (2007). Blood and Belief: The PKK and the Kurdish Fight for Independence. New York: New York University Press.

Nozick, R. (1974). Anarchy, State, and Utopia. New York: Basic Books.

Öcalan, A. (22 March, 2013). EuroNews, »Full transcript of Abdullah Öcalan's ceasefire call.« Accessed on 17 October, 2013, from: http://www.euronews.com/2013/03/22/web-full-transcript-of-abdullah-ocalans-ceasefire-call-kurdish-pkk.

-------------. (2012). Prison Writings III: The Road Map to Negotiations. Cologne, Germany: International Initiative.

-------------. (2011). Prison Writings II: The PKK and the Kurdish Question in the 21st Century (trans. Klaus Happel). Ann Arbor, Michigan: Pluto Press/Transmedia Publishing.

(2008). War and Peace in Kurdistan: Perspectives for a political solution of the Kurdish question. Cologne: International Initiative.

(2007). Prison Writings: The Roots of Civilisation (trans. Klaus Happel). Ann Arbor, Michigan: Pluto Press.

Pape, R. A. (2003). »The Strategic Logic of Suicide Terrorism.« American Political Science Review, 97(3), 343–361.

Power, S. (2003). A Problem from Hell: America and the Age of Genocide. New York: Basic Books.

Republic of Turkey Ministry of Foreign Affairs. (2006). »PKK/KONGRA-GEL«. Accessed on 24 October, 2013, from: http://www.mfa.gov.tr/pkk_kongra-gel.en.mfa.

Romano, D. (2008). »Blood and Belief: The PKK and the Kurdish Fight for Independence by Aliza Marcus – Review.« Middle East Journal, 62(2), 346–347.

Rosanvallon, P. (2009). »Las nuevas vías de la democracia,« Cuadernos del CENDES, 26(72) (septiembre-diciembre), 147–161.

Sinan, O. (2007). »Iraq to hang 'Chemical Ali'.« Associated Press (25 June), Tampa Bay Times. Accessed on 29 May, 2013, from: http://www.sptimes.com/2007/06/25/Worldandnation/Iraq_to_hang__Chemica.shtml, Accessed 29 May, 2013.

Zaibert, L. (2004). Toward Meta-Politics. Quarterly Journal of Austrian Economics, 7(4), 113–128.

Tamir Bar-On ist Professor für Politikwissenschaften am Monterrey-Institut für Technologie und Hochschulbildung in Querétaro, Mexiko. Er forscht über die französische Nouvelle Droite oder europäische Neue Rechte und ihre Beziehung zum Faschismus.

Session II:

Demokratische Moderne

2.1 Havin Guneser

Neue Konzepte – Demokratischer Konföderalismus und demokratische Autonomie

Liebe Freund_innen, Gäste, sehr verehrte Damen und Herren, zu Beginn möchte ich denjenigen danken, die eine kostenlose, warme und gemütliche Unterkunft bereitgestellt und es so leichter gemacht haben, dass diese Konferenz stattfinden konnte. Ich danke zudem den vielen Unterstützer_innen, die Kaffee und Mittagessen vorbereitet, die Anmeldung übernommen, die Programme, die Sie in Ihren Händen halten, geschrieben haben und die Kopfhörer für die Simultanübersetzung stellen. Und natürlich dem Team von Übersetzer_innen, insgesamt rund dreißig Personen. Ohne sie wäre diese Konferenz nicht möglich gewesen. Sie sind ein wunderbares Beispiel für Solidarität von verschiedensten Gemeinschaften und Teilen der Gesellschaft. Diese Konferenz wurde so gut wie möglich auf ehrenamtlicher Basis durchgeführt. Schließlich danke ich Ihnen allen dafür, dass Sie den Weg auf sich genommen haben. So können wir uns nicht nur auf die Dinge konzentrieren, die es zu kritisieren gilt, sondern auch darüber diskutieren, wie wir Neues aufbauen wollen. Daher: Vielen Dank Euch allen!

Ich muss sagen, die Konferenz begann mit einem hervorragenden ersten Teil. Die Redner_innen haben nicht nur wertvolle Einschätzungen und Analysen geliefert, sondern auch den Hintergrund, auf dem ich ohne Wiederholungen aufbauen kann.

Als wir das erste Mal an eine solche Konferenz dachten, hatten noch nicht viele Menschen von dem Sonderweg gehört, den die kurdische Bewegung diskutiert und versucht zu gehen. Aber heute, in Form einer Stadt, von der niemand zuvor gehört hatte – Kobanî –, sind wir Zeug_innen von etwas Revolutionärem – und das zu einem Zeitpunkt, als viele davon überzeugt waren, dass Revolutionen nicht möglich sind, und selbst wenn, dann nicht im Mittleren Osten, nicht in Kurdistan!

Wenn wir uns nicht die Vergangenheit von Kobanî oder überhaupt Rojava anschauen, mag das natürlich wie ein Wunder erscheinen. Heute möchte ich daher in die Tiefe gehen, damit wir erkennen, wie dieses Wunder möglich war. Denn es ist eigentlich kein Wunder – es ist die Vision eines freien Lebens, die das kurdische Volk, die kurdische Freiheitsbewegung und Abdullah Öcalan in den vergangenen vierzig Jahren entwickelt haben. Aber eine solche Vision eines freien Lebens Realität werden zu lassen, blieb schwierig in der Umsetzung. Die Antworten auf die wesentlichen Fragen haben sich über die Jahre immer weiter verändert.

In den 70er Jahren entwickelten Abdullah Öcalan und seine Freund_innen ihre marxistisch-leninistische Perspektive. 1978 gründeten sie die PKK als eine marxistisch-leninistische Organisation mit dem Ziel, ein vereintes sozialistisches Kurdistan aufzubauen. Zwar entstand die Bewegung im Kontext der kolonialen Situation in Kurdistan, allerdings beschränkte sich ihre Kritik nicht darauf, sondern bezog auch Frauenbefreiung und die Klassenfrage mit ein. Lassen Sie mich einige Punkte aufführen, warum die kurdische Frage einige einmalige Merkmale aufwies:

1. Kurdistan war aufgrund von internationalen Abkommen geteilt und die Ablehnung seines Existenzrechts war international durchgesetzt.
2. Da es unter vier Staaten aufgeteilt war, von denen zwei – der Iran und die Türkei – traditionell Hegemoniebestrebungen in der Region sowie im Rest der Welt verfolgen, ist es immer sehr schwierig gewesen, in irgendeiner Richtung vorwärtszukommen, ohne dass sich vier Staaten dagegen verbünden könnten.
3. Die feudalen Strukturen innerhalb der kurdischen Gesellschaft kollaborieren in einem großen Maßstab mit dem Staat. Dies diente als ein Werkzeug, um die Gesellschaft unter Kontrolle zu halten.

4. Daher wurde jede Bewegung, die sich für kurdische Rechte einzusetzen versuchte, von Beginn an dämonisiert oder so unter Kontrolle gebracht, dass es die traditionellen Rollenverteilungen nicht verschieben würde.

Die Gründe für die verschiedenen Veränderungen, die sowohl Abdullah Öcalan als wesentlicher Stratege der PKK seit der Zeit vor ihrer Gründung sowie die PKK selbst erfuhren, können in Kürze so zusammengefasst werden:

1. Die oben genannten Punkte machten es der PKK enorm schwer, sich zu organisieren; besonders da sich das kurdische Volk bereits in einem Prozess der Selbstassimilierung befand. Daraus kam Öcalan zu seiner Erkenntnis, auf welche Weise das System der Gesellschaft seine kulturelle Hegemonie einpflanzt.
2. Aufgrund der Tatsache, dass Kurdistan eine internationale Kolonie war, wurde sich früh mit Fragen auseinandergesetzt, was Unabhängigkeit und Abhängigkeit konkret meinen. Alle regionalen und globalen Kräfte wollten jegliche aufkommende kurdische Bewegung unter Kontrolle halten, um sie gegeneinander zur Durchsetzung ihrer eigenen Linien zu benutzen. Daher wurde früh die Politik der Sowjetunion und anderer realsozialistischer Staaten analysiert.
3. In den vierzig Jahren des Kampfes lernten Öcalan und die PKK nicht nur die Praktiken des Realsozialismus, des Feminismus, der nationalen Befreiungsbewegungen und anderer alternativer Bewegungen zu bewerten; sie bewerteten auch ihre eigene Praxis und versuchten zu verstehen, was falsch lief. Warum reproduzierten alle das System?
4. Ende der 90er Jahre versuchte Öcalan, innerhalb der PKK einige Änderungen umzusetzen, um die Einflüsse des Realsozialismus zu überwinden und damit Machtkonzentration und zentralistischen Tendenzen in der wachsenden Bürokratie innerhalb der Partei entgegenzuwirken. Ab 1993 versuchte

er, eine politische Lösung zur Lösung der kurdischen Frage in der Türkei zu finden. Europa hat diese Versuche vollkommen ignoriert, als er 1998 nach Europa kam. Dieser Versuch führte schließlich zur Tragödie seiner Verschleppung aus Kenia als Ergebnis einer NATO-Operation.

All dies zeigte für Öcalan, dass es grundlegend falsch lief. Er sah den Fehler nicht in der Ernsthaftigkeit der Revolutionär_innen, sondern suchte nach Problemen in ihren Analysen, Strategien und Taktiken, auch in seinen eigenen. So kam er auf diese Schlussfolgerungen:

1. Das methodologische Problem: Öcalan erkannte, dass ideologische Waffen des Systems in größerem Maße eine verhindernde Rolle spielen, als es dessen physische Waffen tun. Da das aktuelle Verständnis von Wissen und Wissenschaft ausschließlich auf schriftlichen Aufzeichnungen basiert, werden die Geschichte der Frauen und der Menschen selbst entweder nur sehr wenig dokumentiert oder schlicht ausgelöscht. Dadurch errichtet das System sein Monopol, sowohl indem es kontrolliert, was und wie wir wissen, als auch durch die Tatsache, dass die Beiträge der Gesellschaften und Frauen im wissenschaftlichen Sichtbereich nicht vorkommen. Das spezifische methodologische Problem ist hauptsächlich die empirische und quantitative Methode.
2. Mythologie, Religion und positivistische Wissenschaft sind eng mit der Geschichte der Akkumulation von Kapital und Macht verbunden. Daher schützen sie die jeweiligen Interessen gegenseitig.
3. Die positivistische und funktionalistische Gesellschaftstheorie, insbesondere die Annäherungsweise einer linearen Entwicklung von einer primitiven, sklavenhalterischen Gesellschaft zum Feudalismus und von dort zum Kapitalismus, wurde einer ernsthaften Kritik unterzogen. Das in Verbindung mit Öcalans Bruch mit der Vorstellung vom Einswerden der Gesellschaft mit einer bestimmten Klasse und

dadurch einem Einswerden der Gesellschaft mit den alten Herrschenden.
4. Durch die Analyse der Praktiken alternativer Bewegungen kamen sie zu der Schlussfolgerung, dass ein freies Leben nicht mithilfe derselben Werkzeuge geschaffen werden kann, die auch dazu dienen, die Gesellschaft, die Frauen, die Natur und alle anderen zu versklaven. Damit müssen die Macht und der Staat ersetzt werden.
5. Der Kapitalismus ist nicht einzigartig, vielmehr stellt er die Fortsetzung von 5000 Jahren patriarchaler Herrschaft dar; etwas, das im Laufe der Geschichte vorhanden war, es aber erst seit den letzten 400 Jahren geschafft hat, das vorherrschende System zu werden.

Damit kam Öcalan zu dem Schluss, dass der Kapitalismus selbst die Anomalie ist. Wir werden dazu gebracht zu glauben, dass es kein Leben außerhalb des Kapitalismus oder irgendeiner anderen Form patriarchaler Herrschaft geben kann. Aber Öcalan geht dabei sehr in die Tiefe, er geht historisch weit zurück, um die Wahrheit vergangener Gesellschaften ans Licht zu bringen.

Demokratische Zivilisation
Ebenso hat Abdullah Öcalan einen Beitrag zur Kritik der kapitalistischen Moderne geleistet. Für die Lebensformen und Kämpfe all jener, die aus dem System herausgehalten werden, so wie Frauen, Völker, Kulturen und traditionelle Arbeiter_innen, etablierte er den Begriff der »demokratischen Zivilisation«. Und den Sozialwissenschaften, die eine freiheitliche Perspektive entwickeln sollten, gab er den Namen »Soziologie der Freiheit«. Diese stellen die Analyse der demokratischen Zivilisation dar, die er als »ethisch-politische Gesellschaft« oder demokratische Gesellschaft beschreibt, die moderne Version dieser historischen Gesellschaften.

Er erkannte, dass die verschiedenen Modelle, die im Hinblick auf das gesellschaftliche Feld entwickelt wurden, weit davon entfernt sind, erklären zu können, was passiert ist:

1. Die bekannteste und meistgenutzte Einheit ist der Staat, speziell der Nationalstaat. Innerhalb dieses Modells werden die Geschichte und die Gesellschaft im Hinblick auf Probleme der Gründung, des Zerfalls und der Gliederung von Staaten untersucht. In Wirklichkeit spielen sie eine grundlegende Rolle bei der Legitimierung von Staatsideologie. Anstatt die komplexen Probleme der Geschichte und der Gesellschaft zu beleuchten, verschleiern sie sie.
2. Auf der anderen Seite wählte die marxistische Annäherung die Klasse und die Wirtschaft als Ausgangspunkt ihrer Analyse. Der Marxismus versuchte, sich als alternatives Modell gegenüber der staatsbasierten Sichtweise zu begründen. Mit der Arbeiter_innenklasse und der kapitalistischen Produktionsweise als der Untersuchung zugrunde liegende Modelle wurden die Geschichte und die Gesellschaft in Begriffen der Wirtschaft und ihrer Klassenstruktur erklärt. Diese Annäherungsweise hatte allerdings auch verschiedene größere Schwachstellen, besonders in der Definition von Arbeit, was Feminist_innen später kritisiert haben.

Indem er sein Modell auf die ethisch-politische Gesellschaft gründet, stellt Öcalan eine Verbindung zwischen Freiheit und Ethik sowie zwischen Freiheit und Politik her. Bei der Entwicklung von Strukturen, die unseren Freiraum ausdehnen, wird Ethik als kollektives Bewusstsein einer Gesellschaft definiert, und Politik beschreibt deren gemeinsame Weisheit. Die ethisch-politische Gesellschaft ist daher ein natürlicher Zustand von Gesellschaft, unverzerrt durch institutionalisierte Hierarchien und Machtstrukturen wie Staaten.

Während religiöse Überlieferungen ebenfalls die Wichtigkeit von Ethik vermitteln, überantworten sie ihren *politischen* Aspekt dem Staat und betrachten die Gesellschaft als den Einzelnen übergeordnet. Bürgerlich-liberale Ansätze verwerfen nicht nur die ethisch-politische Gesellschaft, wo immer sie können – sie eröffnen ihr den Krieg. Der Liberalismus ist die schlimmste antisoziale Ideologie und

Praxis; Individualismus ist ebenso der offene Kriegszustand gegen die Gesellschaft, wie es der Staat und die Macht sind.

Öcalan fasst zusammen, dass die Sklaverei zuallererst eine ideologische Konstruktion war, die durch Anwendung von Gewalt und Inbesitznahme der Wirtschaftskraft gestärkt wurde. Machtzentren und Hierarchien wurden darauf errichtet. Er leitete aus seiner eigenen Praxis ab, dass ohne die Entwicklung eines neuen Ansatzes alle Versuche zum Scheitern verurteilt sein würden.

Daher gründet Öcalan sein Modell einer demokratischen Zivilisation auf folgende Punkte:

1. Geschlechterbefreiung. Er sagt, eine demokratische Zivilisation muss ihrem Charakter nach feministisch sein. Maria Mies in diesem Punkt folgend, nennt er Frauen die erste Klasse, Nation und Kolonie. Die größte Schwachstelle des Sozialismus liegt in dessen Definition der Arbeit: darin, wie unbezahlte Arbeit von Frauen und Völkern sowie die völlige Ausbeutung der Natur analysiert werden. Dies ist der einzige Weg, auf dem Kapital akkumuliert werden kann. Da sich niemand willentlich und freiwillig in ein solches System begibt, kommen strukturelle und direkte Gewaltanwendung ins Spiel. Die charakterisiert alle kolonialen Beziehungen. Daher ist in ihrem Kern auch die Beziehung zwischen Mann und Frau kolonial. Dieser Fakt wurde unter den Tisch gekehrt, indem er in die Sphäre des Privaten verschoben wurde – ein Feld von Ausbeutung, gut geschützt durch den Gebrauch von Emotionen und Liebesspiele. Es ist deshalb von grundlegender Bedeutung, dies klar herauszustellen und diese Beziehung neu zu definieren. Keine Lösung ohne Staat und Macht kann gefunden werden, solange jede_r Einzelne dies in ihrem scheinbar harmlosen Leben reproduzieren.

2. Eine demokratische Zivilisation muss auf einer ökologischen Industrie basieren. Dies folgt einer ähnlichen Logik und ist vielleicht ein Bereich, der aufgrund von Objekt-Subjekt-Beziehungen und der Art und Weise, wie wir leben, höchst

schwierig zu überwinden sein wird.
3. Eine demokratische Zivilisation muss ein eigenes Verständnis von Selbstverteidigung entwickeln. Die Anwendung von Gewalt wurde durch den Staat und in Machtstrukturen monopolisiert, um die ethisch-politischen Gesellschaften schutzlos zu lassen. Jeder Versuch der Gesellschaft, sich selbst zu verteidigen, sieht sich mit dem Vorwurf des Terrorismus und mit Kriminalisierung konfrontiert. Auf der anderen Seite sind fast alle Freiheitskämpfe in die Falle getappt, Gewaltanwendung in gleicher Weise zu interpretieren, wie staatliche Strukturen es tun. Deswegen muss Selbstverteidigung in Basisorganisierungen tief verankert und darf nicht professionalisiert werden – sie sollte nicht zu einem eigenen Bereich werden.
4. Schließlich ist die Wirtschaft einer demokratischen Zivilisation eine kommunale Ökonomie. Die Wirtschaft wurde in Eigentum überführt, und jede_r Einzelne wurde abhängig gemacht von staatlichen Strukturen, sogar was die Grundbedürfnisse ihres Lebens betrifft. Unterkunft, Essen, Bildung, einfach alles, was Ihr Euch vorstellen könnt, funktioniert nicht mehr ohne Geld, und uns wurde jedes Wissen genommen, wie wir es sonst anstellen könnten. Durch eine Wiederherstellung der Einbindung aller Einzelnen und die Befriedigung ihrer Bedürfnisse innerhalb der Gemeinschaft in gemeinschaftlicher Weise sollte jede_r sowie die Gesellschaft insgesamt ermächtigt werden, um die Wiederholung kapitalistischer Mechanismen zu durchbrechen.

Demokratische Moderne

Was ist also demokratische Moderne? Abdullah Öcalan sagt: »Weder entdecke noch erfinde ich die demokratische Moderne. Ebenso wie mit der Moderne ein Name für die Ära der Vorherrschaft des Kapitalismus benutzt wird, der die letzten vierhundert Jahre der klassischen Zivilisation umfasst, kann die demokratische Moderne als Bezeichnung für die letzten vierhundert Jahre der demokratischen Zivilisation gedacht werden.«

Die grundlegenden Dimensionen der demokratischen Moderne umfassen:
1. ethisch-politische Gesellschaft;
2. ökologische Industrie;
3. demokratischen Konföderalismus.

Demokratischer Konföderalismus
Demokratische Autonomien auf lokalen Ebenen verbinden sich und bilden allgemeiner den demokratischen Konföderalismus. Der demokratische Konföderalismus ist die politische Alternative zum Nationalstaat und beruht auf:
1. demokratischer Nation;
2. demokratischer Politik;
3. Selbstverteidigung.

Demokratische Konföderationen werden nicht darauf beschränkt sein, sich in einem einzigen bestimmten Gebiet zu organisieren. Sie werden zu grenzüberschreitenden Konföderationen, wenn die betreffenden Gesellschaften es wünschen.

Hierbei kann jede Gemeinschaft, jede Ethnie, Kultur, Religionsgemeinschaft, jede intellektuelle Strömung oder Wirtschaftseinheit über sich selbst als politische Einheit bestimmen und eigene Ausdrucksformen finden. Das wichtigste zugrunde liegende Element eines Ortes sind dessen Fähigkeit, freie Diskussionen zu führen, und das Recht der eigenen Entscheidungsfindung.

Der demokratische Konföderalismus ist offen für verschiedene und sich vielfach überlagernde politische Ausprägungen. Sowohl horizontale als auch vertikale politische Institutionen sind nötig, um der komplexen Struktur der heutigen Gesellschaft gerecht zu werden. Der demokratische Konföderalismus hält zentrale, lokale und regionale politische Institutionen im Gleichgewicht.

All diese Konzepte werden detaillierter von den nachfolgenden Redner_innen und in den nachfolgenden Blöcken aufgegriffen werden.

Wir müssen die ethischen und politischen Aspekte wieder in die Gesellschaft tragen. Intellektualismus ist vor allem den Universitäten vorbehalten; es muss uns allen wieder möglich sein. Ethik wurde durch das verdinglichte Recht ersetzt. Politik, andererseits, wurde unter der nationalstaatlichen bürokratischen Verwaltung unter dem Deckmantel des Parlamentarismus fast zum Erstarren gebracht.

Wenn es darum gehen soll, sowohl den Kreislauf der Akkumulation von Kapital und Macht als auch die Reproduktion von Hierarchien zu beenden, bedarf es des Aufbaus von Strukturen des demokratischen Konföderalismus – das bedeutet eine demokratische, ökologische und geschlechterbefreite Gesellschaft. Um das zu erreichen, gibt es viele Dinge zu beachten, wie beispielsweise:
- die Verantwortung der Intellektuellen und Bildung;
- Männerbildung;
- Wirtschaft, Industrialismus und Ökologie;
- Familie und die Beziehung zwischen Mann und Frau;
- Selbstverteidigung;
- Kultur, Ästhetik und Schönheit;
- Aufzeigen von Macht und Hierarchien.

Als Ergebnis sehen wir: die 99 Prozent, wie David [Graeber] es aufgezeigt hat, waren immer schon da. Aber um zu kämpfen und ein freies Leben zu erlangen, müssen wir zuerst eine anders geartete Vision eines guten Lebens entwickeln als die uns vom Kapitalismus und dem Patriarchat üblicherweise gegebene. Das bedeutet auch, dass wir uns nicht länger der Illusion unendlicher Güter und sich vermehrenden Geldes oder der Denkweise, alles gegen seinen Geldwert aufzurechnen, hingeben sollten. Stattdessen sollten wir eine sofortige Produktion guten und wunderbaren Lebens im Zentrum aller gesellschaftlichen und wirtschaftlichen Praxis anstreben und ebenso zu brennenden Suchenden der Wahrheit werden. Und dies, meine Freund_innen, ist ein Prozess mit offenem Ende, den diese Konferenz in den kommenden Tagen weiterdiskutieren soll.

Ich schließe mich all den Vorredner_innen an, die ihrem Wunsch Ausdruck verliehen haben und die Erwartung teilen, dass Öcalan

persönlich auf der nächsten Konferenz bei uns sein wird, damit wir die Diskussion gemeinsam weiter vertiefen können.
Vielen Dank.

Havin Guneser *ist Ingenieurin, Journalistin und Frauenrechtsaktivistin. Sie ist eine der Sprecherinnen der Internationalen Initiative »Freiheit für Abdullah Öcalan – Frieden in Kurdistan« und Übersetzerin verschiedener Bücher Öcalans.*

2.2 Emine Ayna

**Befreiung des Lebens:
Politische und moralische Gesellschaft**

Guten Tag, liebe Freundinnen und Freunde,
heute haben sich tausende Menschen aus allen Gebieten Kurdistans und der Türkei auf den Weg gemacht nach Urfa, in das Dorf Amara. Sie werden das Geburtshaus des Vorsitzenden Öcalan besuchen und Freiheit für ihn fordern. Sie werden ihre Solidarität mit ihm bekunden. Die Nacht werden sie im Dorf verbringen und ihre Anliegen zum Ausdruck bringen. Auch ich möchte zu Öcalans Geburtstag gratulieren. Ich denke, dass wir hier auf der Konferenz ebenfalls einen Beitrag zu diesen Forderungen leisten.

Mein Vortrag wird nicht sehr akademisch sein; ich möchte eher im Kontext des praktischen Lebens eine Debatte führen. Der Titel meines Vortrages lautet »Befreiung des Lebens: Politische und moralische Gesellschaft«. Ich will über einen Satz des Vorsitzenden Öcalan in die Debatte einsteigen. Über die Politik sagt er: »Politik ist der Bereich der Freiheit der Gesellschaft.« Ich werde hiervon ausgehend meine Diskussion gestalten.

Wir erleben die kapitalistische Moderne als Informationsflut. Von der Geburt bis zum Tod werden uns Informationen gegeben. Diese werden uns als Wahrheit vermittelt und wir leben sie auch als solche. Dem liegen ursprünglich die Begriffe der Barbarei und Zivilisation zugrunde. Während uns der Kapitalismus seine eigene Welt als Zivilisation präsentiert, bewertet er alles Vorangegangene sowie alle Zukunftsalternativen als Barbarei. Er spricht von Barbarei, wenn es um die Kriege vor seiner Zeit geht, Zivilisation jedoch nennt er die Tötung von Millionen Menschen mit Atombomben. Das ist der Unterschied zwischen Barbarei und Zivilisation. Zudem verstehen wir das natürliche Leben als Primitivität, so wird es uns vermittelt. Dies beginnt in der Grundschulzeit, wo wir Lesen und Schreiben lernen, und reicht bis in die Jahre der Universität, wo wir eine akademische Ausbildung erhalten. Ein natürliches Leben ist Primitivität, die Nutzung von Kommunikationsmedien und Technologie Zivilisation. Wie werden Kommunikationsmedien und Technik verwendet? Ich will ein Beispiel geben, das bereits ein Eröffnungsredner angebracht hat. In seinem Buch »The Liberal Virus« sagt Samir Amin: »Glauben Sie wirklich, dass Sie mitten in der Wüste unbeobachtet urinieren können? Über Satelliten wird Sie jeder sehen können.« Das nennt man Zivilisation. So sieht unser Leben aus, und das wird uns als Modernität eingeimpft.

Die Diskussionen über alternative Modelle müssen wir anhand von Begriffen führen. Wenn wir die Begriffe, die uns als Wahrheit vermittelt wurden, nicht korrekt definieren und diese nicht verwerfen, wird es nicht möglich sein, das Leben der demokratischen Moderne zu etablieren. In der Überschrift zu meinem Vortrag ist die Rede von der Befreiung des Lebens. Daher müssen wir über die Definition der Begriffe Moral, Politik und Freiheit sprechen und unsere Diskussionen hiervon ausgehend führen. Zivilisation ist die Kontrolle unseres Lebenswillens durch das als Staat bezeichnete System. Als Alternative hierzu gilt es, sie zu durchbrechen und abzulehnen. So ist in der kapitalistischen Moderne Politik keine Angelegenheit der Gesellschaft, sondern ein Recht, das der elitären Klasse zusteht. Lassen Sie mich ein Beispiel aus der Türkei anführen. Das Wirtschaftsministerium kann nicht von den Absolventen der größten Universitäten besetzt werden; ausgewählt werden Personen, die in den USA oder Großbritannien studiert haben. Den Menschen, die in der Türkei leben und dort studiert haben, wird die Fähigkeit abgesprochen, die Wirtschaft des Landes zu lenken. Politik wird derart von der Gesellschaft entfernt, dass sie für diese nicht nachvollziehbar ist. Dabei bildet Politik die Summe der Entscheidungen, wie eine Gesellschaft lebt. In der Politik zum Beispiel, im Staatssystem wird im Namen der Demokratie von Gewaltenteilung gesprochen. Es heißt, dass Exekutive, Legislative und Judikative voneinander unabhängig sein müssten. Doch wie sieht es damit tatsächlich aus, wenn wir einen

Session II: Demokratische Moderne

Blick auf die aktuelle Politik und die Staaten werfen? Exekutive ist die gewählte Regierung. Legislative ist das Organ, wo die gewählte Regierung die Gesetze verabschieden lässt. Die Judikative ist der Ort, an dem denen, die sich gegen die von der Regierung im Parlament verabschiedeten Gesetze stellen, der Prozess gemacht wird! Wie kann es dann eine Gewaltenteilung geben? Kann es die in einem solchen staatlichen System geben? Wenn in der Türkei die kurdische Sprache verboten ist, die Exekutive dieses Verbot mittels Legislative einführt und umsetzt, wird die Justiz diejenigen, die das Verbot missachten, verfolgen. Wie soll die Justiz dann unabhängig sein?

Das ist kein spezifisches Problem der Türkei; es hängt mit der Staatsstruktur zusammen. Die von der Staatsstruktur angewandte Politik sieht vor, zu entscheiden, wie die Gesellschaft zu leben hat. Aus diesem Grund gilt es, die Justiz in dem von uns als kapitalistische Moderne bezeichneten System unbedingt abzulehnen. Das Recht regelt die Beziehung zwischen zwei Individuen, zwischen Individuum und Gesellschaft sowie zwischen Individuen, Gesellschaft und Staat. Das ist eine grobe Definition. Wer regelt das? Der Staat. Die Beziehung zwischen zwei Personen wird durch den Staat geregelt, ebenso die Beziehung einer Person mit der Gesellschaft und die Beziehung der Individuen sowie der Gesellschaft mit dem Staat. Es geht hierbei darum, den Staat vor den Individuen und der Gesellschaft zu schützen. Wie können wir in einem solchen Rechtssystem vom Schutz der Rechte von Menschen und Völkern sprechen? Können wir eben nicht...

Es gibt ein aktuelles Beispiel aus der Türkei und Nordkurdistan. Unabhängig von der Diskussion, ob die Türkei gegen den IS oder solidarisch mit ihm ist, war ihre Außenpolitik auf den Fall Rojavas ausgerichtet. In diesem Sinne hat sie die Angriffe des IS unterstützt. In der Türkei gingen die Völker, allen voran die Kurden, auf die Straße, um gegen diese Politik der türkischen Republik zu protestieren. Bei den Protestaktionen starben 47 Menschen; die Täter waren türkische Polizisten. Nicht nur in der Türkei, sondern weltweit gingen Menschen auf die Straße. Dadurch hat sich in Rojava eine Kraft gebildet.

Rojava ist nicht gefallen, im Gegenteil, es wurde vom IS gesäubert und befreit. Wie hat die türkische Republik Rache genommen? Sie brachte im Parlament ein Gesetzespaket zur inneren Sicherheit ein, bei dem es darum geht, festzulegen, wie im Falle der Ablehnung ihrer Außen- oder Innenpolitik durch die Gesellschaft vorzugehen ist, um den Protest zu stoppen. Sie nannten es öffentliche Ordnung, und das Gesetz wurde im türkischen Parlament verabschiedet. Es zielt darauf ab, den Einspruch des Volkes gegen die Politik des Staates zu verhindern. Bis dato war diese sowieso antidemokratisch gewesen, jetzt ist mit den Gesetzen eine Verschärfung eingetreten. Aus diesem Grund müssen wir hier ansetzen. Welche juristischen Wege gibt es? Es können keine juristischen Wege sein, die der Staat für uns festgelegt hat. Die von uns beschriebene moralische und politische Gesellschaft beginnt an diesem Punkt. Die bestehenden Systeme präsentieren uns die politischen Parteien als politisches Mittel. Sie sagen: Wenn man sich politisch betätigen will, soll man Mitglied einer politischen Partei werden. Der einzige Weg, Politik zu machen, seien die Parteien. Wenn Sie also an den Entscheidungsmechanismen über Ihr Leben beteiligt sein wollen, müssen Sie Abgeordneter, Bürgermeister oder Mitglied des Stadtrates werden.

Die Gesellschaft überlässt jemandem ihren Willen für drei, vier, fünf Jahre, macht diese Person zum Abgeordneten, zum Bürgermeister und sagt, triff fünf Jahre lang die Entscheidungen für mich. Fünf Jahre lang überträgt sie ihren Willen. Ist das keine Sklaverei, ist diese Willenlosigkeit keine Sklaverei? Genau hier muss im Hinblick auf Politik angesetzt werden. Solange politische Parteien Mittel der politischen Betätigung sind, lebt der Herrschaftsmechanismus. Denn politische Parteien nehmen an Wahlen teil, um an die Macht zu kommen. Das führt dazu, dass die Gewählten, egal ob Abgeordnete oder Bürgermeister, kein Verantwortungsbewusstsein gegenüber der Gesellschaft haben. Dies empfinden sie den politischen Parteien und deren Angehörigen gegenüber, die ihre Kandidatur festlegen. Ihre Verbundenheit ist auf die politischen Parteien begrenzt und gilt nicht dem Volk. Von Interesse sind nicht die Forderungen des Volkes, sondern die der Partei. Wir müssen die Politik an diesem Punkt durchbrechen. Die von Öcalan im Konzept des Demokratischen Konföderalismus genannten Räte sind Ausdruck der direkten politischen Betätigung des Volkes, der Gesellschaft. Aus diesem Grund nennt er die Politik das Gebiet der Freiheit für die Gesellschaft. Sie ist somit das Feld, auf dem die Gesellschaft ihren Willen festlegt und praktiziert.

Öcalan stellt in diesem Zusammenhang die Moral dem Recht gegenüber. Er beschäftigt sich mit dem Recht nicht im Sinne der klassischen historischen Vergangenheit, sondern setzt bereits in der Zeit davor an. Vor der Einführung des Rechts und des Staates hatten die Gesellschaften in ihrem Zusammenleben die Beziehungen ihren Bedürfnissen entsprechend selbst geregelt. Auch die Regeln wurden demgemäß festgelegt. Das meinen wir, wenn wir von einer moralisch-politischen Gesellschaft sprechen.

Was der Staat in der Gesellschaft etabliert, ist von Dauer. So geht das türkische Wort für »Mann« auf das Wort »Macht« zurück, also auf Kraft, Herrschaft und Vorherrschaft. Das männliche Geschlecht wird als Macht und Herrschaft definiert; es trägt diesen Namen. Der Begriff der »Frau« leitet sich aus dem Begriff des »Befehls« ab, bedeutet also Befohlene, Dienerin. Die weibliche Person bekommt Befehle, die männliche Person erteilt Befehle. Dies geht in den Wortschatz ein, von dort fängt es an. Wenn wir über demokratische Moderne sprechen und sie etablieren wollen, müssen wir diese Begriffe alle abschaffen. Wenn Sie medizinisches Vokabular betrachten, scheint es ausweglos. Diese Begriffe sind sexistisch, religiös und nationalistisch. Es handelt sich um ein wissenschaftliches Feld, noch dazu um den Bereich Gesundheit; hier sollte die Herangehensweise an den Menschen und an die Gesellschaft am gerechtesten sein. Die Definitionen für Krankheiten beinhalten herabwürdigende Beschreibungen. Wenn wir über die Etablierung der demokratischen Moderne sprechen, müssen wir all das verwerfen. In diesem Kontext sprechen wir von der Politik, die sich von der Staatsmentalität gelöst hat. Die Gründung eines Staates, eine Politik, die auf die Kontinuität des

Staates setzt, kann nicht sozialisiert werden. Sie kann nicht den Willen der Gesellschaft repräsentieren. Wir sagen, dass dies nicht möglich ist. Die Gesellschaft muss ihre Sprache von neuem generieren. Die Kurden sind ein Volk, das nicht mit dem Staat verflochten ist, sodass die Bedeutung der Begriffe Frau und Mann im Kurdischen den gesellschaftlichen Bedürfnissen entsprechend festgelegt wurde. Das kurdische Wort für Mann heißt mêr, der Mutige, der Tapfere, der die Gesellschaft vor äußeren Einflüssen schützt. Die Frau wird im Kurdischen jin genannt, Leben, dem Leben Kontinuität gebend, das Leben fortführend. Es handelt sich um eine Sprache ohne Kontakt zum Staat. Ich möchte Ihre Zeit nicht weiter in Anspruch nehmen. Vielen Dank für Ihre Aufmerksamkeit.

__Emine Ayna__ musste ihr Studium der Wirtschaft in Adana kurz vor ihrem Abschluss aus politischen Gründen aufgeben. An der Universität arbeitete sie in der ersten Organisierung kurdischer Frauen mit. Sie saß für die DTP im Parlament und war kurz vor deren Verbot Kovorsitzende. Sie wurde mehrfach festgenommen. Es sind immer noch circa 700 Verfahren gegen sie anhängig. Sie ist Gründungsmitglied der Plattform »Für den Frieden: Freiheit für Öcalan«. Zurzeit sitzt sie für die HDP im Parlament und ist Kovorsitzende der DBP.

2.3 Asya Abdullah

Demokratische Nation – Heilung für den Nationalismus

Zunächst einmal begrüße ich Sie herzlich. All das, was hier diskutiert wird, wird im Mittleren Osten, in Rojava, praktiziert. Die hier recht theoretisch erscheinenden Ideen setzen wir in die Praxis um.

Aufgrund des Systems zentralistischer Nationalstaaten erfahren die Völker in der Region, vor allem im Mittleren Osten und in Syrien, großes Leid. Die Natur des Nationalstaats und seine Herrschaftsmechanismen lehnen sich an eine kleine Gruppe an, die alles kontrolliert. Der Staat unterdrückt somit die Rechte und den Willen der Gesellschaft. Im nationalstaatlichen System ist alles verboten worden. Wir Kurden erleben dies seit Jahrzehnten. Politische Betätigung war für alle Völker und insbesondere die Kurden verboten.

Diejenigen, die sich politisch betätigt haben, wurden verhaftet. Jegliche Politik jenseits der vom Staat definierten Grenzen wurde als Verbrechen gewertet, und tausende Menschen wurden verhaftet. Sie wurden gefoltert, einige verloren dabei ihr Leben, so wie Anführer und Mitglieder unserer Partei, der PYD. Das System der Nationalstaaten hat uns keinerlei kulturelle, identitätsbezogene, sprachliche und wirtschaftliche Rechte zugestanden. Rojava unterlag jahrzehntelang der nationalstaatlichen Praxis. Das Volk von Rojava verfügte über keinerlei kulturelle oder sprachliche Rechte.

Die Wirtschaft war vom Staat monopolisiert worden. Die Gesellschaft war einer Vertreibungspolitik ausgesetzt, die darauf abzielte, das Volk von Rojava in die Städte zu treiben und dort zu assimilieren. Der Nationalstaat versucht den freien Willen der Gesellschaft zu brechen. Der Gesellschaft bleiben zwei Optionen: entweder nicht aufzugeben oder der Vernichtung ausgesetzt zu sein. Wer aufgibt, ist von Assimilation bedroht, wer nicht aufgibt, muss Widerstand leisten gegen die Politik der Nationalstaaten. Die derzeitigen Entwicklungen sind nämlich sämtlich Resultat des Nationalstaats, er ist für all dies verantwortlich.

Die Mentalität der kapitalistischen Moderne ist ein weiterer Faktor für die Normalisierung von Blutvergießen und Töten. Sie ist zu einem Albtraum geworden, der die Menschheit an den Rand der Auslöschung gebracht hat. Das ist die Mentalität, die auf die Vernichtung der Gesellschaft, der Kulturen, der Geschichte und der Menschheit abzielt. Was war denn in Şengal passiert? Die Massaker an Frauen und die Angriffe auf Rojava sind Resultat der Mentalität der kapitalistischen Moderne. Wie zuvor erwähnt, will die kapitalistische Moderne den freien Willen der Völker unterbinden. Ziel ist eine schwache und kraftlose Gesellschaft.

Diejenigen Kräfte, die von sich behaupten, im Namen der Gesellschaft, der Freiheit und der Demokratie zu sprechen, sind leider genau dieselben, die die Gesellschaft schwächen wollen. Denn ihr Vorhaben wird umso schwieriger, je stärker die Gesellschaft wird. Sie verstecken ihre wahren Absichten hinter dem Vorwand, der Gesellschaft, Freiheit und Demokratie zu dienen.

Die demokratische Nation bzw. Gesellschaft entsteht genau in einer Zeit, in der die Gesellschaft von Auslöschung bedroht ist. Das demokratische Selbstverwaltungsmodell von Rojava ist Abbild der demokratischen Nation. Wir in Rojava praktizieren das Konzept der demokratischen Nation. Wir systematisieren es. Das ist keine einfache Mission. Es bedarf hierfür einer mentalen Revolution. Wir entwickeln gegenüber der nationalstaatlichen Mentalität das Verständnis einer demokratischen Nation. Revolution, Bewusstsein, Philosophie sowie ein neues Programm – all dies sind Bestandteile des neuen Verständnisses. Die demokratische Nation entwickelt eine neue Gesellschaft. Das Volk von Rojava ist hierbei Vorreiter.

Trotz aller politischen und physischen Angriffe, wie z. B. des Wirtschaftsembargos, schafft es Rojava in den letzten fünf Jahren, das Modell der demokratischen Nation in die Praxis umzusetzen. Während das Modell der Nationalstaaten politische Betätigung ausschließt, bietet die demokratische Nation demokratischer Politik

Session II: Demokratische Moderne

sämtliche Erleichterungen. Die Politik der demokratischen Nation wird von der Gesellschaft ausgeübt. Die Mitglieder der Gesellschaft entscheiden für sich selbst, Politik ist deren Handwerk, um den Bedürfnissen des Volkes zu entsprechen und die Alltagsprobleme zu lösen.

Während der Nationalstaat Politik zur Stärkung der eigenen Macht und Autorität nutzt, zielt die demokratische Nation mit ihrer Politik darauf ab, die Freiheit der Gesellschaft zu sichern und dieser zu dienen. Somit vergrößert die demokratische Nation mit ihrer Politik das Potential der Gesellschaft, erfolgreich ihre Freiheit zu erlangen.

Die demokratische Nation schützt Diversität und Pluralismus durch demokratische Institutionen. Die Gesellschaft organisiert sich von der Basis aus und fußt auf dem kommunalen Leben. Demokratische Selbstverwaltung beginnt in den Kommunen, also an der Basis der Gesellschaft, in den Dörfern und Stadtteilen. Die demokratische Nation wird zum Ursprung der Gesellschaft. Sie vereint und stärkt die Menschen. Dadurch bietet sie der Gesellschaft die Möglichkeit zur selbstständigen Verwaltung. Diese Konzepte werden zurzeit in Rojava praktiziert.

Das Modell von Rojava umfasst alle Kulturen, Sprachen, Glaubensgemeinschaften und politischen Richtungen. Wenn all diese Diversitäten zusammenkommen, wird die Gesellschaft gestärkt. Am erfolgreichsten ist sie, wenn alle gesellschaftlichen Kräfte gebündelt sind. Die Philosophie der demokratischen Nation befähigt die Gesellschaft, sich frei zu entfalten. Dieses Modell wird aktuell in Rojava umgesetzt, und alle in Rojava lebenden Nationen teilen sich die Leitung. Wir alle kämpfen und dienen der Gesellschaft. Das ist ein großer Erfolg.

Die demokratische Nation fördert eine gesellschaftsorientierte Wirtschaft, im Unterschied zu Nationalstaat und Kapitalismus, bei denen es um die Kontrolle und Beeinflussung der Menschen geht. Ziel der demokratischen Nation ist eine Wirtschaft für das Volk und Lösungswege für ökonomische Probleme zu finden. Diese Projekte sind basisorientiert. Deshalb haben die Menschen in Rojava mehr Optionen zur ökonomischen Gestaltung ihres Lebens. Trotz eingeschränkter finanzieller Ressourcen entwickeln sie dieses Modell weiter. Sie kommen für kleine Projekte zusammen und arbeiten auf eine Lösung der ökonomischen Probleme hin.

Wenn wir zum Thema Verteidigung kommen: Ohne Schutzmechanismen ist das gesellschaftliche Leben gefährdet. Eine Gesellschaft, deren Verteidigung nicht gewährleistet ist, kann weder ihr eigenes System etablieren noch den Alltag organisieren. Aus diesem Grund ist die Verteidigung der Bevölkerung in Rojava zu einer zentralen Aufgabe geworden. YPG und YPJ wollen das Volk verteidigen, während alle anderen Kräfte in Syrien im Interesse anderer kämpfen – der USA und Russlands. YPG und YPJ verteidigen alle Kulturen, Ethnien und Glaubensgemeinschaften in Rojava, sie schützen die Menschheit, die Geschichte, die Kultur und das Leben. Ihretwegen ist Rojava die einzig sichere Zone in Syrien. Alle anderen Kräfte kämpfen gegen die Gesellschaft Syriens. Für die Interessen der Großmächte riskieren sie die Vernichtung der gesamten Gesellschaft. In Rojava hingegen setzen Menschen ihr Leben aufs Spiel, um die Gesellschaft zu schützen.

Alle Staatssysteme etablieren Gesetze, um ihre Herrschaft zu sichern und zu stärken. Wer diese Grenzen überschreitet, gilt als schuldig. Das Recht in der demokratischen Nation gründet auf gesellschaftlichen Prinzipien. Geleitet vom Prinzip der sozialen Gerechtigkeit schützen Gesetze die Gesellschaft und deren Interessen. Dieses Rechtsverständnis garantiert Lösungen für Probleme des gesellschaftlichen Lebens.

Diplomatie ist ein wichtiger Faktor im Kontext der demokratischen Nation, denn sie versucht alle Völker, Kulturen und demokratischen Kräfte zu erreichen. Das Ziel sind enge Beziehungen zu Institutionen im Dienste des Volkes. So soll Diplomatie die Koordination der Basis und die Konföderation des gesamten Volkes ermöglichen. Frauen sind federführend in der demokratischen Nation, die sich in Rojava als demokratische Selbstverwaltung präsentiert.

Sie sind maßgeblich in Entscheidungsprozessen. Sie verkörpern den wichtigsten Aspekt der demokratischen Nation. Die Frauen in Rojava sind Führungskräfte eines freien Modells und Teil einer freien Philosophie. In diesem Sinne ist Rojava ein Frauensystem. Der Erfolg der demokratischen Nation ist der Erfolg der Frauen und umgekehrt. Die Frauen in Rojava sind fester Bestandteil von Politik bis Bildung und Philosophie bis Wirtschaft.

Die demokratische Nation stellt die Lösung dar für all die Probleme und Angelegenheiten in der Region, im Mittleren Osten und vor allem in Syrien. Zur Schwächung der Völker werden oft Bürgerkriege oder Kriege zwischen Kulturen und Religionen provoziert. Großmächte können so intervenieren und das Volk kontrollieren. Die demokratische Nation ist das einzige Modell zur Prävention solcher Kriege.

Wir kämpfen seit vier Jahren darum, ein demokratisches System aufzubauen. Trotz zahlreicher Angriffe verteidigen wir uns mit einem starken Widerstand. Als Völker dieser Region haben wir uns auf eine multiethnische und multireligiöse geschwisterliche Koexistenz geeinigt.

Wir sind alle ein Teil der Leitung und kämpfen gemeinsam für ein demokratisches System. Das Modell kann eines für ganz Syrien sein. Rojava ist die Alternative, die sich praktisch bewährt hat, und ist daher auf Syrien übertragbar.

Syrien ist wie Rojava ein multiethnisches und multireligiöses Mosaik. Aus diesem Grund kann ein zentralistischer Nationalstaat keine Lösung darstellen. Die Etablierung eines demokratischen Systems ist erforderlich, um der Krise in Syrien erfolgreich zu begegnen. Die demokratische Nation ist für alle Völker in Syrien die beste Option. Denn dieses System ermöglicht der Gesellschaft die eigenständige Regelung ihres Alltags, der Administration und Entscheidungsfindung im Einklang mit den Bedürfnissen der Menschen, wie der Etablierung von Institutionen, Sicherheitskräften, Akademien, Kooperativen, Räten und Wahlen. Somit ist die demokratische Nation erste Wahl für eine freie Gesellschaft. Und genau dieses System praktizieren wir in Rojava.

Bis dato richtete sich der Kampf in Rojava gegen die kapitalistische Moderne und die Rückständigkeit des Nationalstaats sowie insbesondere deren Auswirkungen auf die Mentalität der Gesellschaft.

Der IS verkörpert heute sowohl die kapitalistische Moderne als auch den Nationalstaat. Er stellt die größte Bedrohung für die Menschheit dar. Tagtäglich ermordet er Menschen, enthauptet und verbrennt sie bei lebendigem Leib, und gezielt auch Frauen. So haben sie zum Beispiel eine assyrische Frau enthauptet, weil sie gegen den IS Widerstand geleistet hat. Der IS ist somit eine Gefahr für die Menschheit und insbesondere die Frauen.

Wir müssen die demokratische Nation nicht nur in der Theorie, sondern auch in der Praxis unterstützen. Dies ist notwendig, um alle Menschen zu vereinen, ihren freien Willen zu stärken und den Gefahren durch den IS zu begegnen.

Was hier in Hamburg besprochen wird, praktizieren wir in Rojava. Diese bedeutenden Ideen, enormen Anstrengungen und die dahinterstehende starke Theorie gehen einher mit dem Ziel, der Menschheit zu dienen. Als ersten Schritt, diese bedeutende Vision zu verwirklichen, lade ich Sie ein, nach Rojava zu kommen und die demokratische Moderne in der Praxis zu erleben, aber auch die Rückständigkeit zu sehen, die wir bekämpfen. Vielen Dank.

Asya Abdullah Osman *ist Kovorsitzende der Partei der Demokratischen Einheit (PYD) in Rojava/Syrien. Wegen der Repression unter dem Assad-Regime brach sie ihr Studium ab und widmete sich voll und ganz der Politik. Sie versteht sich als feministische Aktivistin und war jahrelang in der kurdischen Bewegung in Rojava aktiv. Sie ist Gründungsmitglied der PYD und sitzt ihr seit 2011 gemeinsam mit Salih Muslim vor.*

2.4 Michael Panser

Macht und Wahrheit: Machtanalytik und nomadisches Denken als Fragmente einer Philosophie der Befreiung
Call for Papers Topic

Bei meiner Untersuchung der Schnittmengen in den Philosophie-Systemen von Michel Foucault und Abdullah Öcalan geht es mir vor allem um drei zentrale Begriffe oder Ideen, die uns helfen können, unser Verständnis der momentanen gesellschaftlichen Situation, von Denkbewegungen und Handlungsmöglichkeiten zu erweitern. Ich glaube, dass uns einige einfache Denkmechanismen, wie wir sie bei Michel Foucault vorfinden, eine große Hilfe beim Verständnis des neuen Paradigmas und des Denkens der kurdischen Freiheitsbewegung sein können, im Sinne einer Methodologie und Epistemologie, die den Rahmen der kapitalistischen Moderne überwinden können.

Die drei Begriffe sind erstens: Denksystem, was bei Öcalan als organisiertes Denken und Wahrheitsregime beschrieben wird; zweitens: Analytik der Macht, ein Verständnis von Systemen und Gesellschaften; und drittens: das Prinzip der Führung, das in der kurdischen Bewegung praktiziert wird, der rastiya serokatî. Mit Hilfe des Verständnisses der Gouvernementalität, wie sie bei Foucault zu finden ist, wird ein grundlegendes Verständnis zentraler Fragmente der Bewegung bezüglich Bildung, Organisierung und der Praxis der demokratischen Autonomie möglich.

Rationales Denken beschreibt die Rasterung unserer Wahrnehmung, den Modus, wie wir die Welt begreifen, und wie wir unsere möglichen Handlungen koordinieren können. Jedes Denken findet innerhalb einer bestimmten Systematik, eines Denksystems statt. Es setzt Bedeutungen, an denen es Entscheidungen festmacht, Maßstäbe aufstellt und sich in einem ständigen Spiel von Erfahrung, Kritik und Veränderung bewegt. Jedes Subjekt, ob es sich um einzelne

Menschen, Kollektive oder Gesellschaften handelt, ist Träger von Erfahrung und kann ausgehend von der Reflexion der eigenen Lebensform Träger von Veränderung werden. Das bedeutet, unsere Handlungen finden auf Grundlage einer bestimmten Form der Erkenntnis statt, auf Grundlage unserer Selbstwahrnehmung im Verhältnis zur Wirklichkeit. Wie wir wahrnehmen und was wir zur Grundlage von Handlungen machen, funktioniert mittels subjektiver Wahrheitszugänge, es sind Fragmente einer Wirklichkeit, mit der wir experimentell in Austausch treten. Unsere Handlung zieht Wahrheitseffekte nach sich, das heißt, nimmt Veränderungen an der Realität vor. Mit der gesellschaftlichen Ausdifferenzierung im Laufe der Jahrtausende ist eine Vielfältigkeit an Maßstäben, an Denkmechanismen, die menschlichem Handeln zugrunde liegen, entstanden. Innerhalb von Gesellschaften findet ein komplexes Spiel statt, ständige Aushandlung zwischen verschiedenen Wahrheitsregimen. Das bedeutet, die Unterschiedlichkeit der Wahrheitszugänge und der Arten, wie Subjekte ihre Wirklichkeit strukturieren und verändern, ist die Grundlage gesellschaftlicher Vielfältigkeit und Kreativität.

Was wäre dann also politische Theorie? Der Versuch, den eigenen subjektiven und kollektiven Bedeutungsrahmen zu hinterfragen, nötigenfalls zu verschieben und Handlungsmöglichkeiten aufzuzeigen: ein Werkzeugkasten, experimentell und immer gebunden an die eigene Absicht. Das fasst in etwa die Art und Weise zusammen, auf die Öcalan uns Möglichkeiten aufzeigt, Geschichte zu interpretieren und kreativ und bruchstückhaft die Geschichte unserer Gegenwart zu schreiben. Jedes Denken, und damit die politische Theorie, die sich der Notwendigkeit einer gesellschaftlichen Veränderung verschreibt, ist strategisch. Unser Denken ist untrennbar mit unserer Handlungsmacht verbunden, unserer Möglichkeit, durch zielgerichtetes Handeln die Wirklichkeit zu verändern. Politische Theorie ist Arbeit am Bewusstsein, Bewusstwerdung über den individuellen und kollektiven Handlungsrahmen und Realitätszugang. Es gibt also eine Verbindung, ein Dreieck, ein Spannungsfeld von Wissen, Macht und Wahrheit. Das ist einer der zentralen Punkte, auf die Foucault in seinen Arbeiten hingewiesen hat. Auf Grundlage des Verständnisses einer Situation ist es möglich, eine Reihe von Handlungen auszuführen, die eigene Handlungsmacht zu nutzen, um das eigene Verhältnis zur Realität zu verschieben, Bewegung und Veränderung zu bewirken. Die Fähigkeit, zielgerichtet zu handeln, ist jedem Subjekt innerhalb seiner Wahrnehmungsgrenzen zu eigen, es kann die Verhältnisse innerhalb des eigenen Systems verändern. Oder es kann durch Kritik und theoretische Reflexion die Grenzen der eigenen Wahrnehmung und damit der Handlungsmöglichkeiten verschieben. Ein überschreitendes Denken, das die eigene Position in Bewegung setzt: nomadisches Denken. Organisiertes Denken, und in diesem ersten Punkt ergänzen und übersetzen sich Foucault und Öcalan gegenseitig: Jeder Wahrheitszugang ist subjektiv, und jeder Versuch, mit der Wirklichkeit umzugehen, ist instrumentell, bedarf der ständigen Kritik und Erneuerung.

Das bedeutet, und hier komme ich zum zweiten Punkt, dass wir uns von einer alten und schwer auf dem Denkhorizont des Westens lastenden Vorstellung trennen müssen: der Macht als Negatives, als rein Unterdrückendes, als Pol des Bösen und der souveränen Herrschaft von oben. Ich beziehe mich hier auf zentrale Gedanken, die Foucault herausgearbeitet hat, die bei Öcalan oft mehr implizit zugrunde liegen, als dass er sie detailliert ausformuliert. Aber die Konsequenz, die er mit dem neuen Paradigma des demokratischen Konföderalismus vorschlägt, bewegt sich in der gleichen Systematik wie Foucaults Methodik. Er bezieht sich an verschiedenen Punkten direkt auf Konzepte, die Foucault durch seine Machtkonzeption entwickelt, unter anderem das der Biomacht als eine der wichtigsten Stützen kapitalistischer Herrschaft, sodass ein Teil seines Denkens implizit auf einer solchen Machtanalytik beruht. Ein Denken, das ganz ähnlich auch anderen Weltanschauungen zugrunde liegt, angefangen bei indigenen Kosmovisionen Lateinamerikas (wie auch bei den Zapatistas), bei Zarathustra und im Denken fernöstlicher Weltanschauungen, die kein Objekt kennen: Denken der Vielheitlichkeit, des Wandels, der Verbundenheit und der Subjektivität.

Was also ist die Macht? Die Macht ist nicht einfach das große Andere, das uns gegenübersteht, der König, der Polizist, Gott. All das sind Effekte von Machtkonzentrationen, mehr oder weniger symbolisch, mit unterschiedlichen Zugriffsformen auf die Wirklichkeit. Die Macht an sich ist nicht gut oder böse, sie beschreibt zunächst einmal die Möglichkeit eines Subjekts innerhalb eines Systems, sich zu bewegen, Bedeutungsrahmen zu setzen und nach ihnen zu handeln. Handlungsmacht also einerseits. Auf der anderen Seite sind die heutigen Gesellschaften grundlegend durch die Macht gekennzeichnet, sie organisieren sich entlang von Linien, Hegemoniebestrebungen, Machtakkumulationen, Zugriffen und strukturellen Verschiebungen von Definitionsmacht. Jedes Subjekt ist mächtig zu handeln, die Macht kommt aus jedem Teil der Gesellschaft, durchdringt und strukturiert sie. Die Macht, nach Foucault, ist das Feld von Kraftlinien, die ein Gebiet bevölkern und organisieren. Die Macht ist nicht etwas, was man erwirbt, wegnimmt, teilt, was man bewahrt oder verliert; die Macht ist etwas, was sich von unzähligen Punkten aus und im Spiel ungleicher und beweglicher Beziehungen vollzieht: Allgegenwart der Macht. Die Macht ist vor allem der Name, den man einer komplexen strategischen Situation in einer Gesellschaft gibt. Es ist ein Verstehen der Mechanismen von Machtbeziehungen, das uns Foucault an die Hand gibt, um eine gesellschaftliche Analyse zu ermöglichen, die die elementaren Bewegungen greifbar macht.

Damit lässt sich Herrschaft begreifen als eine Konzentration von Macht an einem bestimmten Punkt innerhalb eines Systems, oder präziser, von Definitionsmacht. Ein Teil, ein Punkt des Systems, ein Mensch, eine Partei, ein Staat, ein Mann, irgendeine Institution setzt einen Bedeutungsrahmen, der, wenn er nicht akzeptiert wird, mit Ausschluss und Aggressivität beantwortet werden kann. Herrschaft bedeutet, anderen Teilen der Gesellschaft die Handlungsmacht ganz oder in Teilen abzusprechen oder gewaltsam zu entziehen und sie zu Objekten zu machen, zu Betroffenen der eigenen Entscheidung ohne weitere Aushandlung. Die Durchsetzung von Herrschaft benötigt daher immer Mittel und Taktiken, um das Subjekt nachhaltig von der eigenen Wahrheit, der eigenen Lebendigkeit zu trennen, um die Kontrolle darüber gewinnen zu können. Herrschaft entsteht, wenn die Definitionsmacht der anderen über die eigene Lebensform und die eigenen Entscheidungen nachhaltig gestört wird, ihre Fähigkeit zur Bestimmung der eigenen Notwendigkeiten und Handlungsrahmen. Herrschaft ist die Entäußerung von Macht. Da aber Macht nie zu trennen ist vom eigenen Wissen, die Fähigkeit zum Handeln gebunden ist an die Wahrnehmung der Welt, den Wahrheitszugang, muss ein Projekt der Herrschaft danach streben, das eigene Wahrheitsregime als Absolutes, als Norm, als einzig akzeptierten Maßstab zu setzen. Darin bestehen das Projekt der Staatlichkeit und die patriarchale Geste. Die Art von Geschichtsverständnis, die Öcalan uns vorschlägt, versucht dieses Projekt der Entmachtung von Gesellschaften zum Gegenstand zu nehmen, um, mit Foucault gesprochen, in Verteidigung der Gesellschaft Wahrheitszugänge zu entwickeln, die den Widerstand strategisch organisierbar machen.

Wo es Macht gibt, gibt es Widerstand. Widerstand ist immer Teil von Machtbeziehungen, denn keine Form der Herrschaft kann absolut werden, auch wenn der Anspruch durchaus real sein kann. Die Machtverhältnisse sind strikt relational, das heißt, sie existieren nur als Beziehung zwischen Subjekten. Das Spiel von Machtzugriff, Widerstand und Aushandlung, Kampf ist ein Prozess, ein stetes Meer von Erhebungen und Abschwächung von Positionen. Es kann nicht enden, außer durch die Auslöschung des anderen, was zum Zerfall des Systems führt. Und wie jede Herrschaft, so auch der Staat, auf der Kontrolle und Anordnung von Machtbeziehungen beruht, so kann die strategische Codierung der Widerstandspunkte zur Revolution führen.

Wir stehen nicht außerhalb der Macht, unser Bewusstsein und unsere Lebensformen sind Versuche, unserem Begehren zu folgen und anerkannter Teil der Gesellschaft zu werden: Wir werden zu Subjekten durch die Macht, im gesellschaftlichen Spiel der Kräfte. Eine Gesellschaft, die frei von Herrschaft sein soll, bedarf nicht des Befreiungskampfes gegen einen Feind, der ihr gegenübersteht (trotz der Notwendigkeit von Selbstverteidigung), sondern der Selbstermächtigung und der Aneignung eigener Wahrheitszugänge. Dabei geht es einerseits um ein Verständnis der eigenen Betroffenheit, also Selbsterkenntnis, und andererseits um ein Verständnis der Welt, der gesellschaftlichen Realität. Ein selbstermächtigtes Subjekt vermag sich so ein angemessenes Verständnis der Situation zu erarbeiten, um bewusst Entscheidungen fällen zu können. Darin liegt ein zentraler Punkt des neuen Paradigmas von Öcalan: Er spricht dabei von der lêgerîna heqîqet, der Suche nach Wahrheit – der Prozess der Selbstermächtigung.

Was steht dem entgegen? Wir müssen uns des Problems der Staatlichkeit annehmen, und das ist der dritte Punkt, von dem ich reden wollte. Was ist Staatlichkeit? Der Staat selbst existiert nur als Praxis, das heißt, durch Menschen, die gemäß seinen Prinzipien handeln. Was Öcalan aus dem zivilisatorischen Prozess und Foucault aus dem Verständnis von Subjektivierung, das heißt Selbstwerdung, ableiten, trifft sich an diesem Punkt, gewissermaßen jeweils von der Makro- und der Mikroebene her. Der Staat ist nicht eine Institution, ein großer Apparat von Verwaltung, Polizei, Justiz und Militär, all das sind Körperschaften, die er angenommen hat; Wahrheitseffekte, taktische Werkzeuge. Vielmehr und zuallererst ist der Staat eine Idee, nach der Menschen handeln, sich selbst ins Verhältnis zur Wirklichkeit setzen. Der Staat ist Ideologie, Weltanschauung. Die Geschichte, die Öcalan uns erzählt und zum Ausgangspunkt seiner Vorschläge für einen demokratischen Sozialismus macht, ist die Geschichte dieses Prinzips der Staatlichkeit, der Gesellschaften, die ihm gegenüberstehen und die in einem Verteidigungskampf gegen den staatlichen Zugriff und dessen Wissensmonopol Widerstand leisten.

Wie sieht also das Raster des Staates aus? Was Foucault herausgearbeitet hat, sind die Strategien und Dispositive, das heißt, die Rahmenbedingungen, durch die und in denen staatliche Herrschaft und Kontrolle ausgeübt und wie diese Rahmen erst durch den Staat geschaffen werden. Foucault spricht von einer Gouvernementalität, Regierungskunst. Ich habe vorhin über das Feld von

Macht, Wissen und Wahrheit gesprochen, und in diesem Feld müssen wir uns dieses Führungsprinzip, das der Staat darstellt und herstellt, vorstellen:

Erstens, als Denksystem. Das Wahrheitsregime des Staates, sein Verhältnis gegenüber der Wirklichkeit ist auf Verdinglichung, Kontrolle und Mobilisierung ausgelegt: Hierarchisierung, Begrenzung, Abtrennung, Mangel, Vorherrschaft des Rationalen und Funktionalen sowie die großen Systeme der großen Zweiteilungen: Homogenisierung und Ausschluss, Normalität und Ausnahmezustand, privat und öffentlich. Der Staat ist ein technisiertes, ein statisches Denksystem. Denken der Maschine, der Rationalisierung und der pyramidalen Gliederung der Wirklichkeit.

Zweitens, Zentralisierung von Macht. Der Staat basiert auf der Vorstellung der einen großen Zentralgewalt, um die herum alles organisiert und angeordnet ist. Lange Zeit war es Gott, später der König, und mit der Entstehung des Kapitalismus ist es vielleicht am ehesten das völlig entsubjektivierte Prinzip des Sachzwangs, das das Zentrum in Bewegung setzt und vervielfältigt: ein ganzes vereinheitlichendes System anstelle von Gott. Es ist die zentrale Instanz, der jede Bewegung folgt, die im Sinne des Staates ausgeführt wird.

Drittens, staatliche Führung durch Wahrheitseffekte, die alles durchdringen und anordnen: staatliche Architektur, strategische Stränge wie das Gefängnissystem, der medizinische Komplex, bürokratische Verwaltung, polizeiliche Kontrollsysteme, die Sphäre der Öffentlichkeit. In der Ideologie der PKK taucht die Gesamttechnologie des Staates zur Aufrechterhaltung und Durchsetzung der Ohnmacht einer Gesellschaft als *şerê taybet* auf, Spezialkrieg. Es sind Kampftaktiken, die das Wahrheitsregime der Staatlichkeit durchsetzen und andere Denkweisen und Denkbarkeiten zerstören. Dies funktioniert durch die Einsetzung von wirkmächtigen Denkmustern: Konsumismus, Nationalismen, Militarismus, Feindseligkeit, liberale und feudale Persönlichkeitsmuster, gesellschaftlich implementierte Sozialisationsformen. All das sind Formen, in denen das Denksystem der Staatlichkeit in Gesellschaften funktioniert.

Wir können also zusammenfassend sagen: Der Staat ist eine bestimmte Wahrnehmungsweise der Welt mittels absoluten Denkens, Dogmatik, Recht, verdinglichter und monopolhafter Wahrheitsregime. Der Staat ist Zentralisierung und Organisierung, das heißt Steuerung gesellschaftlicher Aushandlung gegen oder durch Unterwerfung des anderen. Der Staat ist Führung durch Entmachtung – entäußerte Führung. Dabei stehen der Kapitalismus und der Staat sich nicht gegenüber. Der Kapitalismus ist eine Variante der staatlichen Gouvernementalität, die Ausweitung staatlicher Herrschaft und Produktivierung bis in den kleinsten Teil der Gesellschaft. Heute durchdringen die Machtlinien das Körperinnere, und die Prinzipien staatlicher Führung sind in gewisser Weise in unser Bewusstsein, unsere Handlungen übergegangen. Die kapitalistische Moderne hat es ausgehend vom Westen (und über die imperiale Ausbreitung der eigenen Konzeption staatlicher Herrschaft) geschafft, eine durchdringende Führung über Gesellschaften und Individuen zu etablieren, über ihre Denkweisen, Verhaltensformen, Begehren, ihre Formen der Subjektivierung.

Was bedeutet all das für eine gesellschaftliche Praxis, ein Projekt der Befreiung von der kapitalistischen Moderne? Eine Gesellschaft, die sich vom Staat befreien will, muss anstelle der staatlichen Gouvernementalität eine wirkliche sozialistische Gouvernementalität treten lassen. Das ist es, was in der Philosophie Öcalans als rastiya serokatî bezeichnet wird: das Prinzip der wahren Führung. Und im Sinne Foucaults können wir es durchaus auf allen Ebenen begreifen: als gesellschaftliche Organisierung, in der demokratische Mechanismen der Entscheidungsfindung und Aushandlungswerkzeuge gefunden werden, die auf Anerkennung von Vielfalt und Partizipation beruhen, auf gesellschaftlicher Ethik. Führung auch als selbstermächtige Lebensführung, als Entwicklung und Entfaltung der eigenen Wahrnehmung, der eigenen Handlungsmacht. Ich möchte behaupten, dass das neue Paradigma, die Utopie des demokratischen Konföderalismus, das Projekt einer solchen sozialistischen Gouvernementalität ist, und damit eine reale Möglichkeit, gesellschaftliches Leben und

Lebensformen der kapitalistischen Moderne zu entreißen. Ähnlich dem Prinzip der Zapatistas in Mexiko geht es um das Projekt der guten Regierung, das den bisherigen Sozialismen fehlte: eine Selbstregierung, Selbstverwaltung der Gesellschaft. Die sozialistische Gouvernementalität, so sagt Foucault, ist nicht in den Schriften des Sozialismus des 19. und 20. Jahrhunderts angelegt, sie muss erst noch erfunden werden. Die Wahrheit der Führung, wie sie Öcalan formuliert, und die Praxis der demokratischen Autonomie stellen einen Versuch zur Umsetzung dieses Experiments dar.

Wer sich selbst führen will, muss philosophieren; wer philosophieren will, muss sich mit der Wahrheit auseinandersetzen. Darin lässt sich, wie ich glaube, zusammenfassen, was die Beweglichkeit und die Stärke der Bewegung und der Philosophie Öcalans ausmacht: Es ist eine Form nomadischen Denkens, mit Foucault gesprochen, eines kritisch-subjektiven, selbstreflexiven Wahrheitszugangs, der auf Vielheitlichkeit, Verbundenheit und gesellschaftlicher Ethik beruht. Vor allem, und das ist von entscheidender Bedeutung, hat das neue Paradigma zu einer Vergesellschaftung von Philosophie und Werkzeugen zur Selbsterkenntnis geführt. Was in Rojava sehr beeindruckend zu beobachten ist und was gut funktioniert, ist das Akademie-System. Jede gesellschaftliche Gruppe organisiert sich entlang von Betroffenheit, Arbeitsbereich oder Identität, hat ihre eigene Akademie, in der Erkenntnisphilosophie im Sinne der Philosophie Öcalans eine Rolle spielt. Dadurch erschafft sich eine Gesellschaft einen eigenen Bedeutungsrahmen jenseits staatlicher Beeinflussung. Der Kampf um Selbstbefreiung durch Verständnis der eigenen Situation und Geschichte, der eigenen Möglichkeiten und des eigenen Willens und Begehrens ist grundlegender Bestandteil eines sozialistischen Projektes. Gerade für die Gesellschaften West- und Mitteleuropas ist diese Erkenntnis wertvoll, denn hier ist die staatliche Herrschaft am meisten in die Gesellschaft übergegangen und der Widerstand am schwächsten organisiert.

All die Fragmente staatlichen Denkens gilt es aufzuspüren, um ihnen eine Organisierung entgegenzusetzen: a) Organisierung des

Denkens, das heißt, Beweglichkeit der Methodik und Kreativität, Kollektivierung von Bedeutungsrahmen in gemeinsamer Selbstbildung in Selbsterkenntnis und Weltanschauung; b) Kollektivierung von Handlungsmacht, das heißt, das Aufbauen von gesellschaftlichen Institutionen, die auf einer ethisch-politischen Grundlage pragmatische Lösungsstrategien für unsere momentane Situation erarbeiten; c) Selbstführung durch Entindividualisierung von Bedeutung und Organisierung der Entscheidungsfindung: Wessen es für eine wirkliche Selbstführung bedarf, ist ein Instrumentarium gegenseitiger Kritik und organisierte Verantwortung. Sozialistische Gouvernementalität bedeutet: kein Teil der Gesellschaft, der nicht organisiert ist.

Michael Panser, *Studium der Geschichte, seit 2011 Selbststudium der Philosophie und politischen Theorie mit den Schwerpunkten Nomadologie, Internationalismus und revolutionäre Befreiungsbewegungen.*

2.5 Federico Venturini

Sozialökologie und die nichtwestliche Welt
Call for Papers Topic

Murray Bookchin war der Gründer der Sozialökologie, einer philosophischen Perspektive, deren politisches Projekt libertärer Munizipalismus oder Kommunalismus genannt wird. Neuerdings lebt das Interesse an diesem Projekt infolge seines Einflusses auf die soziopolitische Organisation in Rojava, einer kurdischen selbstverwalteten Region im syrischen Staat, wieder auf. Dies überrascht nicht, da Bookchins Arbeiten Abdullah Öcalan, einen bedeutenden kurdischen Anführer, der ein politisches Projekt namens demokratischer Konföderalismus entwickelte, für mehr als ein Jahrzehnt beeinflusst haben. Wir alle sollten dieses neuerliche Interesse an Sozialökologie begrüßen und aus den Erfahrungen Rojavas lernen. Bookchins Analysen haben sich meistens eher auf Nordamerika und Europa konzentriert und daher bezieht sich der freiheitliche Munizipalismus auf diese Tradition. Außerdem schrieb Bookchin während des Kalten Krieges und ihm war die Begrenztheit von nationalen Unabhängigkeitsbewegungen suspekt. Das Ziel dieses Beitrags ist es, Bookchins Analyse weiterzuentwickeln und auszuweiten, indem Erfahrungen und Traditionen anderer Kulturen sowie ihre Wechselwirkung einbezogen und in einen globalen Zusammenhang gesetzt werden. Als Erstes untersucht dieser Beitrag sozialökologische Perspektiven in einem nichtwestlichen Kontext. Zweitens werden neue Werkzeuge im Umgang mit internationalen Beziehungen eingeführt, die auf einer globalen Systemtheorie basieren. Drittens wird der Beitrag nahelegen, dass neue Erfahrungen aus nichtwestlichen Regionen das Verständnis und die Praxis von Sozialökologie stärken können.

1.

Auf der einen Seite haben der Zusammenbruch der Sowjetunion und der Wandel der Volksrepublik China zu einem uneingeschränkten Kapitalismus die Grenzen und Mängel von autoritären marxistischen Projekten aufgezeigt. Andererseits haben die dramatische globale Finanzkrise von 2008 und die Umweltkrise ebenso die Grenzen des derzeit herrschenden Systems gezeigt. Indessen scheint die Linke (mit wenigen Ausnahmen in Lateinamerika) unfähig, neue Alternativen und glaubwürdige Projekte für neoliberale Ökonomien und bürgerliche Demokratie zu formulieren. Es ist für antikapitalistische Systeme entscheidend, die Menschen und die gesamte Gesellschaft mit alternativen Lösungen zu erreichen, die nicht nur Strategien zur Überwindung des aktuellen Systems aufzeigen, sondern mögliche Lösungen entwerfen, die zeigen, wie eine zukünftige soziale, gerechte und ökologische Gesellschaft aufzubauen ist. Vor kurzem hat Harvey (2012) bestätigt, dass »Bookchins Vorschlag bei weitem den anspruchvollsten radikalen Ansatz bietet, um sich mit der Schaffung und kollektiven Nutzung von Gemeingut (›commons‹) differenziert auseinanderzusetzen, und der Entwicklung als Teil der radikalen antikapitalistischen Agenda wert ist«. (S. 85)

Aus meiner Sicht geht der Gehalt der Sozialökologie über einen Ansatz im Umgang mit Gemeingut hinaus. Durchdrungen vom dialektischen Naturalismus stellt sie das momentane kapitalistische System und alle Formen von Unterdrückung, Rassismus, Ethnozentrismus und Patriarchat inbegriffen, klar infrage. Darüber hinaus bietet die Sozialökologie eine rekonstruktive und revolutionäre Vision von einer ökologischen Post-Defizit-Gesellschaft. Sie berücksichtigt gegenwärtige soziale Kämpfe, die in sowohl städtischen als auch ländlichen Kontexten zum Vorschein kommen. Außerdem regt die Sozialökologie an, wie eine neue Gesellschaft aufzubauen ist, fördert präfigurative politische Organisierungsstrategien, die affine Gruppen und eine Formierung direktdemokratischer sozialer Bewegungen umfassen, wie auch Bildungs- und politische Projekte, die Kommunalismus und libertären Munizipalismus beinhalten. Überdies sieht

Session II: Demokratische Moderne

die Sozialökologie ein ethisches Ergänzungsprinzip vor, das im Fundament der Auseinandersetzungen begründet ist, um Geschlechterbefreiung, den Horizontalismus, Gleichberechtigung, gegenseitige Hilfe, Selbstbestimmung und Dezentralisierung zu fördern. Das ist die Macht der Sozialökologie: Sie zeigt eine kohärente Theorie, die gleichzeitig gegenwärtige soziale und ökologische Krisen kritisiert und sowohl eine Vision von Wiederaufbau als auch Werkzeuge anbietet, um zu einer freien und ökologischen Gesellschaft zu gelangen.

Diese machtvolle Theorie, die die europäischen und amerikanischen Ökologiebewegungen Jahrzehnte beeinflusst hat, zeigt jedoch eine begrenzte Anwendung im nichtwestlichen Kontext, wie auch Bookchin selbst bemerkte: »Ich bin eher sachkundig im Hinblick auf dieses Land [USA] als auf andere Teile der Welt.« (Biehl 1998, S. 151) Trotz einiger eifriger Kritiken, die diese Haltung als »abgekoppelt von den Realitäten einer zeitgenössischen globalen Gesellschaft und basierend auf einer hochgradig eurozentristischen theoretischen Problematik […] ohne Bezüge zu Orten wie Kalkutta, Beijing, Jakarta, Rio, Nairobi oder freilich eine der großen Dritte-Welt-Megalopolis« (Clark 2013, S. 17) tadeln, ist Bookchins Zugang vollkommen verständlich und wir haben ihm dahingehend nichts vorzuwerfen. Allerdings denke ich, dass es nun unsere Pflicht ist, seine Analyse weiterzuentwickeln und zu erweitern, einschließlich der Analyse einzelner Bewegungen und ihrer Zusammenhänge auf globaler Ebene.

2.

Wie ich in dem vorhergehenden Abschnitt betont habe, blieben und bleiben Bookchin und andere Sozialökologen in ihren Analysen bedauerlicherweise auf Erfahrungen aus Europa oder den USA und den Blickwinkel darauf konzentriert. Damit wird eine globale Öffnung verweigert, die gegenwärtig als der eigentliche Ansatz für die Auseinandersetzung anerkannt ist. Wenn wir eine sinnvolle Erklärung für diese Auseinandersetzungen entwickeln wollen, dann ist ein weltweiter Standpunkt notwendig wie auch die Überwindung einer westzentrierten Betrachtungsweise.

Ich verstehe den Einfluss von Sozialökologie als ein Werkzeug für sozialen Wandel, aber auch als Instrument, um die momentanen sozialökologischen Krisen zu begreifen und Schlüsselareale zu identifizieren, in die es einzugreifen gilt, um wirkungsvolle Alternativen einzubringen. Schlüsselkonzepte der Sozialökologie wie die Community, Urbanisierung, urbane Ausbreitung, Nutzung von Ressourcen und Technologien, Beziehungen zu Institutionen, die Rolle der Städteplaner usw. können fundamental sein für das Verständnis von globalen Eigenschaften des Kapitalismus. Ich anerkenne, dass wir diese Aspekte wiederbeleben können, indem neue Gesichtspunkte eingeführt werden: Sich mit den Erfahrungen aus der Semiperipherie zu beschäftigen kann helfen, eine organischere sozialökologische Sichtweise zu entwickeln, die bisher hauptsächlich auf den Analysen von Städten des Zentrums beruhte.

Ferner ist eine stärker formulierte Analyse der Erfahrungen aus Ländern der Peripherie und Semiperipherie erforderlich, insbesondere um die Formen der Unterdrückung des Neokolonialismus zu berücksichtigen: »Die Essenz des Neokolonialismus ist, dass der Staat, der Subjekt dessen ist, theoretisch unabhängig ist und über alle äußerlichen Merkmale internationaler Souveränität verfügt. In der Realität werden sein Wirtschaftssystem und dementsprechend seine politische Linie von außerhalb gelenkt.« (Njrumah 1965) (S. ix)

In einer globalisierten Welt werden diese abhängigen Beziehungen zwischen den Nationen durch unterschiedliche Methoden unterstützt, zu denen noch immer die Möglichkeit einer militärischen Okkupation gehört, doch weniger wahrscheinlich genutzt wird. Der neue Hauptweg zur Kontrolle einer fremden Nation verläuft über ökonomische Macht: »Das Resultat vom Neokolonialismus ist, dass fremdes Kapital eher zur Ausbeutung als zur Entwicklung der weniger entwickelten Teile der Welt benutzt wird. Investitionen im Neokolonialismus vergrößern die Kluft zwischen den armen und reichen Ländern der Welt, anstatt sie zu verringern.« (S. x)

Das Hauptziel dieser neuen, indirekten Machtverhältnisse ist die Fortsetzung und Steigerung der Kontrolle über Rohstoffvorkommen

Session II: Demokratische Moderne

und die Industriegüterproduktion.

Es ist offensichtlich, wie diese Kräfte auf globaler Ebene wirken und dass es von fundamentaler Bedeutung sind, dass sie sich rechtfertigen, trotz Bookchins Entscheidung, sich in seinen Arbeiten auf Revolutionen hauptsächlich in Europa und Nordamerika zu konzentrieren, weil moderne Revolutionen in anderen Teilen der Welt »dazu tendieren, stark selbstorientiert zu sein, und ihre ideologischen Auswirkungen auf die restliche Welt sehr begrenzt waren« (Bookchin 1996, S.17) und »ihre Ideologien hauptsächlich als Echo der älteren europäischen Revolutionen nachklingen« (Bookchin 1996; S. 18). Die Bedeutung jeglicher antikolonialer Kämpfe oder anderer Formen der Auseinandersetzungen in Nichtzentrumsländern wird stark heruntergespielt, obwohl sie in der Realität eine besondere Lebendigkeit im Kampf gegen die vielfältigen Formen von Herrschaft zeigen.

Beispielsweise arbeitet der brasilianische Gelehrte Cavalcanti heraus, dass »die Hauptkritik an Bookchin aus unserer Sicht sein könnte, wie wenig Aufmerksamkeit er den Problemen der Sozialökologie der Drittweltländer gewidmet hat« (2010, S. 15). In diesem Zusammenhang ist die Haltung von Ramnath (2011) von Relevanz, der die Bedeutung von Wissen über Dekolonisierung in revolutionären Kämpfen herausstellt. Um dergleichen anzuwenden, ist es von Bedeutung, bestimmte Unzulänglichkeiten zu vermeiden, die die Länder in Erste und Dritte Welt, Industrie- und Entwicklungsländer, global in Norden/Süden usw. unterteilen. Begriffe wie Zentrum, Semiperipherie und Peripherieländer, die von Wallerstein (1984) in seiner Weltsystem-Theorie eingeführt wurden, können das Verständnis der komplizierten machtökonomischen Beziehungen zwischen den Ländern bereichern. Wenn zudem die Sozialökologie bezweckt, alle Formen von Herrschaft infrage zu stellen, sollte sie sich auf das Verhältnis zwischen Peripherie und Semiperipherie beziehen und den Neokolonialismus als eine Form der Herrschaft betrachten, die auf der indirekten Kontrolle und erzwungenen Abhängigkeit der Wirtschaft und Kultur eines Landes fußt.

3.
Der einzige Fall, in dem Bookchin eine Bewegung und ein revolutionäres Projekt außerhalb des Zentrums direkt beeinflusst hat, war im kurdischen Kontext. In diesem Fall allerdings ist deutlich erkennbar, wie das politische Programm Öcalans entlang der Konzepte vom Konföderalismus im Kommunalismus gestaltet wurde (Akkaya & Jongerden 2012). Es besteht eine direkte Verbindung zwischen den Erarbeitungen des Gründers der Sozialökologie und Öcalan, basierend auf einem engen Austausch von Ideen, deren Geschichte von Biehl (2012) beschrieben und analysiert wurde.

Dieser Beweis braucht jedoch eine gründlichere Bestätigung, da die Literatur sicherlich unter dem Kontext leidet, in dem sie entwickelt wurde: Öcalan schreibt aus dem Gefängnis heraus, mit dem Hauptziel, sein gerechtfertigtes Anliegen zu verteidigen und eine politische Lösung für die kurdische Frage zu finden, unter eingeschränktem Zugang zu Büchern und Besuchen (Öcalan 2007). Eines der Hauptanliegen ist es, »eine Lösung zu skizzieren, die [...] besser zur Situation des Mittleren Ostens passt« (Öcalan 2011, S. 8) und aufzuzeigen, dass der Kampf der PKK eine generelle Umwälzung in der Türkei anstrebt, die über die singuläre kurdische Frage hinausgeht (Jongerden & Akkaya 2012).

In jedem Fall zeigen die aktuellen Ereignisse die Kraft dieses Eingriffs und den Einfluss der Sozialökologie. Die Erfahrungen aus den Rojava-Kantonen seit 2013 sind der lebende Beweis für die Umsetzung der Konzepte eines demokratischen Konföderalismus in die Praxis, wobei die breite Autonomie in den Communities, kommunale Wirtschaftsformen und die Emanzipation der Frauen erlebt werden.

Die Anpassung der sozialökologischen Prinzipien an die lokale Ebene und lokale Bedürfnisse ist der entscheidende Schlüssel für die Ausweitung und Ausbreitung dieser Ideen. Das kann aus dem kurdischen Fall gelernt werden wie auch aus den Erfahrungen der Zapatistas, eines anderen aktuellen Beispiels für autonomes Regieren in der Praxis und außerhalb der kapitalistischen Herrschaft (Stanches 2015).

Aus diesen Erfahrungen zu lernen, sie zur Reflexion und zur Förderung von sozialökologischem Denken zu nutzen, wird uns ermöglichen, sie als dynamische Philosophie zu pflegen und die Gefahr verknöcherter Theoretisierung zu vermeiden, wie es auch Bookchin selbst anerkannte: »Der utopische Dialog in all seiner Existenzialität muss die Abstraktionen sozialer Theorie einfließen lassen. Mein Anliegen sind nicht utopistische ›Blaupausen‹ (was das Denken so sicher wie neuere ›Regierungspläne‹ verdeutlichen kann), sondern der Dialog selbst als öffentliches Ereignis.« (Bookchin 1982, S. 334)

Literaturverzeichnis:

Akkaya, A. H., & Jongerden, J. (2012). Reassembling the Political: The PKK and the project of Radical Democracy. European Journal of Turkish Studies. Social Sciences on Contemporary Turkey, (14).

Biehl, J. (2012). Bookchin, Öcalan, and the Dialectics of Democracy. New Compass [online]. [aufgerufen 10.09.2015] http://new-compass.net/articles/bookchin-öcalan-and-dialectics-democracy

Bookchin, M. (1982). The ecology of Freedom. PaloAlto: Chesterfield.

Cavalcanti, J. M. (2010). Ecologia social e outros ensaios. Rio de Janeiro: Achiamé.

Clark, J. P. (2013). The Impossible Community: Realizing Communitarian Anarchism. London: Bloomsbury Academic.

Jongerden, J., & Akkaya, A. H. (2012). The Kurdistan Workers Party and a New Left in Turkey: Analysis of the revolutionary movement in Turkey through the PKK's memorial text on Haki Karer. European Journal of Turkish Studies. Social Sciences on Contemporary Turkey, (14).

Harvey, D. (2012). Rebel cities: from the right to the city to the urban revolution. London: Verso Books.

Njrumah, K. (1965). Neo-colonialism: The last stage of imperialism. London: Panaf Books Ltd.

Öcalan, A. (2007). Prison Writings: The Roots of Civilisation. London: Pluto Press.

Öcalan, A. (2011). Democratic confederalism. London: Transmedia Publishing Limited.

Ramnath, M. (2011) Decolonizing Anarchism. Oakland, CA: AK Press.

Stanchev, P. (2015). From Chiapas to Rojava: seas divide us, autonomy binds us. ROAR Magazine [online]. [aufgerufen 10.03.2015] http://roarmag.org/2015/02/chiapas-rojava-zapatista-kurds/

Wallerstein, I. (1984). The Politics of the World Economy. New York: Cambridge University Press.

Federico Venturini *promoviert in Leeds in Geographie. Er besitzt einen Master in Philosophie und einen in Geschichte und Europäischer Kultur. Er forscht über moderne Städte und städtische soziale Bewegungen und verwendet Sozialökologie als Forschungsrahmen. Er arbeitet mit sozialen Bewegungen in Rio de Janeiro unter Verwendung teilnehmender/militanter Methodologie. Er ist Mitglied des transnationalen Instituts für Sozialökologie (TRISE).*

: Ökologische Industrie und kommunale Ökonomie

3.1 Silke Helfrich

Kommunale Ökonomie – Plädoyer für die Commons

Ich danke Ihnen zunächst für die Einladung zu dieser tollen Konferenz, zu der ich gekommen bin, um zuzuhören. Ich wollte gar keine Rede halten, und jetzt stehe ich doch hier oben und freue mich, dass ich all meine Gedanken mit Ihnen und mit Euch allen teilen kann. Ich habe tatsächlich gestern zugehört und habe dann an einem Punkt beim Twittern festgestellt, dass die sogenannte communal economy und die Commons, so wie wir das hier in Deutschland diskutieren, ein gemeinsames Problem haben; zumindest in unserem westlichen Kulturkreis. Und das ist mit englischen Worten gesagt das Problem der broken stories. Das heißt, dass die Idee von community, die Idee von Gemeinschaft, keine starke Idee mehr ist. Also nichts, was wirklich noch zusammenhält. Wenn wir jenseits von Markt und Staat denken – was ein sehr wichtiger Ansatz in dieser ganzen Commons-Diskussion ist –, was sind dann die Subjekte und wie können wir ein anderes Denken und auch eine andere Wirtschaft wieder in ein Konzept von Gemeinschaftlichkeit gründen? Diese Frage ist eine große Aufgabe.

Wenn ich gefragt werde, warum ich in einer Lebenssituation, in der community kein starkes Konzept mehr ist, meine Arbeit mache, dann gebe ich meistens diese Antwort: weil es Sinn macht. Warum das für mich so viel Sinn macht, kann man auf verschiedene Weisen begründen. Ich will hier einen biographischen Ansatz wählen und Ihnen kurz sagen, wo ich herkomme. Das hier ist die Landkarte der ehemaligen DDR und der ehemaligen Bundesrepublik Deutschland. Ich komme von dort, wo Sie die Spitze des Pfeiles sehen. Damit Sie sich das ein bisschen besser vorstellen können, habe ich hier ein Bild von meinem Dorf ausgesucht. Es ist nicht wichtig, wie es heißt, es ist ganz klein. Sie müssen sich jetzt vorstellen, dass man da

Session III: Ökologische Industrie und kommunale Ökonomie

unten in dem Tal, also von dort, wo Sie die Kirchturmspitze sehen, von da unten guckte man bis zur Stelle, bis wo wir uns bewegen konnten. Wir konnten uns nur auf dieser Seite bewegen. Dahinter begann das andere System. Das heißt, der Horizont gen Westen reichte genau 500 Meter weit. Nach der Wende habe ich einige Jahre versucht, mich zurechtzufinden, und bin nach Mittelamerika gegangen. Das heißt, nach meiner Erfahrung in einem sozialistischen Land bin ich nach El Salvador gegangen, einem Nachkriegsland, wo der Bürgerkrieg erst 1992 geendet hat, einem Land mit einer extrem polarisierten Gesellschaft bis heute. Von dort bin ich nach Mexiko gegangen. Unter Ihnen gibt es Leute, die sich in Mexiko noch viel besser auskennen als ich und die auch wissen, dass Mexiko vielleicht nur als failed state bezeichnet werden kann, dass man einen Teil des Territoriums hat, der noch vom Staat kontrolliert wird, und der andere Teil ist entweder in den Händen der Mafia oder in den Händen der communities. Und zwar zu einem ziemlich großen Teil, über 60 % des Landes sind in Gemeinbesitz! Dann bin ich wieder zurückgekommen und so habe ich gewissermaßen Erfahrungen mit vier unterschiedlichen Arten von Staatlichkeit. Von daher habe ich auch die Überzeugung, dass die Lösung der Probleme, mit denen wir heute konfrontiert sind, nicht in einem bestimmten Staatskonzept liegt. Sondern wir können das immer nur von unten angucken von der Frage her, was brauchen wir im Leben, also um wessen Bedürfnisse geht es eigentlich, wenn wir von Ökonomie reden, und insbesondere auch von der Frage her, in wessen Gestaltungsmacht diese Ökonomie eigentlich liegen soll. Das versuchen wir in unserer Arbeit zusammenzutragen. Das Commons-Konzept ergibt für mich deshalb Sinn, weil es überall auf der Welt zu finden ist. Es hat überall einen anderen Namen. Die Tatsache, dass Commons überall anders heißen, aber überall praktiziert werden und keinen gemeinsamen Namen haben, hat dazu geführt, dass es uns schwerfällt, über Commons zu sprechen und sie als etwas Verbindendes zu sehen. Dies habe ich gestern auch als Tweet herumgeschickt. Und das ist eigentlich die Tragik der Commons. Im Deutschen kennen Sie vielleicht den Begriff der »Allmende«, das kommt von »allgemeinida« und bedeutet »allen in der Gemeinschaft abwechselnd zukommend«. Wenn man ein älteres Publikum hat, dann sagen viele Leute, dass sie den Begriff kennen. Einem jüngeren Publikum dagegen ist er gar nicht mehr so vertraut. Das heißt, wir müssen auch wieder eine Sprache für das finden, was wir tatsächlich anders denken wollen.

Was sich jenseits von Staat und Markt bewegt – damit meine ich persönlich aber nicht unbedingt ohne jegliche Tauschbeziehungen und auch nicht ohne Staat – ist ein Staat, der nicht der Marktlogik folgt und ihr verpflichtet ist. Unübertroffen hat das unsere Kanzlerin formuliert, wenn sie von einer sogenannten marktkonformen Demokratie spricht. Also die Frage ist, können wir sozusagen von unten Ökonomie und Gesellschaft gestalten, sodass sie nicht einer Marktlogik folgen. Mit Marktlogik meine ich die sich hinter unserem Rücken vollziehende sogenannte Kraft der unsichtbaren Hand des Marktes, bei der am Ende das Geld uns denkt und nicht mehr umgekehrt. Mir ist gestern beim Zuhören aufgefallen, dass einer der Grundpfeiler, auf denen unsere heutige Ökonomie beruht, das Privateigentum, gestern nicht wirklich stark thematisiert worden ist. Das hat mich gewundert und darüber können wir auch gerne noch diskutieren, aber es verführt mich dazu, zwei ganz grundlegende Dinge zu der Frage von Eigentum und Commons zu sagen. Eine uralte Argumentationsfigur in der Geistesgeschichte – nicht nur in der europäischen Geistesgeschichte – ist ja die Idee, dass Commons niemandem gehören. Die Commons sind das Niemandsland. Und eine komplementäre Argumentationsfigur ist die Idee, dass Commons allen gehören. Und dann kennen Sie das: Was allen gehört, geht den Bach runter. Das hat man irgendwie schon einmal gehört. Dieser Stereotyp wird immer wiederholt und wird von Generation zu Generation weitergegeben. Und ich finde, an dieser Stelle müssen wir präzise sein und sagen: Commons ist weder das, was niemandem gehört, noch das, was allen gehört, sondern es ist das, was niemandem alleine gehören kann. Das können Sie alles in Ihren eigenen Realitäten noch mal überprüfen. Allen unterschiedlichen Zugriffs-

Session III: Ökologische Industrie und kommunale Ökonomie

und Nutzungsformen auf gemeinsame Güter und Ressourcen ist gemein, dass es keinen exklusiven Eigentumsanspruch und Zugriff auf bestimmte Dinge geben kann. Und wenn man das so sagt, wird man dann auch feststellen, dass es vor Ort extrem vielfältig geregelt ist. Sie finden in den unterschiedlichsten Systemen dieser Welt, seien es die falaj, also die Bewässerungssysteme in asiatischen Ländern, oder die ejidos in Mexiko, sie finden überall sehr unterschiedliche konkrete Formen, wie die Frage von Eigentum geregelt ist. Denen ist aber prinzipiell diese Idee gemein: Es muss allen in der Gemeinschaft gleichberechtigt zukommen. Und das ist der andere Grund, warum ich Commons so spannend finde.

Jetzt mache ich ganz schnell einen kurzen Exkurs in die Wissenschaft. Dies ist Elinor Ostrom, 2012 verstorben, Wirtschaftsnobelpreisträgerin und die erste Frau, die den Wirtschaftsnobelpreis erhalten hat. Sie sagt: Commons funktionieren überall. Und gerade DIE muss es wissen. Denn die haben sehr viele Fallstudien angeguckt und festgestellt, dass sowohl in Japan als auch in Südchile, sowohl auf Schweizer Almwiesen als auch in der Wasserversorgung von Los Angeles, dieses gemeinsame Bewirtschaften von Ressourcen, die niemandem allein gehören können, präsent und zu finden ist. Im Übrigen sagen wir immer, Commons sind so alt wie die Menschheit und so modern wie das Internet. Also nichts hat institutionell so lange überlebt. Kein Staat hat so lange überlebt wie Commons-Institutionen. In der DDR, wo ich ja in diese Schule gegangen bin, die sie gerade in dem Dorf gesehen haben, da ging es ja immer darum, mich zu einem sozialistischen Menschen zu erziehen. So kann ich als Ehemalige der DDR sagen, was so spannend ist, und das ist, was wir nämlich von Elinor Ostrom lernen können: Commons funktionieren nicht nur überall, sondern sie funktionieren auch mit den Menschen, so wie sie sind. Also, die Gestaltung der konkreten Verhältnisse und der ökonomischen Verhältnisse zurückholen in die Gestaltungskraft der communities selbst. Und dass es aber trotzdem wichtig ist zu gucken, was sind denn die Bedingungen, die dieses gemeinsame, faire Nutzen und Gestalten möglich machen? Was brauchen wir denn für Institutionen, wie müssen denn Institutionen prinzipiell strukturiert sein, dass sie möglichst lange überleben? Das können Sie nachlesen in Elinor Ostroms Nobelpreisrede »Designprinzipien für Commons-Institutionen«. Gestern, als ich zugehört habe, habe ich mir überlegt, wie ist es jetzt in Rojava mit dieser Kombination von Räten und Versammlungen und dem Delegationsprinzip. Und wie kann man dafür sorgen, dass diese wunderbare Praxis nicht nur zwei, drei, vier Jahre überlebt, sondern zwanzig, dreißig, vierzig? Ich glaube, es lohnt sich, da auf diese Designprinzipien für langlebige Commons-Institutionen zu gucken.

Ich verlasse aber gleich wieder diesen Miniexkurs in die Wissenschaft, weil ich eigentlich davon überzeugt bin, dass Commons keine Institutionen sind, auch keine Wirtschaftsformen und so, sondern dass es um eine Haltung geht. Ob ich bereit bin und mich darauf einlasse, den nicht immer einfachen Weg zu gehen auf Augenhöhe mit denjenigen, die das gleiche Recht und den gleichen Anspruch haben, auf gemeinsame Ressourcen zuzugreifen, wie ich, und das auch tatsächlich auszuhandeln. Das ist, wie ich schon gesagt habe, ein schwieriger Prozess, und auch dafür haben wir in der Regel keinen schönen Begriff. Daher muss ich es mit diesem englischen Satz bewenden lassen, den Peter Linebaugh geprägt hat. Peter Linebaugh ist ein amerikanischer Historiker und er sagt: There is no commons without commoning. Das ist ein ziemlich unübersetzbarer Satz. Im Deutschen würde ich vielleicht sagen: Es gibt keine Gemeingüter, es gibt nichts Gemeinsames, das Gemeinsame fällt nicht vom Himmel, sondern wir müssen es tun, wir müssen es aktiv herstellen, wieder und immer wieder. Und da sind wir ganz auf der gemeinsamen Ebene, da sind wir auf der sozialen Ebene. Commons ist im Grunde die Frage, wie wir unsere Sozialbeziehungen gestalten. Und das ist ein sozialer Prozess, der nie abgeschlossen ist und der auch eingeübt werden muss. Statt mir in meiner sozialistischen Schule damals in der DDR beizubringen, wie man ein sozialistischer Mensch wird, hätten wir viel mehr üben sollen, wie wir unsere Probleme in die eigene Hand nehmen. Das Gleiche gilt für heute auch. Statt in unse-

Session III: Ökologische Industrie und kommunale Ökonomie

rem Bildungssystem unsere Kinder dafür fit zu machen, dass sie sich gut auf dem Arbeitsmarkt verkaufen, sollten wir ihnen dabei helfen, Probleme in die eigene Hand zu nehmen und zu lösen.

Jetzt werden die Veranstalter sagen, die Frau Helfrich, die mogelt sich um ihren Auftrag herum, sie sollte doch eigentlich über die Ökonomie reden. Und tatsächlich gibt es in dieser Debatte auch eine internationale Debatte, die wir auch in Publikationen immer wieder versuchen zusammenzuführen. Darin gibt es sehr unterschiedliche Positionen und eine starke Diskussion, die die Auffassung vertritt, man kann mit diesem mindset, mit diesen Gedanken im Kopf, eine ganz andere Produktionsweise denken. Diese Produktionsweise hat auch wieder unterschiedliche Namen, ich nenne sie jetzt mal Commons schaffende Peer-Produktion. Weil mir der Gedanke wichtig ist, dass man nicht nur aus der Allmende, aus den Commons, schöpft, sondern dass man sie auch wieder herstellen muss. Weil mir der Gedanke wichtig ist, dass schon in dem Begriff klar wird, dass es nicht um Warenproduktion geht, sondern um Commons-Produktion. Und diese unterschiedlichen Diskurse aus unterschiedlichen Ecken der Welt und unterschiedlichen Erfahrungen kann man vielleicht am besten miteinander vergleichen, wenn man auf die prinzipielle Ebene geht. Kriegen wir es hin, eine Art baseline, Grundlinien, einzuziehen, an denen wir klarmachen, wie diese andere Ökonomie aussehen kann? Und das sind dann sehr einfache Dinge.

Ich hab mir überlegt, dass ich jetzt fünf Gedanken noch vorstelle – kurz und im Grunde nur angerissen. Diese fünf Gedanken strukturiere ich entlang der Frage, was brauchen wir denn, um etwas herzustellen, um etwas in die Welt zu bringen. Was brauchen wir denn, damit irgendwie am Ende ein Tisch herauskommt oder ein Laib Brot oder ein Fahrrad oder von mir aus auch ein Auto. In der Regel brauchen wir natürlich Ressourcen dafür und Wissen, Codes und Design, also Informationen. Wir brauchen Arbeit, nicht labour, sondern Arbeit in einem anderen Verständnis des Arbeitsbegriffs. Darauf werde ich ganz kurz eingehen. In der Regel gibt es in der

Ökonomie auch so etwas wie Mittel des Tauschs, oder Kredit, man braucht Finanzierung – zumindest in dem System, in dem wir leben. Wir greifen zurück auf Infrastrukturen und wir müssen uns immer wieder überlegen, wozu das Ganze. Ich will also ganz kurz mit Ihnen nur diese fünf Fragen durchgehen. Kann man auf der Ebene des Zugangs zu natürlichen Ressourcen und zu Wissen, des Umgangs mit Geld und Infrastrukturen und des Konzeptes der Arbeit noch mal etwas grundsätzlich anders denken, und Sie werden sehen, dass es ganz, ganz einfache Dinge sind. Wir leben ja derzeit in einem System, wo wir natürliche Ressourcen behandeln, als seien sie unendlich verfügbar und reproduzierbar. Das größte Drama erleben wir ja gerade in der Klimadebatte. Und umgekehrt behandeln wir Dinge, die mehr werden, wenn wir sie teilen, als seien sie knapp. Natürlich nicht WIR tun das, sondern diese Eigentümergesellschaft, die der Meinung ist, man müsse im Sinne der Verwertung Dinge, die immer mehr werden, wenn wir sie teilen, knapp machen, weil sie sich ja quasi dann auf dem Markt nur als Ware verwerten lassen. Das läuft unter dem Stichwort »intellektuelle oder geistige Eigentumsrechte«. Und die Sache ist im Grunde ganz einfach. Man muss diese Logik umdrehen und sagen: Umgang mit natürlichen Ressourcen braucht diese Grundidee der Allmende, allen in der Gemeinschaft abwechselnd oder zu gleichen Teilen zukommend, also eine faire Teilhabe. Eine faire, aber begrenzte Teilhabe. Und beim Wissen, beim Informationscode und Design ist es genau andersherum. Es gibt aus der Commons-Perspektive überhaupt keinen Grund, sogenannte intellektuelle Eigentumsrechte zu verteidigen und Konzepte des Privateigentums auf Dinge zu legen, die immer mehr werden, wenn wir sie teilen, weil nämlich, wenn man genau DAS tut, diese wunderbare Quelle des Mehrwerdens versiegt. Der Trick ist sozusagen, beides zusammen zu denken.

Ich bringe hier mal das relativ aktuelle Stichwort der open source sustainability. Können wir konsequent Wissen teilen, weil wir dann alle am meisten davon haben, und dabei uns immer der Endlichkeit natürlicher Ressourcen bewusst sein? Verbreitet eure Ideen,

Session III: Ökologische Industrie und kommunale Ökonomie

kopiert, was ihr könnt, denn nur wenn wir überall in der Welt die besten Ideen kopieren, haben wir auch die meisten davon! Damit Sie jetzt nicht denken, das bezieht sich nur auf die Software-Programmierung, habe ich ein paar Dinge, die in diesem Denken hergestellt werden, ins Bild gesetzt. Unten links sehen Sie eine Art der Stromproduktion, die auf Bakterien basiert. Das ist ein Solarpanel, das open source ist und die Energie, die Elektrizität aus der aktiven Arbeit der Bakterien schöpft. Hier rechts sehen Sie einen Drucker, oben links sehen Sie Bienenstöcke, dann oben in der Mitte einen Traktor und unten ein Lastenfahrrad. Kurz, die Botschaft ist, es gibt nichts, was man nicht in Kategorien von open source sustainability denken kann. Wir können alles nach diesen Prinzipien bauen, egal ob Traktoren oder Fräsmaschinen. Das hier ist ein Set von 50 Maschinen, das sogenannte global village construction set, von dem die Leute, die das hier in die Welt setzen und diese Prototypen bauen, sagen: Wenn wir das haben, haben wir alles, was ein ökologischer Industrialismus braucht. Ich glaube, die Open-Source-Leute stellen sich genau DAS unter ökologischem Industrialismus vor.

Damit sind wir beim Nächsten: Arbeit. Ich kann im Grunde nur andeuten, dass ich dieses Wort verwerfen würde. Es ist hochgradig belastet. Wir haben das gestern im ersten Vortrag gehört, dass wir anfangen müssen, all diese Begriffe, die sozusagen auf Dichotomien beruhen, auf entweder/oder beruhen, kritisieren müssen und uns neue Begriffe, die diese Dichotomien, dieses Entweder-oder überwinden, aneignen müssen. Einer dieser Begriffe ist, glaub ich, dieser »Care«-Begriff, der die sorgende und fürsorgende Beziehung zu beidem, zu den anderen Menschen und zur Natur, in den Mittelpunkt stellt und grundlegend darauf beruht, dass Produktion und Reproduktion überhaupt nicht getrennt denkbar sind und dass wir das Reproduktive, das take care des Anderen nicht auslagern können aus der Sphäre der Ökonomie. Der dritte Punkt: die Infrastrukturen. Wir kriegen ganz oft kritisch um die Ohren geworfen: Diese Sache mit den Commons ist ja schön und gut, aber die gehen nur in kleinen übersichtlichen communities, wo sich alle an einen Tisch setzen können und miteinander reden. Und deswegen ist ja Rojava so ein großartiges Beispiel! Da sitzen viele Leute und reden miteinander und handeln immer wieder aus, was vor Ort ausgehandelt werden muss, und es betrifft ein sehr großes Gebiet und sehr, sehr viele Menschen, weil prinzipiell die Art, Gesellschaft und Wirtschaft zu gestalten, sozusagen neu gedacht wird, und das Gleiche gilt für Infrastrukturen. Und die prinzipiellen Anforderungen an Infrastrukturen möchte ich mit diesen drei Begriffen beschreiben: »offen«, das habe ich eben erklärt, warum, »geldneutral«, das bedeutet, dass es nicht sein kann, dass ich keinen Zugang zu einer Infrastruktur wie der Straßenbahn habe. Also, wenn ich Geld habe, habe ich Zugang, wenn ich keins habe, habe ich keinen. Das kann nicht sein und es kann auch nicht sein, dass die Nutzung von Infrastrukturen sozusagen einer Warenlogik folgt. Also, wenn du viel Geld hast, kannst du mehr nutzen, und wenn du weniger Geld hast, kannst du weniger nutzen. Sie kennen das vielleicht aus der Diskussion um die Netzneutralität. Und »distributed«, also verteilt, ist noch mal dieser ganz einfache Grundgedanke. Das sehen Sie links im Bild. Zentrale Steuerungsmechanismen will ja sowieso keiner, aber es geht auch nicht um dezentrale Steuerungsmechanismen, also aus dem großen Kaiser werden sozusagen die Könige. Das sehen sie in der Mitte. Sondern es geht einen Schritt weiter um die verteilten Netze, die dann durchaus miteinander verschachtelt sind, und dann kommt so ein Konzept von Polizentralität raus. Polizentrismus als ein Konzept, das, wie ich gestern beim Zuhören herausgehört habe, durchaus gut zu funktionieren scheint derzeit in Rojava. Und dann habe ich schon gesagt, auch die Frage, wie wir unsere Tauschbeziehungen innerhalb von einer community-basierten Ökonomie gestalten – das ist gestern in der Diskussion schon angeklungen –, muss zurück in die Gestaltung der community geholt werden, und zwar mit dieser grundsätzlichen Idee von struktureller Unabhängigkeit. Das wurde ja gestern im Kontext der Kritik an Zentralbanken sehr deutlich diskutiert. Hier unten ist eine von Neuseeland, da in der Mitte ist eine von Brasilien, da oben das Totnes Pound, das kennt wahrscheinlich jeder. Faircoin ist eine Initiative, die auf digitale Mechanismen setzt, aber die nicht der Warenlogik folgt wie Bitcoin, also wo man Geld horten kann, wo die einen immer reicher an Bitcoins werden und die anderen immer ärmer, sondern wo sozusagen ein Umverteilungsmechanismus mit hineingedacht wird. Das Wichtige an diesen Initiativen ist nicht die Frage, haben die Leute noch Geld oder haben die keins mehr. Für mich ist das nicht die wichtige Frage. Sondern die wichtige Frage ist, dass dadurch, dass man das zurückholt und abkoppelt vom staatlich kontrollierten Geld- und Bankensystem, überhaupt eigentlich wieder diskussionsfähig macht, wie wir unsere Tauschbeziehungen gestalten wollen. Und die müssen natürlich immer einhergehen mit einer Idee von Schenkökonomie, von gemeinsamer Nutzung, von Leihen statt Kaufen usw. Wo wieder eine Vielfalt von Tauschmitteln, aber auch von der Art, wie wir sozusagen an die Dinge kommen, die wir zum Leben brauchen, stark gemacht wird und nicht der einzige Interaktionsmodus, nach dem wir funktionieren, ist: Hunger, Geld, Supermarkt, einkaufen. Also, Tauschmittel – geschaffen und kontrolliert von den communities selbst.

Und am Ende jetzt: Wozu das Ganze? Ich habe schon gesagt, für mich ergibt es Sinn, aber eigentlich geht es ja in der Ökonomie um diese ganz einfache Sache, Ökonomie oder oikonomia kann nur das sein, was menschliche Bedürfnisse befriedigt, und wir brauchen ein Konzept, das zukunftsfähig ist im dreifachen Sinne, das sozusagen das Beste aus den unterschiedlichen Denktraditionen zusammenhält. Damit meine ich die Ideen von Freiheit, Fairness und Nachhaltigkeit. Das ist der Prüfstein, an der sich eine communal economy oder eine Commons-basierte oder eine Commons-schaffende Ökonomie messen muss. Und wenn wir DAS tun, landen wir dabei, dass uns die Kulturanthropologen sehr viel mehr über Ökonomie erzählen können als alle Ökonomen dieser Welt zusammen. Dass es nämlich darum geht, die sogenannte Ökonomie wieder in den Raum der Kultur zurückzuholen, wieder unterzuordnen und über die Frage zu reden, wie geht eigentlich commoning und wo, wenn nicht an unseren Schulen, lernen wird das. Und nach dem, was ich gestern gehört habe, können wir unter anderem sehr viel lernen von den praktischen Erfahrungen, die derzeit in Rojava gemacht werden. Vielen Dank.

Silke Helfrich *ist freie Publizistin und Mitbegründerin der Commons Strategies Group sowie des Commons Institut e.V., langjährige Büroleiterin für Mittelamerika/Mexiko/Kuba der Heinrich-Böll-Stiftung. Herausgeberin von »Wem gehört die Welt?« (2009) und von »Was mehr wird, wenn wir teilen« (Elinor Ostrom, 2011) sowie »Commons – Für eine neue Politik jenseits von Markt und Staat« (engl. Wealth of the Commons beyond Market and State). Forscht derzeit zu Patterns of Commoning.*

3.2 Saniye Varlı

Die Frauenkooperative Bağlar

Heute ist ein wichtiger und wertvoller Tag für uns: Beginnen möchte ich mit einer Gratulation zum Geburtstag einer Person, die viel dafür getan hat, damit die Frau zu ihren Wurzeln zurückkehren und zum Mittelpunkt gesellschaftlichen Veränderung werden konnte. Er führt ihren Kampf um Existenz an, nicht nur in unserer Region, sondern auch weltweit.

Verehrte Freundinnen und Freunde,
als wir 2005 die Kommune übernahmen, war der Stadtteil Bağlar Pilotgebiet für eine Bürgermeisterin. Eine Frau kam an die Spitze der Kommune. Die Frauenkooperative ergab sich aus einer Notwendigkeit. Dabei ging es darum, wie die Frauen in das Leben integriert werden können und wie wir ein Bewusstsein über die Gewalt gegen Frauen als Resultat der männlichen Staatsmacht und Gesellschaft schaffen können. Diese Kooperative hat wichtige Arbeit geleistet und war erfolgreich. Doch wie Sie wissen, führen Bedürfnisse Menschen zur Suche und zu neuen Arbeitsfeldern: Wir fingen mit dem Krieg an, uns zu organisieren; wir haben gekämpft und uns gleichzeitig organisiert. Diese Phase dauert an. Im Hinblick auf die Bewusstseinsbildung haben wir über Methoden eines ökonomischen Arbeitsmodells gesprochen. Als Frauenkooperative Bağlar haben wir auf Grundlage der von Herrn Öcalan vorgelegten alternativen ökonomischen Modelle, die für Kurdistan ein ökologisch-demokratisches Wirtschaftsmodell vorsehen, darüber diskutiert. Wir haben uns gefragt, wie wir den engen Raum verlassen und die für den Aufbau Kurdistans notwendige ökonomische Partizipation erreichen können. Wir sind der Frage nachgegangen, wie wir ein Modell gegen das von weltweiten Kriegen und dem Kapitalismus verursachte Trauma entwickeln können. Wir haben uns mit dieser Thematik beschäftigt und

entsprechend einige Arbeiten durchgeführt. Im Grundsatz enthält unser Modell nichts Individuelles. Ja, ein Individuum ist wichtig, die Transformation eines Individuums als solches ist wichtig, doch wenn das nicht auf die Gesellschaft übertragen wird, ist es bedeutungslos. Aus diesem Grund sind wir mit der Kommune Diyarbakır eine strategische Kooperation eingegangen. Die Kommune hatte eine Kette von »Lila Märkten« ins Leben gerufen. Wir haben uns zur Aufgabe gemacht, Produkte für diese Kette zu erzeugen und auf diese Weise unseren Beitrag dazu zu leisten. Die Frauenkooperative in Bağlar ist zugleich Teil des Wirtschaftskomitees der KJA [Kongreya Jinên Azad, Kongress Freier Frauen]. Mit ihnen gemeinsam haben wir unser Modell in den Dörfern etabliert und mit der Produktion begonnen. In zwei Dörfern züchten wir Freilandhühner. In Dicle gibt es zwei niedergebrannte Dörfer, wo wir Honig und Ziegenkäse produzieren sowie Tierhaltung betreiben. Im Bezirk Karacadağ produzieren wir Naturjoghurt.

Der Kapitalismus hat jeden Ort, in den er eingefallen ist, verschmutzt. Der Kapitalismus versucht auch die Dorfbewohner an sich zu binden und zu beschmutzen. Doch wir haben von unserer Bewegung, von unserem Paradigma ein zusätzliches Gut erhalten: Vor allem wenn wir Frauen Hand anlegen, nehmen sich die Freunde der Angelegenheit bereits im Vorfeld an. Als Frauen liegen wir quasi 3:0 in Führung. Wir haben über die Räte und Kommunen in den Dörfern mit dieser Arbeit begonnen. Die Waren, als Produkt dieser auf Kollektivität beruhenden Arbeit, werden in den von der Kommune Diyarbakır geführten »Lila Märkten« angeboten. Diese Arbeit ist sehr praktikabel, sie ist kein Traum. Bestimmt gibt es dort sehr wertvolle Freunde, die die Theorie dazu entwickelt haben und sie gut transferieren können. Wir wollen versuchen, Sie über unsere Arbeit zu informieren, ohne Sie in dieser Theorie ersticken zu lassen. Sie wissen um die Realität von Rojava. Wir können uns von der Wirklichkeit der Region, in der wir leben, nicht fernhalten. Wir können uns nicht von unseren Werten distanzieren, so dass ein auf den Arbeiten zur Selbstverteidigung basierendes ökonomisches Modell erforderlich ist. Eine Welt ohne Waffen wäre wünschenswert, eine Welt, in der Menschen leben, ohne die Natur zu zerstören. Doch wie auch Ihnen bekannt ist, sind wir im Mittleren Osten mit dem IS konfrontiert; dieser ist vor allem ein Produkt der kapitalistischen Staaten. Auch der türkische Staat ist darin involviert. Er richtet sich vor allem gegen die kurdische Jugend, kurdische Organisationen und die kurdische Region. Wir haben daraus gelernt, dass Organisierung, Selbstverteidigung und Selbstverteidigungskräfte unerlässlich sind, um sich vor Vernichtung zu schützen.

Ich sage es noch mal: Hätte es doch keinen uns vom Kapitalismus auferlegten Kriegsmechanismus gegeben! Wir wissen, dass es in Kurdistan Großindustrie geben wird. Es geht aber darum, wie der Natur möglichst wenig Schaden zugefügt wird, also um den Aspekt der Ökologie und der Natur. Selbstverständlich beinhaltet dies auch einen Widerspruch, doch muss es das Mindeste sein. Von daher müssen wir Verteidigungsmechanismen für unsere Modelle gegen den Staat entwickeln. Deshalb gibt es etwas Essentielles für uns: Wir akzeptieren keine Arbeit, die nicht demokratisch ist. Strukturen, die nicht demokratisch sind, sind für uns nicht wertvoll. Als Völker des Mittleren Ostens, vor allem als Kurden, haben wir diese Erfahrung gemacht. So wie wir unsere Gedanken zusammenführen können, gilt es auch die durch Kriege geschwächte Wirtschaft zu teilen, damit wir nicht wieder zu dem vom System verschlungenen Fisch werden. Darum sind wir angehalten, eine Struktur aufzubauen, der die Aufbauphase Kurdistans und die Etablierung des entsprechenden Modells zugrunde liegen. Der Kapitalismus hat folgende Realität: Wenn du bist wie ich, bist du erfolgreich; nur wenn du denkst wie ich, bist du erfolgreich und kannst etwas entwickeln. Wir wünschen uns von den Freunden, die gegen einen seit fünftausend Jahren bis ins Mark verinnerlichten Mechanismus den Aufbau Kurdistans leiten und die entsprechenden Theorien entwickeln werden, dass sie eine praxisbezogene Theorie als Grundlage nehmen. Wir erreichen in unseren Arbeiten eine Erfolgsquote von sechzig bis siebzig Prozent. Aus diesem Grund muss ein Mechanismus, der sich noch professioneller, systematischer und geschlossener gegen das erfolgreiche System stellen will, demokratisch sein, um Erfolg zu erzielen. Die weltweiten Erfahrungen sind bekannt. Wir haben uns lange damit beschäftigt. Wir haben über die Modelle in Spanien und Kuba gesprochen. Zigarren sind schädlich, aber in den entsprechenden Fabriken in Kuba haben die Frauen Anrecht auf eine zehnminütige Pause zum Bücherlesen. Das Leben ist nicht nur ein Mechanismus, mit dem man sich dem Kapitalismus opfert, indem etwas produziert und dann in Kapital verwandelt wird. Es gibt lebenswichtige Werte; wenn es nicht gelingt, im Rahmen der Produktion eine politische Haltung zu entwickeln, wird man zum Opfer. Im 19. Jahrhundert wurden Bücher geschrieben, »Das Kapital« wurde verfasst; aber wenn sie nicht verinnerlicht und gelebt werden, sind sie bedeutungslos. Zwar nicht in vollem Umfang, aber wir entwickeln in unserem Leben doch eine gewisse Praxis. Die weltweiten Erfahrungen sind natürlich noch wichtiger. Wir sind ad hoc in diese Arbeiten eingestiegen. Wie eingangs erwähnt, haben wir die Gründung der Kooperative rasch vollzogen mit dem Gedanken, sie später inhaltlich auszufüllen. Sie ist ein Wert, den Freundinnen geschaffen haben, die auf dem Paradigma unserer Bewegung aufbauen. Nicht nur im theoretischen Sinne – 95 Prozent der Frauen, die bei uns mitarbeiten, leisten praktische Arbeit. Wir als Leitung nehmen kein Geld von hier, denn wir sind Teil einer anderen Arbeit. Es verdienen diejenigen Frauen, die an der Produktion beteiligt sind. Nur weil wir die Theorie schaffen, haben wir keinen ökonomischen Nutzen.

Ich möchte es nochmal unterstreichen: Diese neue Organisierung gegen diese kapitalistische Grausamkeit, dieses neue Leben, ist das Werk der Freiheitsbewegung und beruht auf dem Paradigma Öcalans. Denn das Leben ist am wertvollsten. Wenn sie ein Lebewesen zerstören, verschwindet auch das Leben. Wenn sie dieses Wertvolle zerstören, vernichten sie es. Doch wenn sie ein neues Leben aufbauen, können sie das nicht über die Toten machen, können sie es nicht über die geschaffenen Werte beschmutzen. Wir haben das Paradigma mit unseren Leben bezahlt. Aus diesem Grund können wir Verrat nicht akzeptieren. Es mag gute Theoretiker geben, aber wenn es keine praktische Ausrichtung und keine Demokratisierung gibt und versucht wird, die von unseren Wertvorstellungen geprägten Strukturen zu ihrem Vorteil zu nutzen, werden wir dies nicht akzeptieren. Solange es uns gibt, werden wir das nicht hinnehmen. Das ist sicherlich auch die Herangehensweise der Freunde dort. Wenn dem nicht so wäre, dann könnten wir uns nicht am gleichen Punkt treffen.

Wir haben aktuell zwei Ateliers, in denen wir Kleider nähen, und ein Atelier, in dem wir Ledertaschen herstellen. Für diese Lederprodukte werden die Tiere nicht extra geschlachtet, sondern wir nutzen vorhandenes Leder. Wie bereits gesagt, die »Lila Märkte« sind ein gutes Medium für uns. Dank ihrer haben wir unsere Dorfkommunen gegründet. Über diese und die Räte konnten wir eine starke Organisierung schaffen. Die wirtschaftliche Partizipation erfolgt nach folgendem Prinzip und beinhaltet genannte Schwierigkeiten: Wir kontaktieren im Dorf Frauen, die Tiere halten. Wir sagen ihnen, dass wir ihre Produkte verkaufen und ihnen achtzig Prozent der Einnahmen geben werden. Wenn wir dann fünf voneinander unabhängige Frauen in dem Dorf zusammenbringen, bleiben zwanzig Prozent für die anderen arbeitenden Frauen. Wir haben niemals akzeptiert, mehr als diese Frauen zu verdienen und reich zu werden oder sie auszubeuten. Aus diesem Grund können sie nicht erfolgreich sein, wenn sie nicht im Zentrum der Arbeit stehen und diese verinnerlicht haben. So sind die »Lila Märkte« eine gute Gelegenheit für uns, unser ökonomisches Modell in die Dörfer zu transferieren. Daher ist diese von der Kommunalverwaltung begonnene Arbeit wertvoll und muss unterstützt werden. Es ist eine allein von Frauen ausgefüllte Arbeit. Wie gesagt, wir haben über die Frauenkooperative Bağlar Dorfkommunen errichtet. Diese Arbeit basiert auf dem neuen ökonomischen Modell in Kurdistan und dem entsprechenden Paradigma. Daher ist sie wertvoll. Es geht nicht um mehr Verdienst für uns oder die Frauen im Dorf. In einem Dorf arbeiten fünf, sechs Frauen als Saisonarbeiterinnen auf den Feldern. Sie sagen, dass sie nirgendwo anders hingehen möchten, hier jedoch kein Geld haben. Sie haben uns um einen Mechanismus gebeten, zehn Kühe kaufen zu können. Wir haben ihn etabliert. Sie verkaufen nun den Joghurt, den sie aus der Milch dieser Kühe herstellen. Wir haben keinen schriftlichen Vertrag, unser Wort ist unser Vertrag. Die Frauen bezahlen von ihrem Verdienst unsere Ausgaben. Mag sein, dass es aktuell nicht sehr angesehen ist und äußerst primitiv erscheint, doch es ist eine Realität. Unser Wort ist unsere Abmachung und das erfolgreich. Anfangs war es die Arbeit von zehn Frauen, doch nun erreicht es Millionen. Die Ledertaschen haben wir nach Europa geschickt. Wir produzieren sowohl Trachten als auch Alltagskleidung. Ich möchte nicht allzu viel Politik machen. Es ist nun Zeit für die Praxis. Die Politik wurde dafür bereits geschaffen. Wir bringen seit Jahrzehnten Opfer und werden vielleicht noch weitere bringen. Doch wir hinterlassen den nachfolgenden Generationen ein würdevolles Leben. Wenn sie Überschuss teilen, haben sie eine ethische und politische Gesellschaft geschaffen. Wenn sie ihr Brot nicht teilen, teilen sie gar nichts. Es ist sehr wichtig, dass diese Werte im Alltag gelebt und geschätzt werden. Aus diesem Grund bitten wir Euch, realisierbare kurz-, mittel- und langfristige Projekte zu entwickeln. Das ist für uns äußerst wertvoll. Auf dem Papier mag eine begriffliche Diskrepanz zwischen Süd- und Nordeuropa bestehen, doch kommt es auf das Wesentliche an. Es ist wichtig, in Kurdistan gegen den Kapitalismus ein ökonomisches Modell zu realisieren, das auf den von der kurdischen Jugend, den Frauen und den Alten hervorgebrachten Werten basiert.

Wir wünschen Euch bei Eurer Arbeit viel Erfolg. Wir versprechen den Gefallenen, die in Kurdistan Vorreiter dafür waren: Solange wir existieren, werden wir das Leben, das uns der Kapitalismus aufzwingt, nicht akzeptieren. Wenn wir die Werte, die die Gefallenen geschaffen haben, auch nur um einen kleinen Schritt voranbringen und einen ihrer Träume verwirklichen können, dann werden wir etwas als geschafft betrachten. Die von ihnen hervorgebrachten Werte sind sehr wertvoll. Sie haben keinen materiellen Gegenwert. Wir können nur erwirken, dass der ideelle Wert gewürdigt wird. In allen Revolutionen weltweit werden solche Opfer gebracht. Es gilt sie zu schützen, damit sie nicht für schmutzige Zwecke missbraucht werden. Daher sind wir diejenigen, die diese Werte bedeutungsvoll machen. Wir bedanken uns dafür, dass Ihr uns in diese Arbeit einbezogen habt, und wünschen viel Erfolg. In der Hoffnung, Euch beim Aufbau eines freien Kurdistan zu treffen ...

*Die **Bağlar Frauenkooperative** wurde 2005 gegründet und verbindet wirtschaftliche und politische Aktivitäten. Die Frauen kämpfen gegen das patriarchale System und für demokratische Selbstverwaltung und eine kommunale Ökonomie.*

3.3 David Graeber

**Alle Ökonomien sind im Grunde humane Ökonomien
Oder: Unter welchen materiellen Voraussetzungen könnte man eine Art von Menschen produzieren, die man sich zu Freunden wünscht?**

Ich wurde darum gebeten, über menschliche Ökonomien zu sprechen. Dieser Ausdruck stammt eigentlich aus einem Buch zur Anthropologie. Hier ist zu erwähnen, dass Geld in verschiedenen von Anthropologen beobachteten Ökonomien sehr unterschiedlich eingesetzt wird. Es gibt Orte, wo Geld verwendet wird, um in erster Linie Waren und Dienstleistungen zu erhalten, so wie wir es tun. Es gibt auch Orte, wo Geld hauptsächlich dafür gebraucht wird, soziale Beziehungen umzuorganisieren, und wo man nichts kaufen oder verkaufen kann. Für die meisten Menschen ist dieser Gedanke sehr seltsam und fremd. Deshalb nenne ich diese Formen humane Ökonomien. Das Seltsame am Kapitalismus ist, dass es das einzige System ist, durch das wir diese humanen Ökonomien vergessen. Als ich in Rojava war, war ich besonders erstaunt über den Zusammenfluss dieser Vorstellungen.

Anfang Dezember war ich Teil der Delegation, die ein Rehabilitationszentrum für verwundete YPG-/YPJ-Kämpfer und Kämpferinnen in Amûdê besuchte. Der Ko-direktor der Klinik, Agir Merdin, beschrieb eine medizinische Philosophie, deren Ausgangspunkt die gerade im Aufbau befindliche soziale Ordnung in Rojava ist. Er erklärte, dass ihre Philosophie im Wesentlichen auf Prävention beruhe. Um das Vorkommen vieler Krankheiten zu verstehen, sollte man mit den sozialen Faktoren beginnen (es ist unmöglich, Krankheiten vorzubeugen, solange es nicht eine gesunde Gesellschaft gibt); der wichtigste dieser Faktoren ist seiner Meinung nach Stress. Wenn zum Beispiel Städte zu 70% Grünfläche umgebaut werden würden, würde der Stresspegel sofort sinken und damit auch das Vorkommen von Herzkrankheiten, Diabetes und sogar, so meinte er, Krebs. Er bestand darauf, dass es nicht nur eine Frage der Verbundenheit mit der Natur sei, sondern auch eine Frage der sozialen Beziehungen: Einsamkeit bzw. soziale Isolation werde in modernen Gesellschaften als eine Art moderne Kontrolle eingerichtet. Mir fiel seine Formulierung auf, als er sagte, sie nennten dies »moderne Sklaverei«, da die Sklaverei in der Vergangenheit mit Schwertern oktroyiert wurde. In der modernen Welt sei sie aber noch primitiver. Denn wenigstens hätten in der Vergangenheit diejenigen, die durch Gefangennahme und Verkauf als Sklaven von sozialen Kontakten abgeschnitten wurden, gewusst, dass sie Sklaven waren; heutzutage dächten sie, dass die Situation der Isolation tatsächlich Freiheit bedeutet. Diese Isolation wiederum kreiere Stress und mache uns anfällig für Krankheiten.

Um die Gesundheit und den Körper als Teil eines Netzes sozialer Beziehungen zu verstehen, sei ein einschneidender Perspektivwechsel in der Frage erforderlich gewesen, was eine Gesellschaft tatsächlich ist. Nach dem Abendessen dann sagte er nachdenklich und mit einer Zigarette zwischen den Fingern: »Letzten Endes reden wir doch immer über ›Produktion‹, als drehe sich alles um das Herstellen von *Dingen*. Aber in jedem sozialen System ist das Wichtigste, was produziert wird, das menschliche Wesen. Das ist unsere Art und Weise, darüber zu denken. Arbeit ist letztlich das Produzieren von Menschen.«

Ich fand dies wenig überraschend, da ich selbst ein Buch namens »Towards an Anthropological Theory of Value« geschrieben hatte, welches genau diesen Punkt behandelt – ich kann sehr sicher sagen, dass nicht viele dieses Buch gelesen haben und schon gar nicht in Kurdistan. Somit faszinierte es mich, wie diese Gedanken zusammenliefen. Lasst mich also auf einige Argumente aus diesem Buch zurückgreifen und erklären, weshalb sie für diejenigen, die sich an revolutionären Projekten beteiligen, hilfreich sein könnten. Insbesondere tauchen diese Argumente dort auf, wo ich über die Produktion von Menschen schrieb und eine Art feministische Lesart des Marx hervortrat; mich haben die feministischen Lesarten von Marx inspiriert.

Das von mir angesprochene Problem kann in der Tat auch als die Essenz von Marx' Kritik am Kapitalismus gesehen werden, obwohl Marxisten – (Ausnahmen sind bestimmte Stränge von marxistischen Feministinnen) – diese ganz vergessen zu haben scheinen. Im Konkreten geht es darum, dass diese Kritik unser Verständnis für die Wichtigkeit der Produktion von Menschen und Dingen auf den Kopf stellt. Marx bemerkte einst, dass nirgendwo in der antiken Welt ein Buch über die Frage »Wie sollte eine Gesellschaft organisiert sein, dass sie den größten globalen materiellen Wohlstand produzieren kann?« geschrieben worden sei. Heutzutage ist es natürlich fast die einzige Frage, die wir stellen dürfen, wenn wir in der Sphäre der Macht ernst genommen werden wollen. Aber in der Tat haben antike Autoren – und dasselbe gilt auch für alle Autoren, die nicht in der heutigen modernen Welt lebten – angenommen, dass die wirklich zu stellende Frage von Umständen handelt, unter denen die besten Menschen produziert werden: die Art von Menschen, die du dir als Nachbar, als Freund und als Mitbürger wünschst. In diesem weit umfassenden Prozess wurde die Produktion von Wohlstand als ein untergeordnetes Moment betrachtet: Zu viel Wohlstand rufe Faulheit und Luxus hervor, zu wenig Wohlstand hieße, dass Menschen zu beschäftigt damit sind, ihre Zeit dem Überleben zu widmen. Aufgrund der bestimmten Art und Weise, wie das Werk von Marx aufgebaut ist, neigen Marxisten dazu, diese Momente der Geschichte zu vergessen. Sein Werk ist eine Art interne Kritik an kapitalistischen Kategorien. Also eine Kritik in der Art und Weise, dass er die Begriffe und Bestimmungen seiner Zeit übernimmt und zu demonstrieren versucht, dass, selbst wenn wir annehmen, dass Adam Smith, David Ricardo und all diese Autoren richtig liegen und Märkte wirklich funktionieren, sie wegen der freien Arbeit funktionieren. Er sagt: Selbst wenn man die Annahmen der politischen Ökonomen als wahr voraussetzt, kann ich beweisen, dass alles immer noch widersprüchlich und selbstzerstörerisch sein wird. Da viele Marxisten dazu neigen, das Werk von Marx als eine Bibel zu behandeln, neigen sie dazu, zu dies zu vergessen und zu glauben, weil Marx dies gesagt hat, muss es wahr sein. So verdrehen sie völlig ihre Perspektive. Tatsächlich hat er *nicht* gedacht, dass diese Dinge wahr seien, und er hat auch sicherlich nicht gedacht, dass das, was er an Sichtweisen über das Kapital in seinem Buch übernimmt, gut ist. Somit tendiert man dazu, die Kategorien zu reproduzieren, es sei denn, man denkt über sie nach. Diese Kategorien sind nun die dominanten Kategorien unserer Zeit. Anthropologen betrachteten sie sicherlich auch als wahr. In den meisten Gesellschaften der menschlichen Geschichte gab es so etwas wie »Ökonomie« nicht.

Während Cameron Gemüse hackt, erzählt er seinem Interviewer, dass er, obwohl er derweil scheinbar begeistert ist über seine Wiederwahl und darüber, *die sechstgrößte Wirtschaft der Welt* bis 2020 zu regieren, nicht noch zehn weitere Jahre regieren wolle. Das ist also Großbritannien für diejenigen, die es regieren: eine Ökonomie. Diese Art der Logik äußert sich am extremsten in jenen von der Weltbank trainierten Ökonomen in Afrika, die ab und an Bemerkungen von sich geben, dass das Sterben der Hälfte der afrikanischen Bevölkerung aufgrund von AIDS ein wirkliches Problem darstellen werde wegen seiner katastrophalen Auswirkungen auf die Ökonomie. Einst wurde die Ökonomie als ein Weg betrachtet, auf dem die Bevölkerung versorgt, bekleidet und anständig untergebracht wird, sodass sie am Leben bleibt; nun ist die beste Begründung, die ihnen einfällt, um den Tod eines Menschen zu bedauern, dessen Auswirkung auf das Gesamtniveau der Waren- und Dienstleistungsproduktion.

Die »Ökonomie« korrespondiert mit einem Bereich, wo wir über »Wert« sprechen – insbesondere natürlich monetären Wert, aber auch den Wert von allem, was mit Geld berechnet werden kann. Im Wesentlichen kann dies als derjenige Bereich betrachtet werden, wo Arbeit nach dem Erhalt von Geld ausgerichtet ist. Hier spielt Geld eine eigenartige Doppelrolle, wie es Marx als Erster darstellte. Auf der einen Seite repräsentiert Geld den Wert von Arbeit. Die Gesellschaft versteht und berechnet die Bedeutung kreativer Energien, aus denen wir die Welt um uns herum formen und kreieren, indem gesagt wird, diese Menge an Kreativität ist so und so viel Geld wert oder jenes ist einen anderen Betrag wert. Aber gleichzeitig ist es nicht nur ein Symbol, das die Bedeutung der Aktivitäten eines Einzelnen repräsentiert, sondern es ist ein Symbol, das in der Praxis dem, was es repräsentiert, eine Existenz gibt. Denn man arbeitet ja nur, um das Geld zu bekommen. Das Ergebnis ist eine Art Widerspiegelung, wo die »Arbeit« als das definiert wird, was du tust, um Geld zu bekommen. Dies wiederum ist am Ende nur eine Repräsentation des Wertes deiner Arbeit.

Bei Werten, Familienwerten, aber auch religiösen Werten, politischen Idealen und Kunst handelt es sich um Bereiche, wo die Arbeit nicht standardisiert ist. Die wichtigste Form der Arbeit, die nicht bezahlt wird, ist häusliche Arbeit. Hier denken wir nicht an Arbeit (an die oben genannte Arbeit), aber natürlich ist es Arbeit und die oben genannten Werte sind Werte, weil sie einzigartig sind. Geld ist ein Wert, bei dem man über Wert im Singular sprechen kann, weil Geld alles mit allem vergleichen kann. Aber wenn man sich dem Bereich zuwendet, in dem Werte nicht standardisiert sind, dann ist in der Tat jeder Wert zu schätzen, weil er nicht mit etwas anderem verglichen werden kann. Man kann also nicht mit einer Formel dafür ankommen, wie viel ausreicht, um Familie und Religion abzulehnen. Auf der anderen Seite ist hier die Auswirkung von kapitalistischen Kategorien am schädlichsten, denn dieser gesamte Bereich wird in der radikalen Theorie als »reproduktive« Arbeit bezeichnet. Sie ist fast biologisch, es ist eben das, was nicht wirklich einen Wert für den Kapitalismus produziert, und somit ist diese Arbeit weniger wichtig. Die wichtigste Form der Arbeit und die Gestaltung von sozialen Werten beruhen auf einer gegenseitigen Produktion, denn wir alle sind das Projekt einer gegenseitigen Gestaltung. Heute geschieht mit dem Kapitalismus eine Finanzialisierung. Es werden all diese komplizierten Formen von Werten produziert, dabei steckt dahinter eine Form von militärischer Dominanz. Es ist sehr wichtig, dass die militärischen Mächte immer an der Spitze der finanziellen Macht sind. Sie wollen uns denken lassen, dass Länder in Südamerika oder Asien irgendwie Dinge nach Europa und Nordamerika senden und dafür nicht viel zurückbekommen, da sie irgendwie verwirrt sind von der Komplexität ihrer finanziellen Instrumente. In Wirklichkeit ist niemand so dumm – im Grunde handelt es sich um eine militärische Erpressung. Auf der einen Seite operiert das Finanzwesen mit der Staatsmacht, um Schulden zu schaffen. Auf der anderen Seite wird die häusliche Form von Arbeit oder die soziale Produktion reguliert, wie es Feministinnen längst festgestellt haben. Es gibt eine Million Formen unterschiedlicher Wissenschaften, die sich mit der Regulierung und dem Management dieser Arbeitsformen befassen. Im Wesentlichen bedient sich das Finanzwesen dieser Form von Berechnung und überträgt sie auf die gesamte Gesellschaft, nach dem Motto: Während du arbeitest, musst du immer fröhlich sein. Finanzialisierung bedeutet die Standardisierung von Liebe und von Vertrauen, so wie Mikro-Kredite es machen, indem sie sich der Familienbindungen bedienen. Aber auch die Standardisierung von Kreativität, auf die sie immer wieder ihren Stempel draufsetzt.

Eine weitere schädliche Folge des Wertesystems handelt davon, was man als Arbeit definiert und was nicht. Wenn man keine direkte Bezahlung erhält, dann ist es nicht wirklich »Arbeit«, mit den Worten der politischen Ökonomie »nichtproduktive« Arbeit (also produktiv in den Augen der Kapitalisten). Eine der merkwürdigeren Auswirkungen der Vergöttlichung der Texte von Marx, die religiösen Schriften gleichgemacht werden, ist die, dass diese Logik – die Marx als eine interne Kritik an den Begriffen der bürgerlichen Ökonomie äußert in der Art von »nehmen wir einfach einmal an, dass die Welt wirklich so funktioniert, wie die Kapitalisten es sagen, so kann ich immer noch zeigen, dass sie Widersprüche produzieren wird, die sie letztendlich zerstören« – dann als Realität erfasst wird, weil Marx sie beschrieben hat! Als Ergebnis wird dann zum Beispiel die Betreuungsarbeit der Frauen als lediglich »reproduktiv« (mit allen implizierenden biologischen Übertönen dieses Begriffs) behandelt statt eher als eine Form von Arbeit, die am *produktivsten* ist, da die Gesellschaft selbst letztlich den Prozess gegenseitiger Gestaltung von menschlichen Wesen darstellt.

Im 19. Jahrhundert gab es eine Art konzeptionelle Revolution. Ich glaube wirklich, dass alle Revolutionen im Wesentlichen moralische Transformationen sind. Sie bedienen sich des Menschenverstandes. Im Wesentlichen des politischen Menschenverstandes, das heißt unserer grundlegendsten Ideen über die Bedeutung von Leben, Politik und Wirtschaft. Wenn es also revolutionäre Momente gibt – die Französische Revolution, 1848, 1917, 1968, bei all diesen Momenten veränderten sich grundlegende Annahmen durch eine Art globale Interaktion–, dann findet eine Transformation des Menschenverstandes statt. Im 19. Jahrhundert wurde die Arbeitswerttheorie – deren paradigmatischer Gestalter der Fabrikarbeiter war – von der Arbeiterklasse internalisiert. Sie wurde ein bemerkenswert wirksames Mittel der weltweiten Massenmobilisierung. Der Gedanke dabei ist, dass Menschen realisierten: »Die Welt ist etwas, was wir gestalten, es ist nicht etwas, das einfach nur existiert. Jeden Tag stehen wir auf und gestalten die Welt. Warum können wir sie nicht auch anders gestalten?« Ich meine, das ist doch paradox, warum gestalten wir die Welt nicht genauso, wie wir sie mögen, wenn wir doch alle kollektiv die Welt gestalten? Fast niemand mag die Welt eigentlich, sogar die herrschende Klasse mag sie nicht. Dies ist auch ein großer Widerspruch im linken Denken, das im 19. Jahrhundert aufkam. Wir schaffen also eine Welt, die wir nicht wirklich jeden Tag mögen. Kapitalismus ist nicht etwas, was existiert oder uns auferlegt wird, WIR machen ihn. Wir wachen jeden Tag auf und machen den Kapitalismus, warum können wir nicht etwas anderes machen? Das ist die große revolutionäre Frage. Es ist außergewöhnlich schwierig, jede soziale Theorie handelt irgendwie davon: »Warum können wir nicht einfach aufwachen und etwas anderes schaffen?« Mit der Arbeitswerttheorie wird diese Frage zu beantworten versucht. Sie erwies sich allerdings als mangelhaft, da sie sich zu einem Konzept entwickelte, in dem Produktion die Produktion von Dingen und nicht von Menschen ist. Sie ist noch geprägt durch einen zentralen Widerspruch: Mitglieder der Arbeiterklasse, die stolz auf ihre Arbeit waren, aber gleichzeitig gegen die Idee der Arbeit rebellierten. Im Verlauf des 20. Jahrhunderts haben

Session III: Ökologische Industrie und kommunale Ökonomie   167

es Kapitalisten mittels einer nachhaltigen und zielgerichteten ideologischen Offensive geschafft, diese alte Sitte im Weitesten mit einem anderen Konzept zu ersetzen: Die Welt wird letztlich von den Gehirnen der Unternehmer produziert und die Arbeit ist im Wesentlichen sinnlos und roboterhaft. Arbeit soll für den Charakter notwendig sein und sicherlich wird jeder, der nicht die meiste seiner Zeit an etwas arbeitet, das er nicht wirklich mag, als ein grundlegend schlechter Mensch abgestempelt. Diese Art der Bewertung von Arbeit hat unzählige Widersprüche geschaffen, wie ich auch in meinem Artikel *»On the Phenomenon of Bullshit Jobs«* dokumentiert habe. Während die Automatisierung nach und nach das auslöschte, was einst notwendige Arbeit war, galt es dennoch, die Bevölkerung ständig mehr und intensiver arbeiten zu lassen. Die Politik des Wachstums und der Arbeit hat als Lösung tatsächlich Millionen unnützer bedeutungsloser administrativer Jobs kreiert: ein einziges Meer von Personalberatern, Lobbyisten und nicht zu erwähnen ganze Industrien wie Telemarketing und Wirtschaftskanzleien, die anscheinend aus keinem anderen Grund existieren, als Menschen am Arbeiten zu halten. Und gleichzeitig scheint es eine fast perfekte inverse Beziehung zu geben zwischen der aktuellen sozialen Nützlichkeit eines gegebenen Jobs mit scheinbar notwendigen Aufgaben wie Krankenpflege, Kochen, Müllsammlung, Brückenwartung und Ähnlichem sowie immer mehr dem Lehren, das am wenigsten kompensiert wird, während andererseits die nutzlosen oder sogar kontraproduktiven Jobs am meisten entschädigt werden.

Viel mehr noch wird dies auf einer subtilen Ebene nach der vorherrschenden Ideologie als das einzig Richtige angesehen. Sogar Aktiengesellschaften nehmen an, dass sie, wenn es einen Job gibt, den jemand aus irgendeinem anderen Grund als Geld annehmen möchte (Kunstdesign, Übersetzungen), diesen nicht bezahlen müssten – selbst wenn sie ein riesiges Vermögen an bedeutungslose Bürokraten verschwenden. So werden Lehrer oder sogar Autohersteller zum Objekt populistischer Feindseligkeit, wenn sie als überbezahlt angesehen werden. Fast könnte man sagen: »Du machst doch Autos oder unterrichtest Kinder! Das ist wirkliche Arbeit! Und nun willst du hohe Löhne, Jobsicherheit und sogar Zuschüsse?« Und sogar mit dem Wissen, dass deine Arbeit wertvoll ist und anderen hilft, ist es legitim, ihr von ihrem Wert abzuziehen, da man sie in einer perversen Art als noch befriedigender einstuft.

Was wir deutlich brauchen, ist eine komplette Umlenkung von Sichtweisen, und mir scheint, dass dies nur möglich ist, indem die ältere Version der Arbeitswerttheorie ersetzt wird durch eine neue, die insbesondere mit sozialer Produktion, Care-Arbeit, beginnt diese zum Paradigma für jegliche bedeutungsvolle Arbeit macht – in dem Sinne, dass sogar die Produktion materieller Bedürfnisse genau insofern wertvoll ist, als sie als eine Erweiterung des Prinzips der Sorge um andere und die gegenseitige Schaffung menschlicher Wesen betrachtet werden kann..

Sobald wir dies tun, sollte deutlich werden, dass trotz der ständigen absurden Aussagen, dass die Arbeiterklasse irgendwie mit der Abnahme von Fabrikarbeit verschwunden sei, die Arbeiterklasse immer – sogar zur Zeit von Marx – die »sorgende Klasse« war. Sie besteht in erster Linie aus Betreuern und Hausmeistern, ganz zu schweigen von Gärtnern, Wächtern und denjenigen, die in die Schaffung einer fruchtbaren Umwelt für besseres Wachstum eingebunden waren. (Dies gilt vor allem für Frauen der Arbeiterklasse, aber es war auch immer wahr für einen großen Prozentsatz an Männern der Arbeiterklasse).

Wie würde sich eine Arbeiterbewegung, die auf diesem Konzept menschlicher Wirtschaft beruht, die Welt vorstellen? Lasst mich folgenden Weg vorschlagen. Wir sind es gewohnt, bei »Kommunismus« an einen idealisierten Status in der Zukunft zu denken oder an etwas, was in der fernen Vergangenheit (»primitiver Kommunismus«) existierte und vielleicht eines Tages in der Zukunft wieder existieren wird. Es wird angenommen, dass die Grundlage des »Kommunismus« notwendigerweise auf Regelungen gemeinsamen Besitzes beruht. Aber wenn man die eher formelle, gesetzliche Definition von Besitzregelungen hinwegfegt und stattdessen über Formen von Zu-

Session III: Ökologische Industrie und kommunale Ökonomie

gänglichkeit diskutiert – was bedeutet, dass man zum ursprünglichen Konzept zurückgeht »jeder nach seinen Fähigkeiten, jedem nach seinen Bedürfnissen« –, dann sehen wir, dass die meiste Arbeit schon nach kommunistischen Linien organisiert ist. Wenn jemand an einem Arbeitsplatz ein Rohr fixiert und sagt »gib mir mal den Schraubenschlüssel«, dann sagt der andere nicht »und was bekomme ich dafür?«. Im Grunde genommen werden kommunistische Prinzipien angewendet, da sie die einzigen sind, die funktionieren. Was folgt, ist, dass der Kapitalismus in Wirklichkeit selbst einfach ein schlechter Weg zur Organisation des Kommunismus ist. Gleichzeitig existieren kommunistische Beziehungen dieser Art zwischen allen Menschen, die in einer engen Vertrauensbeziehung stehen und sich so behandeln, als seien sie immer füreinander da und deswegen wäre das Berechnen von Inputs und Outputs absurd. Schließlich gestaltet sich der Kommunismus so, als sei er der Grundstein jeder menschlichen Soziabilität. Denn wenn man sich mit jemandem auseinandersetzt, der nicht als Feind wahrgenommen wird oder als Fremder, wenn das Bedürfnis groß genug ist (»ich übertreibe«) oder die Kosten klein genug (»kannst du mir eine Richtung geben?«, »hast du Feuer?«), wird angenommen, dass kommunistische Prinzipien verwendet werden – und natürlich wird dieser Grundbaustein, den ich »baseline communism« nenne, darüber hinaus ausgeweitet. Zum Beispiel wird es unmöglich sein, eine Anfrage nach Essen oder Kleidung abzulehnen.

Kommunismus auf diese Art ist nicht das einzige Prinzip und ich denke, es ist fast unmöglich, sich eine Gesellschaft vorzustellen, in der er das einzige Prinzip ist. Es gibt immer auch andere Prinzipien. Aber neue Wege zu schaffen in dem, was wir schon tun, kann gewissermaßen einen Anfangspunkt darstellen für die Verwirklichung dessen, dass es nur diese Art von Verantwortung mit offenem Ende für den anderen zu gewährleisten gilt, welche ebenso im Mittelpunkt eines sorgsamen Umgangs miteinander steht. In diesem Sinne ist dies ein unbemerktes Fundament aller Formen sozialen Werts. Es gilt, eine Form demokratischer Koordinierung dieser bereits existierenden Formen des Kommunismus zu finden, sodass Menschen ihre Verpflichtung gegenüber den anderen so frei wie möglich nach Wunsch gestalten können und letztlich in der Lage sind, für sich selbst zu wählen, welche Formen von Wert sie individuell oder kollektiv verfolgen wollen.

Ich denke, 2011 hatten wir einen revolutionären Moment mit den Revolutionen beginnend in Tunesien, Ägypten, Spanien, Griechenland, dann mit der Occupy-Bewegung, die sich über die ganze Welt erstreckte. Sie wurden gewaltig niedergeschlagen. Aber schon immer wurde mit dem Beginn radikal demokratischer Bewegungen keine Staatsmacht mehr angestrebt. Es gab einen fundamentalen Wandel in unserem Konzept dessen, was eine demokratische soziale Bewegung ist, das sehen wir auch in Rojava. Es gibt eine moralische Transformation, eine Transformation unserer grundlegenden politischen Kategorien im Hinblick darauf, was eine Revolution wirklich ist. Aber ich denke, um damit fortzufahren, müssen wir auch unsere Kategorien dessen, was Arbeit bedeutet, verändern. Es ist die Idee des 19. Jahrhunderts, dass die Arbeitswerttheorie Produktion ist und unglaublich effektiv. Obwohl es so kam, dass ihr Grenzen gesetzt waren, wodurch sie das Gegenteil erfahren konnte, mussten wir unsere Auffassung von Arbeit ändern zu einer, die sich darüber sorgen zu machen beginnt, was Gesellschaft wirklich ist; nämlich ein Prozess gegenseitiger Gestaltung menschlicher Wesen. Es ist nicht nur eine Gestaltung der materiellen Welt, sondern es ist die Gestaltung des Anderen, das ist es, was wir tun.

Sich um Bildung zu kümmern, zählt zu den primären Angelegenheiten. Es gibt zurzeit eine Bewegung für freie Bildung in Amsterdam; in London kommt gerade eine große Studentenbewegung auf. Eines der ersten Dinge, die dabei ans Brett genagelt werden, ist, dass uns gesagt wird, dass der Sinn der Bildung die Verbesserung der Wirtschaft sei. Das ist rückständig. Das Ziel der Wirtschaft sollte es sein, Bildung zu verbessern, den Menschen in ihren Tätigkeiten die Freiheit zu geben, die Welt zu verstehen, Dinge zu lernen. Ich denke, es ist wahr, die Bildung als Teil des weiten Prozesses von Sorge und gegenseitiger Unterstützung zu sehen, der die Welt gestaltet, in der wir einander gestalten. Wenn wir uns nun auf diese Weise die Welt anschauen, so ist es natürlich auch diese Art, auf welche die meisten Menschen, die je gelebt haben, die Welt betrachteten. In den meisten Gesellschaften wird heute angenommen, dass die materielle Produktion von iPhones, Brillen und materiellen Objekten ein weiterer unterstützender Faktor in dem größeren Prozess ist, in dem wir einander schaffen, um Menschen zu schaffen. Somit ist Fabrikarbeit *eine* Form der Arbeit, wenn die Dinge, die in der Fabrik produziert werden, auch Dinge sind, die die Menschen interessieren bzw. was Menschen brauchen. Dennoch nimmt diese Arbeit einen Platz zweiten Ranges ein. Wir sorgen uns einfach umeinander. Ich denke, wenn wir dies tun, wenn wir unsere Kategorien umwandeln und die Welt umdenken und den Menschenverstand schaffen, dann werden wir eine Revolution vollbracht haben.

David Graeber *lehrt Anthropologie an der London School of Economics. Er ist Aktivist in zahlreichen anti-autoritären Netzwerken und Projekten wie dem Direct Action Network oder Occupy Wall Street. Autor von Titeln wie »Schulden: Die ersten 5 000 Jahre«, »Direkte Aktion. Ein Handbuch« und »Kampf dem Kamikaze-Kapitalismus«*

3.4 Penny Vounisiou

Gemeinsamer politischer Imperativ für eine revolutionäre Perspektive

Wir leben in einem Zustand, in dem die Jagd nach Reichtum und Wachstum von den Regeln des Marktes und Kapitals diktiert wird; einem Zustand egozentrischer Annäherung an das Überleben und absoluten Privatlebens. Deshalb wird Wachstum nur nach finanziellen Maßstäben bemessen, während der Einfluss auf die Gesellschaft und unser alltägliches Leben ignoriert wird.

Kapitalismus wurzelt in der Mentalität und Wahrnehmung von Menschen. Durch die Definition unserer Bedürfnisse und Konsumwünsche. Durch unseren Status in einer sozialen Gruppe und unseren Beitrag für sie.

Entsprechend dieser Logik kann sozialer Konsens über die Umsetzung politischer Programme erreicht werden; unter der Voraussetzung, dass es nicht zu Konflikten mit der allgemeinen Ansicht kommt, die der Kapitalismus für sein Überleben und seine Ausbreitung benötigt.

Warum ist dem so?

Die Mehrheit hat nicht die Absicht, ihre gewohnten persönlichen Privilegien und egozentrischen Ansichten zu verlieren, die sie vor einer ökonomischen Krise hat.

Sie hat nicht die Absicht, die allgemeine Politik und ihren Beitrag zur Entstehung des Kapitalismus zu evaluieren und zu verstehen. Deshalb überträgt die Mehrheit gern ihr Schicksal an professionelle PolitikerInnen und wartet darauf, durch Verhandlungen, Abkommen und Schlichtungen gerettet zu werden. Die Mehrheit nimmt dabei nicht an Entscheidungsprozessen teil und weiß manchmal nicht einmal, dass Derartiges stattfindet (z. B. im Falle von Handelsabkommen). Die meisten Menschen warten nur ab, um letztendlich das Ergebnis bewerten zu können, so wie es durch die Massenmedien verbreitet wird. Und das, obwohl sie die Auswirkungen im Alltag durchaus spüren.

Das Ausmaß der Entscheidungsfindungsprozesse, so wie sie sich derzeit darstellen, ist schwer zu erfassen und zu verstehen. Es befördert den Rückzug der Person aus Teilhabe- und Forderungsprozessen, weil es den Glauben daran untergräbt, selbst im Falle gewollten Widerspruchs tatsächlich etwas unternehmen zu können. In diesem Fall ist der »Feind« sehr weit entfernt, wenn nicht sogar unsichtbar.

Die durch die reproduktiven Prozeduren des Systems verursachten Sackgassen machen den Bereich des Wohlstands erfahrbar, der mit einer zunehmend kleinen Gruppe der Bevölkerung korrespondiert. Zugleich wird der Rest der Menschen selbst von der Versorgung mit den Grundbedürfnissen des Lebens ausgeschlossen.

In diesem Zustand der Unsicherheit gibt es einige, die über den Kapitalismus hinausdenken.

Dieses Problem ist fundamentaler Natur und bedarf all der Schritte, die zu dem soziopolitischen Wandel führen würden, den wir uns vorstellen. Wir sollten uns nicht auf eine vage Verurteilung des derzeitigen politischen Systems beschränken, sondern vielmehr eine andere Welt, eine andere Gesellschaft und eine andere Wirtschaft entwerfen, die alle ihre Grundlage in der Gegenwart haben müssen. Diese Erzählung muss nicht neu erfunden werden. Sie existiert sowohl in der Vergangenheit als auch in der Gegenwart. Absolut notwendig dafür ist, sie verständlich als Projekt darzustellen, das die zentrale politische Bühne einnehmen und eine Gegenmacht darstellen kann. Das bedeutet nichts weniger, als unsere eigene Politik im Einklang mit unseren tatsächlichen Bedürfnissen zu entwickeln.

Wir sind davon überzeugt, dass wir keineswegs erst am Anfang stehen. Der soziale Kampf, seine Dynamik und Eigenschaften in den letzten Jahren stimmen uns optimistisch (trotz seines derzeitigen Rückzugs). Der Umfang und die Vielfalt all dieser Bewegung an der Basis der Gesellschaft sind messbar.

Was ist dabei wirklich wichtig?

Im Rahmen der derzeitigen sozialen Kämpfe wird nach der verloren gegangenen Bedeutung der »commons« und der Prinzipien ihrer Formulierung gesucht.

Als der Sozialstaat kollabierte, entstanden im Laufe der Jahre autonome Strukturen, Bewegungen und Initiativen. Sie machten die Verwaltung der »commons« zu einem Diskussionsthema, basierend auf anderen theoretischen Prinzipien als den vom Markt diktierten. Diese »commons« konnten Bereiche sein, die vom System angegriffen wurden (primäre Produktion, öffentliche Gesundheitsversorgung, Kultur, Bildung, Energieversorgung etc.).

Und hier liegen das zentrale Problem und die Herausforderung für uns alle.

Wie können diese »Alternativen« konkurrenzfähig mit dem Kapitalismus werden, anstatt ihn zu ergänzen?

Wie kann ihre Entwicklung von der bloßen Entstehung zur letztendlichen Dominanz und vorherrschenden Art der Organisierung in der Gesellschaft vonstatten gehen?

All die heute existierenden Initiativen und Selbstverwaltungsstrukturen müssen über die Grenzen ihres Funktionierens und ihrer Eigenständigkeit hinausgehen. All die gesellschaftlichen Kräfte, die in ihrem Kern horizontale Strukturen, Solidarität und widerständige Kämpfe tragen, müssen sich in ein Netzwerk verwandeln und nicht in eine politische Partei. Sie müssen eine Zukunftsvision entwerfen und in der Gesellschaft verbreiten, welche die bürgerliche Demokratie und Kapitalismus ablehnt und ein dreidimensionales Ziel verfolgt: Autonomie, Selbstversorgung und Gleichheit.

Dieses Triptychon wurde nicht zufällig gewählt.

Wir sind eine Gruppe von Menschen, die in sozialen Kämpfen der Vergangenheit und Gegenwart präsent sind. Unsere politischen Aktionen basieren auf anarchistischen und antiautoritären Prämissen, die darauf abzielen, die chronischen Erstarrungen und Schwächen unserer Zeit zu überwinden. Und all diese Jahre arbeiten wir daran, ein horizontales Netzwerk all dieser Strukturen, Kollektive und Gruppen aus dem politischen und sozialen Feld zu erschaffen,

Session III: Ökologische Industrie und kommunale Ökonomie

die Projekte der Autonomie, Selbstversorgung und Gleichheit umzusetzen versuchen. Ein Netzwerk, das die Grundlage für ihre Kooperation darstellen würde. Es würde nicht beabsichtigen, nur die Lücken des Systems als ergänzender Mechanismus zu verdecken. Vielmehr geht es darum, ein neues politisches und soziales Projekt zu schaffen, das die Gesellschaft von einer passiven Empfängerin in eine aktive Gestalterin ihres Lebens und ihres Wohlstands verwandelt.

Ein Projekt, das die Verwaltung der »commons« mit umfasst sowie den gleichberechtigten Zugang zur sozialen Versorgung und die Verwirklichung der Ideen durch Kreativität anstatt von Trägheit, die dieses System unabhängig von der regierenden politischen Partei verursacht.

Dieses Modell basiert auf der vollständigen Dezentralisierung von Macht bzw. Kontrolle. Entscheidungen über fast alle Aspekte unseres Lebens werden derzeit ohne uns und weit entfernt von uns gefällt. Dementsprechend ist unsere Möglichkeit, sie zu beeinflussen, praktisch nicht vorhanden. Wenn wir die Entwicklung der Ereignisse verändern wollen, kann es folglich nur unser Ziel sein, die Fähigkeit zurückzuerlangen, über uns betreffende Angelegenheiten selbst zu entscheiden und deren Umsetzung zu kontrollieren. In diesem Kontext kann eine autonome Gesellschaft nur dezentralisiert sein. Nur so kann die kollektive Teilhabe an den Entscheidungsfindungsprozessen und die Befriedigung der tatsächlichen Bedürfnisse erreicht werden. Um diese Fähigkeit verfügbar zu machen, muss die Entscheidungsfindung zu diesen unteren Ebenen zurückkehren, z. B. Gemeinden, Nachbarschaften (in Städten) bis hinunter zu den Regionen. Nur in diesem Maßstab sind Autonomie und direkte Demokratie anwendbar. Nur die BewohnerInnen eines Gebietes können angesichts ihres Bewusstsein für die lokalen Probleme, die speziellen Eigenschaften (z. B. landschaftliche Besonderheiten, kulturelle Werte etc.) und damit für die speziellen Bedürfnisse eines Gebietes Entscheidungen treffen, die sie betreffen, und ihre angemessene Umsetzung planen.

Heutzutage wurden wir dieser Fähigkeit beraubt und lokale Verwaltung ist nichts mehr als ein Werkzeug zur Umsetzung und Durchsetzung der Entscheidungen des Staates und von Lobbygruppen (Gruppen, die Teile der Wirtschaft kontrollieren), wodurch wir zu Sklaven werden.

Einige Beispiele dafür:
– die Zerstörung der chemischen Waffen Syriens im Mittelmeer,
– die Einrichtung der europäischen Energieunion,
– die Errichtung der Goldminenprojekte in Nordgriechenland durch die große kanadische Firma Eldorado etc.

Wir könnten die zentralen Entscheidungen durch Volksräte und Räte mit RepräsentantInnen auf der Ebene der Gemeinde/Stadtverwaltung/Land/Region ersetzen, um uns wieder zu den HerrInnen über unser Land zu machen.

Direkt mit Werten verbundene Institutionen sind im Allgemein akzeptable Bedingungen und Mechanismen, die alle Funktionen der Gesellschaft regulieren. Eine autonome Gesellschaft hat keine andere Wahl, als diejenigen Institutionen zu überprüfen und aufzugeben (teilweise oder vollständig), die ihre Fähigkeit autonom zu sein unterbrechen. Das gilt insbesondere, wenn die Institutionen genau die Ketten sind, die sie gefangen halten.

(Wir sprechen nicht von der vollständigen Abschaffung und Abwesenheit von Institutionen. Vielmehr geht es darum, Prozeduren und Mechanismen zu schaffen, welche die Beziehungen und Funktionen einer autonomen Gesellschaft regulieren und allen Menschen statt nur einigen Mächtigen dienen.)

Die Aneignung eines solchen Potentials wird bestimmt durch eine grundlegende Bedingung: Selbstversorgung. Man kann keine Autonomie erreichen, ohne auf Selbstversorgung abzuzielen und sie zu erreichen.

Ein grundlegendes Prinzip des Kapitalismus ist es, in allen Bereichen Systeme der Abhängigkeit zu schaffen. Das ist wiederum etwas, das, wie ich bereits erwähnt habe, Auswirkungen auf die Verwaltung eines Gebietes hat.

– Unser Essen wird dominiert von multinationalen Firmen, die fast den gesamten Produktionsprozess, Transport und Verkauf kontrollieren. Von den Samen, Düngemitteln und Pestiziden zu ihrer Qualität und Bereitstellung; alles liegt in den Händen derer, die ausschließlich den Profit auf unsere Kosten im Sinn haben und dabei vollständig die Konsequenzen ignorieren.

– Wohnungen und Häuser werden von internationalen Banken kontrolliert, die uns ohne moralische Bedenken auf die Straße werfen.

– Energie, Wasser und die allgemeinen natürlichen Ressourcen, von denen wir so abhängig sind, stehen bereits unter der Kontrolle transnationaler Gruppen oder sind kurz davor.

Das sind nur einige Beispiele für unsere grundlegenden Abhängigkeiten als auch für unsere grundlegenden öffentlichen Güter. So ist es unsere Pflicht, für uns und speziell für unsere künftigen Generationen Widerstand zu leisten und diese Situation rückgängig zu machen, die uns mit totaler Unterwerfung und ökologischer Zerstörung droht. Es gibt, wie schon erwähnt, Umstände, die eben dies umsetzen wollen. Wir werden einige der uns wichtig erscheinenden Umstände nennen.

Das Wichtigste ist hierbei, unsere Bedürfnisse neu zu definieren und zu klären, was wir unter »hohen Lebensstandards« verstehen; etwas, das sich nicht mit dem deckt, was uns der Konsumismus als »Bedürfnis« auferlegt.

Wenn wir das bedenken, können wir an einem anderen Modell der Agrarproduktion, der Tier- und Fischzucht, arbeiten. Die Industrialisierung von Nahrungsmitteln, intensivierte Monokulturen, chemische Düngemittel, Pestizide, die Landwirtschafts- und Fleischereiindustrie und industrieller Fischfang sollten durch traditionelle, gut ausgewogene Methoden ersetzt werden, welche die Umwelt und die biologische Vielfalt respektieren und einen nachhaltige Wohlstand sicherstellen, der nicht für die großen Unternehmen Profit generiert, sondern auf alle ausgerichtet ist.

Wenn wir das bedenken, können wir an einer solidarischen Wirtschaft arbeiten und diese unterstützen, die auf anderen ethischen

Prinzipien beruht und bessere Arbeitsbedingungen garantiert, bei der zugleich der Zweck der Produktion auf die Befriedigung der gesellschaftlichen Bedürfnisse abzielt.

Heutzutage, so scheint es, haben wir vergessen, dass wir den Produktionsstätten entfremdet wurden und unser einziger Kontakt zu eben diesen an den Verkaufsständen eines Supermarktes besteht. Das hat unser Bewusstsein über die Qualität von Gütern als auch von Produktionsbedingungen (Arbeitsbedingungen, Konsequenzen für die Umwelt etc.) eingeschränkt.

Ein Beispiel dafür:
Energie
Die Produktion von Energie ist das Feld, das den Planeten wie kein anderes geprägt hat. Kriege, ökologische und soziale Katastrophen sind das Resultat gesteigerter Nachfrage und speziell der neuen Art des Lebens. Insbesondere im Zustand einer ökonomischen Krise werden große Industrieprojekte auf diesem Feld als Garantie für Wachstum einer Staatswirtschaft dargestellt, manche von diesen als »grün« und umweltfreundlich.

Beispiele: Kohlenwasserstoffausstoß, Fracking, großflächige Windkraftanlagen (den Energiegroßkonzernen/dem System ist es immer gelungen, Energie als Ware und nicht als öffentliches Gut hinzustellen, mit der Absicht, jenes und Wasser zu privatisieren etc.)

Es ist von großer Bedeutung, angemessene Methoden und Technologien im Sinne einer radikalen Reduzierung des Energieverbrauchs und der Art und Weise unseres Umgangs mit ebendiesen zu gebrauchen. Wir müssen im Rahmen der Selbstversorgung ein dezentrales Modell anwenden, das nicht mit anderen produktiven und sozialen Aktivitäten in Konflikt gerät, sondern eine gründliche und inklusive Raumplanung und eine Verordnung von Richtlinien befördert.

Wissenschaftliche Techniken, Erkenntnisse und Instrumente, erworben durch die ständige Entwicklung von Technologien, werden durch das kapitalistische System in eine Richtung finanziert, in der eben dieses System reproduziert und gestärkt wird. Aber das Wissen allein bietet keine Richtung. Es verändert sich in Abhängigkeit von seiner Nutzung und der Frage, zu wessen Nutzen all dieses Wissen existiert und geteilt wird.

Folglich können all diese Techniken, die auf all diesen Feldern (Energie, Produktion, Medizin etc.) benutzt und von den großen Unternehmen betreut und finanziert werden, zu unserem Vorteil arbeiten, wenn wir die Kontrolle über die Wissenschaft erringen und die Forschung an den sozialen Bedürfnissen ausrichten, nicht mehr an denen des Kapitals.

Nichtsdestotrotz sollten unter keinen Umständen autonome Regionen isoliert und unabhängig werden und somit einen sicheren Hafen der Autonomie des Selbstwillens schaffen. Beziehungen zu anderen Regionen sollten auf Solidarität und gegenseitiger Toleranz basieren, um gemeinsame Bedürfnisse abzudecken und gemeinsame Probleme und Ressourcen zu teilen, als auch in der Lage zu sein, sich gegen innere und äußere Gefahren zu schützen.

Dies soll durch eine Föderation autonomer Regionen sichergestellt werden, in die alle Regionen gleichberechtigt einbezogen werden und die das Parlament ersetzt und in der keine Entscheidungen getroffen werden, die nicht von den lokalen Kommunen abgesegnet wurden.

Die aktive und gleichberechtigte Partizipation von jeder und jedem im Entscheidungsfindungsprozess schafft die Grundlage für eine starke Verteidigung der Gemeingüter im Falle eines Angriffs, da durch diesen Prozess ebendiese Güter von jeder und jedem als Allgemeingut angesehen werden.

Also kann jeder lokale Knoten (Region) in eine starke Verteidigungszone transformiert, und in einem Netzwerk könnten sie alle eine starke politische Front gegen das herrschende neoliberale Modell bilden. widersetzt.

Fazit

Die revolutionäre Perspektive ist etwas, dessen Aufkommen wir uns alle so bald wie möglich wünschen. Verschiedene Interpretationen der Begrifflichkeit haben jedoch verschiedene praktische Ansätze hervorgerufen, die es zu befolgen gilt.

Manche verstehen sie als einen historischen Zeitpunkt, an dem unsere Projekte in die Praxis umgesetzt werden und eine wahrhaft revolutionäre Praxis auftaucht, was ihnen möglich macht, ewig auf jenen Moment zu warten.

Andere wiederum verstehen den revolutionären Ausblick als einen Prozess, einen langsamen, aber gewissen Kampf, der jenen ersehnten Moment ins Mittelbare rückt. Wir glauben daran, dass alltägliche Praktiken zum Entstehen der historischen Konjunktur der Umkehrung beitragen, ohne jedoch die Wichtigkeit unmittelbar sozialer Konflikte zu hinterfragen.

Das Triptychon wurde als das Hauptprojekt gewählt, um als eine Speerspitze dieses Prozesses zu dienen. Klar ist, dass sich die Notwendigkeit für seine Verwirklichung und Ausbreitung nicht durch den Kollaps des Wohlfahrtsstaates oder die ökonomische Krise ergeben kann. Die Strukturen, die wir aufbauen und unterstützen wollen, sollen die des Wohlfahrtsstaates nicht ersetzen. Es sind Strukturen, die in der Gegenwart funktionieren, basierend auf unseren Werten sowie damit einhergehenden ideologischen und politischen Codes. Unser Projekt ist kein Fall, der sich auf eine vielversprechende Zukunft richtet, sondern eine Lebensweise und eine andauernde Anstrengung für seine Ausbreitung und Konsolidierung.

Vielmehr wird die kontinuierliche Suche nach Autonomie, Selbstgenügsamkeit und Gleichberechtigung von einer notwendigen Bildung getragen, die die bestehenden sozialen, politischen und wirtschaftlichen Bedingungen über Bord werfen soll; und nicht nur durch politische Kämpfe, sondern ebenso durch die fortwährende Unterstützung und den aktiven Aufbau gewünschter Strukturen. Es wird die Bildung sein, die jede und jeder sich anzueignen bestrebt ist, um unterdrückerischen sozialen Strukturen entgegenwirken zu können.

Gleichzeitig ist das die notwendige Zutat, wodurch eine vollständige Inversion erreicht werden kann. Nur wenn gemeinnützig angelegte politische und soziale Strukturen funktional im gegenwärtigen Sinne werden, wird sich die spätere Konsolidierung in einer sozialpolitischen Reform niederschlagen.

Abschließend sollte sich vor Augen gehalten werden, dass unser Projekt innerhalb des kapitalistischen Gerüsts nicht vollends realisiert werden kann, weil sie völlig antagonistisch sind. Es kann keine Freiheitsinseln im System geben; nicht nur, weil das System selbst sie zu vernichten droht, weil es sie beherrscht, sondern gerade weil es immer eine Wechselwirkung geben wird, die unsere Beharrlichkeit ablehnt, genauso wie unsere Strukturen das gegenüber ihren Inhalten tun. Um diese zu ersetzen, sollten wir unser Projekt aktiv verteidigen und währenddessen auf verschiedenen Gebieten Beziehungsweisen, Netzwerke und Organisationen abschaffen, die der Kapitalismus in unser aller täglichen Leben verursacht.

***Penny Vounisiou** arbeitet als Konservatorin von Antiquitäten und Kunstwerken. Sie ist aktives Mitglied der Gruppe »Plattform für Autonomie, Autarkie und Gleichheit« und der Kreter Bewegung gegen industrielle erneuerbare Energiequellen. Sie beteiligt sich auch an einer neuen Gruppe, die gegen die Privatisierung gesellschaftlicher Güter kämpft.*

3.5 Azize Aslan

**Der Aufbau der demokratischen, ökologischen, geschlechterfreiheitlichen kommunalen Ökonomie in Kurdistan
Call for Papers Topic**

»Verwerft alles, was ihr im Namen der Moderne aufnehmt«[1]

Das Streben nach einem alternativen Leben zum bestehenden System ist die umfangreichste Suche der Arbeiter, der Frauen und der Jugend, die aufgrund der gewinnorientierten Gesinnung des Kapitalismus täglich mehr und mehr ausgebeutet werden, ihrer Lebensräume im Rahmen der Kapitalanhäufung beraubt werden und in den monströsen Städten zu Sklaven der Neuzeit wurden. Diese Suche ist sicherlich älter als der Kapitalismus. Diese Bestrebungen, die sich in manchen Phasen der Geschichte in organisierten und bewussten Aktivitäten äußern, zeigen sich vor allem in den letzten Jahren bedingt durch die separierenden, zerstörenden und zerstreuenden Mechanismen des globalen Kapitalismus häufig in kurzzeitigen gesellschaftlichen Entladungen. Eine der revolutionärsten antikapitalistischen Bestrebungen weltweit ist heute in den kurdischen Gebieten zu verzeichnen.

Die Welt erfuhr mit dem Widerstand und dem Sieg von Kobanê von dem demokratischen, kommunalen, ökologischen und geschlechterfreiheitlichen Paradigma eines freien Lebens, das von dem politischen Repräsentanten des kurdischen Volkes, Abdullah Öcalan, vorgelegt und in Kurdistan diskutiert wurde.

Das Paradigma des freien Lebens kann etabliert werden mittels demokratischer Moderne als Alternative zur sich täglich erneuernden, von Nationalstaatlichkeit, Industrialisierung und maximalem Gewinnstreben geprägten kapitalistischen Moderne. Das neue gesellschaftliche System, das Öcalan als demokratische Moderne bezeichnet, kommt der Etablierung einer ethnisch-politischen anstelle der

---

1 F. Nietzsche, Also sprach Zarathustra.

kapitalistischen Produktionsgesellschaft, einer ökologisch-industriellen anstelle einer Industriegesellschaft und einer demokratisch-konföderalen anstelle einer nationalstaatlichen Gesellschaft gleich. Diese Gesellschaft kann nur mit einem bewussten und organisierten Willen geschaffen werden.

Dieser Vortrag baut auf drei Grundpfeilern auf. Der erste ist die Analyse des Kapitalismus durch Herrn Öcalan und seine Kritik an der kapitalistischen Moderne. In diesem Zusammenhang werden die Punkte angesprochen, an denen sich Überschneidungen oder Divergenzen finden mit Karl Marx, Fernand Braudel und Immanuel Wallerstein, die seine Theorien prägen. Der zweite wird sich auf die Analyse der Ökonomie, der Definition der ökonomischen Gesellschaft sowie die entsprechenden Mechanismen in den Thesen Öcalans zur demokratischen Moderne beziehen. Als letztes sollen einige grundlegende Fragen und Problemzonen analysiert werden, die sich aus den Diskussionen zur kommunalen Ökonomie ergeben, die sich an das Paradigma eines kommunalen, ökologischen und geschlechterfreiheitlichen freien Lebens anlehnt.

Lasst uns die kapitalistische Moderne durchbrechen!
Marx bringt zu Beginn seines Werkes »Kapital« zum Ausdruck, dass der Reichtum der von einer kapitalistischen Produktionsart dominierten Gesellschaft eine »ungeheure Warensammlung« darstelle und er daher mit einer Analyse dessen beginnen werde.[2] Marx, der die Ware im Rahmen ihres Gebrauchs- und Tauschwertes definiert, äußerte, dass von der grundlegend auf die Bedürfnisse der Menschen ausgerichteten Ware lediglich eine Eigenschaft bleiben werde, und zwar, dass sie Resultat von Arbeit sei, sofern ihr Gebrauchswert unberücksichtigt bleibt.[3] Damit sagt er, dass der Warenwert durch die für die Warenproduktion investierte Arbeitskraft definiert wird. Der Warenwert könne mit dem »den Wert bedingenden Kern«, also dem Arbeitswert gemessen werden. Die Quantität der Arbeit wird über

---
2   K. Marx, Das Kapital, Band 1, Yordam, 2010, S. 49.
3   Marx, S. 52.

ihre Dauer gemessen und der Maßstab der Arbeitszeit wird dann als Zeitmaß wie Stunden, Tage etc. festgelegt.[4] Dieser Arbeitszeitraum ist der für die Warenproduktion notwendige gesellschaftliche Arbeitszeitraum; er ist notwendig, um einen Gebrauchsgegenstand unter den normalen Produktionsbedingungen der Gesellschaft mit den durchschnittlichen gesellschaftlichen Fähigkeiten und dem entsprechenden Arbeitsaufwand zu erstellen.[5] Die Quelle des kapitalistischen Profits wird die Arbeitszeit ausmachen, die von der Wirtschaft, den Besitzern der Produktionsstätten, beschlagnahmt und nicht bezahlt wird.

Auch Öcalan sieht die Waren und ihre Produktion als führende Kategorie der Zivilisation; es sei Erfindung und Betrug der Zivilisation, dass Widmung von »Veränderung« ersetzt werde. Damit sagt er, dass Änderungswert und Produktwerdung schon vor dem Kapitalismus vorhanden gewesen, mit der kapitalistischen Zivilisation jedoch vorrangig geworden seien. Öcalan erhebt Einspruch gegen Marx' These von Arbeit und Wert, die den Warenwert bestimmt:

»Ich möchte anmerken, dass ich die Ware anders als Karl Marx interpretiere. Ich halte seine Vorstellung, dass sich der Tauschwert einer Ware über die Arbeit des sie produzierenden Arbeiters messen ließe, für den Beginn einer sehr problematischen Begriffsbildung. [...] Ich bezweifle, dass es überhaupt möglich ist, gesellschaftliche Werte (einschließlich der Waren) zu messen. Ein Gegenstand ist das Produkt nicht nur der lebendigen Arbeit, sondern unzählbar vieler Arbeiten, und kann nicht als der Wert der Arbeit einer Person aufgefasst werden. Diese Methodik ist verkehrt und führt zu Raub und Diebstahl von Werten. Der Grund dafür ist klar. Wie soll der Gegenwert zahlloser Arbeiten gemessen werden?«[6]

Öcalan bewertet die Aussage, der Proletarier schaffe Werte allein mit seiner Arbeit und der Kapitalist profitiere von diesen Werten, als

---

[4] Marx, S. 52.
[5] Marx, S. 53.
[6] Abdullah Öcalan, I. Band, Zivilisation, Azadi Verlag, 2013, S. 135. (dt. Mezoptamien Verlag 2017)

Session III: Ökologische Industrie und kommunale Ökonomie   185

eine abstrakte Analyse im Sinne einer vereinfachten Ökonomie. In der Werteschaffung blieben die historischen Erfahrungen der Gesellschaft unberücksichtigt. Der als Profit beschlagnahmte Wert könne nicht ausschließlich mit dem Gegensatz zwischen Bourgeoisie und Proletariat erklärt werden; er betont, dass in diesem Punkt die Rolle der Politik außer Acht gelassen werde.[7]

Er leugne nicht die investierte Arbeit bei der Festlegung des Warenwertes, jedoch sei in der Realität die Spekulation determinierend. Er nimmt Bezug auf die Definition der kapitalistischen Ökonomie durch Braudel als »eine Ökonomieform, die auf spekulativen monopolistischen Preisfestlegungen großer Unternehmer basiert«.[8] Öcalan zufolge ist Kapitalismus keine Gesellschaftsform; es handle sich hierbei um eine Bande, eine Organisation, welche die Ökonomie ausrottet, Arbeitslosigkeit generiert, mit dem Staat sowie der Regierungsmacht verschmilzt und starke Mechanismen der ideologischen Hegemonie gebraucht.[9] Diese von Braudel als Antimärkte bezeichnete Organisation richtet sich nicht nur gegen Märkte, sondern auch gegen die Wirtschaft.[10] Kapitalismus ist keine Ökonomie, sondern Herrschaft. Öcalan zufolge erfordere Antikapitalismus zunächst eine antimonopolistische Haltung.[11]

In diesem Zusammenhang sei der grundlegende Widerspruch oder Konflikt des Kapitalismus nicht der Kampf zwischen Bourgeoisie und Proletariat, sondern der zwischen dem Monopol und der Gesellschaft. Öcalan leugnet hierbei nicht den Konflikt zwischen Bourgeoise und Proletariat, sondern betont, dass dieser Konflikt nicht vorrangig, sondern zweitrangig sei. Die Historie sei nicht nur eine Geschichte von Klassenkämpfen, sondern eine von Herrschaftshegemonien und den Kämpfen der Gesellschaft gegen den Staat.[12]

---

7   Abdullah Öcalan, II. Band, Kapitalistische Zivilisation Uygarlık, 2013, Azadi Verlag, S. 56.
8   Öcalan, Kapitalistische Zivilisation, S. 50.
9   Öcalan, Über Ökonomie, Verlag der Akademie der Sozialwissenschaften, S. 56.
10 Öcalan, Kapitalistische Zivilisation, S. 50.
11 Abdullah Öcalan, Die Zivilisationskrise im Nahen Osten und die demokratische Zivilisationslösung, Hawar Verlag, August 2011, S. 262.
12 Öcalan, Das Revolutionsmanifest Kurdistans, Ararat Verlag, August 2012, S. 59.

Öcalans Sichtweise ähnelt der von I. Wallerstein, der die von ihm als »systemkritisch« gewerteten gesellschaftlichen Bewegungen analysiert hat und ihre antikapitalistischen Inhalte sowie ihren wichtigen Platz in der Geschichte der weltweiten Bewegungen betont. Zudem vergleicht er die kapitalistische materialistische Zivilisation, die er als Summe von Profit, Markt und unbegrenztem Kapital definiert, mit einem die Industrialisierung und die Gesellschaft vernichtenden globalen Leviathan.[13]

Öcalan zufolge ist die Beziehung zwischen einem Nationalstaat und der Industrialisierung existentiell: »Kein Ausbeutungssystem funktioniert ohne Herrschaft und Staat. Nicht nur ohne Staat und Herrschaft, sondern auch ohne Maximum von Herrschaft und nationalstaatlicher Entwicklung eines Staates kann es im Kapitalismus keine Anhäufung von Profit und Kapital geben. Für den hegemonischen Erfolg des Systems muss der Kapitalismus die industrielle Revolution zu seinem Monopol machen und sie zugleich als Industrialisierung ideologisieren. Es ist offensichtlich, dass diese Faktoren in ihrem streng einheitlichen Ganzen und über einen längeren Zeitraum die Moderne beherrschen.«[14]

Öcalan äußert, dass der Unterschied zwischen Industrie und Industrialisierung in seinen Schriften korrekt verstanden werden müsse. Er sieht die industrielle Revolution als Resultat langer historischer, gesellschaftlicher Erfahrungen.[15] Eine profitorientierte Industrie stehe nicht für gesellschaftliche Bedürfnisse.[16] Aus diesem Grund seien Industrie und die auf maximalen Profit ausgerichtete Industrialisierung zwei unterschiedliche Begriffe. Industrialisierung sei keine Wirtschaft; sie sei ein Wirtschaftsmonopol, ein Monopol, zu dem die industrielle Produktion, egal ob staatlich oder privat, gezwungen werde.[17]

Öcalan zufolge bildet der mit der Industrialisierung einhergehen-

---

13 Öcalan, Kapitalistische Zivilisation, S. 43.
14 Öcalan, 2011, S. 250.
15 Öcalan, Kapitalistische Zivilisation, S. 107.
16 Öcalan, Kapitalistische Zivilisation, S. 240.
17 Öcalan, Kapitalistische Zivilisation, S. 242.

de Produktüberschuss die Basis für eine Organisierung als Nationalstaat.[18] Dieser sei in einer industriellen Phase idealisiert und realisiert worden, in der das Kapital im Übermaß Profit herausgeschlagen und sich in der Gesellschaft ausgebreitet habe.[19]

Laut Öcalan ist die Industrialisierung Ergebnis einer fortschrittsorientierten und modernistischen Gesinnung. Der Realsozialismus sei gescheitert, da er diesen Gedanken nicht habe überwinden können:

»Die Oktober-Revolution scheiterte nicht, weil sie unzureichend antikapitalistisch war; im Gegenteil, darin war sie erfolgreich. Doch war sie nicht antimodern, somit nicht antinationalstaatlich und antiindustriell. Zudem vernachlässigte sie die Aufbauphase und agierte nur etappenweise. Daher konnte sie mit ihrer antikapitalistischen Haltung die anderen zwei Standbeine der Moderne nicht überwinden und wurde besiegt.«[20]

Auch Wallerstein definiert die Sowjetunion nicht als sozialistisches Gebilde, sondern als Semizentrum.[21] Wallerstein führt dies darauf zurück, dass die Sowjetunion mit den Nachbarstaaten Beziehungen ähnlich denen der USA geknüpft und der zunehmenden Industriebildung gleiche Bedeutung zugemessen habe. Öcalan betont, dass selbst ein ausgeprägter Antikapitalist wie Lenin mit der NEP (Neuen Wirtschaftspolitik) eigentlich den Kapitalismus habe anwenden müssen. Dies hänge zusammen mit dem stufenweisen Gesellschafts- und Revolutionsverständnis der marxistischen Denkweise.[22]

Marx zufolge erlebt die Gesellschaftshistorie eine evolutionäre Phase von der rückständig-kommunalen Gesellschaft zum Feudalismus, vom Feudalismus zum Kapitalismus und vom Kapitalismus zum Sozialismus. Der Sozialismus sei eine Übergangsgesellschaft und der Punkt, den die Ära der Revolutionen erreichen werde, sei eine der klassenlosen Gesellschaft gleichkommende kommunistische Ge-

---

18 Öcalan, Kapitalistische Zivilisation, S. 139.
19 Öcalan, Kapitalistische Zivilisation, S. 243.
20 Öcalan, 2011, S. 250.
21 Gülistan Yarkın, »Immanuel Wallerstein und der Marxismus«, Praxis, Band 17, S. 164.
22 Öcalan, 2011, S. 259.

sellschaft. Während die revolutionäre Klasse den Feudalismus brechend den Kapitalismus erzeugt habe, werde die proletarische Gesellschaft diejenige Gesellschaft sein, die als Bourgeoisegesellschaft den Kapitalismus durchbreche und den Sozialismus etabliere. Diese proletarische Gesellschaft sei vom Kapitalismus selbst erzeugt worden und wird daher von Marx als »das Schaufeln des eigenen Grabes« der Bourgeoise bezeichnet. Als Resultat des Klassenkampfes zwischen Bourgeoise und Proletariat werde das Proletariat einhergehend mit der Stärkung des Klassenkampfes die politische Führung übernehmen und so eine Revolution durchführen. Marx und Engels, wenn auch nicht im Grundsatz, bringen zum Ausdruck, dass der Kampf des Proletariats mit der Bourgeoise zunächst national sein werde, da das Proletariat eines Landes zweifelsohne erst mit der eigenen Bourgeoise abrechnen müsse.[23]

Im Sozialismus, der einer Diktatur des Proletariats entspreche und als Übergangsphase, in der zeitweise kapitalistische Werte vorherrschten, beschrieben wird, werde sämtlicher Privatbesitz als Vorbedingung der kapitalistischen Produktionsbeziehungen aufgehoben und im Arbeiterstaat gingen alle Produktionsmittel in den öffentlichen Besitz über. In dieser Phase verliere der Staat seine Funktion als gesellschaftsunabhängige, übergeordnete Struktur.

Öcalan hat zwei Punkte, denen er widerspricht: erstens, die Definition des Kapitalismus als eine gesellschaftliche Phase und die Notwendigkeit, die der sozialistischen Gesellschaft auferlegt wird, die kapitalistische Gesellschaft unbedingt und zwingend überwinden zu müssen. Für die Existenzbedingungen des Proletariats sei damit die Industrialisierung vorgeschrieben. Öcalan zufolge können die einzelnen Phasen der gesellschaftlichen Historie nicht streng voneinander getrennt werden; es könnten gleichzeitig kommunale, feudale und kapitalistische Gesellschaftsnormen vorkommen. Auch Wallerstein argumentiert ähnlich und äußert, dass die als grundlegendes Charakteristikum des Kapitalismus geltende freie Arbeit nicht die

---

23 K. Marx und F. Engels, Das kommunistische Manifest und die Grundsätze des Kommunismus, Verlag die Linke, 2005, S. 129.

Haupteigenschaft der weltweiten Produktionsbeziehungen sei; die Zwangsarbeit der feudalen Zeit und die bezahlte Arbeit im Kapitalismus machten gemeinsam den Kern des globalen kapitalistischen Systems aus. Öcalans zweiter Kritikpunkt bezieht sich auf öffentliches Eigentum. Diese Besitzart komme einem Monopol der bürokratischen Klasse gleich. Aus diesem Grund stellten die Erfahrungen des Realsozialismus in Russland und China keinen Sozialismus, sondern staatlichen Kapitalismus dar.[24]

Öcalan sagt, dass die sozialistische Gesellschaft zwar das Gegengift zum Kapitalismus sei, jedoch nicht ausschließlich. Es entspreche der Tatsache, sie als fortschrittliche, vereinte, freie und gleichberechtigte Gesellschaft zu werten.[25] Sozialismus sei keine Gesellschaft, die postrevolutionär oder -evolutionär gelebt werde.

»Es ist falsch, Sozialismus stets als eine Gesellschaft zu sehen, die durch Revolutionen und Kriege gewonnen werden kann. Selbstverständlich sind Kriege für einen revolutionären Wandel unter entsprechenden Bedingungen möglich. Jedoch bedeutet Sozialismus nicht ausschließlich Revolution; es handelt sich vielmehr um eine demokratische gesellschaftliche Partizipation und ein bewusstes Leben und Wirken gegen den Kapitalismus.«[26]

Öcalan zufolge besteht das grundlegende gesellschaftliche Problem darin, gegen den Faschismus des Nationalstaates, ein Kriegsinstrument im Zeitalter der Industrialisierung, die Selbstverteidigungsfront der unterdrückten Klasse/Volk/Nation zu entwickeln. Diese gegen die »kapitalistische Gesellschaft« zu entwickelnde Gesellschaft könne unterschiedlich benannt werden. Wichtig sei ein Aufbau der Ökonomie und des Volkes jenseits der Vorherrschaft des Monopols.[27]

Lasst uns die demokratische Moderne aufbauen!
Öcalan hat das gegen die kapitalistische Moderne zu entwickelnde

---

24 Öcalan, Freiheitssoziologie, Akademie der Sozialwissenschaften, S. 146.
25 Öcalan, 2012, S. 56–57.
26 Öcalan, 2012, S. 58.
27 Öcalan, 2011, S. 261.

alternative gesellschaftliche System als demokratische Moderne bezeichnet. Diese Gesellschaft ist ethisch-politisch, ökoindustriell und demokratisch-konföderalistisch. Die ökonomische Dimension der demokratischen Moderne wird als ökonomische Gesellschaft bezeichnet und durch ökologische Gemeinschaften etabliert.[28] Die kapitalistische Moderne wird vom Monopol kontrolliert. Von daher ist die demokratische Moderne dadurch charakterisiert, die Wirtschaft vom Monopol zu befreien und der Gesellschaft zu übertragen. Somit leitet in der demokratischen Moderne die Gesellschaft die Wirtschaft. Das kommt ihrer Selbstverwaltung gleich.

Öcalan zufolge muss die grundsätzliche Herangehensweise an den Wirtschaftsbereich den Übergang vom Warenhandel und einer auf Profit basierenden Ökonomie zu einer solidarischen Ökonomie, die sich am Arbeitswert orientiert, beinhalten.[29] Aus diesem Grund richtet sich die demokratische Moderne von ihrer Struktur und Gesinnung her gegen profitorientierte Unternehmen und stützt sich auf die Selbstverwaltung der Gesellschaft in Form von Kommunen, die in der Wirtschaft dem Gebrauchswert Vorrang geben. In der Kommune wird der Mensch von der Entfremdung der eigenen Praxis und Arbeit befreit werden.

In der kapitalistischen Moderne hat die Produktion vor allem durch die Industrie ihre Verbindung zu den Gundbedürfnissen verloren. Die größte Zerstörung hat dadurch der landwirtschaftliche Sektor erlebt. Aus diesem Grund bildet Öcalan zufolge die Etablierung von Ökogemeinschaften in der Landwirtschaft eines der grundlegenden ökonomischen Prinzipien der demokratischen Moderne.[30] Bezug nehmend auf Murray Bookchin ist Öcalan der Auffassung, dass auch in den Städten Ökogesellschaften erforderlich sind.[31] Diese organisieren sich im ökonomischen Bereich in entsprechend der Natur einer jeden Stadt angepassten Einheiten, ohne Profitorientierung

---

28 Öcalan, Über Wirtschaft, S. 74.
29 Öcalan, Über Wirtschaft, S. 6.
30 Öcalan, Freiheitssoziologie, S. 191.
31 Murray Bookchin, Urbanisierung ohne Städte, Sümer Verlag, 2014.

Session III: Ökologische Industrie und kommunale Ökonomie

und mit dem Ziel, die Arbeitslosigkeit und die Armut abzuschaffen. Die Bewohner können den Einheiten je nach deren Aufbau und ihren Fähigkeiten zugeordnet werden.[32]

Die demokratische Moderne lehnt die industrielle Produktion nicht ab, die Industrie wird jedoch durch die Ökologie und die grundlegenden Bedürfnisse begrenzt und überschreitet diese Grenzen nicht. Die dabei entstehende Industrie ist eine Ökoindustrie.[33] Die Basiswaffe der demokratischen Moderne besteht darin, dass sie eine ökologisch geprägte Wirtschaft und Gesellschaft als Grundlage hat.[34]

Öcalan zufolge werden in einer Ökonomie, die auf ökologischer Basis etabliert wird und sich die grundlegenden Bedürfnisse zur Grundlage nimmt, Arbeitslosigkeit, Unter- oder Überproduktion, über- oder unterentwickelte Regionen und Länder, die Widersprüche zwischen Land und Stadt, die Kluft zwischen den Klassen sowie Kriege aufgehoben.[35]

Die Geschichte der Zivilisation, die durch das männliche Gedankengut geprägt wurde, hat die Frau von der Wirtschaft losgelöst und ihre Rolle unsichtbar gemacht. In der Phase der kapitalistischen Zivilisation ist die Realität der »von der Wirtschaft zwangsweise losgelösten Frau« zum größten gesellschaftlichen Widerspruch geworden. Die Frauen wurden größtenteils in der Arbeitslosigkeit gehalten. Obwohl Hausarbeit zu den schwierigsten Arbeiten zählt, ist sie kaum von Wert. Obwohl das Gebären und die Erziehung von Kindern die schwierigste Lebensaufgabe darstellt, wird ihr nicht nur kein Wert beigemessen, sondern auch noch zunehmend als Last gewertet. Die Frau ist billige Arbeitskraft, Arbeitslose, Gebär- und Erziehungsmaschine und schuldig zugleich![36]

Öcalan betont das durch die Frau erreichte Aufleben der Gesellschaft: »Ökonomie ist ausgehend von Frauen entstanden durch die

---

32 Öcalan, Freiheitssoziologie, S. 191.
33 Öcalan, »Industrialisierung (Kapitalismus) und Ökologie«, Demokratische Moderne, Auflage 11, S. 16.
34 Öcalan, Lösung der demokratischen Zivilisation, S. 266.
35 Öcalan, Soziologie der Freiheit, S. 189.
36 Öcalan, Kapitalistische Zivilisation, S. 116.

Bildung sesshafter landwirtschaftlich tätiger Familien und die Möglichkeit, verschiedene Lebensmittel, allen voran haltbare, aufzubewahren. Diese Anhäufung ist jedoch nicht für den Handel und den Markt, sondern für die Familie erfolgt. Das ist auch die menschliche, wahre Ökonomie.«[37]

Aus diesem Grund muss die Wirtschaft in der demokratischen Moderne ihrer tatsächlichen Eigentümerin, der Frau, übertragen werden.

Die ökologischen Grenzen der von Öcalan angesprochenen gesellschaftlichen Bedürfnisse und der Industrie festlegend, ist es die ethisch-politische Existenz der Gesellschaft, die den Frauen ihre Rolle in der Wirtschaft wiedergibt. Der Kapitalismus hat jegliche ethischen Werte der Gesellschaft zerstört und das Individuum ins Zentrum gestellt. Dabei benötigt die Gesellschaft Kurdistans, wie alle anderen Gesellschaften, die ökonomisch ausgebeutet werden, ein Wirtschaftsleben, das ein auf Gemeinsamkeiten, Gleichberechtigung und Freiheit zentriertes Wirtschaftsverständnis aufweist. Die grundlegenden Prinzipien dieser kommunalen Wirtschaft, Demokratie, Geschlechterbefreiung und Ökologie, werden mittels Kommunen, Kooperativen, Räten und Akademien etabliert.

Anstelle eines Fazits: einige grundlegende Fragen zur kommunalen Ökonomie

Die Etablierung einer kommunalen Ökonomie in Kurdistan bedeutet, wie von John Holloway zum Ausdruck gebracht, den Kapitalismus zu durchbrechen. Um das Überleben der auf kommunaler Ökonomie basierenden autonomen Gebiete gegenüber dem Kapitalismus und vor allem trotz Kapitalismus zu gewährleisten, müssen die entsprechenden Einschnitte ausgeweitet werden. Dies ist heute mit am meisten in Kurdistan möglich und stellt eine Notwendigkeit für die kurdische Bewegung dar. So füllen junge und arme Massen die Straßen von Kurdistan, rufen immer lauter nach Alternativen und zeigen, dass wir nicht länger auf die große Revolution warten können.

---

37 Öcalan, Kapitalistische Zivilisation, S. 49.

Einer der wichtigen Faktoren, welche die Fortführung dieser Ökonomie bedingen werden, ist das antikapitalistische Politikniveau der Gesellschaft. Zwar existiert die solidarische Gesinnung in Kurdistan noch, doch zielen die Angriffe des Kapitalismus besonders auf ihre Auslöschung ab. Zahlreichen gemeinschaftlich ausgerichteten Produktionsmethoden (wie *zibare, hevkarî, şirîkahî, col, şikatî, bej, berî* und *mogdamlık*) droht aufgrund der industrialisierten Landwirtschaftspolitik die Beseitigung. Es gilt primär, diese neu zu beleben.

Organisierung und Verteilung der in den Kooperativen erzeugten Überschüsse zugunsten der Gesellschaft sollten über die auf der direkten Volksbeteiligung basierenden Räte erfolgen. Das wird dazu führen, dass die Ökonomie demokratisiert wird und sich unter Kontrolle der Gesellschaft befindet.

Die Wirtschaftsplanung in einer Gesellschaft, die den Kapitalismus umwälzen und vernichten will, ist eine ökonomische und politische Phase, da sie sich damit befasst, wie und mit welchem Ziel die gesellschaftliche Produktion erzeugt werden kann und wie die Produkte aufgeteilt werden. Das erfordert einen politischen Willen.[38] Wenn diese politische Willenskraft heute die kurdische Bewegung ist, wird es morgen die Gesellschaft Kurdistans sein.

Azize Aslan hat die Fakultät für Volkswirtschaft der Marmara-Universität absolviert, anschließend ihren Master im Bereich Entwicklungsökonomie gemacht, insbesondere zu den wirtschaftlichen Entwicklungen in Kurdistan am Beispiel der Möglichkeiten und Einschränkungen des Textilsektors in Batman, und ist aktuell Doktorandin an der Universität Istanbul im Fachbereich Politikwissenschaften und öffentliches Recht. Sie promoviert über die Wirtschaftspolitik der demokratischen Autonomie. Zeitgleich ist sie im Demokratischen Gesellschaftskongress (DTK) im Bereich Ökonomie tätig

---

38 Ümit Akçay, »Ökonomische Demokratie, aber wie? Neue Planung«, Demokratische Moderne, Band 11, S. 102.

Session IV:

Die Stolpersteine revolutionärer Theorie

überwinden

4.1 Ehmed Pelda

Reproduktion des Kapitalismus: Konsum und Gewohnheiten

Die Industrialisierung hat für die Geschichte der Menschheit eine Menge Veränderungen mit sich gebracht. Das ökonomische System von Produktion und Reproduktion änderte sich von Grund auf; darüber hinaus auch die Struktur von Organisierung und Staat, die Art der Politik, die Basis des gesellschaftlichen Austauschs sowie der Ausdruck von Kunst und Kultur.

Dörfliches Leben und Gleichgewicht der Reproduktion
Seitdem Herstellung und Produktion aller Dinge auf industriellem Wege vonstatten gehen, hat sich die Menschheit der Natur entfremdet. Somit ist das heutige Reproduktionssystem völlig von der Natur abgeschnitten. Die wichtigste Eigenschaft ist die, dass Produktion und Reproduktion voneinander getrennt wurden. Früher war im dörflichen Leben jede Familie im Besitz von wenigstens einem Stückchen Grund und Boden. Die Ernte und Erzeugnisse wurden für den Bedarf der Familie eingeholt und verteilt, wenn das nötig war. Außerdem wurden neben Äckern auch Tiere wie Hühner, Schafe, Ziegen, Kühe, Esel und Pferde gehalten. Dank ihnen wurden Bedürfnisse nach Milch, Käse, Joghurt und Fleisch gestillt. Mit Leder und Wolle wurde der Bedarf an Kleidung gedeckt, und mittels der Kraft von Eseln, Ochsen und Pferden wurden schwere Lasten mit Leichtigkeit getragen. Die Verbindung von Mensch und Natur, die Psychologie und der gesellschaftliche Austausch sowie die entsprechenden Beziehungen fanden unter ganz anderen Umständen statt. Alle Familienmitglieder waren sowohl Produzent_in als auch Verbraucher_in. Sie verstanden etwas von Landwirtschaft, Tierhaltung, Herstellung von Kleidung, Säge- und Fällarbeiten, Schmieden, Zubereitung von Essen und Architektur. Auch wenn es natürlich Arbeitsteilung gab.

Jede_r entwickelte sich den eigenen Künsten entsprechend. Doch sie waren nicht voneinander getrennt, entfernt oder durch Professionalität entfremdet.Es gab keinen Unterschied im Umgang mit Produktion, Eigentum und Diensten. Die Dorfgemeinschaft war genügsam und hielt Haus. Jedes Produkt wurde bis zum Schluss verwendet. Selbstverständlich wurde die Verschwendung als etwas Schlechtes, Unmoralisches und Schlimmes verstanden. Denn Produktion und Reproduktion wurden als moralisch deklariert. Auch das Ausüben von Glauben und Riten wurde der Natur entsprechend gestaltet. Es gab also ein Gleichgewicht von Natur, lokalen Voraussetzungen, Gemeinschaft, Tieren, Glaube und Moral der Menschen. Dinge, die die lokale Gemeinschaft beschützten, ihr Kraft gaben sowie ihr und der Re-/Produktion nutzten, wurden zu heiligen Symbolen. Manchmal drückte sich das in Gefühlen aus, manchmal als religiöses Symbol. Diesen Bedürfnissen entsprechend entstand die heilige Bedeutung von Wasser, Erde, Sonne, Bergen und Tälern.Im Ergebnis fand die gesamte Produktion sowie Reproduktion auf ökologische Art und Weise statt. Es gab keine Arbeitslosigkeit oder Tatenlosigkeit. Die Arbeitszeiten richteten sich nach den Jahreszeiten und den Eigenschaften von Landwirtschaft und Ernte.Außerdem unterschieden sich die Mahlzeiten vom heutigen Standard. Vom Morgengrauen bis zum späten Abend wurde bis zu fünfmal Essen zubereitet. Das Essen war wenig, doch die Pausen zwischen den Mahlzeiten waren kürzer. Neben der Reproduktionsarbeit gab es immer Arbeit, und das kam auch der Gesundheit und Hygiene zugute. Arbeits- und Tatenlosigkeit waren eine Schande und dagegen wurde protestiert.Außerdem gab es in den Ernte- und Saatzeiten Arbeitsteilung und deshalb keinen Platz für Hierarchie und Hegemonie. Je nach Wissen, Können und Erfahrung wurde die Arbeit aufgeteilt. Doch das bedeutet nicht, dass es Unterdrückung und Zwang gab. Je nach Einteilung der Arbeitsbereiche wurde jeder und jedem das Recht zugesprochen, sich an den gemeinschaftlichen Produkten zu bedienen und das natürlich den Reproduktionsbedürfnissen entsprechend.

Industrie oder auch Entfremdung von der Natur

Wenn wir nun zur industriellen Produktionsweise zurückkommen, vor allem der Re-/Produktion in der kapitalistischen Gesellschaft, dann sehen wir, dass eine grundsätzliche Veränderung ohne jegliches Maß stattgefunden hat. Der Kapitalismus hat sich mit der industriellen Produktion der Natur entfremdet. Je weiter er sich auch entfernt, desto mehr vertieft sich das System. Weil alle Lebewesen aus der Natur heraus entstanden sind und darin leben, lassen sie keinen Raum für Anhäufung und Reichtum. Denn eine natürliche Produktionsweise, den Jahreszeiten entsprechend, erlaubt keine Akkumulation, die ja schließlich den Kapitalismus am Leben erhält. Natur und Gesellschaft formen ihr Leben gemeinsam und sie brauchen gar keine industriell hergestellten Produkte. Deswegen bleibt der Kapitalismus auch ohne Einfluss. Zum Beispiel wurden Tierparks und Reservate mit der Ausrede eingerichtet, die Tiere darin zu schützen. Auch wenn das die größte Lüge überhaupt ist. Ganz im Gegenteil wird diesen Tieren der Lebensraum eingezäunt. Menschen ziehen diese Grenzen und kontrollieren somit das Leben der Tiere, um sie von Nahem beobachten zu können. Es wird dokumentiert, welches Tier sich wo aufhält, wie viele es von welcher Art gibt und wie sie leben. Danach nehmen sie sie gefangen und benutzen sie zu ihren eigenen Zwecken. Deshalb wurden viele Tierarten bereits ausgerottet. Eines der deutlichsten Beispiele ist die Jagd. Jedes Jahr begeben sich viele Leute unter Aufsicht der Resort-Einrichtungen in die Gehege und gehen unter dem Label Tourismus auf die Jagd, um haufenweise Wildtiere zu erschießen. Im Austausch bezahlen sie einen hohen Preis. Es wird also wieder zur Einnahmequelle der Kapitalist_innen. Für kapitalistische Zwecke werden natürliche Werte und Schönheiten ausgerottet. Gegenden außerhalb der Parks verwenden sie für alle Arten von Landwirtschaft, Viehhaltung und Gebäuden. Doch das verstecken sie und verschweigen es. Denn sie machen nur einen Teil der Parks für die Öffentlichkeit zugänglich und loben sich damit selbst. Auf der anderen Seite werden alle Wälder für das Anlegen von Feldern und Landwirtschaft, für Wege, Fabriken, Staudämme und Städte benutzt. Ackerbau wird nicht nur zum Anbau essbarer Pflanzen für Menschen verwendet. Wenn dem so wäre, dann müssten wir nicht so viel neue Erde ausfindig machen. Die meisten Felder werden für den Anbau von Futterpflanzen verwendet. Millionen von Rindern, Schafen, Ziegen und Hühnern werden gehalten, um ihr Fleisch, ihre Eier, Milch und Wolle zu verwenden. Ihre Zahl hat längst jedes Maß überstiegen. Denn diese Arbeit wird von Kapitalist_innen betrieben, die sich zum Ziel gesetzt haben, mit nicht integren Methoden Profite herauszuschlagen. Um dieses Fleisch, Käse, Leder, Wolle und Federn zu verkaufen, konzentrieren sie sich ganz und gar auf Handelswege und -methoden. Früher hat jeder Mensch höchstens einmal in der Woche Fleisch gegessen. Heute essen alle mehrmals am Tag Fleisch. Manchmal als Mahlzeit, manchmal nebenbei wird rund um die Uhr Fleisch gegessen. Deswegen gibt es auch das Bedürfnis nach vielen Tieren und es ist nicht mehr möglich, so viele Tiere auf natürliche Art und Weise zu halten. Die meisten dieser Tiere sehen nie wirkliches Grün, kennen keine Weiden, sind niemals draußen in der Natur. Sie werden in einem Fabriksystem bestehend aus Käfigen, Gehegen und Buchten eingesperrt, gemästet und geschlachtet. Außerdem sind im Futter viele Hormone, was wiederum viele Krankheiten bei Tieren und Menschen auslöst. Schlimmer noch, dadurch entsteht eine gefährliche Kultur und Religion. So wird das Schlachten von Tieren zum Massaker. Wir können sogar so weit gehen zu sagen, dass diese Massenmorde zur Inspiration für die Völkermorde an den Armenier_innen und Jüd_innen wurden. Genauso wie auch in Kurdistan in Halabdscha, in Ruanda, auf dem Balkan und heute durch den IS im Mittleren Osten werden pausenlos Massenmorde begangen. Doch der Kapitalismus zieht Profit aus diesen Massakern. Besser gesagt, gedeihen der Kapitalismus und die Profite dadurch sogar noch. Mit den Massakern an Tieren wird durch den Verkauf von Fleisch und Tierprodukten unendlich Geld gescheffelt. Durch die Massaker an Menschen werden Unmengen Waffen verkauft. Es werden die verschiedensten Technologien entwickelt, Chaos entsteht und sie tüfteln immer wieder neu an sogenannten Lösungswegen. Dadurch nehmen sie die Zügel der Unterdrückung selbst in die Hand. Sie lassen keinen Raum für alternative Lösungswege. All diese Versuche dienen nur neuen Wegen der grenzenlosen Profitmaximierung und lassen den Kapitalismus endlos erstarken.Am Ende geraten Natur, Umwelt, Ökologie und das Leben von Mensch und Tier in grenzenlose Gefahr. Es entstehen Krankheiten wie Krebs, Übergewicht, Adipositas und nehmen von Tag zu Tag zu. Genetische und hormonelle Anbau- und Tierhaltungsweise öffnen Krankheiten aller Art Tür und Tor.

Kapitalismus kreiert Krankheit und schöpft daraus auch noch Profit
Aber auf welche Art auch immer Unschönes, Schlimmes und Schlechtes entsteht, der Kapitalismus sieht dies immer wieder als Chance. Denn mit der Herstellung und dem Verkauf von Medikamenten oder dem Bau von Krankenhäusern für die Behandlung dieser Krankheiten, die nur als Vorwand dienen, werden auch Ärzt_innen und Pfleger_innen zu Instrumenten. Dies eröffnet wiederum neue Wege im Gesundheitssektor für noch mehr Profit. Weil die Anzahl der Bedürftigen stetig ansteigt. Die Menschen werden zuerst krank gemacht, um dann mit den Krankheiten Geld zu machen. So entsteht der ganze Dreck. Die Kranken werden zum Bedarf des Reproduktionssektors und die Ärzt_innen werden zu Bediensteten des Gesundheitssektors. Geld lässt Menschen zu Marionetten werden. Menschliche, seelische oder gar heilige Beziehungen existieren einfach nicht mehr.Auch wenn es gegenüber diesen Gefahren wirklichen Widerstand gäbe und eine wirkliche Diskussion, also das Überleben des Kapitalismus zur Diskussion stünde, dann müssten wir als Erstes an Stephan Hawking und andere Wissenschaftler_innen denken, die andere, neue Welten vorschlagen, von der keine einzige an die Schönheit unserer Welt heranreicht.

Die Erschöpfung natürlicher Erzressourcen
Der Kapitalismus verschmutzt und erschöpft substanzielle Erzressourcen. Außerdem vergiftet uns die heutige Art und Weise des Abbaus. Alle Energieressourcen, alle Ressourcen für die Herstellung

von Metallgegenständen und allen Materien chemischer Verbindungen bauen auf natürlichen Ressourcen auf. Mittels dieser errichten sie ihre Zentren und verdienen damit noch Unmengen Geld. Um noch mehr Geld zu verdienen, erfinden sie immer weitere unnütze Dinge und preisen sie als unabdingbar für die Menschheit an. Sie verwenden begrenzte Ressourcen grenzenlos.Die Verbraucher_innen verfallen in einen psychischen Zustand, der sie zum Kaufen verleitet, ob sie die Dinge brauchen oder nicht. Nach nur kurzer Zeit, auch wenn die Dinge noch gar nicht alt geworden sind, kommt wieder etwas Neues heraus und das Bestehende wird vergessen. Wird einfach weggeworfen. Dieser Kreis wiederholt sich immer wieder. Darum nehmen die Ressourcen dieser Erde immer weiter ab und der Müll, den die Menschen fabrizieren, immer mehr zu.

System wurde auf individuelle Reproduktion ausgerichtet
Der Kapitalismus zielt auf Individuen ab. Deswegen entsteht unter ihnen der größtmögliche Egoismus. Unter dem Deckmantel von Freiheit, Unabhängigkeit und Individualismus wachsen Selbstverliebtheit, Arroganz und Egoismus. Der Besitzanspruch an allem verbindet die Unabhängigkeit in der Gesellschaft nur mit Erfolg und Produktivität. Wer sich diese Eigenschaften zu eigen macht, wird als schlau und mächtig angesehen. Alle sehen sich nur noch im Schatten solcher Menschen und verkaufen ihre Seele, nur um genauso zu werden.Obwohl es unter Bewusstseins-, psychischen und Wissensgesichtspunkten möglich ist, anders zu sein. Gesellschaftswerdung, Kunst und Kultur sind einfach nötig für den Menschen. Doch in Wirklichkeit, wenn wir uns Kapitalismus als Modell vorstellen, dann stellen wir ihn gleichzeitig in die Vitrine neben die Reproduktion. Die Kleidung wird nach der neuesten Mode genäht, Geräte der Unterhaltungselektronik wie Computer, Smartphones und Uhren, die nur als Accessoire dienen, reihen sich da mit ein. Cafés, in denen wir sitzen, und Restaurants, in die wir gehen, funktionieren als Imagewahrung, um zu zeigen, dass wir immer mit dem neuesten Trend gehen.Für alles müssen wir einen Preis zahlen und deshalb geben

wir gern unser Geld. Wenn wir uns also bestimmte Dinge leisten wollen, dann müssen wir arbeiten gehen, wir machen uns also von Lohnarbeit abhängig. Zu jeder Tag- und Nachtzeit gibt es für jede Disziplin eine Arbeit. Das bringt eine Menge Schwierigkeiten mit sich. Das raubt uns Zeit. Ihre Gesetze und Regeln sind gnadenlos. Doch wer arbeiten muss, sollte nicht in diese Rolle verfallen. Sollte sich nicht für die Priester dieser Arbeitsmaschine aufreiben. Denn um den gewöhnten Lebensstandard nicht zu verlieren, sind sie genötigt, alle möglichen und unmöglichen Bedingungen zu akzeptieren. Heutzutage haben wir keine Verfügungsgewalt mehr über unseren eigenen Lebenswillen. Das Individuum ist auf der einen Seite zweifellos in einen Arbeitsstrudel gesogen worden und auf der anderen Seite gebunden an die gegebenen Reproduktionsverhältnisse. Was die eine Hand verdient, gibt die andere wieder aus. Inwieweit wir dabei noch von Menschen sprechen können, ist ein Thema für sich.

Wandel von Ort und Raum
Der Kapitalismus verwandelt Orte und Räume nach eigenem Gutdünken. Der Bau von Häusern, Planung und Architektur von Städten lassen Lebensräume selbst zu Maschinen werden. Hier gibt es überhaupt keinen Platz für etwas Natürliches. Grün, Wasser, Platz zum Laufen und Entspannen oder Tierparks wurden alle künstlich angelegt. Vor allem Haustiere wie Katzen, Hunde und ähnliche werden neu erzogen. Ganz nach menschlichem Gefallen entsprechen auch sie neuem Design. Wurden zum Accessoire, zum Anhängsel, zum Teil des Alleinseins oder zum Spielzeug. Doch ihre natürlichen Eigenschaften werden ihnen genommen, gestohlen. So wie auch Tiere in Zoos nur zum Schmuck und zum Prestige der Städte gehören.

Glaube zur Ware erklärt
So sehr es auch anfangs Glaubenssymbole und -texte gegeben haben mag, der Glaube hat sich an die heutigen Umstände, an das Leben in der Stadt und die heutige Gesellschaft angepasst. Als würden Gebäude, Straßen, Parks, Tierhaltung, Märkte, Fabriken, Arbeitsplätze

und Maschinen nicht von Menschenhand geschaffen werden. Nach dieser Philosophie wurde ein neues System von Bildung, Institutionalisierung und Glauben aufgebaut. Überhaupt haben sich Inhalt und Praktizieren der Religionen verändert. Sie haben sich von ihrem Ursprung entfernt. Es gibt keine prinzipielle religiöse Verbindung mehr zwischen Mensch und Gott. Jede Kraft, Tariqat und Glaubensgemeinschaft hat für sich eigene Wege und Methoden entdeckt. Hat den Glauben zugunsten der eigenen Vorteile ausgelegt. Die augenscheinlichen Prinzipien dienen organisatorischen, wirtschaftlichen und politischen Beziehungen. Deswegen wurde jeder Glaube zur Religion, zu einer Kraft und gleichzeitig für kapitalistischen Profit ausgelegt. Darum können wir getrost von Materialist_innen, von Weltlichen sprechen. Schlussendlich sind sie weit weg von grundlegenden Problemen der Menschheit. Aber sie haben ihre Organisationen und Bewegungen. Damit verbunden sind sie auch im Besitz von Firmen und Betrieben. Häuser, Kirchen, Moscheen und Gebetshäuser sind auf marktwirtschaftliche Beziehungen und kapitalistische Reproduktionsweise ausgerichtet. Geldsammeln, Kauf und Verkauf von Immobilien und Diensten stehen unter dem Zeichen des Glaubens. Zum Beispiel das koschere Schlachten von Tieren und das Verzehrverbot für Schweinefleisch und Alkohol verändern Lebens- und Reproduktionsweise der Menschen.Der Islam steht im Dienste der Hegemonie und hat seine Türen dem Markt geöffnet. Das Kopftuch wurde politisiert, globalisiert und hat den Platz von Stickereien und bunten Tüchern eingenommen, es fungiert heute anstelle regionaler und traditioneller Kleidung. Der Ausdruck »koscher« wurde unter Muslimen in Europa zum zentralen Begriff auf dem Markt. Sowohl in der islamischen Welt als auch in Europa wurden Markt, Moschee und Universität durcheinandergewürfelt und der Islam wurde zu ihrem Handelszentrum. Um dieses System zu beschützen, braucht es Macht und Unterdrückungsstrukturen. Die werden durch Krieg, Waffengebrauch und industrielle Kriegsmaschinerie gestärkt.

Mode und Style machen Menschen oberflächlich
»Wer erfolgreich ist, kann sich Leben und Reproduktionsweise selbst gestalten. Das ist ein Symbol seiner Freiheit.« Was wir oben angeführt haben, beschreibt nur zu gut die Eigenschaften des Individualismus im Kapitalismus. Doch in der Praxis wurde dieses Individuum gefangen genommen und hat keine Verfügungsgewalt über das eigene Leben. Alles, sogar Bildung und Lernen, richtet sich nur noch nach Image und Style. Essen, Kleidung, Zuhören und überhaupt die Art unseres Umgangs miteinander – alles wurde erstickt. Wenn wir Bekleidung als einen Teil von Reproduktion verstehen, dann sehen wir, dass heute in der ganzen Welt Krawatte und Anzug als Symbol für offizielle Kleidung gelten. Jeans und T-Shirt hingegen wurden zum Zeichen von Unabhängigkeit und Freiheitswillen. Die Menschen, die diese Kleidung herstellen, sind bereits dem globalen Markt in die Hände gefallen. So sehr die Mode sowie Art und Weise dieser Kleidung sich auch jedes Jahr ändern mögen, grundlegend verändert sich daran nichts. Demgegenüber wird traditionelle Kleidung stets als Zeichen von Konservatismus kritisiert. Auch wenn es sich nur um einen kleinen, nationalen Markt handelt. Außerdem kann nicht jede_r diese Kleidung herstellen. Und wer deren Gewinne einfährt, handelt schon gar nicht global. Schon allein deswegen können sie nicht mit der Weltmode wettstreiten.

Größte Gefahr in Wissenschaftsfabriken verborgen
Bildung wurde zur Ware. Oder zum Produktionsmittel selbst. Durch das System entstanden zentrale Staaten, Märkte und auch ein zentrales Bewusstsein. Millionen von Kindern sind dazu verurteilt, an diesem Unterricht teilzunehmen. Auch wenn sie dadurch ihres Reichtums, ihrer Schönheit und Natürlichkeit beraubt werden. Von selbst bewegen sie sich nicht in der Natur, lernen nicht deren Realität kennen, nicht Tiere und Pflanzen. Im Endeffekt verliert Wissenschaft an Vielfalt und hangelt sich nur an einer Linie entlang. Daher gibt es mittlerweile nur noch wenige grundsätzliche Theorien und alle anderen Ideen verschwinden einfach. Trotzdem es von Physik bis Biolo-

gie, von Astronomie bis hin zur Teilchenphysik von Anschauungen, Strömen und Gedanken wimmelt, die ganz andere Wege aufzeigen. Doch viele von ihnen wurden entweder vergessen oder verboten oder haben sich in das herrschende System eingepasst. Die Gesellschaftwissenschaften bilden dabei keine Ausnahme. Dementsprechend wurde auch die Kultur eingezäunt. Werke wie Bestseller-Romane, Hollywood-Kino, westliche Lieder und Instrumente werden als universelle Kunst anerkannt. Daneben erscheinen kulturelle Quellen mit einer tausendjährigen Geschichte als alt, urig, unbrauchbar.

Ehmet Pelda hat Wirtschaft studiert. Er arbeitet zu Ökonomie und gesellschaftlichen Wandel in Kurdistan, alternativer Ökonomie, Ökologie und Technologie. Er war Kolumnist der Zeitung Azadiya Welat und schreibt nun für Özgür Gündem. Im Sender Stêrk TV moderiert er das Programm »Ökonomie und Ökologie«. In seinem neuen Buch setzt er sich mit der Ressourcenverteilung in Kurdistan auseinander.

4.2a Rengîn Rênas

Grußadresse der Frauenverteidigungseinheiten YPJ

Zu Beginn grüßen wir als YPJ und YPG mit dem Geist des Widerstandes von Kobanê alle TeilnehmerInnen Eurer Konferenz, die an einem glücklichen Tag wie dem 4. April [Geburtstag Abdullah Öcalans; Anm. d. Ü.] stattfindet.

Die Themen, die Ihr auf der Konferenz behandelt, werden das Schicksal von Nationen, Völkern und Gesellschaften für Jahrhunderte beeinflussen. Sie erleuchten die Zukunft der Gesellschaften und Nationen. Sie erleuchten die Zukunft der Gesellschaften, die sich innerhalb des Systems befinden, besonders derjenigen, die im kapitalistischen System versinken und für sich einen Weg suchen. Das System, das ihnen aufgezwungen wird, lässt den Gesellschaften und Nationen keine Luft zum Atmen. Weder Gesellschaft noch Individuum können sich artikulieren. Die Balance zwischen Gesellschaft, Individuum und den Lebewesen um den Menschen herum ist gestört. Durch die Störung dieses Gleichgewichts haben sich Gesellschaft und Umwelt von ihrer Natur wegentwickelt. Daher ist Eure Konferenz von großer Bedeutung. Dort können WissenschaftlerInnen und Menschen, die die Gesellschaft voranbringen können, diese wichtigen Themen diskutieren. Wir wollen vor allem unsere Überlegungen zum Thema Selbstverteidigung mit Euch teilen.

Für jede Art von Lebewesen ist Selbstverteidigung der wichtigste Punkt für seine Erhaltung und das Weiterleben in der nächsten Generation. Ich bin überzeugt, dass Eure Konferenz die entsprechende Theorie besser erklären und vertiefen kann. Doch ist es ein wichtiges praktisches Beispiel für die ganze Welt, wie das kurdische Volk sein System der Selbstverteidigung in allen vier Teilen Kurdistans und besonders in Westkurdistan (Rojava) umsetzt. Bevor wir über die praktische Seite des Systems der Selbstverteidigung reden, das wir entwickelt haben, müssen wir uns darüber klar sein, dass es in jedem Bereich eine ausgedehnte Selbstverteidigung gibt mit einem Konzept und einer Strategie. Ein Standbein dieser Selbstverteidigung ist die militärische Seite. Doch es gibt andere Aspekte dieses Systems, welche die Gesellschaft als Ganzes betreffen. Denn die Standbeine des Systems stützen und ergänzen einander. Die militärische Seite, die heute in der Realität Rojavas existiert, hängt mit der Frage von Sein oder Nichtsein der Gesellschaft zusammen.

Ich muss gleich zu Anfang betonen, dass die Selbstverteidigung, welche die Gesellschaft für sich organisiert, nicht wie die Armee eines Staates funktioniert. Ohnehin ist das System, das wir entwickeln, weit entfernt von bestehenden staatlichen Systemen. Daher sind seine Selbstverteidigungskräfte gesellschaftliche Kräfte, ihre Quelle ist die Gesellschaft, alle sollen sie erlernen und jede und jeder wird mitarbeiten. Das wird gerade in Rojava umgesetzt. Unsere Erfahrung in Rojava ist, dass von Beginn der syrischen Revolution an diejenige Kraft, die sich am besten ausdrücken konnte, die langfristig auf die Revolution geschaut hat, die kurdischen Kräfte in Syrien waren. Dazu kam, dass die Gesellschaft gegen die stattfindenden Angriffe eine Selbstverteidigungskraft benötigte. Wenn wir nun sagten, dass sich in Rojava mit einem Mal die Gesellschaft selbst verteidigen kann und dass die Selbstverteidigungskräfte einfach entstanden sind, würden wir übertreiben. Denn vierzig Jahre lang war der Gesellschaft ein System aufgezwungen worden. Diese Gesellschaft musste sich erst mental vorbereiten, verstehen, was Verteidigung ist, auf welchen Ebenen sie angegriffen wird und wie sich dagegen zu formieren ist. Wir begannen in Rojava mit kleinen Gruppen, damals gab es noch keine YPG (Volksverteidigungseinheiten). Doch es ist uns gelungen, die energischsten Kräfte der Gesellschaft zu sammeln und zu organisieren. Diese energischsten Kräfte waren die Jugend und die Frauen, und wir waren in der Lage, sie zu organisieren. Als die Angriffe zunahmen, wurde diese Organisierung ausgeweitet. Mit dem Tod unseres bedeutenden Kommandanten Xebat Dêrik wurde es uns zur Aufgabe, von kleinen Einheiten wegzukommen und alle Teile der Gesellschaft zu umfassen.

Auch der Aufbau der Frauenverteidigungseinheiten YPJ war notwendig, lasst uns ein wenig über die zugehörige Ideologie sprechen. Hätte es diese Kraft von strategischer Bedeutung für die Selbstverteidigung nicht gegeben, hätte kein Unterschied zu einer staatlichen Armee bestanden. Mit unserer Strategie der Selbstverteidigung, mit der Parole »In der Gesellschaft soll niemand ohne Verteidigung bleiben, niemand soll ohne Organisation bleiben« begannen wir mit der Selbstorganisation der YPG. Dann wuchsen sie an und erreichten die heutigen Ausmaße. Weil es sich um eine gesellschaftliche Kraft handelt, gab es eine aktive Beteiligung aller Völker Rojavas, der AssyrerInnen und AramäerInnen, AraberInnen und KurdInnen. Die allgemeinen Kräfte wurden auf der Grundlage der Strategie der legitimen Selbstverteidigung aufgebaut. Damit diese Strategie stets Anwendung findet, damit die militärischen Kräfte nicht von ihrer Linie abweichen, war aus ideologischer Sicht der Aufbau der YPJ als Selbstverteidigungskraft der Frau wichtig. Die YPJ entstanden sozusagen als militärische Kraft der Frau, als Kraft der legitimen Selbstverteidigung. Die YPJ bildeten quasi die Achse der YPG, denn die Frau bildet die Achse des Systems, das wir schaffen. Daher kommt der Existenz der YPJ überragende Bedeutung für die Verteidigung der Gesellschaft zu, für die Verteidigung der Frau, für die Verteidigung eines gemeinsamen Zusammenlebens. Die YPG bestehen aus dem Volk und verteidigen alle Völker. Sie verteidigen zum einen die Strategie der legitimen Selbstverteidigung, zum anderen verteidigen sie ideologisch und militärisch die Frauen, verteidigen ihr eigenes Geschlecht, das ist ihre Rolle. Darin liegt eine wichtige Realität. Die Anwesenheit der kurdischen Frau, mit ihrer heldenhaften Geschichte, verleiht dem System der Verteidigung immer Lebendigkeit und gibt ihm eine Richtung. Wenn wir es definieren sollen, dann verkörpert die Existenz von Verbänden wie den YPJ innerhalb der YPG die Grundlage des Weges der legitimen Selbstverteidigung. Weil sich diese Kraft auf allen Ebenen ausdrücken kann, genügt es nicht, auf der Ebene der Einheiten zu bleiben. In Rojava, vielleicht haben es die TeilnehmerInnen der Konferenz verfolgt, sind auch so genannte

Session IV: Die Stolpersteine revolutionärer Theorie überwinden

Selbstverteidigungskräfte (Hêzên Parastina Cewherî) gebildet worden. Denn diejenigen Personen, die keine KämpferInnen sind, sich dort nicht angeschlossen haben, dürfen in ihren Häusern nicht ohne Verteidigung bleiben. Daher müssen diejenigen, die zu Hause bleiben und nicht kämpfen können, aber über andere Fähigkeiten verfügen, ihr Haus, ihr Viertel, ihre Gesellschaft verteidigen. Das ist besonders wichtig in einer Zeit, in der der Terror von Daesch Rojava derart heftig attackiert, was die ganze Welt angeht.

Wenn wir also das System der Selbstverteidigung in Rojava betrachten, so stützt es sich erstens auf die professionellen Kräfte in Form von YPG und YPJ. Zweitens stützt es sich auf die Selbstverteidigungskräfte (Hêzên Parastina Cewherî). Diese werden von Personen aus der Mitte der Gesellschaft gestellt, die sowohl ihre gesellschaftliche Arbeit verrichten als dabei auch gleichzeitig Verteidigungsaufgaben übernehmen. Das sind die zwei Säulen, auf denen das System der Selbstverteidigung in Rojava steht. Dabei zeigt die Tatsache, dass sich die anderen Völker bei den YPG/YPJ wie auch bei den Selbstverteidigungskräften beteiligen, dass es sich bei diesem System um ein gesamtgesellschaftliches handelt. Es ist weit entfernt von Rassismus, Nationalismus, Klassendenken und Kolonialismus. Wenn diese Kraft, unser System, sich weiter auf der Erde ausbreitet, dann auf der Grundlage der legitimen Selbstverteidigung. Das ist ein wichtiger Punkt. Ich bin voller Hoffnung, dass die TeilnehmerInnen der Konferenz diesen Unterschied noch weiter diskutieren werden. Es bestehen große Unterschiede zwischen der Existenz einer Kraft zur Verteidigung der Gesellschaft und der Existenz der Armee eines Staates. Ihre Aufgaben sind andere. Es ist eine Sache, so etwas auf gesellschaftlicher Grundlage aufzubauen, und es ist eine ganz andere Sache, dies auf Grundlage einer anderen Philosophie zu tun, in der die Gesellschaft Sklavin einer kleinen Klasse ist.

Unsere Erfahrungen in Rojava sind bisher positiv. Wir sind erfolgreich und planen auch schon die nächsten Erfolge, besonders was die Organisierung angeht. Wir haben die Erfahrung von Kobanê. Kobanê hat gezeigt, dass es ein angemessenes System zur Verteidigung der Gesellschaft ist. Wir haben auch die Erfahrung von Şengal. Die hat gezeigt, welche Fehler und Mängel im Blickwinkel und im Verteidigungssystem des Staates bestehen. So haben wir zwei Modelle vor uns. Ich hoffe, dass diese beiden Modelle auf der Konferenz ausführlich diskutiert werden.

Wir erneuern unser Versprechen, unser Verteidigungssystem auszuweiten, bis niemand in der Gesellschaft ohne Verteidigung ist. In diesem Geiste und in diesem Sinne wünsche ich von hier aus, von dem Boden, auf dem der Widerstand des Jahrhunderts geleistet wurde, der Konferenz und Euch bei Euren Anstrengungen vollen Erfolg.

Rengîn Rênas *ist Kommandantin bei den Frauenverteidigungseinheiten (YPJ) in Kobanê.*

4.2b Fidan Yıldırım

Das Konzept der Selbstverteidigung

Die Entwicklung der demokratischen Nation als Alternative zum Nationalstaat ist einer der wichtigsten Grundsätze, um gegen die kapitalistische Moderne die demokratische Moderne zu schaffen.

Man kann sagen, dass jedes Lebewesen in der Natur über einen Verteidigungsmechanismus verfügt. Es verfügt über ein spezifisches Verteidigungssystem, es gibt keines ohne. Sie können dadurch ihre Existenz schützen und fortführen.

Auch die Menschen benötigen einen Verteidigungsapparat, um ihr Leben sowohl als Individuum als auch als Gesellschaft fortzusetzen. Der Mensch, der sich gegenüber der Natur, den anderen Lebewesen und seinesgleichen schützen muss, benötigt einen umfassenden und starken Verteidigungsmechanismus. Bei den Menschen ist Verteidigung ebenso biologisch wie gesellschaftlich. Die biologische Verteidigung wird wie bei allen Lebewesen von den angeborenen Verteidigungsmechanismen ausgeführt. Die gesellschaftliche Verteidigung hingegen erfolgt von allen Mitgliedern der Gesellschaft gemeinsam. Die Verteidigung als grundlegender Mechanismus einer Gesellschaft garantiert die Fortführung des Lebens und hat unmittelbare Auswirkungen auf die Größe sowie die Organisationsform der Gesellschaft.

Einer der wichtigen Schlüsse, die man aus der Selbstverteidigung in der Welt der Lebewesen ziehen kann, ist folgender: Diese Verteidigung zielt ausschließlich auf die Sicherung der Existenz ab; sie richtet sich somit nicht darauf, seinesgleichen oder andere Lebewesen zu beherrschen oder zu kolonialisieren. Sie verfügen nicht über ein solches System. Es ist die Spezies Mensch, die Herrschafts- und Kolonialisierungssysteme entwickelt hat. Die Entwicklung der Denkweise des Menschen hat Möglichkeiten der Kolonialisierung eingeführt und in Zusammenhang mit der daraus entstehenden Ausbeute eine

Basis dafür geschaffen. Die sich durch die Ausbeutung der Arbeitswerte der natürlichen Gesellschaft ergebende hierarchische staatliche Herrschaftsgesellschaft stellt einen Angriff auf sämtliche Werte dar. Die Angriffs- und Verteidigungsmechanismen sowie -taktiken, deren Entwicklung mit dem intelligenten Jäger begann, haben anstelle einer von der gesamten Gesellschaft getragenen gemeinschaftlichen Verteidigung von der Gesellschaft losgelöste eigenständige militärische Organisationsstrukturen geschaffen und auf diese Weise unter dem Druck dieser Kraft die Gesellschaft an den Punkt des Zerfalls gebracht. Unter den mythologischen Ideologien wurde die Gesellschaft in eine obere und untere gespalten. Als Ausdruck der oberen Gesellschaft und durch den Zentralstaat wurden sämtliche Werte der natürlichen Gesellschaft zerstört und es entstanden Klassenbildung, Ausbeutung, Angriffe, Geschlechtertrennung sowie Ungleichheit.

Die heute häufig verwendeten Begriffe »Terror« und »Terrorist« sind eigentlich Resultat dieser staatlichen Auffassung. Aus diesem Grunde kann man, wenn die Rede ist von Angriff und Verteidigung, grundsätzlich von zwei Lagern in der Welt sprechen: zum einen das Lager der staatlichen Gesellschaft, das die Interessen der kapitalistischen Moderne vertritt, und zum anderen das Lager der demokratischen Gesellschaft. Beide Lager haben eine eigene Herangehensweise an die Themen Verteidigung und Angriff. Es ist jedoch auch eine Realität, dass der Kampf der Kräfte der demokratischen Gesellschaft stets Einfluss auf die Gesetze der staatlich orientierten Gesellschaft genommen hat.

Wenn man die Geschichte verfolgt, ist die Geschichte der Gesellschaften vorwiegend eine, in der Unterschiede frei artikuliert werden können. Sogar in der von Monarchien geprägten Epoche war dies so. Bis zum Zeitalter der vom Nationalstaat geprägten kapitalistischen Moderne existierte der Gemeinschaftsgeist als Grundsatz des gesellschaftlichen Lebens. Bis zur Durchsetzung von uniformen Nationalstaaten löste die Gesellschaft ihr Sicherheitsproblem stets eigenständig. Doch mit der französischen Revolution wurde die Existenz der Vielfalt als Angriff auf den Nationalstaat gewertet und Zentralismus sowie Uniformität aufgezwungen. So erlangte der Begriff des Angriffs

Session IV: Die Stolpersteine revolutionärer Theorie überwinden 213

Bedeutung im Sinne der Interessen der Nationalstaaten. Zahlreiche Angriffe der Imperialisten auf die Völker, allen voran im Nahen Osten, werden unter dem Deckmantel der Verteidigung geführt. Das zeigt deutlich, dass jegliche Vielfalt als Angriff verstanden und die Repression dagegen damit legitimiert wird. Das Resultat dieser Gesinnung ist der Faschismus als Höhepunkt der nationalstaatlichen Organisierung mit der Ideologie des Nationalismus. Dieser Faschismus, eine Angriffs- und Genozidbewegung gegen die Menschheit, hat Widerstand generiert; die kapitalistische Moderne sah als Ergebnis der Revolutionen auf gesellschaftlicher Ebene im Realsozialismus und des ethnisch konnotierten Widerstands der nationalen Befreiungsbewegungen die Notwendigkeit, sich im juristischen und administrativen Bereich zu hinterfragen. Unter dem Namen »drei Generationen Menschenrechte« wurden die »persönlichen Rechte und Freiheiten«, die »ökonomischen, kulturellen und sozialen Leistungsrechte« sowie das »kollektive Recht der Völker« neu definiert. Auf diese Weise erlangte der Kampf der verschiedenen Nationen und Gesellschaften für die juristisch gesicherten Grundrechte Legitimation. Der uniforme Aufbau des Nationalstaates wurde so im Bereich der legitimen Selbstverteidigung rechtlich angegriffen und befindet sich durch administrativ-politische Strukturen in Auflösung.

Heutzutage kann keine Kraft, die sich auf staatliche Strukturen stützt, die Selbstverteidigung der Gesellschaft übernehmen. Die Selbstverteidigung kann erreicht werden, wenn alle gesellschaftlichen Verschiedenheiten in allen Bereichen eine organisierte Beschlussebene entwickeln und eine entsprechende Aktionskraft erreichen. Selbstverteidigung kann nur realisiert werden, wenn sie den elitären Gruppen in der Politik entzogen und der Gesellschaft übertragen wird.

Aus der Perspektive der demokratischen Gesellschaft muss besonders deutlich zur Sprache gebracht werden: Wenn von Selbstverteidigung die Rede ist, ist nicht eine militärische Haltung oder Organisation gemeint, sondern vielmehr die Organisierung der Gesellschaft, um sich in allen Bereichen verteidigen und entsprechend kämpfen zu können. Allerdings kann es notwendig werden, sich militärisch zu organisieren, um Angriffe des staatlichen Systems auf die Gesellschaft abzuwehren und diese zu schützen. Ziel ist dabei der Schutz aller Unterschiedlichkeiten der Gesellschaft. Dies kann als legitime Verteidigung betrachtet werden. Eine solche Organisierung dient dem Schutz des gesellschaftlichen Lebens sowie der Neuorganisierung und kann daher nicht nur als eine militärische Organisierung gewertet werden. Die im Dienste der Gesellschaft stehenden militärischen Kräfte haben als grundlegende Selbstverteidigungskräfte eine Katalysatorfunktion beim Vorantreiben sowie für den Schutz des demokratischen Kampfes der Gesellschaft. Die militärischen Kräfte, die sich von dieser Funktion entfernen, werden sich nicht davor schützen können, zu einer den Interessen der herrschenden Kräfte dienenden Angriffskraft zu werden.

Gesellschaftliche Sicherheit umfasst sämtliche gesellschaftlichen Organisationsformen, um jegliches militärisches, juristisch-administratives u. ä. Hindernis für die grundlegenden ökonomischen, politischen u. ä. Bedürfnisse sowie die Besonderheiten der Identität, die wie Kultur und Sprache gesellschaftliche Vielfalt ausmachen, zu beseitigen und Angriffe auf die grundlegenden Lebensbereiche abzuwenden. Das erfordert eine gesellschaftliche Organisierung, die ihre Vielfalt dem eigenen Willen entsprechend ausdrückt. Die Garantie für die Sicherheit der Gesellschaft in allen Lebensbereichen ist die Etablierung von Räten, Kommunen, Kooperativen, Bildungs- und Gesundheitsorganisationen und Wirtschaftsbetrieben als Ausdruck der Selbsorganisierung. Zudem kann die Gesellschaft spezielle Sicherheitseinheiten bilden, die sie selbst bedarfsgerecht wieder entpflichten oder auflösen kann. In Anbetracht der militärischen Strukturen, Techniken und Kriege weltweit reichen zivile Strukturen nicht aus, um die Sicherheit zu gewährleisten. Von daher müssen sämtliche Sicherheitskräfte, die notgedrungen etabliert werden müssen, und ihre Aufgaben unter allen Umständen unbedingt unter der Aufsicht der Gesellschaft stehen. In der Geschichte finden sich Beispiele dafür: Die Entscheidungsbefugnisse über die militärischen u nd juristischen Belange in den Kommunen und konföderalen Organisationen des 17. bis 19. Jahrhunderts

Session IV: Die Stolpersteine revolutionärer Theorie überwinden

lag vollständig bei den jeweiligen Kommunen und Stadträten. Auch in der antiken griechischen Demokratie wurden die Armee und deren Befehlshaber von den Räten bestimmt. Die Athener konnten trotz der Tatsache, dass sie über keine regelrechte Armee verfügten – ähnlich der Schweiz –, ihre Demokratie gegen die überlegene persischen Armee verteidigen. Den Kern der Demokratie machen die Entfernung vom Staat und die Fokussierung auf den gesellschaftlichen Bereich aus. Denn der Staat und die ihm zugehörigen Institutionen stellen den größten Feind der Sicherheit der Gesellschaft dar. In diesem Sinne kommt Selbstverteidigung der Verteidigung der gesellschaftlichen Strukturen und Identität der demokratischen Nation als außerstaatliche gesellschaftliche Institution gleich.

Selbstverteidigung sieht nicht ausschließlich einen bewaffneten Aufbau vor und kann daher nicht allein als militärische Struktur aufgefasst werden, auch wenn sie deren Einsatz im Bedarfsfall nicht ausschließt. Es handelt sich um die Organisierung der Gesellschaft in allen ihre Identität und ihr Leben betreffenden Bereichen sowie die Umsetzung der in diesem Sinne aus eigenem Willen gefassten Beschlüsse. Die Selbstverteidigung greift auch im Hinblick auf die Rücknahme der dem Volk und Land gehörenden, von den Kolonialmächten beschlagnahmten Werte und deren Implementierung in die gesellschaftliche Wertesammlung. Die Gesellschaft muss ein Niveau erreichen, auf dem sie ihre Werte schützen und zugleich unter Rücknahme der beschlagnahmten Güter sich selbst verwalten kann. Der Weg zu einer demokratischen Nation führt hierüber.

Es ist ein Selbstverteidigungskampf und ein Recht, dass sich Gesellschaften, die wie das kurdische Volk ökonomisch, politisch, kulturell, physisch und sozial einem Genozid ausgesetzt sind, zum Schutze davor entsprechenden Organisierungsformen zuwenden. Genozid, ein wissentlich organisierter und geplanter umfassender Angriff zum Zwecke der Ausrottung einer Gesellschaft, ist ein Verbrechen gegen die Menschlichkeit. Einziger Weg, um Genozide und jeglichen Angriff auf die Gesellschaft zu verhindern, ist es, die Gesellschaft tauglich für sich selbst zu machen. Gesellschaften, die langfristig die Kraft zur eigenständigen Lösung ihrer Probleme erreicht haben, haben größtenteils auch ihre die Sicherheit und die Verteidigung betreffenden Probleme gelöst. Sie haben zudem über die Herausbildung verschiedener Institutionen und Organisationen die Möglichkeit, sich fortwährend zu entwickeln und Kompetenzen zu generieren. Die zur Aufklärung der Bevölkerung zu gründenden politischen Akademien, die Frauenhäuser zum Schutz der Frauen gegen die Angriffe des herrschenden Systems und der damit kollaborierenden Männer, die Kooperativen zur Entwicklung von kommunaler Ökonomie und gemeinschaftlich-solidarischem Leben, die Räte, Kongresse und ähnlichen Basisorganisationsformen für die eigene Politik stellen jeweils ein Zentrum der Selbstverteidigung dar.

Die Selbstverteidigung beinhaltet neben der eigenständigen Organisierung aller Verschiedenheiten sämtliche Formen des Kampfes gegen die vorherrschende Kultur.

Die Selbstverteidigung umfasst alle Organisationsformen wie politische Parteien und zivilgesellschaftliche Organisationen, aber auch Aktionen wie zivilen Ungehorsam, Boykott von Volksabstimmungen und Ähnliches.

Gegen die ökonomische Ausbeutung wurde kollektive Arbeit entwickelt. Bei der darauf basierenden Organisierung der Produktion und des Verbrauchs handelt es sich um Aktivitäten demokratischen Charakters und die Verkörperung des ökonomischen Aspekts von Selbstverteidigung. Wird bedacht, dass die Herrschenden die Gesellschaften mit Hunger gefügig machen wollen, ist die Wichtigkeit dieses Aspekts der Selbstverteidigung noch deutlicher zu sehen.

Jegliche Solidarität, Unterstützung, Organisierung, gegenseitige Ergänzung und Willensbildung gegen eine Genozidpolitik, die darauf abzielt, die Gesellschaft zu zersplittern, zu schwächen und an sich zu binden sowie durch die Krankheiten der Zivilisation zu entkräften, ist wertvollster Bestandteil der Selbstverteidigung.

Die Ablehnung, Dorfschützer zu werden oder als Soldat in den Armeen herrschender und kolonialer Kräfte zu dienen, sollte einer der natürlichsten Selbstverteidigungsreflexe des Volkes sein.

Die oben genannten Aussagen zur Selbstverteidigung gelten für außerstaatliche Strukturen. Es sind die Prinzipien für die Selbstverteidigung und Sicherheit der demokratischen Nation. Der Staat kann aus Sicht der Gesellschaft keineswegs als ein Verteidigungs- und Sicherheitsmechanismus betrachtet werden. Es ist zudem falsch und irrtümlich, Selbstverteidigung als Kampf der bewaffneten Kräfte gegen staatliche Kräfte zu begreifen. Dieses den Staaten als Legitimation ihrer Angriffe auf die Gesellschaft dienende Verständnis muss überwunden werden. Es ist von größter Bedeutung, Selbstverteidigung als Verteidigung der Gesellschaft in allen Bereichen zu verstehen.

Auch für die Frauen als am stärksten unterdrückter Teil der Gesellschaft ist die Notwendigkeit der Selbstverteidigung essentiell. Die Überwindung von Erniedrigung, Übergriffen, Vergewaltigung und Vernichtung, denen Frauen im patriarchalen System ausgesetzt sind, ist nur über den Aufbau eigener Selbstverteidigungsstrukturen möglich. Dafür ist es erforderlich, dass sie sich in allen Lebensbereichen Raum schaffen, ihre eigenen Organisationsstrukturen aufbauen und bei Bedarf auch ihre eigenen militärischen Kräfte etablieren.

Der Erfolg in Westkurdistan gegen die IS-Banden, denen selbst staatliche Armeen nicht standhielten, ist ein Beispiel für das Selbstverteidigungssystem des Volkes. Der Widerstand der Frauen in Kobanê und ihre Rolle bei der Etablierung des Systems von Rojava hat weltweit Aufmerksamkeit erregt. Das zeigt, dass die Selbstverteidigungsperspektiven von Abdullah Öcalan wegweisend sind für die Befreiung der Völker und der Frauen sowie für die Etablierung eines alternativen Systems.

Fidan Yıldırım ist Journalistin und politische Aktivistin. Seit den 1980ern ist sie für die Freiheit des kurdischen Volkes und der Frauen aktiv. Sie arbeitete viele Jahre für verschiedene kurdische Zeitungen und schreibt weiterhin Artikel für sie. Wegen ihrer politischen Ansichten war sie 11 Jahre lang in der Türkei inhaftiert.

4.3 Sara Aktaş

Die zentrale Rolle der Freiheit der Frau in einem alternativen Modell

Zunächst möchte ich anmerken, dass die kurdischen Frauen durch ihren Freiheitskampf Tag für Tag schöner werden. Allein die historische Entwicklung der kurdischen Frauenbewegung reicht aus, um zu zeigen, dass sie von Grund auf gegen das bestehende System gerichtet ist. Deshalb gestalten sich die Identität und die Haltung der kurdischen Frauenbewegung aus der fundierten und radikalen Kritik an der herrschenden patriarchalischen Ideologie, an der verstaatlichten Zivilisation, an der Assimilations- und Verleugnungspolitik dieser Zivilisation, an allen Pfeilern dieser Politik, an dem tradierten Aufbau der eigenen Gesellschaft und an dem patriarchalischen Denken in den eigenen Reihen. Sicher war es nicht leicht, dass die Frauen zu den Vorreiterinnen einer Volksbewegung wurden, die akzeptierten und immer wieder genährten Geschlechterrollen schrittweise reformierten und schließlich sowohl für die Volksbewegung als auch für die Frauenbewegung zu einer revolutionären Energie und Kraft aufstiegen. Zu bemerken ist in dieser Hinsicht natürlich, dass die Frauen in der kurdischen Freiheitsbewegung immer eine besondere Rolle gespielt und die Bewegung und das Volk zu einer entscheidenden qualitativen Wandlung geführt haben. Die »Frau« wurde damit das eigentliche Synonym für den Kampf der kurdischen Bewegung. Bei der Entstehung dieses neuen Profils der kämpfenden Frau ist die Rolle des Repräsentanten des kurdischen Volks, Abdullah Öcalan, bestimmend gewesen.

Unser Leben zeigt, dass sich jedes Ereignis und jeder Umstand nach seinen historischen, gesellschaftlichen und sogar örtlichen Gegebenheiten gestaltet. Diese historische, dialektische Entwicklung gilt auch für die kurdische Freiheitsbewegung, die den Lauf der Geschichte Kurdistans, der Richtung Abgrund gewiesen hat, umkehren und in der Geschichte der Türkei, des Mittleren Ostens und der Zukunft der kurdischen Frau wichtige Einflüsse haben wird. Aus diesem Grunde müssen, um die kurdische Freiheitsbewegung und die sich mit ihr gemeinsam entwickelnde kurdische Frauenbewegung richtig zu verstehen, die Umstände und Bedingungen betrachtet werden, unter denen sie entstanden sind. Ich denke, dass es in diesem Sinne hilfreich ist, auf ein paar Dinge Bezug zu nehmen.

In den 1970er Jahren erreichte die Politik der Verleugnung, Vernichtung und Assimilation gegen die Kurden ihren Höhepunkt. Man war bestrebt, diese Situation auch von den kurdischen Individuen verinnerlichen zu lassen. Die Verbindungen des kurdischen Volkes zu seiner Geschichte waren abgekoppelt, es war seiner eigenen Wirklichkeit entfremdet, sein historisches Bewusstsein verdunkelt worden und man versuchte sie in etwas zu verwandeln, was nicht mehr ihnen selbst entsprach. Der um das kurdische Dasein herum gezogene Kreis war auf die Vernichtung alles Menschlichen ausgerichtet. Genau zu diesem Zeitpunkt ging die kurdische Jugend in Anbetracht der Zustände auf der Welt und nach Analyse der sozioökonomischen und gesellschaftlichen Situation der Kurden auf die Suche nach Wegen zu einer nationalen Befreiung.

Am Ende dieser Suche kamen sie zu dem Ergebnis, dass die kurdische Identität, die in kolonialistischer Manier zu spalten und zu vernichten versucht wurde, nur durch entschlossenen Widerstand erneut an die eigene Identität herangeführt werden könnte. Diese kurdischen Jugendlichen, die in einem Land, in dem das Recht auf Leben, nationale Identität und Kultur ausnahmslos verneint wurde, mit legalen Methoden nichts erreichen zu können glaubten, verkündeten, mit der kurdischen Freiheitsbewegung den Kampf begonnen zu haben, die kurdische Gesellschaft erneut zum Leben zu erwecken und wieder auf die Beine zu stellen. Eines ist in diesem Zusammenhang wichtig zu unterstreichen: Für das kurdische Volk ist seine Freiheitsbewegung nicht nur eine Bewegung, die gegen den Kolonialismus kämpft. Es war die Geburts-, Aufstands- und Auferstehungsgeschichte eines Volkes, dessen Existenz vollständig verleugnet wurde. In dieser Hinsicht hat Öcalan die Ist-Situation des kurdischen Volkes nicht getrennt von dessen Umgebung betrachtet, getrennt von den Beziehungen und Zweifeln dieser Umgebung, von der Politik der herrschenden Ideologien, dessen eigener Dialektik und den eigenen Unterschieden. Zweitens stützte er sich auf die Tatsache, dass das kurdische Volk, eines der ältesten Völker des Mittleren Ostens, nicht ohne eigene Geschichte war. Darum begann er den Kampf sowohl gegen die herrschenden Mächte als auch gegen die inländische Versklavung und den Fundamentalismus. Drittens ging es Öcalan auch um die Existenzfrage des kurdischen Volkes. Weil es ein Volk gibt, das als nicht existent wahrgenommen wird. Denn das Entstehen der kurdischen Freiheitsbewegung ist gleichzeitig auch eine Reise zu den eigenen Wurzeln, ein Krieg, um das kurdische Dasein sichtbar zu machen und zu schützen.

Die Untersuchung der Geschichte dieser Bewegung anhand ihrer Kernpunkte lässt dahinter ein soziales Konstrukt erkennen. Trotz der ihr als gegeben oder natürlich auferlegten Ethik, Kultur, Kunst, Gesellschaftlichkeit und Politik wurde von dieser Gemeinschaft unter dem Dach dieser Bewegung eine Moral verinnerlicht, die jedes Quäntchen Leben in Frage stellte und ihm neue Bedeutung beimaß. Von Anfang an stand auf der Tagesordnung der kurdischen Freiheitsbewegung nicht nur der bewaffnete Kampf, gleichwohl auch jedes gesellschaftliche Problem wie Widerstand, Gerechtigkeit, Freiheit, Vereinigung, demokratische Werte, sittliche Normen, Politik, Selbstschutz, Geschlecht, Familie und die Fragen um die Freiheit der Frau.

Ich muss auch anmerken, dass ihre Geschichte nicht nur die einer Freiheitsbewegung zum Aufbau einer historischen Gesellschaft ist, sondern in gleichem Maße dazu dient, freie Persönlichkeiten zu schaffen; Frauen, die auf der Suche nach der Freiheit sind und ihr Dasein wieder mit sich selbst vereinen wollen, oder Männer, die mit der ihnen auferlegten Männlichkeit abschließen und sie abtöten wollen. Schon ganz zu Beginn stellte die kurdische Freiheitsbewegung die Freiheit der Frauen, denen durch Kolonialismus, Feudalismus, Stammesdenken, Religion, Familie und starre Traditionen alles genommen worden war, sodass sie sich als Kolonie innerhalb einer Kolonie in einer mehrfachen Sklaverei befanden, als wesentliches Problem in den Mittelpunkt. Die Maxime »Ohne die freie Frau kann es keine freie Gesellschaft geben« hat bereits in den Entstehungsjahren der Freiheitsbewegung ihre besondere Rolle erhalten. In diesem Sinne ist die Geschichte der kurdischen Freiheitsbewegung gleichzeitig die Geschichte der eigenen Neuerschaffung der kurdischen Frau. Es geht mit all den wertvollen revolutionären Erfolgen um die Geschichte und die Zeitenwende für sie. Mit der Freiheitsbewegung wurden viele rückständige Werte in der kurdischen Gesellschaft zur Disposition gestellt und hinterfragt; die Frauen haben das ihnen Zugeteilte abgelehnt, die in der Gesellschaft existente Rückständigkeit zerschlagen und eine Wandlung eingeleitet. So gingen Frauen, die vorher ihre Häuser nicht verlassen durften, die ihnen von ihren eigenen Männern gesetzten Grenzen nicht überschreiten durften, aus ihren Häusern, forderten ihre Freiheiten, füllten ganze Plätze und nahmen mit ihrer revolutionären Energie für den Wandel der Gesellschaft ihren Platz im Kampf ein. Und das war die Frauenrevolution innerhalb der Revolution.

Entscheidend für die Entwicklung dieses revolutionären Prozesses war, dass Öcalan die strategische Bedeutung der Frage der Freiheit der Frau erkannte und entsprechend eine ideologische und paradigmatische Herangehensweise entwickelte. Deshalb haben sich Ideologie und Philosophie der Freiheitsbewegung bereits mit ihrer Geburt mit der Befreiung der Frau als zentralem Aspekt weiterentwickelt. Als Erstes sieht Öcalan die Geschlechterausbeutung, die sich in allen Bereichen der gesellschaftlichen Schichten eingenistet hat und verwurzelter und andauernder ist als noch die Klassenausbeutung und die nationale Ausbeutung; er erklärt dazu: »Die Geschichte der Versklavung der Frau ist noch nicht geschrieben worden. Die Geschichte ihrer Freiheit dagegen wartet darauf, geschrieben zu werden. Dass die Sklaverei der Frau völlig im Dunkeln gelassen wird, hängt eng mit der Ausbreitung von Hierarchien und etatistischer Macht zusammen.«¹ Durch die Gewöhnung der Frau an die Sklaverei wurden Hierarchien geschaffen und der Weg für die Versklavung der anderen gesellschaftlichen Bereiche eröffnet. Die Versklavung des Mannes erfolgte erst nach der Versklavung der Frau. Die Geschlechterversklavung weist auch andere Seiten auf als die Klassen- oder die Nationenversklavung. Ihre Legitimation wird durch emotionsgeladene Lügen in Verbindung mit geplanter und intensiver Unterdrückung sichergestellt. Die biologischen Unterschiede werden als Quasi-Begründung für die Versklavung herangezogen. In diesem Sinne versteht Öcalan die Versklavung und Unterdrückung der Frau als erste Konterrevolution und sagt dazu: »Das erste Opfer der hierarchischen Gesellschaft wurde das auf natürlicher Autorität beruhende matrizentrische System. […] Die erste folgenreiche Konterrevolution in der Gesellschaft war, die Frau Schritt für Schritt in die hierarchische Gesellschaft hineinzuziehen, so dass sie alle ihre starken sozialen Attribute verlor.²« Danach geht er auf die zwei großen Umbrüche der Freiheit der Frauen ein, die sie durchmachen mussten. Er sieht den ersten großen Umbruch in der Geburtsstunde des Staates, in der Göttinnen-Kultur der Inanna/Ischtar, und den zweiten in der Entstehung der monotheistischen Religionen. Aus dieser Perspektive sieht er die Religion als ideologischen Lieferanten der legitimierenden Argumente für das patriarchalische System der Männer. Er bezeichnet diese Umbrüche auf Seiten der Frau als Verlust der Freiheit, das wiederum bedeute den Verlust der gesellschaftlichen Freiheiten. Dies ist für ihn in erster Linie mit der Frage der Macht verbunden. Nach Öcalan war nämlich in der Naturgesellschaft, die auch als »Mutterkultur« oder »Göttinnenkultur« bezeichnet werden könnte, also in der vorstaatlichen Vergesellschaftlichungsphase, die Frauenkultur der verbindende Faktor für die gesellschaftlichen Werte und Freiheiten.

Als Zweites ist Öcalan der Ansicht, dass das elementare Problem der Geschlechtergleichheit seine Ursachen in erster Linie in der Institutionalisierung des Patriarchats hat. Aus diesem Grunde sieht er es

---

1 Jenseits von Staat, Macht und Gewalt, S. 189
2 Jenseits von Staat, Macht und Gewalt, S. 45

nicht nur als ein Problem in den Beziehungen zwischen Mann und Frau, sondern als eines der kompletten Umgestaltung des patriarchalischen Systems der Männer. In dem bestehenden patriarchalischen System hält er deshalb die Freiheit der Frau und des Mannes nicht für möglich. Er schlägt deshalb ein alternatives Lebensmodell vor. Er ist der Ansicht, das Problem werde losgelöst von der Geschlechterausbeutung und nur auf Basis der Beziehungen zwischen Mann und Frau zu eingeschränkt betrachtet, während der Sexismus die gesellschaftliche Mentalität, die Kultur, die gesellschaftlichen Institutionalisierungen, die Ethik und alle anderen Disziplinen beherrscht. In diesem Sinne die Geschlechterausbeutung in den Mittelpunkt stellend, ist er gleichwohl der Meinung, dies sei nicht unabhängig von jeder anderen Art der Ausbeutung aufzufassen. Denn er betont immer wieder, dass die Befreiung der Frau ohne die Überwindung ihrer Unterdrückung nicht möglich sei. Er behandelt das Problem nicht nur biologisch, sondern als eine gesellschaftliche Kultur in Person der Frau. Demnach ist die Unterdrückung des weiblichen Geschlechts eine ideologisch-kulturelle Orientierung, deren Überwindung sich ebenso gestalten lassen muss: »Der Kampf gegen die patriarchale Ideologie muss mit der Ideologie der Freiheit der Frau geführt werden. Gegen die herrschsüchtige patriarchalische Gesinnung muss die freiheitliche, natürliche Gesinnung der Frau ermächtigt werden. Diese muss in erster Linie den Kampf ideologisch für sich entscheiden können, und zwar vollständig. Es darf nicht vergessen werden, dass die tradierte weibliche Ergebenheit nicht physischer, sondern gesellschaftlicher Art ist. Sie hat ihre Quelle in einer verinnerlichten Sklaverei. Es muss also zunächst einmal diese Ergebenheit, sowohl mental als auch emotional, in ideologischem Sinne besiegt werden.« Mit diesen Worten verteidigt Öcalan die These, dass die Frau gegen die kapitulativen Gedanken und Gefühle genauso ankämpfen müsse wie gegen die ihr zugeteilte Rolle, den Status. Das ist sehr wichtig, denn die heutige Rolle der Frau ist eine Art »freiwillige Sklaverei«. Schließlich ist das Abfinden mit diesen Gefühlen eine Art Schicksalsergebenheit und Kampflosigkeit. Die Entfremdung, die der Frau auferlegt wird, Unterdrückung, Gewalt, Reduktion auf ein Objekt sowie die emotionale Vereinnahmung dieser vielseitigen Sklaverei müssen zerschlagen werden. Andererseits ist es ein Ergebnis der Institutionalisierung des patriarchalischen Systems und der Tatsache, dass die Frau keinen Weg der Befreiung herauszufinden vermochte. Das, was als sich zu ergeben sichtbar wird, ist eigentlich Ausweglosigkeit und die Überwindung dieser Situation ist zwingend erforderlich.

Drittens betont Öcalan, dass die Befreiung der Frau die Befreiung der Gesellschaft bedeutet. Diese Konzentration auf die Befreiungsperspektive ist es, was ihn besonders von anderen abhebt. Diese Befreiungsperspektive zielt auf die Ablehnung und Zerstörung des patriarchalischen Systems in seiner Gesamtheit. Wenn es um die Geschlechtergleichheit oder die Frauenbefreiung geht, kann dies seiner Ansicht nach nicht im patriarchalischen System verwirklicht werden, denn es ist mit dem männlichen Charakter und dem darüber erfolgten Gesamtaufbau des Systems verbunden. Also: »Die Frau muss sich ihre eigenen demokratischen Instrumente und Organisationen schaffen und entsprechende Bemühungen an den Tag legen«, denn eine generelle gesellschaftliche Befreiung bewirkt nicht direkt eine Befreiung der Frau, und deshalb muss diese ihre eigenen originären Strukturen schaffen. Öcalan versteht die originäre Organisation als eine Sicherheit. Weil der Aufbau einer originären Organisation in Anbetracht der Dimensionen des Ausbeutungssystems, seines Umfangs und der von ihm aufgezwungenen vielseitigen Sklaverei für die Geschichte der Frau unausweichlich ist, um die eigene Farbe, den Willen, die Kultur und die Existenz schützen und entwickeln zu können.

In diesem Sinne stellt die Philosophie Abdullah Öcalans die Befreiung der Frau in den Mittelpunkt. Die kurdische Freiheitsbewegung hat unter seiner Führung dem Problem der Frauenbefreiung, sowohl ideologisch als auch politisch, immer mehr Bedeutung beigemessen und diese Überzeugung in der Bewegung verankert. In diesem Rahmen wurde, auch wieder von Öcalan, eine neue wissenschaftliche Disziplin unter dem Namen Jineolojî vorgeschlagen

[»jin«: kurd. für »Frau«; Anm. d. Ü.]. Das Ziel dessen ist, dass die Frauenbewegung die führende Rolle bei der Lösung der Krise der kapitalistischen Moderne im Rahmen der ebenfalls von Öcalan entwickelten Modelle der demokratischen Zivilisation und des Paradigmas der demokratischen Moderne übernimmt. In diesem Zusammenhang entwickelt sich die Jineolojî vor allem aus der Ablehnung der patriarchalischen Ideologie, die sich mit all ihren, sich gegenseitig stärkenden, Institutionen und Disziplinen über die Bekämpfung und Negierung der Existenz der Frau ein Dasein geschaffen hat. Diese Verneinung fand zunächst im Denken statt: »Frau sein« war alles, außer sie selbst zu sein; es wurde zu einer Metapher des männlichen Intellekts. Im Rahmen der Diskussionen über die Jineolojî und eine alternative Wissenschaft wird angestrebt, mit der Begründung eines weiblichen Paradigmas die männlichen Paradigmen zu überwinden und das zu erforschen, was die Frau ist, was sie will, über ihre Evolutionsinterpretation, ihre eigene Natur und ihre eigene Geschichte zu erfahren und zu beleuchten. Und das alles soll sie allein und selbst verwirklichen. Obwohl die Jineolojî als eine Frauenwissenschaft verstanden wird, zielt sie im Kern auf eine starke Kritik der gesamten geistigen, kulturellen und materiellen Produktion der kapitalistischen Moderne ab. Die Frauenbewegung soll im Rahmen der Diskussionen über die Jineolojî alle Zwänge durchbrechen und für die Verwirklichung des Modells der demokratischen Moderne, als ein demokratisches, ökologisches, frauenfreiheitliches Modell gegen die kapitalistische Moderne, die Führungsrolle bei der Veränderung des 21. Jahrhunderts übernehmen. In diesem Sinne ist für Öcalan die Frauenrevolution im 21. Jahrhundert die vorrangigste Bedingung. Die Losung »Entweder Leben oder Barbarei« zwingt uns diese Revolution auf. Denn das System ist nicht mehr durch Reformen zu reparieren. So, wie die Sklaverei der Frau die tiefste Form der Sklaverei ist, sollte die Frauenrevolution die höchste Form der Freiheit und Gleichheit sein. Mit der Feststellung »Die Frauenrevolution erfordert sowohl im Denken als auch in der Ausführung grundlegende Initiativen« verweist er auf die Führungsrolle der Frauenbewegung in der demokratischen Moderne. Mit der Bewertung, das System sei nicht mehr durch Reformen zu reparieren, lenkt er die Aufmerksamkeit auf die Problemfelder der feministischen Bewegungen. Die Jineolojî-Diskussionen gehen in ihrer Ausrichtung weiter als bis zur bloßen Reformierung des Systems.

Alternative Widerstandsmethoden, die die Frauenrevolution nicht als Vorbedingung verstehen, bezeichnet Öcalan als Träger von Freiheitsdefiziten und er bezweckt, in allen Widerstandsperspektiven die Frauenrevolution in den Mittelpunkt zu rücken. Deshalb stellt er fest, dass keine Realität ohne die Freiheit der Frau eine Realität sei und dass keine Methode die richtige Methode sein könne, ohne die Frauenfrage zu lösen.

Als Ergebnis kann ich sagen, dass die Frauenbefreiungsbewegung Kurdistans mit ihrem Widerstand und mit der von ihr entwickelten breiten Widerstands- und Organisationsstruktur seit vierzig Jahren erfolgreich gegen alle Machtzentren der kapitalistischen Moderne und die tradierten Geschlechterrollen der Gesellschaft kämpft und es geschafft hat, dass die Zahl der Herrschaftsbereiche des Patriarchats, in denen sich dessen Vertreter selbst zu Helden erklärt hatten, abnimmt. Bestes Beispiel hierfür ist die revolutionäre Attacke der kurdischen Frauen in Rojava gegen das patriarchalische Gedankengut und gegen die kapitalistische Moderne, die Rojava als Bedrohung für sich sieht. So haben in Rojava und in Kobanê Frauen, die sich auf die Praxis und die Argumente des von Öcalan entwickelten Freiheitsparadigmas als Grundlage berufen, in den gesellschaftlichen Wandlungen den barbarischsten Angriffen der kapitalistischen Moderne standgehalten. Sie sind auf allen Gebieten die Vorreiterinnen; sie sind als politische Akteurinnen mit ihrem Freiheitsanspruch und ihrer Freiheitsstrategie nicht nur für die Befreiung der Frauen in Rojava, sondern für die Befreiung aller Frauen im Mittleren Osten die Trägerinnen einer Führungsrolle.

Sara Aktaş *studierte Philosophie in Ankara. In den 1990er Jahren schloss sie sich der kurdischen Freiheitsbewegung an. Aufgrund der politischen Aktivitäten war sie 11 Jahre in Haft und wurde 2004 freigelassen. Sie war Gründungsmitglied der DTP und in den Frauenräten aktiv. Ab 2009 saß sie erneut für 5 Jahre und 3 Monate in Haft. Gegenwärtig ist sie Sprecherin des Freien Frauenkongresses (KJA). Sie schreibt in verschiedenen Zeitschriften und Zeitungen über Frauenbefreiung.*

4.4 Nazan Üstündağ

Machtbeziehungen: Staat und Familie

Eine kritische Auseinandersetzung mit der modernen Familie und ihrem Verhältnis zum Kapitalismus und dem Nationalstaat ist einer der Kernpunkte in Öcalans Analyse der kapitalistischen Moderne. In meinem Vortrag möchte ich zunächst sein Konzept der Familie erläutern. Zweitens möchte ich die praktischen Vorgehensweisen der kurdischen Freiheitsbewegung und ihren Einfluss auf die Institution der Familie erörtern. Schließlich sollen mit dieser Erörterung bestimmte, mit dem Aufbau einer demokratischen Moderne entstehende Fragen im Zusammenhang mit dem Status von Familie in einer politisch-moralischen Gesellschaft gestellt werden. Sicherlich werden viele dieser Fragen in der Praxis beantwortet. Ich denke dennoch, dass wir sie auf einer intellektuellen Ebene stellen sollten, um den fortlaufenden internationalen Debatten über Themen wie die Organisierung von Fortpflanzung, Liebe, Intimität und Sorge füreinander nachzugehen, die alle im Zusammenhang mit der Familie stehen.

Die patriarchalische Natur des modernen Staates ist in der feministischen Literatur Gegenstand heftiger Debatten. Die Vorstellung, dass Geschlechterungleichheit bestimmt wird von moderner Staatsbürgerschaft und der nationalen Gemeinschaft sowie von früh- und spätkapitalistischen Systemen, ist nunmehr zum gemeinsamen Interesse in Debatten und Dialogen sozialistischer, radikaler und postkolonialer Feministinnen geworden, die sich in unterschiedlichen Kontexten für die Sache einsetzen.

Historische Studien haben uns bereits gezeigt, dass die Moderne nur die Bedeutung von Geschlechteridentitäten und Hierarchien umgeformt hat, anstatt die Befreiung der Frauen zu ermöglichen. Soziologische und anthropologische Forschungen haben uns hingegen gezeigt, dass solche Hierarchien entscheidend für die materielle und symbolische Grenzziehung im Sozialen, Ökonomischen und Politischen sind. Anderseits zeigen Studien über den Körper der Frau, wie die Präsentation und Repräsentation, Einbeziehung und Ausgrenzung, die Behandlung, Maßregelung und Verletzung des Frauenkörpers von moderner Macht und Staatssouveränität gestaltet werden.

Öcalan macht in seinen Schriften ähnliche Beobachtungen. Demnach bilden Frauen die älteste Kolonie, die keine festgelegten Grenzen hatte. Weiterhin argumentiert er, dass, obwohl die Kolonisierung der Frauen vor langer Zeit mit dem Ersetzen der Matrilinearität durch Patrilinearität begann, die schlimmste Form der Ausbeutung in der kapitalistischen Moderne einsetzte. Die Institution der Familie spielt eine Hauptrolle in diesem Prozess: In der Familie finden sexuelle Ausbeutung und Ausbeutung der Arbeit statt, die durch Diskurse über Liebe, Intimität, Mutterschaft und Feminität verdeckt werden. Auch durch die repressiven Familienstrukturen findet hier eine Produktion und Reproduktion des Staates und des Kapitalismus statt. In seiner Erörterung zur Funktion der Familie für die Kolonisierung der Frauen gibt Öcalan vier Wege vor, durch die die Familie mit dem Staat und der Kapitalbildung und dessen Monopolisierung verbunden ist:

1. Familie ist ein Mikro-Staat, in dem Männer die Gewalt und Entscheidungsfindung für sich monopolisieren und über die Frauen herrschen. Als solche ist die Familie der Ort, an dem die Verankerung des Staatlichen in der Gesellschaft sichtbar wird.
2. In der Familie wird die Frauenarbeit ausgebeutet und ihre Funktion für die Fortpflanzung ohne eine Gegenleistung ausgenutzt.
3. Der Staat macht die Frauen für das Gebären und Erziehen von Kindern verantwortlich, mit anderen Worten: für das Bevölkerungswachstum durch die Institution der Familie.

4. Die Familie integriert und normalisiert schließlich durch ihren Umgang mit den Frauen die Unterdrückung und Sklaverei in der Gesellschaft.

Zusammengefasst argumentiert Öcalan, dass die Familie eine Ideologie ist, welche die Kultur und das Wesen des Kapitalismus verkörpert. Familie ist auch der Ort, wo ein Krieg gegen die Frau stattfindet; in der Familie eingeschlossen werden Frauen zu Objekten unbegrenzter Begierde durch sexuelle Ausbeutung und zu Arbeitssklavinnen durch ihre Mutterschaft und ihre Rolle als Hausfrau. Moral wird zunächst ersetzt durch die Gesetze und die Politik des Staates. Gleichzeitig werden diese Gesetze und Politiken jedoch auch verdeckt durch Diskurse über Liebe, Intimität und Liberalismus. Familie bestimmt also eigenmächtig den modernen Bürger, dem es gelingt, in einem kapitalistischen modernen Staat zu funktionieren und Unterdrückung als natürlich erscheinen zu lassen.

Während dies Öcalans allgemeine Beurteilungen über die moderne Familie sind, hat er auch spezifischere Erkenntnisse über die kurdische Familie, die auf seinen eigenen Erfahrungen und seinen ethnographischen Beobachtungen beruhen.

Wie wir wissen, hat eine große Zahl postkolonialistischer Feministinnen die Einwände weißer Feministinnen gegen die Familie kritisiert und damit argumentiert, dass im Kontext von Kolonialismus und Rassismus die Familie auch eine stärkende Rolle zur Unterstützung und Sicherheit der Familienmitglieder haben kann. Auf der anderen Seite glaubt Öcalan, dass sich die kurdische Jugend von ihren Familien trennen muss, um Freiheit und einen freien Willen zu gewinnen. Ihm zufolge leidet die kurdische Familie nicht nur unter den Problemen der modernen Familie, sondern in Kurdistan werden darin auch der Kolonialismus und die Kollaboration mit dem Staat erzeugt. Familien ermöglichen eine Assimilierung und die Internalisierung von kolonisierten Persönlichkeiten.

Der Beitritt zur kurdischen Freiheitsbewegung und insbesondere zur Guerilla-Bewegung ist nicht nur ein Weg der Auflehnung gegen den Staat und den Kapitalismus, sondern auch gegen die Ideologie der Familie. Hier sollte ich hinzufügen, dass nach Öcalan die Familie zwar keine zu überwindende Institution darstellt, allerdings eine Institution, die dringend umgestaltet werden sollte. Nur nach ihrer Umgestaltung gelingt es der Familie, ihre Funktion für die Fortpflanzung in einer moralischen und politischen Art und Weise zu erfüllen. Öcalan glaubt, dass Sexualität und Liebe so lange Herrschaftsinstrumente bleiben, wie die Frauen nicht gleichgestellt und befreit sind. Daher bevorzugen Öcalan, die Guerilla und Mitglieder der Freiheitsbewegung das »Zölibat«.

Obwohl es nicht als Aufopferung betrachtet wird, sondern als eine Angelegenheit von moralischer und politischer Individualität, wird es dennoch nicht von allen Teilen der Gesellschaft erwartet. Stattdessen zeigt die Erfahrung der kurdischen Bewegung, dass die Vorreiterrolle der Guerilla, ihre Ideen und Praktiken die Familien direkt und indirekt verändern:

Die Bewegung bewirkt auf direkte Weise durch vielfache politische und pädagogische Methoden eine Veränderung des Bewusstseins und der Geschlechterverhältnisse. Indirekt findet eine Veränderung statt durch Söhne, Töchter, Brüder und Schwestern, die der Guerilla beitreten und sich von ihrer Familie trennen. Da sie sich nicht biologisch fortpflanzen können, ist es die Aufgabe der Familien und Freunde, sie zu reproduzieren, indem sie ihre Ideen, Taten und Erinnerungen verbreiten und mehr Guerillas in die Berge schicken. Somit findet von selbst eine Umstrukturierung der Familie statt.

Heute zeigen ethnographische Studien in Kurdistan, dass die Guerillabewegung die Institution der Familie erschüttert und auch auf andere Wege geführt hat. Frauen im Allgemeinen und insbesondere weibliche Verwandte derjenigen, die im Kampf gegen den Staat getötet wurden, sind politisch aktiv geworden und haben teil an der Zivilgesellschaft. Sie nehmen öffentliche Positionen in Kommunen und Parlamenten ein und lassen damit ihre Ehemänner und Söhne zuhause, wodurch sie auch die häusliche Arbeitsteilung herausfordern. Andererseits hat die Kampagne für muttersprachliche Bildung die Rolle der Frau im Haus hervorgehoben, da meist Frauen ausschließlich auf Kurdisch sprechen, weil sie nicht zur Schule geschickt und deshalb sprachlich und kulturell weniger assimiliert worden sind. So gesehen hat die Position der Frauen in der Familie und in der Gesellschaft einen neuen Stellenwert. Sie übernehmen die Aufgabe zu verhindern, dass der Staat und der ethnische Kolonialismus in vollen Zügen zu ihrem Ziel gelangen. Neben Veränderungen des Status der Frau in der Familie entstand in Kurdistan auch eine neue Generation von Jugendlichen, die in den Städten wohnen, in die deren Familien in den 1990er Jahren durch die türkische Armee umgesiedelt wurden. Diese Kinder haben heute ihre eigenen politischen Gemeinschaften und sind Agenten für bedeutende Serhildans (Aufstände) gegen den Staat. Demnach hat die Kindheit die Form eines politischen Zustands angenommen, in dem Gruppen unterschiedlichen Alters eine Quelle für politische und individuelle Freiheit darstellen.

Trotz all seiner negativen Effekte können wir festhalten, dass der Krieg in Kurdistan geographisch gesehen dort entstand, wo Nationalismus, Kapitalismus und die Familie systematisch in ihrer Reproduktion versagen. In der Tat ist es keine Überraschung, dass anderswo seit Beginn der 2000er der türkische Staat damit begann, die kurdische Familie als Hauptadressat für seine Sozialpolitik zu betrachten, aber gleichzeitig Frauen und Kinder strenger bestrafte. Sozialhilfeprogramme, an Konditionen gebundene Bargeldtransferprogramme, Gesundheitsreformen, soziale Zentren, Ausbildungskampagnen und erschwingliche öffentliche Wohnungen umgaben die kurdische Familie und verbanden sie eng mit dem Staat. Der zu jener Zeit amtierende Premierminister Erdoğan nötigte Mütter, sich gründlich um die Bildung ihrer Kinder zu kümmern, und sein damaliger Verbündeter, der religiöse Führer Fethullah Gülen, schmückte Kurdistan mit Privatschulen und Stipendien aus, wodurch Studenten auf die zentralen Universitätsexamen vorbereitet wurden und ihr Handeln geformt wurde. Währenddessen wurden Kinder, die an öffentlichen Protesten teilnahmen, und weibliche Mitglieder der Befreiungsbewegung im

Zuge der Anti-Terror-Gesetze festgenommen und zu langjährigen Haftstrafen verurteilt.

Als die AKP-Regierung den Friedensprozess anzustoßen versuchte, war es keine Überraschung, dass die ersten Märtyrerinnen des Friedens Sakine Cansız und ihre beiden Genossinnen waren. Cansız war Gründungsmitglied der PKK und Führerin der Frauen in der Befreiungsbewegung. Zum nächsten Märtyrer wurde Medeni Yıldırım, ein Teenager, der gegen den Bau einer Militärstation in seiner Heimatstadt protestiert hatte.

Während des Friedensprozesses verkündete der Premierminister Erdoğan mehrmals, dass Frieden Kurdistan für Kapitalinvestitionen und Vermögensbildung öffnen würde, während der Krieg die Situation für das Kapital bedrohlicher mache. Er gab auch Fehler zu, die der Staat in der Vergangenheit gemacht habe, und betonte seinen Willen, die kurdische Geschichte in nationale Erzählungen aufzunehmen, indem er sich auf historische Figuren wie Ehmedê Xanî, Şivan Perwer und Said Nursî bezog. Schließlich wollte er aber mit der immer wieder betonten Devise »Mütter sollen nicht mehr weinen« die Wichtigkeit enger Bindungen hervorheben und die Guerilla-Bewegung auf ein Bild von Familientragödien reduzieren.

Frieden heißt für den Staat immer, dass durch Krieg bedrohtes Territorium redefiniert und abgesichert wird, dass vielfältige Geschichtsschreibung in eine einzige nationale Geschichte assimiliert und das Soziale als eine homogene Einheit reorganisiert wird. Dabei wird die moralische und politische Gesellschaft, die durch den Machtverlust des Kapitals und des Staates während des Krieges eine Öffnung erlebt hatte, erneut durch Gesetze und den Staat dominiert. Deshalb ist es keine Überraschung, dass die AKP sofort nach der Deklarierung des Friedensprozesses mit dem Bau von Straßen, Staudämmen und anderen Aufbauprojekten begann, um Kurdistans Gemeindeland zu privatisieren. Sie errichtete neue Armeeposten, um dieses Land zu nationalisieren, und versuchte die Familie zu restaurieren, was Öcalan auch als kleine Staatszellen mittels Sozialpolitik bezeichnen würde.

Dennoch war die kurdische Bewegung teilweise darauf vorbereitet und Öcalan stellte ein neues Paradigma auf, um all dies zu bekämpfen, indem er die Bewegung mobilisierte in Richtung dessen, was wir den Aufbauprozess nennen: die Bildung von Institutionen der demokratischen Autonomie und Moderne trotz des Staates. Öcalan behauptet, die Familie sei der Schlüssel für den Aufbau der moralischen und politischen Gesellschaft, die mit einer demokratischen Autonomie als Ergebnis des Aufbauprozesses aufblühen werde.

Ich hoffe, dass die Unterschiede zwischen Öcalans Ansichten und der Mainstream-Kritik der Feministinnen an der Familie bis jetzt deutlich geworden sind. Lassen Sie mich dennoch diese Unterschiede in einer systematischeren Form auflisten:

1. Für Öcalan sind die Befreiung der Frau und die Transformation der Familie in ein frei gewolltes, gleichgestelltes Zusammensein notwendig, um eine politische und moralische Gesellschaft zu erreichen, und umgekehrt. Somit ist das Wohl der Gesellschaft, der Familie und der Frauen miteinander verflochten. In diesem Sinne lehnt Öcalan einen liberalen Individualismus ab und stellt stattdessen eine Vorstellung vom sozial tief verankerten und sozial verbundenen Individuum in den Vordergrund. Befreiung ist weder »Du machst, was du machen willst« noch »Meine Identität und mein Körper gehören mir«, sondern sie wird erreicht durch die ethische Kultivierung eines verbundenen Selbst, das an der Bildung einer neuen und demokratischen Gesellschaft teilnehmen wird. Es kann in dem Motto zusammengefasst werden: »Wir können und wollen uns selbst verteidigen.«

2. In Öcalans Denken ist Kritik eine Praxis, die sofort zu kollektivem Handeln aufruft. Sein Geschichtsverständnis, das sich gegen Positivismus und Genealogie richtet, ist stark beeinflusst durch Engels, und ich würde sagen, durch Pierre Clastres: Es gibt einen Kampf zwischen der Gesellschaft und dem Staatlichen und einen Kampf von Männern gegen

Frauen, der dem Krieg von Staat und Kapital gegen die Gesellschaft gleicht. Trotzdem weiß es die Gesellschaft aufgrund ihrer Geschichte besser.
3. In Öcalans Denken zielt Kritik auf Mobilisierung ab. Die Mobilisierung braucht passende Strategien, Taktiken, die sie zu einem definierten Ziel führen. Wird das Ziel nicht erreicht, müssen Strategien und ideologischer Rahmen überdacht werden. Wir können sagen, dass dieses Zusammenspiel von Kritik und Praxis, Ideologie und Massenmobilität, Freiheit und Aufbau die Epistemologie seines Denkens ausmacht, die wir bestenfalls als postkolonial definieren können, da sie in einen Kampf gegen den Kolonialismus eingebettet ist.

Ich möchte meine Diskussion mit einer wichtigen Frage abschließen, die Feministinnen über die kurdische Freiheitsbewegung und ihren Aufbauprozess stellen: Wenn die Familie soviel Kritik verdient und die Frauen in der Familie unterdrückt werden, warum wird dann beispielsweise eine Zunahme der Scheidungen in Rojava und Bakur als Problem gesehen? Warum ermutigt beispielsweise die »Mala Jin« [Haus der Frau; Anm.d.Ü.]-Struktur in Rojava Frauen, zu Hause zu bleiben, oder warum kämpft sie gegen Vielehe und Sexarbeit als Formen der Zerstörung der Familie unter dem Schlagwort der »Unmoral«? Die Antwort darauf mag sein, dass sie vermeiden wollen, dass sich die Bewegung von der Gesellschaft entfremdet. Wenn die Bewegung eine Politik gegen die Familie befürwortet, könnte sie in der Gesellschaft als Fremdkörper empfunden werden. Es könnte auch argumentiert werden, dass die Familie im Moment noch als die einzige lebensfähige Institution der Reproduktion gesehen wird. Oder man könnte anführen, dass in Kurdistan die Familie immer noch der einzige Ort ist, der die Menschen vom liberalen Individualismus schützt, bis andere Institutionen aufgebaut sind. Die Hoffnung ist, dass diese Institutionen funktionsfähig werden, neue Formen von Intimität, die auf den Guerilla-Erfahrungen von Freundschaft basieren, aufblühen und somit vielfältige neue Modelle intimer Bindungen entstehen.

Nazan Üstündağ *lehrt Soziologie an der Boğaziçi-Universität in Istanbul. Ihre Interessen sind feministische Theorie, Postkoloniale Theorie, Staat und Gewalt und Methoden der Erzählung. Sie schreibt Kolumnen für Bianet und Özgür Gündem. Darüber hinaus ist sie Gründungsmitglied im Friedensrat, bei Frauen für Frieden und Akademiker_innen für Frieden. Nazan Üstündağ ist Mitglied im Vorstand der HDP (Demokratischen Partei der Völker).*

4.5 Dilar Dirik

Feminismus und die kurdische Freiheitsbewegung
Call for Papers Topic

Die Tatsache, dass die Ansätze, Ideen, neuen Freiheitskonzepte der kurdischen Freiheitsbewegung heute auf dieser Konferenz mit Personen mit solch unterschiedlichen Hintergründen diskutiert werden, zeugt von der Reichweite des Widerstands von Kobanê, der weit über seine militärischen Aspekte hinausgeht.

Der Weltfrauenmarsch wurde dieses Jahr an der Grenze zwischen Nord- und Westkurdistan (Bakur und Rojava), an der künstlichen Linie, die die Zwillingsstädte Qamişlo und Nisêbîn voneinander trennt, begonnen. Das Komitee kam zu dieser Entscheidung, um den Widerstand der Frauenverteidigungseinheiten (YPJ) gegen den sogenannten Islamischen Staat zu ehren. Dies, sowie weitere Beispiele, zeigen das erhöhte Interesse von Feminist*innen überall auf der Welt an der kurdischen Frauenbewegung.

Was also können feministische Bewegungen von den Erfahrungen kurdischer Frauen lernen, zu einer Zeit, in der diese die Bedeutung von Frauenbefreiung erneut artikuliert haben, indem sie die Prämissen des globalen patriarchalen, kapitalistischen Nationalstaatssystems ablehnten, das Tabu der Frauenmilitanz (ein Tabu, das aufgrund ihres Trotzes gegen soziale Normen überall auf der Welt herrscht) brachen, sich der legitimen Selbstverteidigung annahmen, indem sie das Monopol der Gewalt vom Staat dissoziierten und eine brutale Organisation nicht im Namen imperialistischer Mächte, sondern basierend auf ihrer eigenen Kraft bekämpften – nicht nur gegen Staaten und faschistische Organisationen, sondern auch trotz der Normen ihrer eigenen Gesellschaft – und ihre eigenen Grundlagen ihrer Freiheit schufen?

Zunächst einmal sollte festgestellt werden, dass die Beziehung der kurdischen Frauenbewegung zu den vorhandenen Feminismen in der

Region oft recht kompliziert war. Beispielsweise tendierten türkische Feminist*innen oft dazu, kurdische Frauen zu marginalisieren, die sie zudem als rückständig aufnahmen und in ihr nationalistisches Modernisierungsprojekt zwangszuassimilieren versuchten. In der Praxis hieß dies, dass alle Frauen zunächst türkisch sein mussten, um sich überhaupt für Befreiung zu qualifizieren. Ihr politischer Kampf, vor allem wenn bewaffnet, wurde oft mit brutaler Staatsgewalt beantwortet, die Rassismus und Sexismus kombinierte und sexualisierte Folter und Propagandakampagnen verwendete und die kämpfende Frauen als Prostituierte darstellte, die es wagten, sich dem hypermaskulinen Militärapparat als ebenbürtige Feinde entgegenzustellen. Im westlichen Diskurs galten kämpfende Kurdinnen oft als Frauen, die sich für nationale Zwecke instrumentalisieren lassen oder sich der Bewegung anschließen, um ihrer scheinbar »rückständigen Kultur«, der sie zum »Opfer« gefallen sind, zu entkommen. Abgesehen davon, dass solche Argumente zutiefst chauvinistisch und sexistisch sind, sind sie des Weiteren nicht in der Lage zu erklären, wie es der kurdischen Bewegung gelang, eine basisorientierte Frauenbewegung zu schaffen, die sowohl die Tradition herausfordert als auch die Gesellschaft weitgehend transformiert. In der Tat, wenn wir betrachten, auf welche Weise die Mainstream-Medien und Politik den Widerstand kurdischer Frauen gegen den IS auf seine physisch-militärischen Aspekte reduzieren, wird deutlich, dass ihre vereinfachten, problematischen Annahmen sogar an eine Art Schadenfreude grenzen: Nicht dem radikalen Kampf der Frauen wird Respekt bezeugt, sondern die »Jungs vom IS« werden »von Mädchen geschlagen«. Die politischen Motivationen, die Ideologie dieser Frauen werden ignoriert oder für bestimmte Zwecke vereinnahmt, sogar von Feminist*innen. Anfangs kümmerten sich wenige um die Ideale, die diesen Widerstand anführten, noch weniger war man daran interessiert zu hinterfragen, weshalb die Ideologie auf den gleichen Terrorlisten der westlichen Staaten steht wie der IS.

Das Ziel dieser Präsentation ist nicht, zu behaupten, dass der Feminismus und die kurdische Frauenbewegung zwei komplett separate Dinge sind. Stattdessen soll auf ihre Beziehung eingegangen werden, mit dem Fokus auf die originellen Beiträge der kurdischen Frauenbewegung, die potentiell Perspektiven bieten könnten.

Natürlich gibt es nicht einen singulären Feminismus, sondern mehrere Strömungen, die oft stark voneinander abweichen. Die Partikularität der Erfahrung kurdischer Frauen, die direktes, gelebtes Bewusstsein dafür geschaffen hat, dass unterschiedliche Formen der Gewalt voneinander abhängig sind und sich gegenseitig bedingen, stammt von ihrer mehrfach unterdrückten Situation als Mitglieder eines staatenlosen Volkes in einer von Nationalstaaten geprägten Welt, von sozioökonomischer Ausbeutung und Ausgrenzung und patriarchaler Gewalt durch den Staat und die eigene Gemeinde. Die Kritik der kurdischen Freiheitsbewegung an Kolonialismus, Kapitalismus und Staat lässt vielleicht anarchistische, sozialistische und antikoloniale feministische Bewegungen als ihre am nächsten stehend erscheinen.

Während sie die Debatten und Kämpfe des Feminismus als Teil der historischen Gesellschaft und als ihr Erbe betrachten, versuchen die Diskussionen innerhalb der kurdischen Frauenbewegung heute die Grenzen des Feminismus zu erkunden und zu überwinden. Keineswegs ist dies ein postfeministischer Ansatz, lehnt er den Feminismus ab. Überwindung heißt in diesem Zusammenhang, eine Alternative gegen die dominanten Strukturen zu systematisieren durch radikale Systemkritik und die Kommunalisierung des Widerstandes an mehreren Fronten, vor allem durch die Politisierung der Basis mithilfe einer Revolution der Mentalität und der Transformation oder metaphorischen Tötung des Mannes und der vielfachen Ausdrücke des Patriarchats. Hierbei muss die gesamte globale Ordnung, die zu einem permanenten Status der Gewalt und Unterdrückung beiträgt, infrage gestellt und kritisiert werden.

Kobanê, sowie die zwei anderen Kantone Rojavas, Cizîrê und Afrîn, sind Beispiele von dessen praktischer Anwendung. Der Widerstand von Kobanê, in dem mutige Frauen eine der faschistischen Kräfte unserer Ära besiegten, war viel mehr durch die politische Ideologie und das alternative Modell der organisierten Gesellschaft geprägt als durch militärische Überlegenheit. Der Sieg von Kobanê war ein direktes Resultat der sozialen und politischen Organisation der Kantone sowie des Freiheitskonzeptes der Bewegung, das weit über Nationalismus, Macht und Staat hinausgeht.

Abdullah Öcalan, der ideologische Vorsitzende der PKK, behauptet explizit, dass das Patriarchat zusammen mit Kapitalismus und Staat die Wurzeln der Unterdrückung, Dominanz und Herrschaft ausmacht, und deutet auf ihre Verbindungen: »Alle Macht- und Staatsideologien sind auf sexistische Einstellungen und Verhaltensweisen zurückzuführen. Die Versklavung der Frau stellt einen im höchsten Maße verborgenen und verschleierten gesellschaftlichen Bereich dar, in dem alle Formen von Sklaverei, Unterdrückung und Kolonisierung realisiert sind. Kapitalismus und Nationalstaat agieren im vollsten Bewusstsein dessen. Ohne Versklavung der Frau kann keine der anderen Formen von Sklaverei bestehen geschweige denn sich entfalten. Kapitalismus und Nationalstaat kennzeichnen den weitest institutionalisierten dominanten Mann. Deutlicher gesagt: Kapitalismus und Nationalstaat sind der Monopolismus des despotischen und ausbeuterischen Mannes.«

Die Herangehensweise der kurdischen Freiheitsbewegung hinsichtlich der Frauenbefreiung ist eine explizit kommunalistische. Anstatt Genderrollen zur Unendlichkeit zu dekonstruieren, behandelt sie die Bedingungen hinter aktuellen Konzepten des Frauseins als soziologische Phänomene und versucht, solche Konzepte durch einen neuen Gesellschaftsvertrag neu zu definieren. Sie kritisiert den Mainstream-Feminismus auf der Basis seiner geläufigen Analyse des Sexismus, die sich lediglich auf Gender bezieht, sowie dessen Versagen, weitere soziale Veränderung und Gerechtigkeit zu verlangen, indem er sich auf den Rahmen der vorherrschenden Ordnung beschränkt. Eine der größten Tragödien des Feminismus ist, dass er in die Fallen des Liberalismus tappt. Unter dem Banner der Befreiung werden somit extremer Individualismus und Konsumismus als Emanzipation und Ermächtigung propagiert, was natürlich schwerwiegende

Hindernisse für kollektive Aktionen bildet und die Probleme realer Menschen in der Gesellschaft nicht einmal anrührt. Natürlich sind individuelle Freiheiten lebenswichtig für Demokratie, doch das Versagen dabei, sich auf eine basisorientierte Art und Weise in der Gesellschaft zu organisieren, erfordert eine fundamentale Selbstkritik des Feminismus. Natürlich drückt der feministische Begriff der »Intersektionalität« die Verknüpfungen zwischen unterschiedlichen Formen der Unterdrückung, Macht und Gewalt und die Wichtigkeit einer ganzheitlichen Strategie des feministischen Kampfes aus. Doch sehr oft schaffen diese in recht elitären feministischen Zirkeln stattfindenden Debatten es nicht, Millionen von Gewalt betroffene Frauen zu erreichen. Somit formieren sich also erneut im Vakuum gehaltene Diskussionen über Radikalismus, die für die meisten nicht zugänglich sind. Wie radikal oder intersektionell ist ein Kampf, der sich nicht verbreitet?

Nach Ansicht der kurdischen Frauenbewegung sind diese Hindernisse auf die Herrschaft positivistischer Wissenschaften und die Beziehung zwischen Wissen und Macht zurückzuführen, da diese bewusst die expliziten Verknüpfungen verschiedener Formen der Gewalt und Dominanz verschwimmen und somit den Glauben an eine andere Welt erlöschen lassen, indem sie das vorherrschende globale System als die natürliche, unveränderliche, unbewegliche Ordnung der Dinge darstellen. Durch ihre spezifischen soziopolitischen und wirtschaftlichen Bedingungen sowie ihre Ideologie, die von großer Aufopferungsbereitschaft begleitet wird, gelang es der kurdischen Frauenbewegung, sich in eine Massenbewegung zu mobilisieren, indem sie zu einigen Schlüssen nicht durch theoretische Debatten, sondern tatsächlich gelebte Erfahrungen und Praktiken gekommen ist. So wurde nicht nur direktes politisches Bewusstsein geschaffen, sondern ebenfalls ein Wille, kollektiv Lösungen für gesellschaftliche Problemen zu finden, allen Hindernissen zum Trotz.

Und so, durch Abdullah Öcalans Vorschlag motiviert, begann sie eine wissenschaftliche Herangehensweise zu entwickeln, die vorherrschende Auffassungen der Wissenschaft, vor allem der Sozialwissenschaften, infrage stellt, indem sie sich weigert, Mechanismen der Gewalt, Ausgrenzung und Ausbeutung zu reproduzieren. Ein Herangehen, das nicht auf die Kategorisierung von Menschen und Gemeinden begrenzt ist, als seien diese leblose Objekte, die nicht selbst zu ihren eigenen Lösungen beitragen könnten, und das die verschiedenen Sphären des Lebens voneinander separiert, um unendlich viele wissenschaftliche Branchen zu begründen. Eine Methode, die stattdessen versucht, praktische Lösungen für gesellschaftliche Probleme zu ergründen, eine »Soziologie der Freiheit«, die um die Stimmen und Erfahrungen der Unterdrückten herum entwickelt wird. Und somit begann eine reiche Arbeit an Theorie und Praxis des Konzeptes der *Jineolojî*.

Diskussionen und Debatten werden in den Qandil-Bergen, an der Front in Rojava, in den vernachlässigten Nachbarschaften in Amed geführt – jede Straße kann in eine Akademie umgewandelt werden. Fragen wie »Wie kann Frauengeschichte erneut gelesen und geschrieben werden? Wie entsteht Wissen? Wie weiß man etwas? Welche Methoden können benutzt werden auf einer freiheitlichen Suche nach Wahrheit, wenn uns die heutigen Systeme der Wissenschafts- und Wissensproduktion Wissen wegnehmen, um den Status quo aufrechtzuerhalten?« werden intensiv diskutiert. Die Dekonstruktion des Patriarchats und anderer Formen der Gewalt, Macht, Unterwerfung und Ausbeutung wird von Diskussionen zur Konstruktion von Alternativen basierend auf freiheitlichen Werten und Lösungen von Freiheitsproblemen begleitet.

Während sie sich als eine Wissenschaft der Frau und des Lebens und der Wissenssuche der Frau definiert, kritisiert die Jineolojî am Feminismus, dass er soziale Probleme oft bloß durch die Genderbrille betrachtet. Selbstverständlich hat die Dekonstruktion von Genderrollen und des Patriarchats viel zu unserem Verständnis von Sexismus und verschiedenen Formen der Gewalt und Unterdrückung beigetragen, aber oft genügt dies nicht, um erfolgreich und kollektiv Alternativen zu kreieren. Wenn Konzepte wie Mann und Frau, auch wenn sie soziale Konstrukte sind, voraussichtlich noch eine Weile zu bestehen scheinen – kann man nicht versuchen, neue Existenzbedingungen zu schaffen, indem man solchen Begriffen eine neue, freiheitlichere Essenz gibt, um sie zu überwinden? Hierbei darf nicht vergessen werden, in welchem Zusammenhang diese Diskussionen geführt werden – in einer ultrakonservativen Gesellschaft mit wenig Raum für individuellen Selbstausdruck, die Frauen oft als unwürdige, wertlose, stimmlose Dienerinnen des Mannes darstellt, in einem Kontext der normalisierten, institutionalisierten Gewalt an Frauen.

Wenn es möglich ist, Identitätskonzepte wie den Nationenbegriff neu zu erfinden, indem man sie von ethnischen Implikationen befreit und auf eine auf Prinzipien fußende Einheit begründet – in anderen Worten, eine auf freiheitlicher Mentalität und demokratischen Kulturen basierende Einheit, aus politischen Subjekten anstatt dem Staat dienenden Objekten bestehend – (dies ist die Idee der demokratischen Nation, von Öcalan artikuliert und momentan in Rojava umgesetzt), können wir dann nicht ebenfalls eine neue, freie, radikal freiheitliche Frauenidentität erdenken, die auf Autonomie und Freiheit aufbaut, um einen neuen Sinn von Gesellschaft zu schaffen, frei von Hierarchie und Dominanz? Jineolojî versucht nicht, eine essentialistische Vorstellung des Frauseins zu rechtfertigen, eine neue soziale Rolle mit limitierter Bewegungsfreiheit zu fixieren, sondern stellt sich als eine Methode vor, die solche Fragen auf kollektive Art und Weise ergründen kann. Indem sie sich mit Geschichte und Geschichtsschreibung beschäftigt, versucht Jineolojî, von Brüchen in der Geschichte der Mythologie und Religionen zu lernen, die kommunalistischen Formen der Organisierung im und jenseits vom Neolithikum zu verstehen und die Beziehungen zwischen den Mitteln der Produktion und sozialer Organisation sowie zwischen dem Aufstieg des Patriarchats und dem Entstehen von Akkumulation und Besitz zu investigieren.

Und dennoch, während sie die Fixierung des Feminismus auf Gender kritisiert, versteht die kurdische Frauenbewegung aufgrund ihrer Erfahrung gleichzeitig die dringende Notwendigkeit, spezifischen Formen der Unterdrückung besondere Aufmerksamkeit zu schenken. Und somit ist eines der Kernelemente der organisatorischen Struktur der Bewegung die autonome, radikaldemokratische Selbstorganisierung der Gruppen und Gemeinschaften. Ungleich herkömmlichen Vorsitzenden nationaler Befreiungsbewegungen unterstreicht Öcalan die Notwendigkeit eines autonomen und bewussten Frauenkampfes und gibt der Befreiung der Frau oberste Priorität: »Das 21. Jahrhundert muss die Ära des Erwachens der emanzipierten, befreiten Frau sein. Das ist wichtger als die Befreiung der Klasse oder die nationale Befreiung.« (Öcalan, 2013, S. 59)

Es gibt zahlreiche Beispiele, die zeigen, wie die kurdische Frauenbewegung Autonomie in der Praxis im Hier und Jetzt zu leben versucht, anstatt ihre Ideale auf eine Zeit in der Zukunft zu projizieren – selbst ein kurzer Blick auf die Beteiligung kurdischer Frauen an der Politik in der Türkei spricht Bände. Frauenbefreiung wird nicht nur als ein Ziel, sondern als eine Methode betrachtet, die im Alltag praktiziert wird. Sie ist nicht etwas, was in der Demokratie erreicht wird, sondern sie ist Demokratie in der Praxis.

Heute teilt die Bewegung durch das Prinzip des Ko-Vorsitzes Macht gleichberechtigt zwischen einer Frau und einem Mann auf, von Parteispitzen bis zu Nachbarschaftsräten. Das geschieht nicht bloß, um Frauen und Männern gleichwertige Entscheidungskraft zu geben, sondern ebenfalls, um Macht zu dezentralisieren, Monopolismus vorzubeugen und zur Konsensfindung zu ermutigen. Das zeigt erneut die Assoziierung von Befreiung mit kommunalistischen Entscheidungsmechanismen auf. Die Frauenbewegung ist autonom organisiert – sozial, politisch, wirtschaftlich und militärisch. Während mit diesen organisatorischen Prinzipien versucht wird, die Repräsentation von Frauen zu garantieren, wird eine massive soziale und politische Mobilisierung betrieben, um das Bewusstsein der Gesellschaft zu stärken. Es wird eine radikale mentale Revolution benötigt, da Hierarchie und Dominanz sich zunächst im Gedanken verankern.

Von diesen Prinzipien inspiriert haben die selbstverwalteten Regionen Rojavas seit dem Beginn ihrer Revolution begonnen, Ko-Vorsitze und Quoten anzuwenden, während sie autonome Frauenverteidigungseinheiten, -kommunen, -akademien, -tribunale, -kooperativen inmitten von Krieg und Embargo aufbauen. Der Frauendachverband Yekîtiya Star ist in allen Lebensbereichen autonom organisiert, von der Verteidigung über die Bildung bis zur Gesundheit. Autonome Frauenräte bestehen parallel zu Volksräten und können bei den Entscheidungen der Letzteren ein Veto einlegen. Geschlechtsspezifische Diskriminierung, Zwangsheirat, häusliche Gewalt, sogenannte Ehrenmorde, Polygamie, Kinderheirat und Brautpreis wurden gleich zu Beginn kriminalisiert. Viele nichtkurdische Frauen, vor allem Araberinnen und Suryoye, haben sich dem bewaffneten Kampf oder den Verwaltungsstrukturen angeschlossen und werden ermutigt, sich ebenfalls selbst autonom zu organisieren. In allen gesellschaftlichen Bereichen, inklusive der internen Sicherheitskräfte (*asayîş*) und der Volksverteidigungseinheiten (YPG) und Frauenverteidigungseinheiten (YPJ), ist die Gleichberechtigung der Geschlechter ein zentraler Teil der Bildung. Wie Ruken, eine Aktivistin der Frauenbewegung in Rojava, sagt: »Wir klopfen nicht an die Türen der Menschen und sagen ihnen, dass sie falsch leben. Stattdessen versuchen wir ihnen zu zeigen, dass sie sich selbst organisieren können, und geben ihnen die Möglichkeit und Fähigkeit, ihr Leben selbst zu bestimmen.«

Obwohl Frauenbefreiung schon immer Teil der Ideologie der PKK war, hat sich die autonome Organisierung der Frauen vor allem mit dem Paradigmenwechsel der Organisation entwickelt, die vom Ziel eines eigenen Nationalstaates absah und von da an durch den demokratischen Konföderalismus basisdemokratische Formen gesellschaftlicher Selbstverwaltung vorsah. Je mehr die Beziehungen zwischen verschiedenen Formen der Unterdrückung identifiziert wurden, je mehr die ausbeuterischen Mechanismen des Staatensystems aufgedeckt wurden, umso mehr wurde nach Alternativen gesucht, sodass Frauenbefreiung nicht mehr nur ein Teil der Revolution war, sondern zu einem Prinzip ohne Kompromiss wurde.

Anstatt wie der Mainstream-Feminismus Gerechtigkeit in staatlichen Konzepten wie legalen Rechten zu suchen, kam die kurdische Frauenbewegung zu dem Schluss, dass der Weg zur Befreiung eine fundamentale Systemkritik erfordert. Anstatt sie der Frau aufzubürden, wird Frauenbefreiung die Verantwortung der gesamten Gesellschaft, ein Maßstab für die Ethik und Freiheit einer Gesellschaft. Für einen bedeutungsvollen Freiheitskampf kann Frauenbefreiung also nicht nur ein Ziel sein, sondern muss die aktive Methode des Befreiungsprozesses darstellen. Wahre soziale Veränderung von den gleichen Mechanismen wie dem Staat zu erwarten, die Vergewaltigungskultur und Gewalt an Frauen ständig reproduzieren, würde heißen, dem Liberalismus mit seiner feministischen und demokratischen Vortäuschung in die größte Falle zu gehen. Eine in Rojava oft zu hörende Parole ist folgende: »Wir werden den IS bekämpfen, indem wir die Befreiung der Frau im Mittleren Osten garantieren.« Denn der IS kann nicht besiegt werden, ohne dass die ihm zugrunde liegende Mentalität, die globale Vergewaltigungskultur, besiegt wird. Diese Mentalität ist nicht nur im IS vorhanden, sondern ebenfalls in unseren eigenen Köpfen, Gesellschaften verankert – staatliche Gewalt, IS-Gewalt, Gewalt im Namen der Ehre, sie liegen einander nicht so fern. Allen Hindernissen zum Trotz, durch lange Kämpfe und große Opfer haben die kurdischen Frauen um die PKK eine politische Kultur geschaffen, in der Sexismus und Gewalt gegen Frauen nun sozial geächtet werden.

Die Frauenbewegung produziert eigenständig ihre Theorien und Kritiken, doch es ist bemerkenswert, dass ein männlicher Vorsitzender einer mittelöstlichen Bewegung die Freiheit der Frau als ein solch bestimmendes, kritisches Maß der gesellschaftlichen Freiheit betrachtet. Das hat viele Feminist*innen dazu veranlasst, die kurdische Frauenbewegung aufgrund der zentralen Rolle Öcalans zu kritisieren, oft ohne sich mit seinen Theorien befasst zu haben. Doch wenn wir das Freiheitsproblem der Frau jenseits von einschränkenden Genderrahmen analysieren, es als Freiheitsproblem der Gesellschaft definieren, was fundamental mit jahrtausendealter Reproduktion von Macht- und Hierarchiesystemen zusammenhängt, wenn wir unser Freiheitsverständnis erneut artikulieren und Befreiung außerhalb der Parameter des dominanten Systems mit seinen patriarchalen Annahmen und Verhaltensweisen definieren, wenn wir stattdessen eine radikale Alternative suchen, die Frauenbefreiung nicht als Nebenwirkung einer gesamten Revolution betrachtet, die niemals kommen mag, und stattdessen einsehen, dass der radikale Frauenbefreiungskampf durch autonome Selbstverwaltung im Hier und Jetzt als Methode und Prozess zentral stattfinden muss, wenn wir die Methoden zu unserem Verständnis der Welt kritisieren, um sie neu zu interpretieren – also, wenn wir unseren Widerstand erweitern und systematisieren und verstehen, dass wir dazu Selbstreflexion und die Verinnerlichung freiheitlicher Werte benötigen, dann werden wir vielleicht nicht mehr so erstaunt darüber sein, dass ein Mann in einer Vorreiterrolle sich so für Frauenbefreiung einsetzen kann. Anstatt uns mit dem Geschlecht Öcalans zu befassen, wäre es vielleicht produktiver zu verstehen, was es für einen Mann in einer solch feudal-patriarchalen Gesellschaft bedeutet, so eine Position zur Versklavung der Frau zu beziehen. Was bedeutet es, wenn er sagt, man solle »den Mann in sich töten«? Vielleicht ist dies der Radikalismus, den wir brauchen, um unsere Probleme zu lösen.

Der anfangs genannte Weltfrauenmarsch war am diesjährigen 8. März in Amed (Diyarbakır). Während Fotos von gefallenen Frauenmilitanten im Wind schwangen, sah ich eine singende Gruppe, die sich zu traditionellen kurdischen Volkstänzen aneinandergereiht hatte. Eine Frau spielte das *daf,* auf den das A für Anarchismus gemalt war, während eine ältere Frau in traditionellem Gewand ihre Finger zum Siegeszeichen gehoben hatte und zu den Klängen tanzte. Neben ihnen war ein junger Mann, der voller Freude die LGBT-Flagge schwang. Ein recht unüblicher Anblick, aber eigentlich beschreibt er den Charakter der kurdischen Frauenbewegung ziemlich gut.

Wenn man sich fragt, ob die kurdische Frauenbewegung »tatsächlich feministisch ist oder nicht«, sollte man sich den Radikalismus, der zwischen den zum Siegeszeichen ausgestreckten zwei Fingern älterer Frauen in Rojava in bunten traditionellen Kleidern mit tätowierten Gesichtern liegt, bewusst machen. Dass diese Frauen heute mit ihren Volks- und Frauenräten in Fernsehprogrammen auftreten, um gesellschaftliche Probleme zu analysieren, zum ersten Mal in ihrer eigenen Sprache lesen und schreiben lernen, dass einmal in der Woche eine um die siebzig Jahre alte Frau in der Mesopotamienakademie für Sozialwissenschaften traditionelle Märchen und Geschichten erzählt, um die Geschichtsschreibung der hegemonialen Mächte und die positivistische Wissenschaft herauszufordern, sind radikale Aktionen des Widerstands gegen das vorherige monistische Regime. Anstatt bloß die Person an der Spitze zu ersetzen, will man den Rahmen des Systems komplett sprengen und eigene Maßstäbe und Prinzipien entwickeln. Und diese Widerstandslinie wird eventuell den IS nachhaltig besiegen.

Die kämpfenden Frauen von Kobanê sind zu einer Inspiration für Frauen auf der ganzen Welt geworden. In diesem Sinne, wenn wir die globale patriarchale, nationalstaatliche, rassistische, militaristische, neokolonialistische und kapitalistische Systemordnung herausfordern wollen, müssen wir uns wirklich fragen, was für ein Feminismus vom System akzeptiert werden kann und welcher nicht. Ein imperialistischer Feminismus kann Kriege im Mittleren Osten rechtfertigen, um »Frauen vom Barbarismus zu retten«, während dieselben Kräfte diesen sogenannten Barbarismus durch Außenpolitik und Waffenhandel kräftigen und dieselben Frauen, die sich in Kobanê verteidigen, als Terroristinnen bezeichnen.

Das dominierende System betrachtet eine der stärksten und organisiertesten Frauenbewegungen als Gefahr für den Status quo. Die kurdische Freiheitsbewegung stellt also nicht eine Gefahr dar durch die schiere Möglichkeit, einen neuen Staat aufzubauen. Im Gegenteil, die Bewegung stellt sich direkt als Opposition gegen das Nationalstaatssystem und bietet ihr Paradigma der Basisdemokratie, Ökologie, Frauenbefreiung als radikale Alternative an, um 5000 Jahre systematischer mentaler und körperlicher Sklaverei zu zerstören.

Wenn wir uns die zwei kämpfenden Seiten in Kobanê anschauen, sehen wir lächelnde, hoffnungsvolle Frauen auf der einen und mörderische, gewalttätige Vergewaltiger, die ihre Hegemonie der Dunkelheit auf Zerstörung und faschistischer Brutalität aufbauen, auf der anderen Seite. Es erscheint wie ein Film, wie ein Roman. Aber es ist auf keinen Fall ein Zufall, dass diese zwei Linien in Rojava kämpfen. Die aktuelle Ordnung mag ein Erbe tausender Jahre alter Systeme der Hierarchie und Unterwerfung sein, es mag schon lange Unterdrückung geben, aber auf der anderen Seite gab es ebenfalls schon immer revolutionäre, rebellische Widerstandskämpfe. Der IS ist nichts zufälliges Böses, sondern das Resultat einer bestimmten Weltordnung, einer Ordnung und ihrer Fußsoldaten, deren größter Feind das Lächeln kämpfender Frauen ist. Lächeln ist eine ideologische Handlung. Und diese Frauen sind die Garantie unserer Freiheit.

Kurdische Frauen waren stets durch dominante Geschichtsschreibung ausgegrenzt, doch ihre Kraft geht heute um die Welt und hat sich einen Platz in der Geschichte geschaffen. Wir sind stolz, zu einer Generation junger kurdischer Frauen zu gehören, die von dieser Widerstandskultur geprägt wird und sich mit einem solch schönen Kampf identifizieren kann. Dies ist kein bedeutungsloser Stolz in leeren Ideologien wie Nationalismus, sondern eine Freude und Stolz, die auf prinzipiellem Widerstand und Kampf basieren. Wir brauchen keine Mythologie, keinen religiösen Text, kein Märchen, um unsere Freiheitsideale zu rechtfertigen, denn nichts kann befreiender und heldenhafter sein als der Kampf der Frauen in Kobanê gegen den Faschismus. Wir sind alle durch den Widerstand in Kobanê neu geboren worden.

***Dilar Dirik** hat einen Bachelor in Geschichte und Politikwissenschaften. Ihre Masterarbeit schrieb sie über Frauenbefreiung und die PKK. Momentan promoviert sie in Cambridge in Soziologie. Ihre Doktorarbeit vergleicht das Nationalstaatssystem mit dem Paradigma des Demokratischen Konföderalismus aus der Perspektive der Frauenbefreiung.*

Session V:

Lehren aus alternativen Praktiken

5.1 Arno-Jermaine Laffin

Internationalismus – Weiterentwicklung eines Konzepts

Dieser Redebeitrag »Internationalismus – Weiterentwicklung eines Konzepts« ist kollektiv entstanden. Er gibt den Diskurs wieder, den wir als YXK derzeit in unseren eigenen Strukturen führen. Auch wir als Studierende ringen gerade um eine zeitgenössische Interpretation und vor allem Praxis des Internationalismus.

Der Begriff des Internationalismus geht auf die ArbeiterInnenbewegung des ausgehenden 19. Jahrhunderts zurück. Seit der Forderung »Proletarier aller Länder, vereinigt euch!« nach einem proletarischen Internationalismus haben sich die Konzepte von Internationalismus stetig entwickelt. Der Internationalismus in Form eines Antimilitarismus gegen den Ersten Weltkrieg, die Dritte Internationale/KOMINTERN, die Internationalen Brigaden des Spanischen Bürgerkriegs, später verschiedene antikoloniale Befreiungskämpfe im Trikont und die Solidarität mit ihnen sowie die 68er-Revolte, dann die Konzepte der Stadtguerilla in den Metropolen, die Antiglobalisierungsbewegung gegen neokolonialistische und supranationale Regime sind alles Wegmarken, die wir nur nennen können. Heute haben wir nicht die Zeit, die verschiedenen Entwicklungen nachzuzeichnen. Daher möchten wir unser Augenmerk auf den Internationalismus der kurdischen Freiheitsbewegung und den aktuellen Diskurs um ihn legen.

Die ArbeiterInnenpartei Kurdistans PKK als ideologisches Zentrum der Freiheitsbewegung hat sich seit ihrem Bestehen als internationalistische Kraft verstanden. Dieses Selbstverständnis ist bereits in ihren drei politischen Wurzeln angelegt: der 68er-Studierendenrevolte, der traditionellen, marxistisch-leninistisch geprägten türkischen Linken sowie der Inspiration durch die nationalen Befreiungsbewegungen. Allein die Feststellung der 70er Jahre, Kurdistan sei eine Kolonie, lässt keinen anderen Schluss zu, als dass die kurdische Frage eine internationale und eine emanzipatorische kurdische Bewegung eine internationalistische sein müsse.

Bereits Anfang der 90er Jahre begann mit der Suche nach neuen Antworten auf die Herausforderungen gesellschaftlicher Befreiung ein Paradigmenwechsel innerhalb der Freiheitsbewegung. Die aus diesem Um- und Weiterdenken resultierende Ideologie des Demokratischen Konföderalismus wird kontinuierlich entwickelt und konkretisiert. Nicht nur die Ideen und Schriften Öcalans geben dabei wichtige Impulse. Nicht nur dutzende Köpfe in Kandil denken dabei für die Bewegung. Hunderte, tausende Köpfe weltweit wälzen ähnliche Gedanken, diskutieren sie gemeinsam und messen sie wiederum an ihrer jeweiligen Praxis. Der Austausch mit anderen Bewegungen und AktivistInnen ist essentiell für diese Weiterentwicklung. Der Diskurs um Internationalismus sowie zeitgemäße Solidarität mit der Freiheitsbewegung hat durch den Paradigmenwechsel eine neue Grundlage erhalten. Die weltweite Solidarität mit dem Widerstand von Kobanê seit dem letzten Herbst zeigt, wie viel internationalistisches Potential in der Ideologie des Demokratischen Konföderalismus und der Solidarität mit der Freiheitsbewegung steckt. Denn die Solidarität mit Kobanê galt nicht einer Stadt, die vor einem Jahr noch kaum jemand kannte, sondern einer Utopie, den Ideen, die heute in Rojava und Kurdistan diskutiert und umgesetzt werden – einer Vorstellung von der Demokratischen Moderne.

Über die Demokratische Moderne wurde bereits in Session 2 einiges gesagt, doch sollen ein paar Grundzüge erneut betont werden. Demokratische Moderne ist die Summe der demokratischen Widerstände gegen die derzeitige Verfasstheit von Herrschaft, also die kapitalistische Moderne mit ihren drei Standbeinen Nationalstaat, Industrialismus und Kapitalismus, über die wir in Session 1 ja bereits diskutiert haben. Als demokratisch wird dabei verstanden, dass sich Gesellschaft unabhängig von Staatsmacht und Herrschaft organisiert und selbst verwaltet. Das Subjekt der Demokratischen Moderne kann also nur Gesellschaft sein.

Der Begriff »Demokratische Moderne« macht deutlich, dass sie ein zeitgemäßer Gegenentwurf zur Hegemonie der kapitalistischen Moderne ist, der bereits heute in unzähligen Auseinandersetzungen durchgesetzt wird. Der Widerspruch zwischen Demokratie/Gesellschaft einerseits und Herrschaft/Staat andererseits drückt sich heute in der Konkurrenz zwischen Demokratischer und kapitalistischer Moderne aus, ist also hochaktuell.

Eine aktive Durchsetzung der Demokratischen Moderne muss an der Organisierung ihrer Widerstände ansetzen. Sich und ihren eigenen Widerstand bezeichnet die PKK nicht umsonst als einen von vielen Widerständen der Demokratischen Moderne. Sie hat vor zehn Jahren damit begonnen, ein eigenes System parallel zu den bestehenden Nationalstaaten aufzubauen. Die praktische Umsetzung der Demokratischen Moderne schlägt sich im Aufbau der Demokratischen Autonomie nieder.

Der Aufbau eigener autonomer Strukturen konzentriert sich vor allem auf kommunale Volksräte und eine politisch-dynamische Zivilgesellschaft. Ziel dieser Organisierung ist die Selbstermächtigung der Menschen und der Gesellschaft gegenüber dem Staat. Die Demokratische Autonomie sucht jedoch nicht die direkte Konfrontation mit dem Staat, sondern organisiert sich parallel zu ihm, sodass ihm allmählich der Einfluss über die Gesellschaft abgerungen wird. Am anschaulichsten ist dies in den letzten Jahren in Rojava zu beobachten.

Demokratische Autonomie und ihre weichen Beziehungen auf lokaler, regionaler und kontinentaler Ebene untereinander werden als Demokratischer Konföderalismus bezeichnet.

Ein strittiger Begriff, den Abdullah Öcalan in seinen Verteidigungsschriften aufgeworfen hat, ist der der »Demokratischen Nation«. Vor allem im Kontext der deutschen Vergangenheit sehr vorbelastet, ist der Begriff »Nation« auch innerhalb der Freiheitsbewegung nicht unumstritten. Dazu schreibt Öcalan in seinen Gefängnisschriften selbstkritisch: »Für uns war die Nation eine Sache, die unbedingt einen Staat erfordert! Wenn die KurdInnen eine Nation seien, müssten sie unbedingt auch einen Staat haben! Nach einer intensiven

Auseinandersetzung mit gesellschaftlichen Phänomenen und dem Begreifen, dass die Nation sich unter dem starken Einfluss des Kapitalismus entwickelt hat und insbesondere das Nationalstaatsmodell ein Eisenkäfig für die Gesellschaften ist, habe ich verstanden, dass die Begriffe Freiheit und Gesellschaftlichkeit wertvoller sind. Ein Kampf für die Nationalstaatlichkeit wäre ein Kampf für den Kapitalismus.« Es liegt auf der Hand, dass Nationalstaatlichkeit zwangsläufig zum Ausschluss oder der Assimilation anderer Identitäten führt.

Die Demokratische Nation ist das gesellschaftliche Bewusstsein der Demokratischen Moderne. Sie stellt den Gegenentwurf zum Nationalismus der kapitalistischen Moderne dar. Der Körper oder die politische Ausdrucksform der Demokratischen Nation ist die Demokratische Autonomie; die Mentalität des Nationalstaats hingegen ist der Nationalismus.

Demokratische Nation beschreibt die Vielfalt der Gesamtheit der Gesellschaften, ohne dass sie sich über einen Staat definieren müsste, und beruht im Wesentlichen auf dem Willen und der Übereinkunft einer Gemeinschaft, gemeinsam zu leben. Daher lebt die Demokratische Nation von einem gemeinsamen Bewusstsein und einer demokratischen Kultur. Die Unterschiede innerhalb der Gesellschaft werden einbezogen, ohne sie zu assimilieren oder zu negieren. Um eine Demokratische Nation zu bilden, sind keine gemeinsame Geschichte, Sprache oder Herkunft notwendig, sondern allein der Konsens über demokratische Prinzipien und ein gemeinsames Leben. Im Gegenteil werden die verschiedenen Identitäten der Demokratischen Nation betont, um ein demokratisches Miteinander zu gestalten und ganz bewusst die Hegemonie, das Gewaltmonopol und die Ausgrenzung einzelner Identitäten zu verhindern. Hingegen sollen die verschiedenen Identitäten über ihre Selbstorganisierung, ihre Selbstermächtigung Platz in der Demokratischen Nation finden. So können sie ihre kollektiven Rechte gemeinsam wahrnehmen und mit anderen Identitäten gemeinsame Kämpfe gegen Unterdrückung aufnehmen.

Es lässt sich festhalten, dass die Demokratische Moderne nur entfaltet werden kann, wenn sich die verschiedenen Identitäten selbstständig organisieren und daraus eine widerständige, fortschrittliche Organisierung entsteht. Die verschiedenen organisierten Identitäten vernetzen sich im Geiste der Demokratischen Nation und bauen ihre eigenen Strukturen auf. Dieses Verständnis von gesellschaftlicher Befreiung ist bereits darauf angelegt, die Grenzen der eigenen Identitäten zu verlassen und sich mit anderen Kämpfen zu vernetzen, zu organisieren, praktische Solidarität zu üben. Auf diese Weise ist der Demokratischen Nation eine internationalistische Grundhaltung immanent.

Ob überhaupt der Begriff »Internationalismus« präzise genug ist, da es eben nicht nur um ein Verhältnis von Nationen zueinander gehen darf, wird auch in der kurdischen Freiheitsbewegung diskutiert. Vorschläge für eine andere Bezeichnung sind »Transnationalismus«, da über die Grenzen von Nationen hinweg gedacht wird, oder gar »Subnationalismus«, da die nationalen Grenzen ja nicht überwunden, sondern eher unterwandert werden, auch marginalisiertesten Identitäten ihre Legitimität zugestanden wird.

Solche terminologischen Feinheiten führen uns in der Sache wenig weiter. Ohnehin muss diese abstrakte Ebene einer theoretischen Diskussion stets auf gemeinsame Praxis und Sprache heruntergebrochen werden. Ansonsten wird sie zum Objekt linker Theoriezirkel verkümmern oder als Spaltkeil in Bewegungen getrieben werden.

In diesem Punkt ist auf die Bedeutung von Akademien hinzuweisen. Neben den Kommunen, Räten und Kooperativen stellen sie einen weiteren zentralen Grundpfeiler des Demokratischen Konföderalismus bzw. der Demokratischen Moderne dar.

Trotz der offensichtlichen Krise der kapitalistischen Moderne hält sich ihr System erstaunlich erfolgreich aufrecht. Das ist vor allem auf die Hegemonie der kapitalistischen Moderne in den »Köpfen« sowie den schwachen Widerstand der demokratischen Kräfte zurückzuführen. Neben den wirtschaftlichen Widersprüchen, der Vertiefung des Patriarchats und der Zerstörung der natürlichen Umwelt stellt die kapitalistische Moderne die Epoche dar, in der sich die mentale Okkupation auf einem historischen Höhepunkt befindet. Für die herrschende Klasse stellen die Vereinnahmung des Denkens und Fühlens des Individuums und der Gesellschaft und die Trennung von Vergangenheit und Gegenwart eine strategische Methode der Geiselnahme dar. Ein Individuum oder eine Gesellschaft, die ihres Geschichtsbewusstseins beraubt wurden, sind leicht auszubeuten. Wenn die Vergangenheit der Gegenwart nichts mehr zu sagen hat, kann die Geschichte dabei nicht stören. Das System löscht unser Gedächtnis – vor allem unser kollektives – und zwingt uns so, Geschichte zu wiederholen, statt Geschichte zu machen. Dies gilt insbesondere für uns Kämpfende in den europäischen Metropolen. Denn hier liegen die ideologischen Wurzeln von Kapitalismus und Nationalstaat und hier wurden sie am tiefsten verinnerlicht.

Ein Schritt, die mentale Hegemonie der kapitalistischen Moderne zu brechen, stellt der systematische Aufbau von Akademien dar. Ohne Akademien wird sich die Demokratische Moderne nicht entfalten können. Akademien können entscheidend zur mentalen Revolution und der Bewusstseinswerdung der Gesellschaft beitragen. Sie sind Zentren des Widerstands gegen die ideologischen Attacken auf die Gesellschaft. Die Akademien als grundlegende Institutionen der Demokratischen Moderne befreien die Gesellschaft vom herrschenden Macht-Wissen-Komplex und entdecken das von der Gesellschaft geraubte Wissen wieder. Im globalisierten Zeitalter müssen eben auch Akademien internationalistisch ausgerichtet sein. Eine globale Vernetzung ist notwendig, ein gemeinsames Lernen unersetzbar.

Für ein radikales Umdenken und den Aufbau von Akademien kann die Jugend eine Vorreiterrolle einnehmen.

Jugend ist nicht nur eine soziale Realität, ein bestimmtes Alter, an das gewisse gesellschaftliche Erwartungen geknüpft sind, ein Stadium der körperlichen und geistigen Entwicklung eines Individuums oder eine bestimmte ökonomische und soziale Situation. Jugend ist vielmehr eine politische Kategorie, an der sich Herrschaft ausrichtet: die »Gerontokratie«, also die Herrschaft der Alten über die Jugend. Jugend äußert sich vor allem durch die mentale Haltung, offen zu sein für neue Entwicklungen; ist also nicht abhängig von den Lebensjahren.

Die Jugend – als politisches Subjekt – gibt sich nie mit dem Existierenden zufrieden, sondern hinterfragt. Sie will immer etwas Neues, nämlich etwas Besseres. Sie ist noch nicht dermaßen abgestumpft, dass sie gelernt hat, Fehler – vor allem die eigenen – hinzunehmen, sondern sucht immer nach Antworten auf bestehende Fragen und Probleme. Dabei orientiert sich die Jugend immer an einem ganz menschlichen Verlangen nach Freiheit und Gerechtigkeit. Selbst Kinder, die ihre Gedanken und Gefühle noch nicht artikulieren können, haben sehr wohl ein Verständnis von Freiheit und Gerechtigkeit; vor allem, wenn sie merken, in ihrer Freiheit und in ihrem Recht eingeschränkt zu werden. Dieses Streben nach Freiheit und Gerechtigkeit treibt die Jugend an, Wahrheiten und Lösungen zu finden. Das macht sie aus, das macht sie stark und das macht sie gefährlich. Die Stärke und Verwegenheit der Jugend müssen ganz bewusst in die Diskussionen und Arbeiten einer Linken fließen, nur so kann diese dynamisch und fortschrittlich bleiben.

Ein Zitat Hüseyin Çelebis aus dem Jahr 1990 ist heute noch hochaktuell: »Wir müssen die großen Chancen, die diese Situation mit sich bringt, nutzen. Wir müssen unsere eigenen Modelle, unsere eigenen Vorstellungen versuchen durchzusetzen und zu realisieren. Wir müssen die große Chance, neue Perspektiven mitentwickeln zu können, nutzen. Wir müssen die neue Perspektive selbst sein, anstatt immer nur andere Perspektiven darzustellen.«

Anfang der 90er sprach Hüseyin vor allem vom Zusammenbruch des Realsozialismus, doch ist die Suche nach der Gestaltung der Demokratischen Moderne heute unvermindert aktuell.

Auf dieser Suche steht die Jugend grundsätzlich an der Seite der Frau. Beide werden vom Patriarchat unterdrückt. Das Patriarchat hat sich schließlich sogar der Jugend bedient, um die Frau zu unterdrücken. Dieser Instrumentalisierung muss die Jugend eine Absage erteilen und stattdessen konsequent mit dem Patriarchat brechen. Junge Männer müssen die für sie vorgesehenen Privilegien zurückweisen und ihr Bewusstsein derart entwickeln, dass sie das Patriarchat nicht länger reproduzieren und sich vom Herrschaftsdenken befreien. Sie müssen den Mann in sich töten! Denn die patriarchale Denklogik zielt auf die Spaltung der Jugend und hemmt das revolutionäre Potential.

Die junge Frau wird mit noch umfangreicherer Unterdrückung konfrontiert, muss sie doch gleichzeitig sowohl Patriarchat und Gerontokratie der Gesellschaft als auch das Patriarchat in der Jugend selbst bekämpfen. Über diese Kämpfe kann sie allerdings auch eine noch wichtigere Rolle spielen: Zum einen kann sie das Bindeglied zwischen den verschiedenen Kämpfen, die sie mit den jugendlichen Genossen und den älteren GenossInnen gemeinsam führt, werden, zum anderen kann ihr Bruch mit der Herrschaft ein noch radikalerer werden, ist sie durch ihre mehrfache Unterdrückung doch am weitesten von ihr ausgeschlossen.

Die Jugend und die Frauen können entscheidende Brücken zwischen Bewegungen und Kämpfen aufbauen. Verbindet sie doch der gleiche Kampf über die Unterschiede von Bewegungen hinweg. Sie können die neuen Avantgarden der gesellschaftlichen Widerstände sein.

Es bleibt festzuhalten: Eine selbstständige Organisierung der verschiedenen gesellschaftlichen Identitäten ist die Voraussetzung für eine Selbstermächtigung. Eigene Methoden wie der Aufbau von Akademien sind dabei notwendig.

So können sich widerständige Gruppen vernetzen, sich gegenseitig und darüber sich selbst noch einmal kennenlernen. Die Entdeckung gemeinsamer Kämpfe muss in gemeinsamen Aktionen münden, um Auswirkungen entfalten zu können. Schon heute werden die Grundlagen für eine gemeinsame Organisierung geschaffen. Der internationalistische Charakter dieses bereits stattfindenden Aufbaus muss noch gestärkt werden, um den Weg zur Demokratischen Moderne gemeinsam gehen zu können.

Dabei stellt Rojava definitiv einen entscheidenden Bezugspunkt dar. Die YXK hat zu den Blockupy-Protesten Mitte März in Frankfurt ein Transparent mit der Aufschrift »'cause there is an alternative – Solidarity with Rojava!« getragen. Rojava beweist, dass es eine Alternative zur kapitalistischen Moderne geben kann. Der Kobanê-Widerstand hat erneut bewiesen, dass nichtstaatliche AkteurInnen in der Lage sind, sich gegen die für sie vorgesehenen Niederlagen erfolgreich zu wehren. Der Aufstand der Zapatistas von 1994 war ein Hoffnungsschimmer für Linke auf der ganzen Welt und eine Bestätigung des Internationalismus. Rojava kann die internationalistische Linke erneut aus ihrer Lethargie befreien, wenn wir uns ernsthaft darauf einlassen und uns selbst in der Revolution Rojavas wiederfinden.

Die ideologischen Entwicklungen und praktischen Fortschritte der kurdischen Freiheitsbewegung finden weltweit Beachtung. Das zeigt uns diese Konferenz. Sie werden aber nur erfolgreich bleiben können, wenn sich die Kräfte der Demokratischen Moderne weiterhin vernetzen und der gemeinsame Widerstand zu einem tatsächlich internationalistischen wird. Erfolgreiche Ansätze im Umfeld der Freiheitsbewegung sehen wir etwa in Rojava oder im HDP-Projekt in der Türkei.

Andere Ansätze sind nach wie vor die Bewegung der Sozialforen oder neuere Schritte wie der europäische Blockupy-Zusammenhang. In Zukunft werden sich diese Ansätze bewusster vernetzen müssen, um Schnittstellen der Demokratischen Moderne zu werden. So haben sie die reelle Chance, einen Prozess der demokratischen Befreiung und des Aufbaus eines freien Lebens zu gestalten.

Lasst uns diese Konferenz nutzen, um einen weiteren kleinen, aber wichtigen gemeinsamen Schritt in Richtung der Demokratischen Moderne zu gehen.

Arno-Jermaine Laffin *studiert Politik- und Rechtswissenschaften in Marburg und Hannover. Als Mitglied des Verbands der Studierenden aus Kurdistan (YXK) ist er seit Jahren in der kurdischen Freiheitsbewegung aktiv.*

5.2 Dimitrios Roussopoulos

Individuum und Nachbarschaft – Die Montreal-Bürger*innenversammlungen

Jedes Jahr Ende Januar trifft sich eine große Gruppe bösartiger Menschen in Davos in der Schweiz zum Weltwirtschaftsforum und plant ihren Albtraum für den Planeten im Namen einer neuen Weltordnung und einer neuen Weltwirtschaft. Aber seit 2001 ist eine neue transnationale Bewegung entstanden, um Davos etwas entgegenzusetzen – das Weltsozialforum. Und vor einigen Tagen bin ich aus Tunis vom letzten Weltsozialforum zurückgekommen, wo sich mehr als 44.000 Aktivist*innen aus 5000 sozialen Bewegungen aus der ganzen Welt in den verschiedenen Räumlichkeiten des Campus der El-Manar-Universität getroffen haben, um in über 1000 Workshops zu diskutieren, was unsere Strategie sein könnte, eine horizontal ausgerichtete Strategie, um der neuen Weltwirtschaftsordnung entgegenzutreten und eine Alternative zu formulieren. Die Workshops behandelten lokale Fragen, zusammen mit regionalen und globalen. Die Herangehensweise war, diese Themen zusammenhängend zu betrachten und so einen großen Teppich aus exemplarischem Aktivismus zu weben. Interessant ist der Fakt, dass viele der Workshops und andere informelle Treffen die Wichtigkeit diskutierten, dass Menschen lokal zusammenkommen müssen, um die Bedeutung öffentlicher Partizipation und Demokratie zu bestimmen. Und ich spreche von dieser Erfahrung, wenn ich Euch einlade, darüber nachzudenken, was an so vielen Orten überall auf die Welt passiert. Wir sind nicht allein. Es besteht ein enormes Bewusstsein für transnationale Solidarität und ich hoffe, dass der kurdische Kampf darin einen zentralen Platz einnimmt. Es sollte angemerkt werden, dass das Weltsozialforum kein Gremium ist, das bestimmte Aktionen mit strategischen Vereinbarungen zu diesem oder jenem Thema vorschlägt. Im Gegenteil, es ist ein Treffen, bei dem verschiedene soziale Bewegungen zusammenkommen und diskutieren, ihre gemeinsamen Interessen erörtern und beraten, ob ein Aktionsnetzwerk ausgerufen wird, durch das gemeinsame Aktionen, über Grenzen hinweg, unternommen werden können. Nachdem eine Anzahl thematischer Workshops abgehalten wurde, folgen meist sogenannte Versammlungen der Annäherung, in denen die Stränge der Solidarität ausgearbeitet werden und die Basis für gemeinsame Aktionen geschaffen wird. All diese Beziehungen arbeiten auf der Basis von Netzwerken, horizontal aufgebaut und weitergeführt. Auf diese Weise haben wir ein beeindruckendes Beispiel, was Horizontalismus genannt werden kann, durch Netzwerke, basierend auf gemeinsamen Werten und Aktivitäten. Wenn demnach ein Treffen einberufen wird, ist es eine wirkliche Versammlung. Für mehr Details zum Weltsozialforum will ich auf dessen Charta und auf die vielen Bücher, die über diese Erfahrungen geschrieben wurden, aufmerksam machen.[1]

Meine Absicht ist, in Kürze eine wichtige Fallstudie über die Nutzbarkeit und die praktischen politischen Konsequenzen von *community organizing*[*] und Nachbarschaftsversammlungen vorzustellen. Die Fallstudie betrifft Montreal, eine Stadt von fast zwei Millionen, bis zu drei Millionen Menschen im größeren Stadtgebiet, eine Inselstadt in einem der größten Flüsse, dem Sankt-Lorenz-Strom, herabfließend von den großen Seen zwischen Kanada und den USA und sich in den Atlantischen Ozean leerend. Es ist wichtig anzumerken, dass Montreal in den letzten zehn Jahren die dezentralisierteste Stadt Nordamerikas geworden ist, zum Teil als ein Resultat des Drucks der urbanen Linken.

Auf sozialer und kultureller Ebene basiert diese Dezentralisierung auf 19 Bezirken und jeder dieser Bezirke hat eine Anzahl Wahlkreise. Jeder Bezirk hat seinen eigenen Etat (ich wohne im Bezirk Plateau, welcher der zweitgrößte ist und einen jährlichen Etat von fast 60 Mill. US-Dollar hat). Diese Bezirke haben einen administrativen Rat gewählter Stadt- und Bezirksratsmitglieder, einschließlich Bezirksbürgermeister*in. Die Existenz dieser Bezirke hat das Nachbarschaftsbewusstsein und die lokale Identität gefördert. Dieses Bewusstsein hilft wiederum bei der sozialen Mobilisierung in spezifischen Bezirken, was der Fall war während der Revolte der Studierenden, dem Maple Spring, 2015.

Praxis ohne Theorie ist nutzlos. Aber Theorie ohne Praxis ist noch nutzloser. In den 1960er Jahren stellte der französische linke Stadt-Theoretiker Henri Lefebvre die Idee »Recht auf Stadt« vor. Er erarbeitete eine Vision der Stadt als geschaffen von und im Besitz der Bürger*innen, die das Recht auf sie haben, unabhängig von Status, Klasse, Geschlecht, Ethnie, Sprache oder sexueller Orientierung. In einer solchen Vision werden auf der Grundlage des »Gebrauchswerts« Ressourcen verteilt und Entscheidungen gefällt. Was ist verfügbar und kann von denen, die es brauchen, genutzt werden. Anstatt des »Tauschwerts« kaufen, besitzen und verkaufen, alles nach den Regeln des Profits. Es geht um das Wiederdenken der Stadt als einen »gelebten Ort«, in dem Sinne, dass er sich von den Individuen und sozialen Gruppen, die ihn nutzen, subjektiv angeeignet wird anstatt von den Entwickler*innen und Investor*innen mit ihrer Fülle spekulativer Projekte und kommerzieller Geschäfte. Weitergeführt betont der Ansatz »Recht auf Stadt« die Partizipation solcher Bürger*innen, die als Subjekte in der Stadt leben und sie nutzen.

Im Anschluss an den größten Generalstreik der Geschichte, der 1968 in Frankreich stattfand, schrieb Henri Lefebvre:

»Das Recht auf Stadt ist weit mehr als die individuelle Freiheit auf urbane Ressourcen zugreifen zu können: Es ist das Recht uns selbst zu verändern, durch die Veränderung der Stadt. Zudem ist es eher ein kollektives als ein individuelles Recht, da eine solche Transformation zwangsläufig von der Ausführung einer kollektiven Macht abhängig ist, um den Prozess der Urbanisierung neu auszugestalten. Ich will behaupten, dass die Freiheit, unsere Städte zu erschaffen und neu zu erschaffen und somit uns selbst, eines der wertvollsten, dennoch meist vernachlässigten Menschenrechte ist.«

Vom *community organizing* unter den armen Mieter*innen und sozial marginalisierten Menschen in den Nachbarschaften mit unter dem Standard liegenden Unterkünften in den 1960ern zu einer Periode intensiver urbaner Kämpfe in den 1970er und 1980er Jahren, geprägt durch die Sozialökologie von Murray Boockchin, entstand eine streitlustige politische Kultur in Montreal, die einige wegweisende Erfolge erzielte. Einer dieser wichtigen Erfolge war die Gründung einer kooperativen Nachbarschaft in der Innenstadt Montreals. Basierend auf einem elfjährigen Kampf wurde einigen tausend Menschen durch 22 gemeinnützige Kooperativen und Wohnvereine eine ordentliche Unterbringung gesichert, aufgrund einer Grundbesitzstiftung, die 641 Wohneinheiten vom kapitalistischen Markt nahm und damit Kauf und Verkauf der Grundstücke und Gebäude unmöglich machte. Erwähnt sein sollte der Fakt, dass diese Wohnkooperativen im wörtlichen Sinne von ihren jeweiligen Vollversammlungen verwaltet werden, den Gründungsprinzipien der Rochdale-Bewegung folgend. Nachdem die Aktivist*innen Sicherheit über ihre Unterkünfte erlangt hatten, strahlte das Milton-Park-Projekt einige radikale Ideen aus. 1990 wurde das Urban Ecology Centre von Milton-Park-Aktivist*innen im Mittelpunkt dieser zentralen Nachbarschaft gegründet und davon ausgehend wurde im Laufe der Zeit eine Reihe von fünf Gipfeltreffen der Bürger*innen organisiert. Diese Versammlungen luden Teilnehmer*innen aus der ganzen Stadt zu einem durch das Weltsozialforum inspirierten Prozess ein, dessen erstes großes Treffen 2001 im brasilianischen Porto Alegre stattfand. Dieser Prozess war auch vermischt mit der Politik der Idee vom »Recht auf Stadt« und der Analyse von Urbanisierung und der Vorstellung von der Stadt als einem Ort der Anti-Natur als das Herzstück der Sozialökologie. Das, was ich Euch präsentiere, ist der konkrete Fall einer innerstädtischen Nachbarschaft, deren Bürger*innen sich von der »*community organizing*«-Politik der 1960er und der Sozialökologie dahin entwickelten, die Pläne eines der größten Immobilien-«Entwicklungs«-Unternehmen zu durchkreuzen. Diese Pläne sahen die komplette Zerstörung der sechs Häuserblocks großen Nachbarschaft im Zentrum von Montreal vor und den Bau eines Multimillionendollarkomplexes von Eigentumswohnungen, Mietwohnhäusern, eines massiven unterirdischen Einkaufszentrums, eines Hotels und eines Bürogebäudes.

Dieses Monsterprojekt wurde als die »Stadt des 21. Jahrhunderts« bezeichnet. Die Spekulant*innen waren dumm genug, ihre Pläne 1968 anzukündigen. Und fast sofort wurde das Milton-Park-Bürger*innenkomitee ins Leben gerufen, das elf Jahre einen intensiven Kampf für den Erhalt des gesamten bedrohten Gebiets führte.

Alle Werkzeuge des 1960er *community organizing* nutzend und die Bürger*innenversammlung als das souveräne Entscheidungsgremium behaltend, mit sozialen Bewegungen über die Stadt hinweg verbindend, konnten die Bürger*innen einen großen Erfolg erzielen, wodurch die Bedeutung der Gemeinde gestärkt wurde, von der die größte gemeinnützige Wohnkooperative in Nordamerika, basierend auf einer Baulandstiftung, errichtet wurde. Um die Praxis der demokratischen Selbstverwaltung zu gewährleisten, ist diese in einer lokalen Föderation von 22 Kooperativen und Wohngruppen organisiert. Die gering verdienenden Anwohner*innen von Milton Park wurden so vor der Vertreibung geschützt und leben nun in renovierten Wohnungen, komfortabel und weit weg von der Immobilienspekulation, da in der Gemeinschaft der sechs Häuserblocks, welche die Baulandstiftung besitzt, kein Verkauf und Kauf der Gebäude möglich ist. Dieses radikale Projekt wird durch einen Sozialvertrag geregelt, der alles verbindet, die grundlegenden kooperativen Regeln respektiert und die demokratische Regierungsführung sichert. Dieses gesamte Ergebnis entwickelte sich von unten nach oben, auf der Grundlage regulärer Treffen und Versammlungen, beide auf niedriger Ebene (jede Wohnkooperative hält ihre eigenen Versammlungen ab) und größeren Versammlungen der gesamten Nachbarschaft, die schließlich gekrönt werden von der Versammlung der gesamten Föderation. Auch wenn sicher ist, dass dieses Projekt ein erstklassiges Immobiliengrundstück aus den Klauen des kapitalistischen Marktes reißen konnte, fährt die soziale und politische Kultur des Kapitalismus fort, die Gedanken und die Verhaltensweisen der Menschen zu vergiften. Also, während die objektiven Gegebenheiten für eine andere Gemeinschaft geschaffen wurden, bleiben viele Fragen bestehen, welche die Vision einer neuen soziopolitischen Richtung betreffen.

Realistisch gesprochen, ich beschreibe hier keine sorglose, bewusste Gemeinschaft, eine urbane Utopie. Wir werden täglich geplagt von städtischen und menschlichen Problemen, die jede grundlegende soziale, politische und ökonomische Erneuerung verkomplizieren. Der Prozess der Erneuerung ist permanent und sehr harte Arbeit, aber die Methoden der demokratischen Selbstverwaltung sind immer noch gegenwärtig, auch nach 35 Jahren, und die Versammlung ist die souveräne Einheit, die uns regiert.

Nachdem der anfängliche Erfolg gefeiert worden und der lange Prozess des Kaufs der 641 Wohneinheiten und das Renovieren der Wohnungen abgeschlossen war, richteten die Radikalen der Sozialökologie, die geholfen hatten, den Kampf in anderen Nachbarschaften zu koordinieren und anzuführen, ihre Aufmerksamkeit auf die gesamte Stadt an sich, über die Milton-Park-Nachbarschaft hinaus. Eine Reihe politischer Experimente fand in den späten 1980ern und frühen 1990ern statt. Aber die zeitliche und räumliche Beschränkung hier erlauben es nicht, mich mit diesen sehr interessanten Experimenten zu befassen. Es reicht aus zu sagen, dass bis spätestens 1994 die Radikalen von Milton Park bereit waren, die Wurzeln, die gesät waren, weiterzuentwickeln. So wurde das Urban Ecology Center von Montreal (UECM) 1996 offiziell in der Mitte von Milton Park eröffnet.

Das UECM begann sofort mit einem Programm für die Stärkung des Bewusstseins und Bildung, die sich mit vielen dringenden städtischen Fragen auseinandersetzte. Von Beginn an waren die vielen unternommenen Aktivitäten durch die Sozialökologie geprägt. Nicht nur theoretisch, sondern auch praktisch wurde ein weiter Problembereich angegangen, der sich um das komplette Feld urbaner Fragen dreht. Wieder lässt es der fehlende Raum nicht zu, in diese wichtige Geschichte zu gehen. Aber mit 2001, direkt nach dem ersten Weltsozialforum, das in Porto Alegre stattfand und an dem ich teilnahm, entwickelte sich der Ansatz der Versammlung. Im Juni jenes Jahres fand das erste Gipfeltreffen der Bürger*innen zur Zukunft von Montreal statt und somit das erste Zusammenkommen von Aktivist*innen verschiedener gemeinnütziger Organisationen und sozialer Bewegungen, um zentrale Fragen zu diskutieren, den urbanen Kampf zu koordinieren und sich für die kommende Stadtpolitik zu verbinden.

Anfang 2001 war dieses erste Gipfeltreffen vom Urban Ecology Centre, aus dem Herzen des Milton-Park-Projekts, in Zusammenarbeit mit Studierenden der Stadtforschung der vier Universitäten Montreals und mit einigen Gemeindeorganisationen organisiert worden. Dieser erste Gipfel brachte an die 240 Aktivist*innen aus der ganzen Stadt in einem breiten Programm zusammen. Diese Versammlung brach die Isolation und Fragmentierung vieler sozialer Bewegungen auf und die Euphorie dieses Erfolgs war offensichtlich. Die Kommunalwahlen waren für den November angesetzt und so kamen viele liberale und linke Kandidat*innen, um die Entwicklung der Versammlung zu sehen. Tatsächlich waren die Auswirkungen derart, dass der spätere Bürgermeister von Montreal am gesamten Gipfel als Beobachter teilnahm und später versprach, einen Montreal-Gipfel zu organisieren und dafür alle Ressourcen des Rathauses zu nutzen, sollten er und seine Partei die Wahlen gewinnen. Und tatsächlich war es das, was passierte. Die Übergabe der politischen Macht geschah im Januar 2002, von einem rechten Bürgermeister und seiner Verwaltung zu einer Mitte-links-Regierung, offen für das Anhören der Öffentlichkeit zu verschiedenen städtischen Fragen. Wie auch immer, die Organisator*innen des ersten Bürger*innengipfeltreffens waren skeptisch gegenüber den professionellen Politiker*innen und entschieden mit dem Nachdruck vieler Menschen aus der Gemeinde, das zweite Gipfeltreffen der Bürger*innen zu organisieren, um die Diskussion darüber zu vertiefen, was dem Rathaus, mit der entsprechenden Unterstützung aus der Nachbarschaft, vorgeschlagen werden sollte. Eine auf dem Gipfeltreffen der Bürger*innen diskutierte zentrale Idee war das Konzept der Menschenrechte für Bürger*innen der Stadt. Kanada und die Provinz Québec hatten bereits eine Charta der Menschenrechte, aber es gab keine solche Artikulation der Rechte auf städtischer Ebene im Hinblick auf die Stadt. Der ursprüngliche Vorschlag war es, eine Montreal-Charta der Rechte zu entwickeln.

Er wurde beim Montreal-Gipfel, der durch das Rathaus unterstützt wurde, eingebracht und angenommen, auch vom neuen Bürgermeister. 2002 wurde eine Arbeitsgruppe eingerichtet, der ich vorstand, um eine solche Montreal-Charta der Rechte und Verantwortlichkeiten zu entwerfen. Diese wurde im Januar 2006 durch den Stadtrat als Gesetz verabschiedet. Diese Charta ist beeindruckend in dem Sinne, dass die Stadt umfassend öffentlich anerkennt, wofür sie ihren Bürger*innen gegenüber verantwortlich ist, und die Charta lädt diese ein, mit einer Vertrauensperson Beschwerden zu formulieren, wenn ihre Rechte ignoriert werden oder gegen diese in irgendeiner Weise verstoßen wird. Und darüber hinaus erkennt die Charta das Recht der Bürger*innen an, die öffentliche Konsultation einer großen Auswahl an Themen zu beantragen, was die Menschen dazu einlädt, neue politische Formen zwischen den Wahlen zu entwickeln. Die Montreal-Charta ist einzigartig in Nordamerika. Es ist ein demokratisches Werkzeug, das von der UNESCO in ihrem »Recht auf Stadt«-Programm beworben wird und andere Städte wie Mexiko-Stadt und Gwangju in Südkorea inspirierte, ähnliche Chartas anzunehmen. Ein zusätzliches Ergebnis einer Bürger*innenversammlung 2002, an der 370 Aktivist*innen teilnahmen, ist erwähnenswert. Der Gipfel warb dafür, dass der Stadtrat einen Schritt in die Außenpolitik gehen und eine Resolution verabschieden sollte, um die kanadische Regierung zur Verabschiedung des Kyoto-Protokolls zum Klimawandel aufzufordern. Nach wenigen Wochen tat der Stadtrat genau dies, wie auch andere Städte in Kanada, und die Regierung Kanadas folgte diesen Resolutionen und verabschiedete das Protokoll. Viele weitere wichtige Diskussionen fanden in den Bürger*innenversammlungen statt und einige machten es leise durch die Korridore der institutionellen Macht.

Einige Monate vor dem Sozialforum in Québec, das am 1. und 2. Juni 2007 stattfand, wurde ein viertes Gipfeltreffen der Bürger*innen Montreals abgehalten. Es brachte das erste Mal an die 600 Menschen aus verschiedenen Milieus und Bereichen der verschiedenen soziopolitischen Aktivitäten rund um das Thema »Recht auf Stadt« zusammen. Dieses Ereignis, das von den Massenmedien ignoriert wurde, verdient eine besondere Beachtung. Denn dieses Treffen folgte den Schritten der drei vorangegangenen Gipfeltreffen seit 2001, diskutierte die städtischen Probleme, denen sich Montreal gegenübersieht, und welche Auswirkungen partizipative Demokratie haben kann. Dieser Gipfel war unparteiisch und offen für alle Bürger*innen.

Die vorangegangenen Gipfel seit 2001 waren durch eine Gemeindeorganisation, Société de développement communautaire de Montréal, ermöglicht worden, heute bekannt durch ihr Flaggschiff, das Urban Ecology Centre. Der vierte Gipfel in dieser Reihe wurde von fast 15 Gemeindenetzwerken und sozial aktiven Gewerkschaften organisiert und beschäftigte sich mit einer Breite an Themen, von der Verteidigung der Rechte der Frauen über Immigrant*innen und Geflüchtete, Arbeiter*innen bis zu den Kämpfen gegen Armut und städtischer Ökologie.

Mit all diesen Erfahrungen haben wir etwas gewonnen. Sie beinhalten ein Jahrzehnt von Petitionen, an Türen klopfen, öffentlichen Treffen, Hausbesetzungen, die Besetzung des Büros des »Entwicklers«, was zur Festnahme und Inhaftierung von 59 von uns führte. Wir wollten nicht nur das Absagen der vorgeschlagenen Projekte sehen, sondern für die Anwohner*innen das Recht, in einer pulsierenden Gemeinschaft zu leben, geschützt vor der Gefahr der Vertreibung und steigenden Mieten. Im erfolgreichen geschlossenen Zusammenstehen und der Organisierung des Milton-Park-Projekts erkannten wir unsere kollektive Macht als Bürger*innen, die Macht, Möglichkeiten auch zu realisieren und unsere Nachbarschaft zu verändern; und wir brannten nach neuen Ideen und möglichen Projekten, in die wir uns mit unserer neu gefundenen Kraft werfen könnten. Aber wir schauten nicht nur nach innen, nicht nur auf unsere Nachbarschaft, als wäre sie eine Insel, isoliert vom Rest der Welt um uns herum. Wir hatten immer eine breitere Perspektive, betrachteten unsere Stadt als etwas Ganzes, ihre Krisen und ihre Bedürfnisse, das Montreal, das uns umgab und das immer noch mit unserer Nachbarschaft tief verbunden war.

Die Dezentralisierung der Stadt Montreal basiert auf Bezirken, die meisten von ihnen haben Nachbarschaftsversammlungen und Nachbarschaftsvereine. An diesen Orten treffen sich die Menschen regelmäßig, interagieren und entwickeln Beziehungen in Netzwerk rund um Themen wie kooperatives Wohnen, urbaner Transport oder Kämpfe gegen Gentrifizierung.

Die Gipfeltreffen der Bürger*innen oder die Versammlungen, die 2001 begannen, fanden ihren Höhepunkt im fünften Gipfeltreffen 2009, an dem an die 1000 Bürger*innen teilnahmen. Zu betonen ist, dass diese spezifische Versammlung, im Gegensatz zu den vorigen, eine Bürger*innen-Agenda verabschiedete, die während der Kommunalwahlen im Herbst ein Werkzeug wurde.

Die weitergehenden Konsequenzen
All dieser Horizontalismus, dieses Versammlungstum, beeinflusste nicht nur die Menschen in den Nachbarschaften, sondern viel weiter gehend die neue Generation. So wie dann, als Menschen außerhalb Montreals vom Maple Spring im Jahre 2012 zu hören begannen: Die hunderttausenden Studierenden an den Universitäten und den Oberstufen, die anfänglich gegen die Erhöhung der Studiengebühren aktiv geworden waren, die der Staat ihnen aufzwingen wollte. Diese Streikenden bewegten sich langsam, aber sicher hin zu einer umfassenderen sozialen Agenda, sogar zu dem Punkt, einen sozialen Streik zu befürworten. Woher waren diese Ideen gekommen? Nun, sie fielen nicht vom Himmel. Sie keimten und wuchsen in den vielen vorangegangenen Jahren auf der Ebene der Nachbarschaften und so beteiligten sich auch die Nachbarschaften, als die hunderttausenden Studierenden und jungen Menschen jeden 22. Tag des Monats draußen auf den Straßen demonstrierten. Jeden Abend um acht Uhr kamen Hunderttausende aus ihren Häusern, schlugen ihre Pfannen und Teekessel in Solidarität mit der wachsenden sozialen Bewegung. Und das ist es, wie wir den Maple Spring von 2012 charakterisieren. Und dies, nebenbei, stürzte die Regierung, die bei der nächsten Wahl geschlagen wurde. Und eine neue Regierung wurde auf der

Grundlage des Versprechens gewählt, einige Dinge zu stoppen. Und natürlich, wie Regierungen es zwangsläufig tun, verriet sie einige Versprechen und sie wurde nach sechs bis acht Monaten an der Macht wieder geschlagen. Also die Straße hat Macht. Sie hat die Macht, solche Menschen zu stürzen. Und wir dürfen dies niemals vergessen.

Durchweg, das grundlegende und dauerhafte Flussbett – vorher, während, danach und jetzt –, das diese wirklich wichtige soziale Bewegung beeinflusste, die Jung und Alt, Mann und Frau, Nachbarschaften aus allen geographischen Orten zusammenbrachte, dieses Flussbett wurde stark inspiriert durch einige Ideen, über die wir hier auch gesprochen haben, die Sozialökologie und die Ideen Murray Bookchins.

Kannst du dir einen Generalstreik von hunderttausenden Studierenden vorstellen und alle Entscheidungsfindungsprozesse basieren auf direktdemokratischen Versammlungen, in riesigen Räumen wie diesem, voll mit Menschen, die debattieren und diskutieren. Was machen wir heute und wie machen wir das? Was machen wir morgen und wie werden wir das machen? Alles wurde offen diskutiert. Die kommerziellen Medien wurden verrückt. Wie werden diese Leute entscheiden können, was ihre soziale Bewegung tun wird, bei diesen Scheißvollversammlungen? Wer sind ihre Anführer*innen? Nun, da sind sie, als Hunderte und Tausende.

Der Punkt, das Jahr 2012 in dieser Form noch einmal zu thematisieren, ist der, um zu demonstrieren, dass diese soziale Revolte tiefe Wurzeln in den Gemeindeorganisationen hatte, die hier und dort eingebettet waren. Es ist wichtig anzumerken, dass diese soziale Revolte in einem kommunalistischen Gefühl und ebensolcher Identität verankert war. Während des Streiks – es erfordert eine Wiederholung – wurden alle Entscheidungen in den Vollversammlungen gefällt, an jeder Hochschule und in jeder Universität, den Entscheidungsfindungsprozess der direkten Demokratie nutzend. Diese Politik zeigte sich noch grundsätzlicher während der Massendemonstrationen am 22. Juni, als ein Flugblatt mit dem Titel »Manifeste pour une démocratie directe« und dem Untertitel »Hinter der repräsentativen

Demokratie ist eine Oligarchie versteckt« breit verteilt wurde. Unterschrieben von einigen Anarchist*innen, die mit Nachbarschaftsvereinen assoziiert waren, erklärte das Flugblatt: »Die Lösung, um aus der aktuellen Krise zu kommen, ist Demokratie, die einzige, wahre, wirkliche direkte Demokratie – oder Selbstverwaltung –, in der die Bürger*innen ihre Macht direkt ausüben. Wir müssen wieder Vollversammlungen aufbauen, Volksräte, Beteiligungshaushalte, selbstverwaltete Kooperativen und die Nutzung von Referenden, so dass unsere Gesellschaft sich von unten her und mit demokratischem Horizontalismus orientieren kann.«

Am 12. Juli veröffentlichte die Classe, die größte und militanteste der drei Studierenden-Gewerkschaften, die den Streik vorantrieben, in einer französischsprachigen Tageszeitung das folgende bemerkenswerte Manifest mit dem Titel »Teile unsere Zukunft«:

»Vier Monate nun, überall in Québec, haben die Straßen unter dem Rhythmus hunderttausender marschierender Füße vibriert. Was als eine Bewegung im Untergrund begann, immer noch starr vom Winter, sammelte neue Kraft im Frühling und strömte unbehindert, Studierende, Großeltern, Kinder und Menschen mit und ohne Arbeit anziehend. Der anfängliche Studierendenstreik wuchs zu einem Volkskampf, denn die Probleme der Studiengebühren öffneten die Tür zu viel tieferen Widersprüchen. Wir sind nun mit einem politischen Problem konfrontiert, das wirklich uns alle betrifft. […] Unser Verständnis ist, dass direkte Demokratie erlebt werden sollte, jeden Moment eines jeden Tages. Unsere eigene Stimme sollte in den Versammlungen an den Schulen, auf der Arbeit und in unseren Nachbarschaften gehört werden. Unser Konzept von Demokratie stellt die Menschen in die permanente Verantwortung für die Politik. Und bei ›die Menschen‹ meinen wir diese von uns an der Basis der Pyramide – die Grundlage politischer Legitimation … Demokratie, wie sie von der anderen Seite verstanden wird, ist markiert als ›repräsentativ‹ – und wir wundern uns nur, was sie repräsentiert.«

Was in diesem Manifest folgt, ist nicht nur eine Kritik an der liberalen Demokratie, sondern eine generelle Analyse der Dimensionen von sozialer Ungerechtigkeit, Umweltzerstörung und die Vorstellung einer sozialen Alternative und die Frage von vervollständigter Geschlechtergleichheit. Das Manifest endet so:

»In der Entscheidung zu streiken haben wir entschieden, für diese Ideen zu kämpfen. Wir haben entschieden, ein Verhältnis der Macht zu erschaffen. ... Teilen wir diese Verantwortung alle zusammen, können wir etwas Großes erreichen. ... In einer Zeit, in der demokratische Orte überall um uns herum entstehen, müssen wir sie nutzen, um eine neue Welt aufzubauen. ... Durch den Aufruf zu einem sozialen Streik heute werden wir morgen an der Seite mit euch, Menschen von Québec, durch die Straßen marschieren.«

Es beginnt alles überall noch einmal. Von 2012 zu 2015, es beginnt alles überall noch einmal. Diese Studierenden und jungen Menschen sind wieder auf den Straßen. Gleichzeitig mit einem Treffen kanadischer Landesminister*innen zum Thema Klimawandel hat die Klimabewegung in Québec und Kanada eine riesige konfrontative Demonstration vor der Nationalversammlung organisiert; 25.000 Menschen erschienen von überall aus Québec und Kanada.

Ein Fazit
Viele der zeitgenössischen Forscher*innen und Aktivist*innen, die sich mit der Entstehung der globalen Stadt befassen, haben darauf hingewiesen, dass diese Konzentration das Aufkommen einer neuen Bürger*innenschaft begünstigt: der*die städtische Bürger*in, das politische Subjekt, oder der politische Akt, vor einem städtischen Hintergrund. Andere bevorzugen, von einer Bürger*innenschaft auf mehrfacher Ebene zu sprechen, wobei es aber die lokale Ebene ist, auf der die aktive Bürger*innenschaft gefördert wird. Ohne in die Falle des Lokalismus zu fallen, sollte begriffen werden, dass gravierende Veränderungen, die durch städtische Bewegungen initiiert wurden, einen Raum für Praktiken auf diversen Ebenen geschaffen haben, in dem lokale Belange in globale Belange passen und gleichzeitig auf der nationalen Ebene aufbauen oder über diese hinausgehen.

Sicher, die Metropole ist zentral für eine Betrachtung der Demokratie, denn die Gesellschaften heute sind mehr und mehr geprägt durch das Urbane. Wir sollten uns heute daran erinnern, seit 2007 leben mehr als die Hälfte der gesamten Weltbevölkerung in Städten. Dieser Wendepunkt ist ohne historisches Beispiel und hat viele tiefgreifende Konsequenzen. Außerdem sind Fragen wie soziale Gerechtigkeit, Inklusion, Diversität, Kosmopolitismus und Ökologie alles Fragen, die mit der Notwendigkeit sozialer Transformation verbunden sind, im urbanen Raum konzentriert. In anderen Worten, urbane Räume bieten die Möglichkeit, soziale und politische Beziehungen neu zu überdenken.

Die Versammlung ist die Basis der sozialen Rekonstruktion der Gemeinschaft. Wie es in der »Recht auf Stadt«-Bewegung vorgestellt wird, schlagen wir zurück für unsere Stadt. In der Tat, wir nehmen uns unsere Stadt zurück, durch das Besetzen von urbanem Raum. Wir verstehen die Wichtigkeit lebendiger Nachbarschaften, wir verstehen die Wichtigkeit, unsere Nachbar*innen zu kennen, empathische Wege zu finden, leidenschaftliche Wege, um uns in Beziehung zu unseren Nachbar*innen zu setzen. Daher ist meine abschließende Erklärung an alle von Euch: »Alle Macht den Menschen!«

Bibliographie:
(1) World Social Forum – Challenging Empires, Jai Sen and Peter Waterman, editors. 2009, Montreal, Black Rose Books; other books at www.blackrosebooks.com

* Anmerkung der Übersetzung: Der Begriff »*community organizing*« wird hier nicht übersetzt, da er ein feststehender Begriff ist, der aus dem Englischen kommt und auch in der deutschsprachigen Literatur Verwendung findet. *Community organizing* bedeutet so viel wie die Organisierung der lokalen Gemeinschaften durch partizipative Methoden.

Dimitrios Roussopoulos *ist politischer Aktivist, Ökologe, Autor, Publizist, Redner und Organisator aus Montreal. Er bildete sich an verschiedenen Universitäten in London und Montreal in Philosophie, Politik und Ökonomie.*

5.3 Alex Mohubetswane Mashilo

Südafrika: Fortschrittliche Politik in einem kapitalistischen Land?

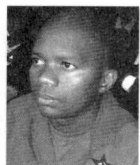

Einleitung

Die Kommunistische Partei Südafrikas (SACP) überbringt ihre Botschaft der festen revolutionären Solidarität mit der Bevölkerung in Kurdistan und dem Genossen Abdullah Öcalan, einem Freund unseres Ehrenvorsitzenden Nelson Mandela, der selbst für 27 Jahre im Gefängnis auf einer Insel einsaß, weil er ein Freiheitskämpfer war. Viele unserer FührerInnen in der SACP und unserer langjährigen Verbündeten aus dem Afrikanischen Nationalkongress (ANC) wurden aus demselben Grund gefangen genommen. Es sind sehr viele, die umgebracht wurden oder verschwanden oder die im Laufe unseres Kampfes im Exil starben. Es gibt einige auffällige Gemeinsamkeiten zwischen der Geschichte unseres Befreiungskampfes und dem Kampf der Menschen aus Kurdistan. Es ist unsere reiche Kampferfahrung, die uns begründet glauben lässt, dass Genosse Abdullah Öcalan eines Tages aus dem Gefängnis freikommen und wie Präsident Nelson Mandela vom Tag seiner Freilassung an auch von seinen FeindInnen als Held gefeiert wird.

Bei meiner Vorbereitung für diese Konferenz hat mich die Kommunistische Liga Zimbabwes gebeten, ihre Botschaft der revolutionären Solidarität mit den Menschen in Kurdistan auszudrücken. Sie lässt ausrichten, dass der Kampf der KurdInnen auch ihr Kampf sei und dass ohne deren Freiheit kein Ort der Erde sich frei nennen kann.

Nach dem Austausch mit mehreren GenossInnen und TeilnehmerInnen, AkademikerInnen und NichtakademikerInnen seit dem 2. April habe ich es für nötig befunden, einige Änderungen an meinem Beitrag vorzunehmen. Zum einen, um das Verständnis über die südafrikanische Situation stärker zu verdeutlichen, hier besonders über die Aktivitäten unserer Befreiungsallianz mit ihren einzigartigen Eigenschaften. Zum anderen wird dieser Beitrag hoffentlich denjenigen, die mit der südafrikanischen Revolution vertraut sind, Klarheit über die aktuelle Situation verschaffen.

Ich präsentiere jedenfalls eine Darstellung des Minimalprogramms unserer Allianz, der Friedenscharta und des Kampfes um ihre vollständige Umsetzung, die Nationaldemokratische Revolution (NDR). Ich beginne mit der Hervorhebung der Errungenschaften der Revolution seit unserem demokratischen Durchbruch von 1994. Dieser Durchbruch ist unser größter Meilenstein in der Geschichte des hundertjährigen Kampfes unserer Menschen gegen Kolonialismus, die Eroberungskriege und Enteignungen, denen sie ausgesetzt waren. Allerdings muss ich zuerst die zentrale These dieser Präsentation zusammenfassen, um Schlussfolgerungen im Anschluss zu ermöglichen.

Der demokratische Durchbruch von 1994, Südafrikas Aprilthesen

Unsere zentrale These in diesem Papier lautet, dass das Erzielen eines demokratischen Durchbruchs in Südafrika im April 1994 das Apartheidregime vertrieb und die Grundlagen schuf für einen progressiven Wandel und die Entwicklung einer demokratischen Gesellschaft. Doch hat dieser Wandel nicht die Diktatur der weißen Bourgeoisie aus Südafrika vertrieben und auch nicht die imperialistische Bourgeoisie aus der Wirtschaft des Landes. Diese nichtgewählte wirtschaftliche Macht, die weiter eingedrungen und der wichtigste Begünstigte, wirtschaftlich ausgedrückt, unseres embryonalen Übergangs ist, bildet die Diktatur der Bourgeoisie in der Wirtschaft unseres Landes. Diese nichtgewählte wirtschaftliche Macht der Bourgeoisie, die übrigens politische Macht darstellt, handelt auch wie eine Gegenmacht gegen den demokratischen Wandel. Sie stellt weiterhin, und dies auf verschiedene Weise, eine systemische kontraproduktive Kraft dar, die der demokratischen Macht des Volkes und des Staates, insbesondere ihrer gewählten

Bereiche, dem Parlament und der Regierung strukturelle Restriktionen aufzwingt.

Das wird durch die internationale Machtstruktur der bürgerlichen Diktatur, einschließlich einer breiten Palette internationaler Finanz- und »nichtfinanzieller« Institutionen, unterstützt, die Ratingagenturen, die die Wirtschaft durch Herabstufung angreifen, sobald die öffentliche Ordnung den imperialistischen Interessen zuwiderläuft. Eine erhöhte Mobilität des Kapitals sowie die Anfälligkeit für Kapitalflucht werden durch die neoliberale Globalisierung ermöglicht und durch leistungsstarke imperialistische Staaten, die niemals von ihrer regulären täglichen Manipulation aktiver Intervention in Form von Sanktionen, Wirtschaftsblockaden, Regimewechsel, im Extremfall durch militärische Aggression, ablassen. Der offengelegte Charakter des internationalen Kontextes ist voller solcher Erfahrungen, gegen die keine progressive oder revolutionäre Politik immun ist.

Alles das hat den Effekt, radikalen Fortschritt zu verhindern, und damit auch die revolutionäre Transformation, die die Entwicklung einer nationalen demokratischen Wirtschaft als einen der Grundpfeiler für den Aufbau einer nationalen demokratischen Gesellschaft umfasst. Wie es Karl Marx bereits 1852 in »Der achtzehnte Brumaire des Louis Bonaparte« schrieb: »Die Menschen machen ihre eigene Geschichte, aber sie machen sie nicht aus freien Stücken, nicht unter selbstgewählten, sondern unter unmittelbar vorgefundenen, gegebenen und überlieferten Umständen. Die Tradition aller toten Geschlechter lastet wie ein Alp auf dem Gehirne der Lebenden.«

Die südafrikanische Erfahrung zeigt die Fortdauer der alten Form der kapitalistischen Ausbeutung der Arbeit und äußerlich die imperialistische Herrschaft des Landes, die unmittelbar als Antithese des Aufbaus einer nationalen demokratischen Gesellschaft agiert.

Wenn man Freiheit als Freiheit von allen Formen der Unterdrückung versteht, haben wir in Afrika eine relative Freiheit von der Apartheid erreicht. Aber wir haben noch nicht die Freiheit von wirtschaftlicher Ausbeutung und der nationalen Ausbeutung unseres Landes durch den Imperialismus erreicht.

Auf internationaler Ebene sind an anderen Orten außerhalb der Triade-Wirtschaften der alten imperialistischen Zentren in Nordamerika, Europa und Japan neue Bereiche der privaten Kapitalbildung entstanden. Sie haben auch in der Wirtschaft Südafrikas Fuß gefasst. Mittlerweile ist ferner noch die Entstehung neuer, auf privater Kapitalbildung basierender, Schichten der historisch Unterdrückten zu verzeichnen, die aus dem Klassenumbau der südafrikanischen Gesellschaft resultieren. Aber ungeachtet ihres äußeren Anscheins haben all diese neuen Schichten nicht die Hauptorientierung der Arbeitsausbeutung im Lande durch das Kapital verändert. Wir sind nicht in der Lage zu behaupten, dass wir die Freiheit in ihrer wesentlichen und vollständigen Bedeutung erreicht hätten. Deshalb muss sich der Kampf für die Freiheit fortsetzen, unabhängig davon, wie komplex die Situation nun geworden ist!

Der Charakter der ANC-geführten Allianz und ihr Grundprogramm

Die südafrikanische Gesellschaft wird geführt von einer Befreiungsallianz, bestehend aus dem ANC, der die führende organisatorische Komponente der Allianz darstellt, der SACP und der voranschreitenden Gewerkschaftsbewegung unter der Führung des Kongresses der Südafrikanischen Gewerkschaften (COSATU). Jeder Partner in der Allianz ist eine unabhängige Formation mit einer eigenen unabhängigen Identität, einer historischen Mission und einem Programm und damit für sich allein ein Zentrum der Macht der Menschen. Das Bündnis vereint die Summe der Stärken seiner Partner. Organisatorisch schafft diese Allianz ein Zentrum der Macht der Menschen unter der Führung des ANC. Die Allianz repräsentiert einen organisatorischen Ausdruck seiner von den Komponenten gemeinsam geteilten Perspektiven und der Strategie, Südafrikas Befreiungskampf zu seinem logischen Ergebnis zu führen. Als Zentrum der Macht des Volkes wird die Allianz von einer Reihe gesellschaftlicher Formationen unterstützt, die die südafrikanische Demokratische Massenbewegung (Mass Democratic Movement, MDM) bilden. Die Allianz ist im Rahmen ihres Programms gemeinschaftlich der Entwicklung der Organe der Volksmacht verpflichtet, um eine nationale demokratische Gesellschaft zu schaffen.

Das im Laufe unseres Befreiungskampfes erstellte Programm der Transformation ist das Bindeglied, das die Bündnispartner zusammenhält. Es wird als die Nationaldemokratische Revolution (National Democratic Revolution, NDR) bezeichnet. Nach dem politischen Programm der SACP stellt die NDR unter den historischen Bedingungen den kürzesten und direkten Weg Südafrikas zum Sozialismus dar. Wir werden auf diesen Punkt zu gegebener Zeit zurückkommen.

Gemäß den konstitutiven Prinzipien der Allianz behält sich jede Komponente das Recht vor, ein eigenes unabhängiges Programm und eine historische Mission zu verfolgen. Als unabhängige Formationen behalten sich die Allianzpartner auch vor, in ihren jeweiligen Wahlkreisen und die Gesellschaft insgesamt zur Unterstützung ihrer eigenen politischen Perspektiven zu mobilisieren.

Das ist auch bei verschiedenen Aspekten der Fall, die in der ganzen Allianz weder im unmittelbaren noch im minimalen Gesamtprogramm ihren Ausdruck finden.

Dies bringt uns zu einer Erklärung, was die Allianz NICHT ist.

Die ANC-geleitete Allianz ist keine Koalition. Sie unterscheidet sich von solchen Koalitionen, die in den meisten Fällen nach Wahlkämpfen durch separate Parteien Regierungen bilden, dabei mit der Realität konfrontiert sind, dass bei der Stimmauszählung keine Partei eine absolute Mehrheit erhalten hat und damit unfähig ist, allein eine Regierung unter eigener Fahne zu bilden.

Daher ist unser Bündnis kein taktisches Arrangement, sondern eine strategische Allianz.

Zu den Wahlen ordnet sich die Allianz ihrer leitenden organisatorischen Komponente unter – dem ANC. Das ist aus vielerlei Gründen wichtig, aus der Notwendigkeit heraus, eine maximale Einheit in der Handlungsfähigkeit vor Ort zu bilden. Denn wenn die für ihre Freiheit Kämpfenden aufgespalten sind, ist die Wahrscheinlichkeit höher, dass sie scheitern. Seit der ersten demokratischen allgemeinen Wahl im Jahr 1994 hat das Bündnis durch eine vereinte Plattform des ANC mit Unterstützung der MDM-Formationen alle nationalen Wahlen gewonnen. Um nur einige der Beteiligten zu nennen: die progressive BürgerInnenbewegung, die Südafrikanische Nationale BürgerInnenorganisation (South African National Civic Organisation, SANCO), die progressiven StudentInnen-, Jugend-, Frauen-, Kampf-Veteranen- und lokale Organisationen. Diese Wahlsiege wurden mit überwältigender Mehrheit errungen, vom kleinsten Nenner auf der Skala bis nach oben reichend mit 62 % bei der letzten allgemeinen Wahl am 7. Mai 2014.

Eine weitere Säule zur Regelung der konstitutiven und Funktionsprinzipien der Allianz ist die Doppelmitgliedschaft. Dieses Prinzip fördert die Entwicklung einer gemeinsamen Mitgliederbasis auf der Grundlage der Haltung der einzelnen Allianzpartner zu den gesellschaftlichen Produktionsverhältnissen. Zum Beispiel ist die Gewerkschaftsbewegung am Ort der Produktion vertreten, wo sie ArbeiterInnen organisiert; die SACP ist eine Partei der ArbeiterInnenklasse; der ANC ist eine multinationale Formation, die sich selbst als »disziplinierte Kraft der Linken« definiert, die gegenüber dem Schicksal der ArbeiterInnen und der Armen parteiisch ist und deshalb ihre Interessen in den Mittelpunkt ihrer Strategie und Taktik stellt.

Aus diesem Grund, und zwar theoretisch gesagt, gibt es innerhalb des ANC, einer nationalen Multiklassenbewegung, einen Schnittpunkt der Klasseninteressen, die miteinander in Beziehung stehen durch die Dialektik der Einheit und den Konflikt der Gegensätze, so wie es der Fall ist zwischen Kapital und Arbeit in der Wirtschaft. Dieser Prozess wird wahrscheinlich die Klassengegensätze in der südafrikanischen Gesellschaft verschärfen und das revolutionäre Bewusstsein der ArbeiterInnenklasse entwickelt sich als Ganzes auf eine höhere Ebene.

In diesem Zusammenhang und angesichts der konstitutiven Prinzipien der Allianz und ihrer Funktionsweise wird die gegenseitige Beeinflussung der Komponentenpartner ein organischer Prozess, der nicht unbedingt auf Sitzungen der Allianz warten muss, um ein poli-

Session V: Lehren aus alternativen Praktiken

tisches Bewusstsein zu entwickeln und neue politische Maßnahmen zu ergreifen. Bei diesem Kampf liegt die historische Mission der Arbeiterklasse darin, die Klassenzufriedenheit und die Führung nicht nur im Allgemeinen in der Gesellschaft, sondern vor allem auch in der und durch die Allianz als führende organisatorische Kraft der südafrikanischen Gesellschaft systematisch zu entwickeln!

Die Entwicklung progressiver Politik
Die Wurzeln der progressiven und im historischen Kontext Südafrikas gleichzeitig revolutionären Politik wurden zeitgleich von der Allianz für ihre Vereinheitlichung entwickelt und im Jahr 1955 in einem visionären Dokument mit dem Titel Freiheitscharta festgeschrieben. Dieses Dokument war Ausdruck der damaligen Bestrebungen und der organisatorischen Einheit unter unseren Leuten in Form der ANC-geführten Kongressallianz, bestehend aus dem ANC, der die afrikanische Mehrheit repräsentierte, sowie den Organisationen, die die anderen drei großen Volksgruppen einschlossen, dem Kongress der Südafrikanischen InderInnen (South African Indian Congress), dem Kongress der Farbigen Völker (Coloured Peoples Congress) und dem Kongress der DemokratInnen (Congress of Democrats), der die demokratischen Weißen repräsentierte, die sich nationaler Unterdrückung entgegenstellten; ebenso auch dem Kongress der Südafrikanischen Gewerkschaften (SACTU), der die progressive Gewerkschaftsbewegung vertrat.

Die Kongressallianz wurde vom Kongress des Volkes koordiniert, um die Zukunft von Südafrika auszuarbeiten. Während dieser Zeit der nationalen Unterdrückung auf Basis kolonialer kapitalistischer Ausbeutung war die Kommunistische Partei bereits im Jahre 1950 vom Apartheidregime verboten worden. Trotzdem spielte die Partei aufgrund ihrer AktivistInnen und FührerInnen im Untergrund eine wichtige Rolle bei der Organisation der Allianz, bei der Koordinierung der Konferenz und bei der Ausarbeitung der Freiheitscharta, die vom Kongress beraten und beschlossen wurde. Parteimitglieder und -führerInnen wurden in jeder einzelnen Komponente des Bündnisses auf allen Ebenen beteiligt.

Die Rolle der progressiven Politik in einer kapitalistischen Gesellschaft

Die Freiheitscharta definierte die Vision einer neuen nationalen demokratischen Gesellschaft, ihren wirtschaftlichen, sozialen und politischen Charakter. Die Charta stellte das Programm der demokratischen Transformation in Südafrika im Rahmen der organisatorischen Führung des ANC im Bündnis mit der Kommunistischen Partei und der fortschreitenden Gewerkschaftsbewegung dar.

Die Freiheitscharta besagte: »Südafrika gehört allen, die darin leben, schwarz und weiß, und keine Regierung kann rechtmäßig Autonomie beanspruchen, wenn sie nicht auf der Grundlage des Willens des ganzen Volkes basiert.« Dies erfasste die Essenz der Notwendigkeit, eine nichtrassistische demokratische Gesellschaft zu schaffen. Die Charta forderte die Abschaffung aller Gesetze, die aufgrund von Rasse oder Hautfarbe, ethnischer Zugehörigkeit, Glauben usw. diskriminierten. Unter der Losung »Das Volk soll regieren« garantierte sie jedem Erwachsenen das Recht, zu wählen und sich als KandidatIn für gesetzgebende Positionen zur Wahl zu stellen sowie, ebenso wichtig, das Recht, an der Verwaltung des Landes teilzuhaben. Die Freiheitscharta war verankert, um Freiheit auf Grundlage der Gleichberechtigung der politischen, wirtschaftlichen und sozialen Rechte aller zu erreichen. Gegenüber der letzten Epoche der kolonialen Unterdrückung verlangte die Transformation von Südafrika unter der Freiheitscharta völlige Freiheit der Kultur, der Sprache, der Menschenwürde und Menschenrechte für alle. Dies schließt das Recht ein, eine Religion nach Wahl oder gar keine Religion zu praktizieren. Die Freiheitscharta forderte gleiche Rechte für alle Volksgruppen und gesetzlichen Schutz vor Beleidigungen ihrer Rasse und ihres Nationalstolzes. Sie schaffte die Verkündung und Praxis der nationalen oder rassistischen Diskriminierung sowie Verachtung ab und forderte, diese gesetzlich unter Strafe zu stellen. Einige dieser Prinzipien, wenn nicht alle, sind denen sehr ähnlich, für die Genosse Abdullah Öcalan in Kurdistan plädiert.

Die Freiheitscharta unterbreitete ein Programm für wirtschaftlichen und sozialen Wandel. Sie stellte wirtschaftliche und soziale Rechte auf eine Stufe mit politischen Rechten. Sie erkannte an, dass zum Beispiel »unsere Leute ihres Geburtsrechts auf Land, Freiheit und Frieden beraubt wurden durch eine Regierungsform, die auf Ungerechtigkeit und Ungleichheit gegründet wurde«. Sie forderte die Aufhebung der Beschränkungen des Grundbesitzes auf Rassengrundlage und die Aufteilung des ganzen Landes unter denen, die damit arbeiten, um Hunger und Landhunger zu bannen.

Die Charta erkannte ferner an, dass Südafrika nie wohlhabend oder frei sein werde, bis alle seine Menschen, unabhängig von Rasse oder Hautfarbe, ethnischer Herkunft, Religionszugehörigkeit oder keiner Zugehörigkeit in Geschwisterlichkeit leben und gleiche Rechte und Chancen genießen. Sie forderte die Ausführung dieses demokratischen Imperativs.

Die Freiheitscharta brachte ein Programm der ökonomischen Transformation hervor, das Folgendes beförderte:
- Wiederherstellen des nationalen Wohlstands und Erbes von Südafrika für seine Bevölkerung, damit sie am Wohlstand des Landes teilhaben kann;
- Übertragen des Vermögens der Banken und Monopolindustrien an Rohstoffen aus der Erde in den Besitz der Bevölkerung als Gesamtheit;
- Regulieren der restlichen Industrie und des Handels zur Unterstützung des Wohlergehens der Bevölkerung;
- Gleichberechtigung aller Menschen, dort zu handeln, wo sie es wollen; das Erhalten der Produktion und des Zugangs zu allen Märkten, Gewerben und Berufen;
- das Recht aller ArbeiterInnen, freie Gewerkschaften zu bilden, ihre Führungskräfte zu wählen und Verhandlungen über Lohnabschlüsse mit ihren ArbeitgeberInnen zu führen;
- das Recht und die Pflicht aller zu arbeiten, Gleichberechtigung für Männer wie Frauen und Menschen aller Ethnien

(»races«), gleichen Lohn für gleichwertige Arbeit zu erhalten und vollständige Arbeitslosenzuwendungen zu beziehen;
— eine Vierzigstundenwoche, einen nationalen Mindestlohn, einen bezahlten Jahresurlaub, eine Krankheitsfreistellung für alle ArbeitnehmerInnen und einen bezahlten Mutterschaftsurlaub für alle arbeitenden Mütter.

Mithilfe dieser Maßnahmen schuf die Freiheitscharta die Fundamente für die Entwicklung einer nationalen demokratischen Wirtschaft als Säule einer nationalen demokratischen Gesellschaft. In gleicher Art und Weise modernisierte sie folgende Rechte zur sozialen Gerechtigkeit:
— Öffnung des Lernens und der Kultur, indem unter anderem durch die Regierung dazu ermutigt wird, nationale Talente zur Bereicherung des kulturellen Lebens zu entdecken und zu entwickeln;
— freie und obligatorische Bildung, allgemeingültig und gleichberechtigt für alle Kinder;
— Öffnung der höheren Bildung und der technischen Ausbildung für alle mithilfe von Staatsbeihilfen und Stipendien, die auf Basis der Leistungen vergeben werden;
— Beseitigung des Analphabetismus unter Erwachsenen durch einen staatlichen Massenbildungsplan;
— angemessene Unterkünfte, Familienfreundlichkeit und Sicherheit für alle;
— allgemeine qualitative Gesundheitsversorgung.

Der Kern der Freiheitscharta zielte darauf ab, den im politischen Programm »Der Weg zur Freiheit Südafrikas« der SACP von 1962 als »Kolonialismus speziellen Typus« (CST) bezeichneten Zustand zu beenden und alle Formen von Unterjochung zu beseitigen. Das Konzept des CST berücksichtigte die Realität der südafrikanischen Vergangenheit in Belangen, in denen die kolonialen Unterdrücker auf demselben Territorium wie die Unterdrückten lebten. Dieses Gebiet war geographisch, politisch und ökonomisch durch die Bedürfnisse derer definiert, die ethnisch (»racially«) zum Lager der Unterdrücker gehörten. Das System basierte, in Klassenbegriffen ausgedrückt, auf der Unterentwicklung der national Unterdrückten, die extrem ausgebeutet wurden. Koloniale Unterdrückung förderte patriarchale Herrschaftsbeziehungen und variierte sie entsprechend einem Regime der weißen »Vormachtstellung«. Der SACP zufolge wurde der CST-Kolonialstatus von Südafrika im Interesse des Imperialismus gestaltet, als Britannien 1910 die »Unabhängigkeit« »einräumen« musste und der südafrikanische Staat in Form der Union von Südafrika gegründet wurde.[1]

Dazu etablierte der Imperialismus eine externe Dimension des CST in Südafrika. Mit anderen Worten oder in Begriffen der Weltsystemtheorie und des Konzepts von »Entwicklung einer Unterentwicklung« wurden zwei interagierende Zentrum-Peripherie-Kolonialsysteme errichtet, die beide die Entwicklung des Zentrums durch die Unterentwicklung der Peripherie umfassten.

Zur externen Dimension gehörte, dass Südafrika als Peripherie eine unterentwickelte Kolonie darstellte, die der kapitalistischen nationalen Ausbeutung zum Vorteil der Entwicklung im imperialistischen Zentrum als Kern diente.

Die interne Dimension brachte mit sich, dass insbesondere die AfrikanerInnen und die Schwarzen im Allgemeinen unterentwickelt waren, wie die interne Peripherie, zum Vorteil der Entwicklung der Weißen. Sie fielen unter die Herrschaft der nationalen Unterdrücker und rassistischen Klassenausbeuter, so wie dem inneren Kern.

In Klassenbegriffen ausgedrückt, der ultimative entscheidende Faktor war und bleibt, dass die Unterdrückung sowohl von der Bourgeoisie des imperialistischen Zentrums als auch von der weißen Bourgeoisie Südafrikas ausging und diese gleichermaßen an der rücksichtslosen Ausbeutung der Unterdrückten interessiert waren. Das wurde nicht nur durch die allgemeine kapitalistische Ausbeutung der

---

1 Südafrika wurde infolge des Südafrika-Krieges als Staat zwischen zwei afrikanisch dominierten Republiken, dem Oranje-Freistaat sowie Transvaal, und zwei britischen Kolonien, der Kapkolonie und Natal, gegründet.

werktätigen Klasse als Ganzes, sondern auch durch nationale Unterdrückung und Geschlechterherrschaft umgesetzt und ausgedehnt.

Eine fortschrittliche Politik in Südafrika befasst sich nicht nur mit der Beseitigung der internen Bedingungen und Dynamiken von Unterdrückung und Ausbeutung. Im Ursprung und ihren Entwicklungslinien ist sie gleichermaßen angelegt in den strukturellen Kräften und unterliegt Prozessen, die durch das globale Umfeld bedingt sind, in dem die internen Bedingungen von Unterdrückung und Ausbeutung geschaffen, weiterentwickelt und reproduziert wurden. In ihrem revolutionären Grundverständnis betrachtet eine fortschrittliche Politik als solche den Kapitalismus in Südafrika als von außen eingeführte koloniale Beziehung, die auszumerzen unmöglich ist, ohne »an die Wurzeln zu gehen«, wie es die SACP ausdrückt, ohne ein endgültiges Herausreißen der gesamten Klassenbasis des Kapitalismus.

Wenn folglich die Geschichte aller bisher existierenden Gesellschaften die Geschichte von Unterdrückern und Unterdrückten ist, dann repräsentiert der Imperialismus das in der Moderne vorherrschende Instrument internationaler Unterdrückung durch die Unterdrücker über die Unterdrückten. Die Unterdrückenden benutzen die Macht der mächtigsten Nationalstaaten und transnationalen Allianzen, die das Kapital kontrollieren, um die Menschen aus unterdrückten Nationen auszubeuten, indem sie weniger Kapital in deren Wirtschaft hineinlassen und vermehrt Überschüsse, letztlich in Geldform, als Profit herausziehen. Diese Finanzbeziehung wird gestärkt, um eine ansteigende Rate herauszuholen, manchmal gemäß der »Wettbewerbsfähigkeit«. Das ist die historische Erfahrung Südafrikas, die noch immer in unterschiedlichem Ausmaß wirkt.

Eine fortschrittliche Politik in Südafrika ist daher ausgerichtet auf den Pfad internationaler Entwicklung und strebt nach Unabhängigkeit vom Imperialismus, dem letzten Stadium kapitalistischer Ausbeutung und den daraus folgenden Formen nationaler und internationaler Unterdrückung.[2] In diesem Zusammenhang repräsen-

---

2 W. I. Lenin: Der Imperialismus als höchstes Stadium des Kapitalismus, 1917.

tiert die Entwicklung einer nationalen demokratischen Wirtschaft ein Programm der Transformation, um nicht nur das nationale Klassengleichgewicht der Mächte, sondern auch internationale Machtbeziehungen zu verändern und eine Unabhängigkeit von allen Formen externer Herrschaft zu sichern. Es ist von großer Bedeutung, diesen Punkt zu betonen, weil eine vollständige nationale und politische Befreiung sowie soziale Emanzipation unmöglich ist ohne wirtschaftliche Emanzipation, die wiederum unter dem Joch des Imperialismus wie auch seiner letzten Manifestation, dem Neoliberalismus, unmöglich bleibt. Das führt uns zu einem weiteren wesentlichen Merkmal fortschrittlicher Politik.

In Südafrika werden die Entwicklungslinien, die im Zusammenhang mit der Freiheitscharta gefördert wurden, eine unerlässliche Basis zur Förderung des Sozialismus vorlegen. Das ist der Kern dessen, worauf sich die SACP bezieht, nämlich dass die Nationaldemokratische Revolution der kürzeste und direkte Weg zum Sozialismus im historischen Kontext Südafrikas ist. Dies wiederum erfordert keinen Zweistufenprozess. Im Gegenteil, die NDR und der Kampf für den Sozialismus verstärken sich dialektisch, sie schreiten gleichzeitig voran. Anders ausgedrückt, das Verstärken des Kampfes für den Sozialismus verstärkt das revolutionäre Voranschreiten der NDR als seine logische Folge. In diesem Zusammenhang liegt die Hauptrichtung des Parteiprogramms darin, im Hier und Jetzt Kapazitäten dafür, Schwungkraft in diese Richtung und Elemente des Sozialismus zu schaffen.

Dieser Kampf hat seiner Natur gemäß internationalen Charakter. Die Mächte widersetzen sich ihm, die Mächte der Unterdrückung und Ausbeutung von Arbeitskraft sind nicht nur wenige unangenehme lokale Verfechter, die im Land leben, sondern sie gehören letztlich zum eindrucksvollsten, fremden Privatmonopolkapital. Die revolutionäre oder fortschrittliche Politik ist, vor allem im historischen Kontext Südafrikas, mit vier wesentlichen Gegensätzen konfrontiert. Das sind namentlich das Erbe des Kolonialismus, der durch die britischen Imperialisten und den CST errichtet wurde, die Geschlechterherrschaft als Folge des Patriarchats, die später durch die koloniale Unterdrückung und kapitalistische Ausbeutung gefördert wurde, die ArbeiterInnenklasse sowie nationale Ausbeutung, die durch den Kapitalismus und sein internationales Regime des Imperialismus im historischen Kontext und in seiner neoliberalen Phase bedingt ist.

Das Problem des Kapitalismus – ausgewählte internationale und nationale Aspekte
Unsere Vereinbarungen zur Abschaffung der Apartheid in den frühen 1990er Jahren wurden in dem Zusammenhang getroffen, als die Sowjetunion, die unsere Freiheitsbewegung stark unterstützt hatte, sich auflöste und das realsozialistische Projekt in Osteuropa bezwungen wurde. Während sich das Mächtegleichgewicht in Südafrika zugunsten der Beendigung kolonialer Unterdrückung verschob, stieg auf internationaler Ebene der Imperialismus zur Weltherrschaft auf und leitete eine neoliberale Globalisierung ein. Dies wirkte sich negativ auf den demokratischen Übergangsprozess und den Gehalt der Umgestaltung in Südafrika aus.

Einige notwendige Kompromisse wurden in den Verhandlungen in Südafrika eingegangen, um den Apartheidkolonialismus abzuschaffen und den Befreiungskampf auf eine neue Basis zu befördern. Nur zwei Jahre nach dem demokratischen Durchbruch 1994, im Jahr 1996, wurde von oben, zunächst auf Regierungsebene, eine mit dem Geist und dem Wortlaut der Friedenscharta unvereinbare neoliberale Wirtschaftspolitik namens »Wachstum, Beschäftigung und Umverteilung« (GEAR – Growth, Employment and Redistribution) eingeführt.

Dieses Klassenprojekt von 1996, so bezeichnet es die SACP, schränkte die fortschrittliche Politik des Wiederaufbau- und Entwicklungsprogramms (RDP – Reconstruction and Development Programme) ein, das verabschiedet worden war, um unseren demokratischen Übergang zu leiten.

Das RDP hingegen wurde nicht nur in Beratungen mit den Kooperationspartnern und mit ihrer Anerkennung entworfen, sondern auch dem Zusammenschluss der MDM (Mass Democratic Movement). Der Gegensatz zwischen dieser fortschrittlichen Politik einerseits und der Auferlegung von GEAR andererseits verursachte ernsthafte Spannungen in der Allianz. Eine lange Dekade, die durch Organisationsprobleme und politische Meinungsverschiedenheiten geprägt war, wirkte negativ auf die Einheit und den Zusammenschluss der nationalen Befreiungsbewegung, letztlich offensichtlich seit Ende 2007. Das Vermächtnis wirkt noch bis in die Gegenwart und verschaffte neuen Widersprüchen zusätzlichen Auftrieb.

Unter GEAR wurden die Probleme reproduziert, die durch die koloniale Unterdrückung auf der Basis eines aufgezwungenen Kapitalismus geschaffen worden waren. Die Herausforderungen, mit denen die ANC-geführte Allianz heute konfrontiert ist, wirken zusätzlich zu den historischen Ungerechtigkeiten des Kolonialismus und seiner materiellen Basis der kapitalistischen Ausbeutung und sind damit teilweise eine direkte Folge dieser aufgezwungenen Politik und für das Scheitern in der Förderung fundamentaler oder radikaler ökonomischer Transformationsprozesse verantwortlich. Rassistische und geschlechtliche soziale Ungleichheit, Arbeitslosigkeit und Armut – die Folgen kapitalistischer Ausbeutung, die bereits strukturell verankert sind – blieben hoch, trotz der wichtigen sozialen Errungenschaften seit dem demokratischen Durchbruch von 1994. Doch diese sogenannten Dreifachherausforderungen konnten nicht und können noch immer nicht bewältigt werden, ohne das Vermächtnis genau zu begreifen, nicht nur des CST, sondern auch der externen nationalen Ausbeutung Südafrikas und ihrer neuen Manifestationen.

Hinzu kam, dass der Neoliberalismus und seine globale Krise von 2007 die Situation verschärften und infolgedessen zu neuen politischen und sozialen Problemen führten. Das geschah zum selben Zeitpunkt, als eine allgemeine Vereinbarung getroffen wurde, deren Fundament die Übernahme fortschrittlicher Politikbeschlüsse durch den ANC auf seiner 52. Nationalkonferenz Ende 2007 bildete. Damit wurde ein Impuls gegeben, der durch eine neue Allianz gemeinsamer Perspektiven zur Fortsetzung der Transformation der südafrikanischen Gesegllschaft in eine zweite, radikalere Phase unseres demokratischen Übergangs aufrief.

Diese Perspektive wurde mit der 53. Nationalkonferenz des ANC 2012 übernommen. Sie resultierte aus der Anerkennung nicht nur von bestehenden sozialen Problemen auf der höheren Ebene rassistischer und geschlechtlicher sozialer Ungleichheit, Arbeitslosigkeit und Armut. Darüber hinaus entsprang sie der Erkenntnis, dass während der ersten Phase unseres demokratischen Übergangs, der in den frühen 1990er Jahren mittels Vereinbarungen begonnen hatte und durch den demokratischen Durchbruch von 1994 offiziell gemacht wurde, eine strukturelle Transformation der Ökonomie entweder unzureichend, nicht vorhanden oder nicht fähig war, sich mit der nationalen demokratischen Wirtschaft als Säule einer nationalen demokratischen Gesellschaft zu befassen.

In Sachen externe Positionierung blieb die südafrikanische Wirtschaft nach dem demokratischen Durchbruch 1994 als Lieferant von Rohstoffen, vor allem Mineralstoffen, verankert in einer peripheren Position imperialistischer Unterordnung unter das weltweite kapitalistische System. Kapazitäten zur Nutzung der enormen Rohstoffvorkommen des Landes für die Entwicklung lokaler Produktion und zur Ausweitung produzierender Arbeit für alle wurden während dieser Phase kolonialer Unterdrückung verstärkt und durch eine große Bandbreite politischen Instrumentariums unterdrückt, um die koloniale Abhängigkeit des Landes vom imperialistischen Zentrum für Fertigprodukte zu unterstützen. Dies wiederum wurde dazu genutzt, um zum Vorteil der Interessen des Geldkapitals Gewinne aus Südafrika zu ziehen.

Die imperialistische Ausbeutung Südafrikas setzte sich fort und erreichte ihren Höhepunkt durch eine Tragödie 2012, in der Bergbauarbeiter, private Sicherheitskräfte und gar Polizeibeamte bei heftigen Streiks in den Bushveld-Platin-Minen von Rustenburg in der Nähe der Hauptstadt Pretoria getötet wurden. Dies wurde von großen Teilen der privaten Medien berichtet und so dargestellt, als habe es bei den Streiks einen Konflikt zwischen der Polizei und den BergbauarbeiterInnen gegeben und diese auf eigene Verantwortung getötet. Die Morde wurden korrekterweise verurteilt. Nichts dergleichen muss in irgendeinem Land passieren. Weshalb die Regierung zu Recht eine gerichtliche Untersuchungskommission einberief, um zu erfahren, was vor und an diesem Tag passiert war.

Doch inmitten der Medienpropaganda, in der das imperialistische Kapital eine große Rolle spielte und die ArbeiterInnen gegeneinander ausgespielt wurden, wurde die Ermordung der ArbeitnehmerInnen vor und nach der Tragödie verborgen gehalten. Westliche imperialistische Kräfte, wie zum Beispiel die angloamerikanisch-britische Lonmin Plc, bleiben das Herz der kapitalistischen Ausbeutung der ArbeiterInnen und der imperialistischen nationalen Ausbeutung Südafrikas. Es war in der Tat Großbritannien, das nach dem »Südafrikanischen Krieg« die Kontrolle über den Bergbau in Südafrika übernommen, und die Bergbaukammer, die vieles von den Strategien und der Politik der nationalen Unterdrückung, Klassenausbeutung und Überausbeutung entwickelt hatte. Aber es sind auch neue Dimensionen entstanden, nachdem die Apartheid 1994 verdrängt wurde. Außer den westlich-imperialistischen Mächten von Nordamerika und Europa sowie Japan, die durch ihre Vorgehensweise die Wirtschaft Südafrikas in Schwung brachten, haben sich fremde Mächte aus anderen Ländern angesiedelt.

Doch es ist von Bedeutung, auch weitere Überlegungen zu erwähnen.

Zunächst hat es den Anschein, als hätten sich die Beziehungen zwischen den neuen Bereichen des ausländischen Kapitals geändert im Vergleich zu der früheren gnadenlosen Unterentwicklung und Verwüstung, die hauptsächlich vom westlichen Kolonialismus und der imperialistischen Ausbeutung hervorgerufen worden war. Allerdings hat sich wenig an der Hauptrichtung der Ausbeutung der ArbeiterInnen getan.

Weiterhin wurde den neuen ausländischen Kapitalmarktteilnehmern ihre Tätigkeit und die weitere wirtschaftliche Durchdringung des imperialistischen Kapitals durch die Tatsache erleichtert, dass sich das in verschiedenen Formen agierende Kapital, das zentrale Bedeutung für die Investitionen hat, auf wenige internationale Hände auf kapitalistischer privater Basis konzentriert. Mit der Abhängigkeit des Staates vom Kapital – ein Ausdruck der Macht ist die Definition eigener politischer Begriffe für Investitionen – werden so demokratischen Regierungen in verschiedenen Teilen der Welt strukturelle Restriktionen auferlegt.[3] Mit anderen Worten, während der Bemühungen, das antidemokratische Regime zu bekämpfen, waren die gewählten neuen demokratischen Regierungen nicht frei, um die Wahlprogramme, die sie an die Macht gebracht hatten, zu implementieren.

Und wie die Dinge stehen, hat es das private Monopolkapital geschafft, Staaten für Investitionen in Konkurrenz zueinander zu bringen. Dies bedeutet weitere Einschränkungen durch Kapitalflucht und alle Arten wirtschaftlicher Streiks als Widerstand gegen die vom Kapital festgelegten Bedingungen. Darüber hinaus hat das weltweite imperialistische Regime zu drakonischen Mitteln gegriffen wie Sanktionen und im Extremfall militärischer Aggression, falls sie an ihre Grenzen stießen.

All dies führte in Afrika nach der »Unabhängigkeit« in vielen Ländern zu weiterer Zerstörung. Lateinamerika und andere Teile der Welt, die unter der imperialistischen Herrschaft gelitten haben und weiterhin leiden, sind da keine Ausnahmen.

In Südafrika wird die Neugestaltung der Klassen durch die südafrikanische Gesellschaft selbst übernommen. Die neuen Schichten umfassen Komprador-Sektionen der inländischen kapitalistischen Klasse, die sich aus den Reihen der historisch Unterdrückten heraus bildeten. Sektionen von Eigenkapitalfraktionen aus den bestehenden

---

3 Dazu gehört auch ein Teil der treibenden Kräfte bei der Entstehung politischer Diktaturen in Afrika, die auch in anderen Weltregionen im Sturm nach den Jahren der »Unabhängigkeit« errichtet wurden. Internationaler Währungsfonds und Weltbank spielten seit den 1970er Jahren eine besondere Rolle beim Aufbürden von Diktaturen durch die Unterordnung der nationalen politischen Souveränität unter Bedingungen, die von den USA diktiert wurden und später den Kern politischer neoliberaler Regime bildeten.

Strukturen des kapitalistischen Privateigentums werden durch die weiße Bourgeoisie Südafrikas und überwiegend imperialistisch dominiertes ausländisches Kapital gesteuert.

Dazu gehört die Dominanz der Bankenfinanzierung. Und einige von ihnen, wie die Amalgamated Bank of South Africa (ABSA), haben sich in die Hände ausländischer Banken wie der britischen Barclays begeben.

Unter diesen neuen Schichten finden wir Menschen, die sich verschuldet haben, oder das für den Erwerb von Aktienanteilen vorgesehene angelegte Kapital wurde verpfändet. Insofern bleibt das Steuer weitestgehend in den Händen des Kapitalgebers. Diese Vertreter der Kompradoren-Bourgeoisie sind als personifiziertes Kapital ebenso daran interessiert, die ArbeiterInnen auszubeuten, oder mehr oder weniger im selben Ausmaß wie die weiße Bourgeoisie Südafrikas und deren imperialistische Pendants.

Zur neuen südafrikanischen Bourgeoisie gehören auch Personen, die »politisch vernetzt« sind, und diejenigen, die in Abhängigkeit stehen von Staatsverträgen, sogenannten Ausschreibungen (*tender*), und von der SACP deshalb tenderpreneurs genannt werden.

All diese Veränderungen und Klassenausgestaltungen haben ernsthafte politische und ideologische Implikationen für die NDR. Zum Beispiel hat sich insbesondere unter der Kompradoren- und der parasitären Bourgeoisie, die in der Rolle des »politischen Kapitals« sowohl die weiße Bourgeoisie Südafrikas als auch das imperialistische Kapital übernommen haben, eine neue Tendenz herausgebildet, die die Revolution in Richtung Reformismus zu lenken und einzugrenzen versucht. Diese dienen dann als VermittlerInnen zu den Massen der Ausgebeuteten und Armen.

Ein weiteres verwandtes Feld, gleichzeitig und unabhängig davon aber auch ein Problem an sich, ist die Korruption. Gegen diese muss sich jede progressive oder revolutionäre Bewegung schützen und vorgehen. Bevor ein demokratischer Durchbruch erzielt wird, spielt sich das oft nicht ein, eher danach. Der wahre Charakter einer Person kommt erst dann zum Vorschein, wenn sie Zugang hat zu Positionen der Macht und Autorität. Dazu gehört die Anfälligkeit für Korruption. Trotzdem ist es auch wichtig, der Korruption Beachtung zu schenken, denn in den meisten Fällen ist sie für die Beziehungen zwischen Staat und Privatkapital maßgebend. In dieser Hinsicht liegt die materielle Basis in Bezug auf das Kapital im Charakter der staatlichen Organisation. Meistens, wenn auch nicht immer und überall, hat sich Korruption selbst eher als eine Form der Relation von privater Kapitalbildung denn als eine öffentliche Angelegenheit zum Wohle der Bevölkerung manifestiert. Wenn der Staat vom Kapital abhängt, einschließlich der Fälle von Beschaffung und Lieferung öffentlicher Güter und Dienstleistungen, ist Korruption häufig, wenn auch nicht ausschließlich, im Versorgungsmanagement (Supply Chain Management) konzentriert und verbindet den Staat mit dem Privatsektor.

Um gegen Korruption härter vorzugehen, ist eine der wichtigsten Voraussetzungen für Erfolg zweifellos, die revolutionäre Politik zu fördern. Gesetze, Systeme und Institutionen müssen zur Bekämpfung der Korruption gestärkt werden und sich entschlossen mit denen auseinandersetzen, die sich ihr überlassen, unabhängig davon, wer sie sind. Allerdings ist es sicherlich die Aufgabe der progressiven und revolutionären Politik, an die Wurzel des Problems zu gehen. Das kann unter anderem durch das Abnabeln der Abhängigkeit von Staat und Kapital erreicht werden. Soziale Mobilisierung von Institutionen und die rechtlichen Rahmenbedingungen sind wichtig.

Die Verstaatlichung des Versorgungsmanagements (Supply Chain Management) durch die Entwicklung eines lebendigen, effizienten und effektiven öffentlichen Unternehmenssektors und die Sozialisation durch die Entwicklung eines florierenden Genossenschaftssektors sind kritische Grundlagen bei der Bekämpfung der Korruption und der Verringerung der staatlichen Abhängigkeit vom Kapital durch das Kappen ihrer Verbindungen, was hilfreich ist für den Aufbau einer nationalen demokratischen Wirtschaft.

Die zweite, radikalere Phase des Übergangs Südafrikas zur Demokratie als eine neue politische Richtung wird sich mit all diesen

Herausforderungen und deren negativen Auswirkungen befassen und kann nicht ein einfacher und reibungsloser Übergang sein, so wie wir darauf hingewiesen haben.

Aber mit einer positiven Note ist diese zweite, radikalere Phase bestrebt, unseren demokratischen Übergang durch Neukalibrierung des Programms zur Durchführung der Freiheitscharta auf den großen politischen und rechtsbasierten sozialen Errungenschaften seit dem demokratischen Durchbruch von 1994 aufzubauen.

Soziale Erfolge beim Aufbau einer demokratischen Gesellschaft
Nach dem demokratischen Durchbruch in Südafrika von 1994 wurden die in der Freiheitscharta geforderten Rechte im obersten Gesetz des Landes – nämlich der Verfassung – festgeschrieben. Seitdem ist Südafrika ein besserer Lebensort geworden als zuvor.

Aber über die Menschenrechte hinaus, einschließlich der ArbeitnehmerInnen-, Frauen- und Kinderrechte in der neuen Verfassung und der anschließend folgenden verschiedenen Rechtsvorschriften, gab es erhebliche soziale Errungenschaften, unter anderem folgende:
- Über 3,3 Millionen Häuser wurden kostenlos für mehr als 17,5 Millionen Menschen gebaut.
- Über 7 Millionen neue Stromanschlüsse wurden seit 1996 in den Haushalten installiert.
- Über 400.000 solare Wasserheizungen sind in den letzten 5 Jahren auf den Dächern der armen Haushalte installiert worden – das ist eines der größten derartigen Programme weltweit.
- Die massive Ausweitung der Bereitstellung von sauberem Wasser bedeutet nun, dass rund 92 % der SüdafrikanerInnen Zugang zu Trinkwasser haben, im Vergleich zu 60 % im Jahr 1996.
- Mehr als 16 Millionen profitieren nun von einer Reihe sozialer Zuwendungen – das ist fast ein Drittel aller SüdafrikanerInnen. 1994 waren dies noch 3 Millionen.
- Der Zugang zu Bildung wurde allen Kindern gewährt – zu-

sätzlich erhalten über 9 Millionen SchülerInnen in 20.000 Schulen tägliche Mahlzeiten, so dass sie nicht mit hungrigem Bauch lernen müssen.
- Mehr Studierende mit einem historischen Hintergrund von Unterdrückung und Benachteiligung haben Zugang zu Hochschule und Universität gewonnen – der zuvor entweder verwehrt oder im Rahmen von Programmen beschränkt war. Jetzt sind sie die Mehrheit, sowohl in den Colleges als auch den Hochschulen. Mehr als 1,4 Millionen Studierende haben vom Nationalen Studierendenfinanzierungsplan (National Student Financial Aid Scheme, NSFAS) profitiert, um Zugang zur Hochschulbildung zu bekommen. Abgesehen von der Freiheitscharta hat der ANC im Jahre 2007 einen politischen Beschluss verabschiedet, um kostenlose Bildung für Bedürftige bis zum ersten Hochschulabschluss zu erweitern, und es werden Optionen erwogen, um dieses strategische Entwicklungsziel zu realisieren.
- Im Anschluss an die Parlamentswahlen von 2009 wurde eine strenge, kostenlose HIV-Prävention und antiretrovirale Behandlung eingeführt, um der Pandemie zu begegnen. Die weiter gesunkene Lebenserwartung hat sich seitdem umgekehrt und bis zum Jahr 2012 einen Durchschnitt von 60 Jahren erreicht.

Fazit

Der Übergang in eine zweite, radikalere Phase hin zur Demokratie in Südafrika erfolgt dennoch im internationalen Kontext imperialistischer Aggressionen und Machenschaften, die die externe Herrschaft in vielen Ländern beizubehalten und zu intensivieren suchen.

Dies beinhaltet eine massiv koordinierte Destabilisierung der Länder, die eine progressive Politik gegen die Interessen des Imperialismus zu praktizieren versuchen oder die antihegemoniale Ziele verfolgen.

Der Kampf steht somit vor komplexen Herausforderungen – vielleicht sogar komplexeren als je zuvor. Das kann nicht von einem Land allein oder lokal überwunden werden. Es erfordert daher progressive und sichere revolutionäre Politik mit internationalistischem Charakter. Hervorzuheben ist, dass der Kampf lokal, national und regional verwurzelte Handlungen in internationaler Ausrichtung beinhalten muss.

Die progressive Politik Südafrikas ist Teil der internationalen Bewegung gegen den Imperialismus. In Afrika befördert sie regionale Integration und den Aufbau einer antiimperialistischen Front. Aber dies geschieht in einer komplexen Situation, inmitten des Wettbewerbs imperialistischer Staaten um die Verschärfung der Kontrolle über den Kontinent, unter anderem durch neokoloniale Instrumente und die Förderung fortgesetzter ungleicher Beziehungen.

Wir hoffen, dass die progressive Politik in Kurdistan und in anderen Teilen der Welt etwas von unseren Erfahrungen lernen wird. Als Progressive oder Revolutionäre der Welt müssen wir voneinander lernen und eine überragende Bewegung für eine demokratische Weltordnung aufbauen!

SACP – South African Communist Party
NDR – National Democratic Revolution
CST – Kolonialismus eines speziellen Typus
RDP – Wiederaufbau- und Entwicklungsprogramm
MDM – Mass Democratic Movement
ANC – African National Congress
GEAR-Programm (Growth, Employment and Redistribution)
[*Erstellt durch die Übersetzerin*]

Alex Mohubetswane Mashilo *ist Elektroingenieur und Jurist. Er provo- miert an der Witwatersrand-Universität über den Zusammenhang von ökonomischer und sozialer Entwicklung. Mashilo ist Sprecher der South African Communist Party.*

5.4 Joám Evans Pim

Gandhi und Öcalan:
Von Ozeanischen Kreisen zum Demokratischen Konföderalismus

Dieser Aufsatz diskutiert die Parallelitäten zwischen den politischen Vorschlägen Gandhis und Öcalans im Zusammenhang der nationalen Befreiungskämpfe in Indien und in Kurdistan. Gandhi beschrieb eine politische Vision einer gewaltlosen, staatenlosen Gesellschaft als »Ozeanische Kreise«, einer Struktur unzählbarer Dörfer mit »sich ständig ausweitenden, niemals aufsteigenden Kreisen«, und nicht etwa einer »Pyramide, deren Spitze von unten unterstützt wird«, sondern eines »Kreis[es], dessen Zentrum das Individuum sein wird« (1946). Unabhängigkeit sollte an der Basis beginnen, fußend auf der kleinen, autarken Dorfrepublik, die »in der Lage sein sollte, die eigenen Angelegenheiten selbst zu organisieren, sogar so weit, sich gegen die ganze Welt verteidigen zu können«. Diese Vision passt zu Öcalans Vorschlag des Demokratischen Konföderalismus, der die Selbstgenügsamkeit und Selbstverwaltung der Gemeinde innerhalb eines »demokratischen Systems einer Bevölkerung ohne Staat« (2011) vorsieht. Eine komparative Analyse der theoretischen und praktischen Entwicklungen dieser Ausblicke bietet neue Perspektiven sowohl hinsichtlich der Anwendbarkeit der politischen Ideen Gandhis in der zeitgenössischen Welt als auch hinsichtlich der möglichen Beispiele der Implementierung des Demokratischen Konföderalismus im 21. Jahrhundert, trotz aller Unterschiede und Schwierigkeiten.

Es wurde weitgehend anerkannt, dass Murray Bookchins Ideen der Sozialökologie, des libertären Munizipalismus und des Kommunalismus eine instrumentale Rolle bei der Entwicklung von Abdullah Öcalans Konzept des Demokratischen Konföderalismus als ein »nichtstaatliches soziales Paradigma« (Öcalan, 2007) gespielt haben, das zweifellos einen Grundstein der tiefen sozialen und politischen Wandlungen dargestellt hat, die nach der *Deklaration des Demokra-*

Session V: Lehren aus alternativen Praktiken

tischen Konföderalismus in Kurdistan 2005 angewandt wurden. Die nichtstaatliche Geschichte oder, um den Ausdruck von Scott (2009) zu benutzen, »die Kunst, nicht regiert zu werden«, der kurdischen und anderer Gesellschaften der großen mesopotamischen Region waren gleichwertig großartige Einflüsse bei der Entwicklung des Demokratischen Konföderalismus als »eine nichtstaatliche politische Administration oder Demokratie ohne einen Staat« (Öcalan, 2011, S. 20). Für Öcalan ist der Unterschied deutlich: »Staaten sind auf Macht gegründet; Demokratien beruhen auf kollektivem Konsens. (…) Der Staat nutzt Zwang als legitimes Mittel. Demokratien beruhen auf freiwilliger Teilnahme.« (id.)

Bereits mehrere Werke erkundeten die tatsächliche Implementierung der Prinzipien des Demokratischen Konföderalismus der Koma Civakên Kurdistan (Gemeinschaft der Gesellschaften Kurdistans, KCK) sowohl in dem »Krieg geringer Intensität« in Nordkurdistan und seit 2012 in einem völligen Kriegszusammenhang im syrischen Rojava als auch in dem Versuch, ein extensives System von Dorf- und Nachbarschaftsräten nach Prinzipien wie Ökologie, Geschlechterbefreiung und direkter Demokratie zu realisieren (TATORT, 2013; 2014).

Während die Analogien zwischen Kurdistan und der zapatistischen Bewegung genauso Aufmerksamkeit fanden (Saadi, 2014), haben andere nationale Befreiungskämpfe, in der Vergangenheit und in der Gegenwart, ebenfalls ähnliche libertäre Prinzipien oder Praktiken ausgearbeitet. Die indische Unabhängigkeitsbewegung, vor allem nachdem der Indische Nationalkongress Gandhis Strategie des gewaltlosen zivilen Ungehorsams aufgenommen hatte, ist wahrscheinlich der weniger bekannte dieser Fälle. Mehrere Gründe rufen nach der gemeinsamen Betrachtung von Gandhis und Öcalans Vorschlägen: Erstens, beide Anführer lehnten den Aufbau eines neuen Nationalstaates als Lösung im Kampf für nationale Befreiung ab und sahen stattdessen den Staat als Teil des Problems; zweitens, trotz des Hintergrunds der Gewalt und schwerwiegenden Unterdrückung, inklusive ihrer eigenen Gefangenschaft, verstanden beide die Relevanz der Gewaltlosigkeit als Instrument für sozialen Wandel

(TATORT, 2014; Graeber, 2014); drittens, sowohl Gandhi als auch Öcalan wurden international geächtet, da sie als »Freiheitskämpfer«, »Nationalisten« oder »Terroristen« bezeichnet wurden – Bezeichnungen, die genutzt wurden, um Gandhis fünf Nominierungen für den Friedensnobelpreis abzulehnen (Tønnesson, 1999) und um die kurdische Bewegung heute auf internationalen Terrorlisten zu behalten; viertens, gandhische Gewaltlosigkeit in Indien und kurdischer Demokratischer Konföderalismus haben sich als integrale Ansätze für einige der dringendsten Probleme unserer Zeit präsentiert, indem sie ein Modell anbieten, das nicht nur für ihre spezifischen Umstände relevant ist, sondern ebenfalls globale Dimensionen hat.

**»Unabhängigkeit muss an der Basis beginnen«:
Dorfrepubliken und Räte**
Gandhis Vision einer freien, gewaltlosen indischen Gesellschaft wurde von zwei elementaren Grundsätzen unterstützt: Swaraj (nichthierarchische gemeinschaftliche Selbstverwaltung) und Swadeshi (Selbstgenügsamkeit), die gegenseitig voneinander abhängen. Gandhisches Denken über soziale, politische und wirtschaftliche Probleme schuf einen Präzedenzfall für zahlreiche theoretische und praktische Entwicklungen, die sich im letzten Viertel des 20. Jahrhunderts und im frühen 21. Jahrhundert im Bereich der Wirtschaft (Schumacher, 1973; Ostrom, 1990), Technologie (Mumford, 1967 u. 1970), Energie (Trainer, 2010) und Politik (Bookchin, 2003) herauskristallisieren sollten. Öcalans Adaption von Sozialökologie, Kommunalismus und Geschlechterbefreiung als Rückgrat des Demokratischen Konföderalismus platziert dieses politische Paradigma deutlich auf den gleichen Boden, nicht nur theoretisch, sondern auch in der Praxis, wie der neue »Gesellschaftsvertrag« in Rojava aufzeigt: Die »Bereiche der Selbstverwaltungsdemokratie akzeptieren Konzepte des Staatsnationalismus, des Militärs, der Religion oder zentralisierter Verwaltung nicht« (Baher, 2014).

Ähnlich dem dezentralisierten System des Demokratischen Konföderalismus bezeichnete Gandhi die sozialpolitische Struktur, die eine gewaltlose Gesellschaft unterstützen würde, als »Dorfrepublik« oder »Dorf-Swaraj« (Gandhi, 1962). Seine Definition von Swaraj, Selbstverwaltung, involviert einen »kontinuierlichen Aufwand, unabhängig von Regierungskontrolle zu sein, ungeachtet dessen, ob diese Regierung ausländisch oder national ist«, da keine Regierung die Regulation des Alltags übernehmen sollte (1988 [1925], Vol. 32, S. 258). Swaraj, charakterisiert als »wahre Demokratie« und »individuelle Freiheit«, wird erreicht, »nur wenn alle unter uns fest davon überzeugt sind, dass unsere Swaraj einzig und allein durch Wahrheit und Ahimsa [»Gewaltlosigkeit«; Anm. d. Ü.] gewonnen, bearbeitet und gepflegt werden muss« (1988 [1939], Vol. 75, S. 176).

Jedes Individuum und jede Gemeinde sollten autonom Swaraj praktizieren. Gandhi argumentierte 1946: »Unabhängigkeit muss an der Basis beginnen. Das bedeutet, dass jedes Dorf eine Republik oder Panchayat [»Versammlung des Weisenrats«; Anm. d. Ü.] mit voller Macht wird. Daraus folgt, dass jedes Dorf autark und in der Lage sein sollte, die eigenen Angelegenheiten selbst zu organisieren, sogar so weit, sich gegen die ganze Welt verteidigen zu können« (1998 [1946], Vol. 91, S. 325). Die Dorfrepublik als gesellschaftliche Einheit würde somit natürlicherweise nicht auf sozialem Status oder Eigentumstiteln basiert sein, sondern auf Wahrheit, Gewaltlosigkeit und *equal labour*, ähnlich wie die Praktiken der Demokratischen Autonomie, die im letzten Jahrzehnt umgesetzt wurden (TATORT, 2013). Dorf-Swaraj wird präsentiert als »komplette Republik, unabhängig von den Nachbarn bei den eigenen lebenswichtigen Bedürfnissen und dennoch gegenseitig abhängend bei vielem anderen, wo Abhängigkeit zur Notwendigkeit wird« (1998 [1942], Vol. 81, S. 113). Dieses Modell ist offensichtlich vom südasiatischen Panchayati-Raj-System [dezentrale dörfliche Selbstverwaltung; Anm. d. Ü.] inspiriert, so wie der Demokratische Konföderalismus von alten mesopotamischen Selbstverwaltungspraktiken:

»… das erste Anliegen jedes Dorfes wird sein, seine eigenen Lebensmittel und Wolle für Bekleidung anzubauen. Es sollte etwas für sein Vieh aufheben, sich um Erholung kümmern und Spielplätze für

Erwachsene und Kinder haben (…). Soweit möglich sollte jede Aktivität eine kooperative Basis haben. Es wird keine Kasten geben, wie wir sie heute mit ihrer abgestuften Unberührbarkeit haben. Gewaltlosigkeit mit ihrer Technik der Satyagraha [Strategie der gewaltlosen Beeinflussung des politischen Gegners; Anm. d. Ü.] und Nichtkooperation wird die Sanktion der Dorfgemeinde darstellen. Die Verwaltung des Dorfes wird von der jährlich von den erwachsenen Dorfbewohnern gewählten fünfköpfigen Panchayat ausgeführt, bestehend aus Männern und Frauen mit minimalen Qualifikationsanforderungen. Diese wird die ganze nötige Autorität und Zuständigkeit besitzen. Da es kein System der Bestrafung im akzeptierten Sinne geben wird, wird diese Panchayat die kombinierte Legislative, Judikative und Exekutive für das Jahr bilden. Somit besteht perfekte Demokratie basierend auf individueller Freiheit. Das Individuum ist Architekt seiner eigenen Regierung. Das Gesetz der Gewaltlosigkeit regiert ihn und seine Regierung. Das Individuum und das Dorf sind in der Lage, sich der Macht einer Welt zu widersetzen« (1998 [1942], Vol. 81, S. 113).

In praktischer Hinsicht argumentiert Gandhi, dass die Bildung einer solchen Form einer unabhängigen Dorf-Swaraj keine externe Autorisierung braucht und auf keine große politische Revolution im umliegenden Staat warten muss. Somit werde ein klarer Präzedenzfall geschaffen für zeitgenössische Gemeinden mit bestimmter Intention wie etwa Ökodörfer, die im staatlichen Zwischenraum aufblühen könnten, sowie für den Demokratischen Konföderalismus, indem bestehende Staaten und Grenzen überschritten werden würden (Öcalan, 2011, S. 34). Eine Dorf-Swaraj zu initiieren sei eine individuelle Obligation, die sich ausweiten sollte, um die gesamte Gemeinde zu involvieren und einzubringen:

»Ein Dorf kann heute eine Republik werden ohne viel Beeinträchtigung sogar durch die aktuelle Regierung, deren einzige effektive Verbindung zu den Dörfern in der Forderung der Dorfeinnahmen besteht (…) Ein solches Dorf zu modellieren mag eine lebenslange Aufgabe sein. Jeder, der wahre Demokratie und das Dorfleben liebt, kann ein Dorf aufbauen, es als seine Welt und einzige Aufgabe betrachten, mit guten Resultaten.« (1998 [1942], Vol. 81, S. 113–114)

Bereits 1919 hatte Gandhi gewarnt, dass im Falle einer Replikation der britischen politischen, wirtschaftlichen, administrativen, rechtlichen, pädagogischen und militärischen Institutionen Indien ruiniert werden würde, da diese Institutionen, ungeachtet dessen, wer sie kontrolliert, die größte Hürde bei der Entwicklung der gewaltlosen Swaraj und Swadeshi darstellten (1998 [1910], Vol. 10, S. 258). Die Freiheit der Völker Indiens sollte nicht auf die Übergabe der Administration des Staatsapparates reduziert werden, sondern, vor allem, die komplette Beseitigung solcher Strukturen bedeuten. Leider war dies nicht der Fall, wie Gandhi deutlich in seinem »Letzten Willen und Testament« beschrieb (29. Januar 1948):

»Nachdem Indien durch die vom Indischen Nationalkongress konzipierten Mittel politische Unabhängigkeit erreicht hatte, hat der Kongress in seiner heutigen Form, d. h. als Propagandamittel und parlamentarischer Automat, seinen Nutzen überdauert. Indiens soziale, moralische und wirtschaftliche Unabhängigkeit im Hinblick auf seine siebenhunderttausend Dörfer steht im Unterschied zu seinen Städten immer noch aus.« (1998 [1948], Vol. 98, S. 333–334)

Ähnlich warnt Öcalan (2011, S. 33), dass »der Staat die Freiheit der Menschen nicht vergrößert«, aber stattdessen ein ernsthaftes Hindernis für die soziale Entwicklung der Bevölkerung darstelle. Infolgedessen ist »Demokratischer Konföderalismus ein nichtstaatliches soziales Paradigma«. Gandhi würde dem zustimmen: »Der Staat repräsentiert Gewalt in einer konzentrierten, organisierten Form. Das Individuum hat eine Seele, doch der Staat ist eine seelenlose Maschine, er kann sich niemals von der Gewalt lösen, da er ihr seine Existenz schuldet.« (1998 [1934], Vol. 65, S. 318)

Von Thoreaus *zivilem Ungehorsam* borgte sich Gandhi das Motto »Jener Staat wird der bestregierte sein, der am wenigsten regiert wird« und fügte hinzu »Deshalb habe ich gesagt, dass ein ideell gewaltloser Staat eine geordnete Anarchie sein wird« (1998 [1940], Vol. 79, S. 122). Und dennoch ist Gandhis Idee von Selbstverwaltung, verstanden als individuelle und gesellschaftliche Selbstverwaltung, ebenfalls einer der signifikantesten Beiträge von Thoreau, ausgedrückt in *Walden*, wo Selbstverwaltung als eine tiefe politische Alltagserfahrung präsentiert wird, die von der Freiheit vom oder durch Indifferenz zum Staat ersteht, also durch die absolute Dezentralisierung aus politischem Engagement heraus (siehe Lane, 2005; Jenco, 2009). Genauso wie Öcalan sagte Gandhi »Zentralisierung als System ist nicht mit der gewaltlosen Struktur der Gesellschaft vereinbar« (1998 [1942], Vol. 81, S. 424).

Die Prinzipien der Sozialökologie, die in den Demokratischen Konföderalismus eingebracht wurden, stellen ihn ebenfalls gegen das Staat-Kapitalismus-Binom. Ähnlich betrachtete Gandhi die Vision von der Dorf-Swaraj als inkompatibel mit der westlichen Konfiguration des indischen Staates, ebenso wie mit dem industriellen und urbanen Ethos, das ihn regierte: »Man kann Gewaltlosigkeit nicht auf einer Fabrikzivilisation gründen, sondern nur auf selbstgenügsamen Dörfern. Um gewaltlos zu sein, muss man also erst einmal ländlich gesinnt sein, und um ländlich gesinnt zu sein, muss man an das Spinnrad glauben« [als Symbol für Selbstgenügsamkeit] (1998 [1939], Vol. 77, S. 43).

Gandhi argumentierte, dass zwei voneinander abweichende Denkschulen einander herausfordern, um die Welt in unterschiedliche Richtungen zu lenken: die des ländlichen Dorfes, basierend auf Handarbeit, und die der Städte, abhängig von Maschinerie, Industrialisierung und Krieg (1998 [1944], Vol. 85, S. 233). Moderne Städte werden als »Auswuchs« bezeichnet, deren einziges Ziel es sei, »das Lebensblut der Dörfer abtropfen zu lassen« und »eine ständige Gefahr für das Leben und die Freiheit der Dörfler darzustellen« (1998 [1927], Vol. 38, S. 210). Wie Thoreau und Tolstoi Gandhis Vision von Politik geprägt haben, so beeinflusste seine Korrespondenz mit Edward Carpenter, dem Autor von »Die Zivilisation: Ihre Ursachen und ihre Heilung« (1921), die von Gandhi gegründete Opposition zwischen Satyagraha und industrieller Zivilisation, verstanden als »Krankheit, die eine Heilung braucht«. Industrialismus basierte auf der »Kapazität, ausbeuten zu können«, und die »Heilung« für urbane Bevölkerung war es, »wahrhaft ländlich gesinnt zu werden« (1998 [1946], Vol. 91, S. 390). Gandhi bemerkte streng, das »Blut der Dörfer ist der Zement, mit dem das Bauwerk der Städte errichtet wird« (1998 [1946], Vol. 91, S. 56–57). Es gab keinen Platz für Ausbeutung und Nötigung im Zusammenhang mit Dorf-Selbstgenügsamkeit und Selbstverwaltung.

Viel von dieser Malaise, die Gandhi dem Industrialismus attestierte, prägte Indien in den Händen des neuen unabhängigen Staates tatsächlich, trotz seiner ständigen Warnungen. Die Konsequenzen sind deutlich in Vandana Shivas Buch »Die Gewalt der Grünen Revolution« (1991), das die tragischen Resultate der landwirtschaftlichen Entwicklungsprogramme der indischen Regierung aufdeckt, die mit der technischen und wirtschaftlichen Unterstützung internationaler Agenten und dem Versprechen »schneller Lösungen« durchgeführt wurden.

Solche Maßnahmen hinterließen eine tödliche Spur der Gewalt in assoziierten Konflikten, die Zerstörung von Landfruchtbarkeit, die Unterdrückung genetischer und ökologischer Diversität und verschuldete Bauern. Während er ohne Zweifel behauptete, dass »Traktoren und chemischer Dünger unseren Ruin bringen werden« (1998 [1947/48], Vol. 98, S. 88, S. 289), unterstützte Gandhi öffentlich zeitgenössischen Aufwand für organische Landwirtschaft. In der Tat wurden die Prinzipien der organischen Landwirtschaft von Balfour (1944) und Howard in den 1940ern entwickelt und sind noch heute meist in der Observation traditioneller landwirtschaftlicher Methoden in Indien gültig, als Erfahrungen, die ebenfalls von Gandhi und seinen Kreisen erleichtert wurden. Interessanterweise ist das Lernen und Experimentieren im Bereich der Agroökologie und Permakultur innerhalb der kurdischen Demokratischen Autonomie (TATORT, 2013) eine der Sphären, die zweifellos die wirtschaftlichen und ökologischen Innovationen der Bewegung vorangetrieben haben.

Interdependenz aufbauen: Ozeanische Kreise und Demokratischer Konföderalismus

Demokratischer Konföderalismus ist nicht als ein Paradigma oder eine Lösung für ein Volk allein vorgesehen, sondern als ein basisdemokratisches System, das auf ganz Mesopotamien, den Mittleren Osten und darüber hinaus angewendet werden kann, als »ein Ansatz, der mit den diversen ethnischen Gruppen, Religionen und Klassenunterschieden zurechtkommen kann« (Öcalan, 2011, S. 33). Obwohl in ihrer Inklusivität einzigartig, werden die Formulierungen Öcalans in ihrer Angemessenheit von verschiedenen älteren Vorschlägen im Mittleren Osten, die aus unterschiedlichen Realitäten hervorgehen, bestätigt.

Vor mehr als einem halben Jahrhundert drückte Hannah Arendt (1948), ebenfalls Verteidigerin direkter Demokratie, ihre Opposition gegenüber einem jüdischen Staat aus und bevorzugte ein konföderales Arrangement, basierend auf »lokaler Selbstverwaltung und gemischten jüdisch-arabischen kommunalen und ländlichen Räten, in kleinem Rahmen und so zahlreich wie möglich«, als »die einzigen realistischen politischen Maßnahmen, die eventuell zur Emanzipation von Palästina führen können«. Fünfzig Jahre später schlug Templer (2008) eine »Kein-Staaten-Lösung« für den scheinbar unlösbaren Palästina-Israel-Konflikt vor, indem eine Vision eines dezentralisierten Systems bestehend aus einem multikulturellen, multireligiösen »Cooperative Commonwealth« auf der Basis »neuer Formen dezentralisierter direkter Demokratie, Bevölkerungsbeteiligung und Horizontalismus, Nachbarschaftsautonomie« aufgebaut wird, das über das historische Palästina hinaus ebenfalls andere Territorien in der Region des Fruchtbaren Halbmondes einschließt und somit einer bioregionalen Perspektive folgt, die die Notwendigkeit einer gemeinsamen Verwaltung der zunehmend knapper werdenden Ressourcen wie Wasser, Gas und Öl berücksichtigt.

Während Gandhi die Spezifitäten der »Dorfrepubliken« detailliert formulierte, blieb, wie im vorigen Abschnitt diskutiert, seine Vision insgesamt, wie sich diese selbstverwalteten Einheiten in einem staatenlosen Kontext aufeinander beziehen sollten, recht vage und ist einer der am wenigsten beleuchteten Aspekte seines politischen Denkens. Er stellte sich »Ozeanische Kreise« als eine globale Föderation kleiner, selbstgenügender, aber interdependenter Dorfrepubliken vor, einer »Struktur endloser Dörfer (...) aus sich ständig ausweitenden, niemals aufsteigenden Kreisen« (1998 [1946], S. 326). Dies würde keine »Pyramide sein, deren Spitze von unten unterstützt wird«, sondern ein »Kreis, dessen Zentrum das Individuum sein wird« (1998 [1946], S. 326). Summy interpretierte Gandhis Vision des »äußersten ozeanischen Kreises« als eine Weltföderation interdependenter Einheiten, basierend auf kleinen selbstgenügenden Dorfrepubliken.

Inspiriert von den konföderalen Arrangements von Bookchins libertärem Munizipalismus, ist der Demokratische Konföderalismus das deutlichste Beispiel für die praktische Anwendung eines »demokratischen Systems einer Bevölkerung ohne einen Staat«, auf einer weiten regionalen Ebene, wie nicht nur in Gandhis Konzept der »Ozeanischen Kreise« vorgesehen, sondern ebenfalls von vielen anderen Theoretikern, inklusive Proudhons Föderation von »freien Kommunen« (Das Prinzip der Föderation, 1863) oder Landauers »Commonwealth der commonwealths der commonwealths« (1978 [1911]). Praxis, Implementierung und Entwicklung des Demokratischen Konföderalismus und der Demokratischen Autonomie bieten ein wahrhaft signifikantes Beispiel dafür, dass soziale und politische Formen der Organisation jenseits des Staates und des Kapitalismus lokal, regional und global entstehen können.

Joám Evans Pim *ist Vater, Bauer und Aktivist in Galizien (einer Region unter spanischer Besetzung). Er arbeitet für die NGO Center for Global Nonkilling und lehrt Gewaltlosigkeit an der Åbo Akademi in Vaasa, Finnland. Er ist Mitglied des wissenschaftlichen Beirats des Transnational Institute of Social Ecology und engagiert in der Initiative IntegraRevolucio.*

5.5 Mustefa Ebdî

Die Kantone – Widerstand und Aufbau
Mustefa Ebdî, Co-Bürgermeister von Kobanê

Vielen Dank Euch allen. Als Erstes möchte ich mich vor den Märtyrern des Befreiungskampfes in Kurdistan und besonders vor den Märtyrern von Kobanê verneigen. Zweitens bringe ich Euch herzliche Grüße aus Kobanê, von der Leitung der YPG, der Leitung der YPJ und der Leitung des Kantons Kobanê. Und ich wünsche dieser Konferenz viel Erfolg.

Alle fragen sich, wie wir unter schwersten Bedingungen und größten Schwierigkeiten unsere Autonomie aufbauen konnten. Das System der demokratischen Autonomie ist für uns fundamental. Es bei uns umzusetzen wurde zu unserer wichtigsten Aufgabe. Als jemand aus Kobanê möchte ich einige praktische Beispiele geben für das neue System, das wir in Kobanê aufgebaut haben und das sich jetzt über ganz Rojava ausbreitet.

Im Jahr 2012 hatte das Regime noch Einfluss auf alle unsere Kantone, natürlich auch in Kobanê. Am 19. Juli 2012 konnten wir auf friedliche Weise das Regime aus Kobanê hinauswerfen. Gleichzeitig bauten wir unsere Autonomie auf.

Wie haben wir also versucht, dieses System bei uns umzusetzen? Zunächst haben wir die Arbeit auf verschiedene Bereiche aufgeteilt. Um die demokratische Autonomie aufbauen zu können, haben wir uns zunächst auf die Bildung konzentriert.

Kobanê ist eine recht kleine Stadt an der Grenze zu Nordkurdistan. Mit allen Dörfern zusammen hat es rund 450.000 Einwohner. Um für diese Leute die Autonomie vernünftig garantieren zu können, mussten wir große Schritte tun. Diese möchte ich kurz skizzieren:

Wir haben die Arbeit in Kobanê in fünf Bereiche eingeteilt. In den Räten und Kommunen gibt es diese fünf Bereiche. In der Stadt Kobanê selbst haben wir dreizehn Räte gegründet. Damit sich jeder an den Räten beteiligen kann, haben wir sie über ein Abstimmungssystem aufgebaut. Alle Bereiche der Gesellschaft wurden in den Räten organisiert, mit besonderem Augenmerk auf Frauen, Jugend und alle Völker der Region.

Die Arbeiten in Kobanê wurden arbeitsteilig in sechs Hauptbereichen durchgeführt. Zunächst brauchten wir Bildung über die neuen Arbeiten, also über die demokratische Autonomie selbst. Daher wurde ideologische Bildung veranstaltet. So gab es unterschiedliche Bildungen für die verschiedenen Gruppen, Jugendliche, Frauen, alle anderen Gruppen. Dabei ging es um Themen wie die Rolle der demokratischen Autonomie in der Gesellschaft und die gesellschaftliche Selbstorganisation. Dabei sind wir in die Dörfer um Kobanê gegangen. In drei Richtungen, im Westen, Osten und Süden, sind die Nachbarn von Kobanê Araber. Daher gab es eine Planung mit drei Gebieten für den Aufbau von Basiskommunen.

In jedem Dorf wurde eine Kommune aufgebaut. Das erfolgte nach den Bedürfnissen und den Ansichten der Dorfgemeinschaft. Mit den Delegierten aus ein paar Dörfern wurde dann ein Rat gebildet. Alle diese Räte wurden Teil des Rates von Kobanê. Eine breite Rätestruktur war notwendig, damit mehr Arbeit geleistet werden konnte. Die Kommunen haben ihre Basis in den Dörfern und der Gesellschaft. Mitglieder einer Kommune konnten bequem nach Kobanê kommen. So konnten Ansichten der Basis nach oben weitergetragen werden, Beschlüsse der gesellschaftlichen Basis wurden nach oben weitergeleitet.

Der zweite Arbeitsbereich ist der, den wir Dienst nennen. Wir können wir der Gesellschaft und dem Volk dienen? Wir können wir die Bedürfnisse der Gesellschaft stillen? Wie können wir die Fehler, die während der Revolution entstanden sind, korrigieren? Während der Belagerung durch den Feind haben wir uns darum bemüht, das alles reibungslos zu erfüllen und die Bedürfnisse der Gesellschaft zu befriedigen. Einer der fünf Arbeitsbereiche war, Nahrung für die Bevölkerung zu besorgen. Der zweite war die Getränkeversorgung. Der dritte der elektrische Strom. Der vierte waren die Stadtverwaltung und die Sauberkeit in Kobanê und den Dörfern. Weil ich nur wenig Zeit habe, werde ich nur einige Beispiele anführen.

Wir haben uns überlegt, wie wir die Ernährung der Bevölkerung gewährleisten können. Wir waren von drei Seiten her belagert. An verschiedenen Stellen wurde gekämpft. Als der Krieg in Syrien begann, wollte keiner der Nachbarn Kobanês in irgendeiner Weise die Autonomie Kobanês anerkennen. Die Mentalität der Opposition war so wie die des Regimes. So wie das Regime über uns dachte und redete, so dachten und redeten sie auch. Ich möchte dafür einige Beispiele geben. Zu Zeiten des Regimes gab es von den lebensnotwendigen Dingen wie Wasser und Strom nichts in Kobanê selbst. Der Staat hat dies ganz bewusst unseren Nachbarstädten überlassen. Unser Wasser kommt zwar aus dem Euphrat ganz in der Nähe, aber sie gaben es den Arabern, die dort leben. Unser Strom kam aus Sirîn, einer arabischen Stadt südlich von Kobanê. Das Mehl für unser Brot kam aus der Gegend von Manbij. Warum hat der Staat das so eingerichtet? Was bedeutete das?

Der Staat hat uns stets von der Möglichkeit abgeschnitten, unser Leben selbst zu organisieren, unseren Kopf zu heben. Als das Regime sich von hier zurückgezogen hatte, kamen verschiedene Kräfte aus der Freien Syrischen Armee hierher und griffen an. Am Anfang organisierten sie sich unter dem Namen Ahrar as-Suiya, dann als Ahrar al-Sham, dann wurden sie zur Nusra-Front und zuletzt zum Islamischen Staat. Alle wollten sie denen, die in der Region leben, das gleiche System aufzwingen. Erst haben sie das Wasser abgestellt, dann den Strom und anschließend gab es ein Mehl-Embargo.

Um unsere Pläne und Projekte umsetzen zu können, mussten wir zunächst die Grundbedürfnisse befriedigen. Dazu gehören Wasser, Brot, Gesundheit. Wir haben das geplant und umgesetzt. Zunächst besorgten wir Mühlen und Weizen. Wir waren ja belagert. Dann entwickelten wir ein Projekt für Wasser und Projekte für Generatoren.

Zu Zeiten des Regimes gab es keine Stadtverwaltung von Kobanê. Sie existierte nur dem Namen nach. Es gab nichts von dem, was zum Leben nötig ist. In den Augen des Regimes waren wir wertlos. Als wir einen öffentlichen Dienst auf der Linie der demokratischen Autonomie anbieten wollten, mussten wir die Zahl der Mitarbeiter erhöhen. Das haben wir auch getan. Für die lokalen Arbeiten bildeten wir für jeden der dreizehn Räte eine Stadtverwaltung. Dann erfolgte wieder die Aufteilung auf fünf Arbeitsbereiche. Zwei dieser Bereiche waren besonders wichtig. Einer ist die Jugend und einer die Frauen. Beide Bereiche organisieren ihre Arbeiten selbstständig.

Damit die Frauen- und die Jugendarbeit auf breiter Front stattfinden können und beide ihre gesellschaftliche Rolle spielen können, müssen wir in dem Bewusstsein vorgehen, dass »die Frau die Hälfte und die Jugend die Basis der Gesellschaft« ist. Ohne diese beiden Gruppen kann kein gesellschaftliches Problem gelöst werden. Daher wurden für die breite Bildung bei uns Frauen- und Jugendakademien eröffnet. Ich muss sagen, dass in unserem System die Frauen immer einen Schritt voraus waren. Sie waren immer in allen Lebensbereichen vertreten. Die Frauen haben für die Repräsentation in der demokratischen Autonomie eine Quote von 40% eingeführt. Damit also die Frauen und die Jugend ihre Rolle spielen können, werden sie in allen Kommunen, Räten und Leitungen repräsentiert.

In unserem System der demokratischen Autonomie gibt es Kantone. Unseren Kanton nennen wir Kobanê. Überall in Rojava arbeiten wir nach den Maßstäben unseres Systems. Um diese anwenden zu können, gibt es zwei wichtige Bereiche, über die wir nachgedacht haben. Der erste Bereich ist die Wirtschaft, und der zweite ist die Gerechtigkeit oder Justiz. Wir haben uns bemüht, dass sich die Wirtschaft und die Justiz selbst finanzieren. Je mehr finanziellen Spielraum wir schaffen, umso mehr können wir praktische Schritte unternehmen und dem Volk dienen.

Wir haben uns bemüht, die Abwanderung aus Kobanê zu verhindern. Zu diesem Zweck haben wir versucht, unserer Dienstleistungen für die Bevölkerung jeweils an ihren Wohnorten zu erbringen. Dafür haben wir einige Projekte entworfen. Ein Landwirtschafts- oder Bodenkulturprojekt, ein Projekt zur Viehzucht, ein Großmarktprojekt (die Produkte der anderen Projekte wurden auf dem Markt in der Stadt verkauft). Die Frauen haben ein Schneidereiprojekt erstellt. Zu Zeiten des Regimes konnten die Frauen nicht frei wirtschaften. Sie unterstanden der Herrschaft der Männer. Wegen dieser Kultur war es notwendig, dass die Frau frei und unabhängig ihre eigene Wirtschaft aufbaut. Einige Schritte in diese Richtung wurden getan, Frauen haben einige Projekte entworfen.

Für alle diese Bereiche war eine Verteidigung notwendig. Um in dieser Lage Probleme zu lösen und Grundlagen zu legen, brauchten wir ein System der Verteidigung. Zunächst wurde dieser Dienst für die Bevölkerung von den *Asayîş* [eine Art Polizei; Anm. d. Ü.] geleistet. Sie kümmerte sich um die Verkehrsregelung und löste Probleme in der Bevölkerung.

Je größer der Bedarf an Verteidigung wurde, desto breiter wurde dieses System organisiert. Weil wir von allen Seiten belagert wurden, musste die Bevölkerung geschützt werden. Deshalb wurden überall in Rojava die militärischen Kräfte YPG und YPJ gegründet. Damit sich ihnen junge Menschen anschließen konnten, wurden Akademien zur militärischen Ausbildung aufgebaut. Von überall her schlossen sich junge Männer und Frauen in großer Zahl an. Entsprechend haben wir überall Akademien organisiert.

Als die Rojava-Revolution begann, gab es in Syrien zwei Linien. Es gab das Regime und es gab die Opposition. Außer diesen beiden gab es dann noch eine dritte Linie, das war unsere. Alle behaupteten über uns, dass wir auf einer Seite stünden. Deswegen hat jede Kraft, die in die Region kam, haben unsere Nachbarn uns auf einer anderen Seite gesehen. Dabei wollten wir ihnen unser System mit dem Gedanken der demokratischen Autonomie und der Idee der Geschwisterlichkeit der Völker nahebringen und in Frieden zusammenleben. Aber ihre Mentalität ließ das nie zu, sie haben das nie akzeptiert.

Es gab viele Gespräche mit verschiedenen Kräften um uns herum, die verschiedene Positionen einnehmen, aber alle diese Gespräche führten nicht zu einer Änderung. Unsere Linie haben sie niemals akzeptiert. Schließlich kamen wir zu der Überzeugung: Sowohl das Re-

Session V: Lehren aus alternativen Praktiken

gime als auch die Opposition denken über Kurdistan in der gleichen Weise. Sie haben unsere Linie und unsere Praxis niemals akzeptiert. Sie sehen sich stets als Herrscher über andere. Nach ihrer Auffassung sind wir nicht Menschen erster Klasse, nicht zweiter Klasse, sondern dritter Klasse. Wir sind die Allerletzten. Wegen dieses Denkens hat sich der arabische Chauvinismus in islamischen Radikalismus verwandelt. So wollen sie uns 1400 Jahre alte Gesetze aufzwingen.

Gleichzeitig halten wir an der Perspektive der demokratischen Autonomie und dem Gedanken des Zusammenlebens fest. Nach unserem System müssen alle Gruppen und Elemente gemeinsam eine Gesellschaft aufbauen. Jede Person muss mit ihrer Kultur und ihrer nationalen Identität, mit ihrer Religion und Glaubensrichtung leben können.

Unsere Linie misst der Rolle der Frau höchste Bedeutung zu. Die Frau kann überall eine Rolle spielen. Alle Elemente und Gruppen des Lebens definieren sich selbst. Die andere Linie lässt das Leben und die Freiheit vertrocknen. So haben wir uns also an schwierige Aufgaben gemacht. Ich werde jetzt einige Dinge nur noch kurz ansprechen.

Die kolonialistischen Mächte haben uns mit verschiedenen Methoden des schmutzigen Krieges angegriffen. Im Jahr 2013 war der Krieg besonders heftig. Unser Kanton war eingekreist und belagert. Weil wir uns ständig im Krieg befanden, konnten wir unser System nie so umsetzen, wie wir wollten. Zuletzt wurde am 15. September Kobanê auf grausame Weise vollständig eingekreist, und eine heftige Schlacht begann.

Am Anfang fragten wir uns, wie wir unsere Autonomie weiterführen könnten, denn das mussten wir. Damit unser System nicht zusammenbrach, mussten wir auf einer Seite den Krieg und auf der anderen Seite unsere Verwaltung führen. Damit unser System akzeptiert wird, machten wir nie einen Schritt zurück. Im Gegenteil, um die Bedürfnisse der Bevölkerung befriedigen zu können, leisteten wir starken Widerstand in der Stadt Kobanê. Nach und nach zerstörten die Methoden des schmutzigen Krieges, mit denen sie uns angriffen, die Grundlagen der Gesellschaft. Ihr wisst, dass dieser Dritte Weltkrieg mit großer

Grausamkeit geführt wird. Wir sind darin zum Ziel geworden. Doch warum wurde der Kanton Kobanê als Ziel ausgewählt?

In Rojava (Westkurdistan) gibt es drei große Gebiete. Eines nennen wir den Kanton Cizîrê, eines ist der Kanton Kobanê und das dritte der Kanton Efrîn. Unsere Umgebung ist vollständig arabisch. Das beste Modell für die Lösung der Situation in Syrien ist das System der demokratischen Autonomie. Sie haben diese Idee nie akzeptiert und nie geglaubt, dass Kurden mit einem solchen System vorangehen könnten. Deswegen greifen sie so gnadenlos an. Sechs Monate lang waren wir barbarischen Angriffen ausgesetzt. Gegen alle diese Angriffe haben wir einen starken Widerstand geleistet. Obwohl der Großteil der Bevölkerung nach Nordkurdistan abwanderte, sind wir nicht zurückgewichen. Die Räte und Kommen haben ihre Arbeit mit größter Entschlossenheit fortgesetzt. Die Menschen, die in Kobanê geblieben waren, und die, welche sich in Grenznähe niedergelassen hatten, wurden von Neuem organisiert.

Mit den Ergebnissen der demokratischen Autonomie kam der Gedanke an die Gründung eines Kantons auf. Am 27. Januar 2014 wurde der Kanton Kobanê ausgerufen. Wir wollten, dass die Idee der demokratischen Autonomie in Gesetzen und Vorschriften ihren Niederschlag findet. Das war die erste Geburt eines Kantons. Der taucht nun in allen Gesetzen und Vorschriften auf. Das war für die Selbstverwaltung durch die Bevölkerung sehr wichtig. So konnten wir bei aller Unerfahrenheit und allem Mangel an Bildung beim Aufbau des Systems erfolgreich sein.

Während des Regimes hatten wir weder das Recht noch die Möglichkeit, in der Verwaltung mitzuwirken. Aber wir hatten das Ziel, der Gesellschaft zu dienen. Wir haben uns selbst neu geschaffen und uns weitergebildet. Durch Bildung ist es uns gelungen, eigene Schwächen und Fehler zu überwinden. Wir haben große Schritte unternommen und viel geleistet. Die Arbeitsteilung hilft uns dabei.

Warum sind Kantone entstanden? Wir haben gesehen, dass für die Region ein Kantonalsystem das beste ist. Darin können die verschiedenen Gruppen Syriens zusammenleben. Wir glauben, dass es in Europa ähnlich ist, beispielsweise in der Schweiz gibt es ein Kantonalsystem, das akzeptiert ist.

Wir haben Widerstand geleistet, weil wir gegen den Terror gekämpft haben. Wie konnten wir das auf der Linie der demokratischen Autonomie tun? Sie wollten unser Leben mit Ideen von vor 1400 Jahren verdunkeln. Ihr habt es alle gesehen, im Internet und auf Twitter und Facebook verfolgt, diese Mächte stehen der Menschlichkeit entgegen und wollen das Leben zerquetschen.

Also haben wir unseren Widerstand verstärkt. Am stärksten war der Widerstand bei den Frauen. Die Frauen haben die Schlacht von Kobanê angeführt. Die Frau hat auch bei den Arbeiten im Kanton und in den Leitungen Pionierarbeit geleistet. Bei unserer Arbeit haben sie sich nirgends zurückgenommen. Das hat auch die Männer von Kobanê stark motiviert. Ich möchte hier einen kleinen Ausschnitt des Krieges erwähnen: Ihr habt vielleicht von Arîn Mîrkan gehört. Ihr Opfer auf dem Miştenur-Hügel war ein Höhepunkt des Widerstands gegen den Terror.

Ein letztes Beispiel möchte ich anführen: Als der Krieg am heftigsten war, haben sie über Funk zu uns gesagt: »Weil ihr das Leben liebt, haben wir euch eine Armee gebracht, die den Tod liebt.« Wir haben ihnen geantwortet: »Wir lieben das Leben und die Liebe, wir lieben unsere Erde und die Freiheit.«

In dieser kurzen Zeit konnte ich die demokratische Autonomie und den Widerstand gegen einen grausamen Feind nur skizzieren. Doch wir sind alle hier auf dieser Konferenz zusammengekommen. Darüber freue ich mich sehr. Wenn demokratisch gesinnte Menschen sich die Hand reichen, kann niemand sie aufhalten.

Es lebe die Geschwisterlichkeit der Völker, es lebe der Widerstand der YPG, es lebe der Widerstand der YPJ!

Mustefa Ebdi ist Jurist und Minister für Regionalregierungen und Stadtverwaltungen in Kobanê. Nach dem Abitur in Kobanê studierte er in Aleppo. Bereits vor der Ausrufung des Kantons arbeitete er in der Stadtverwaltung. Er ist Kovorsitzender der Organisation zum Wiederaufbau Kobanês.

5.6 Necîbe Qeredaxî

Eingeklemmt zwischen Staat und Freiheit

Südkurdistan – ein Teil von Kurdistan innerhalb der politischen Grenzen des Irak – können wir nicht isoliert vom Mittleren Osten betrachten. Um den Süden zu analysieren, müssen wir kurz den Irak, sein System und seine Geschichte analysieren. Diese ist die längste überhaupt und besitzt weiterhin Einfluss.

Etymologisch leitet sich das Wort *Irak* vom Stamm ´-r-q ab, der Ursprung oder Wurzel bedeutet. Dieses Wort selbst verdient bereits Aufmerksamkeit. Irak ist der Schoß, aus dem der erste Stadtstaat und später der erste Staat der menschlichen Geschichte geboren wurden. Hier wurden erstmals Güter zu Kapital akkumuliert. »Es wäre ein historischer Fehler, das kapitalistische System auf die letzten 400 Jahre oder das 20. Jahrhundert zu beschränken.«

Die Wurzeln des Staates mit seiner 5000-jährigen Geschichte liegen im Irak oder Niedermesopotamien. Dieses System hat seither durchgängig in ständiger Konfrontation mit der Gesellschaft und ihrer Vielfalt existiert. Weltweit gab es Diskussionen über die Auswirkungen des Staates auf die Gesellschaft, doch im Irak und in Südkurdistan gab es wenig kritische Betrachtung über die historischen Wurzeln dieses Staates. In der Praxis hat sich dieser historische Fehler als problematisch für das System Südkurdistans erwiesen. Warum?

Der Mittlere Osten gilt als Zentrum globaler Krisen und Verwicklungen, weil er große Mengen an Ressourcen und Bodenschätzen birgt. Die Bevölkerung des Irak ist recht jung. So gesehen handelt es sich um ein reiches Land. Südkurdistan und der Irak sind jedoch negativ betroffen von der »neuen Weltordnung«, die in den 1990ern propagiert wurde, und dem »Greater Middle East Project«, von dem in den 2000ern viel geredet wurde. Alle diese Projekte, wie immer sie auch heißen mögen, wurden von äußeren Mächten entworfen, ohne innere Dynamiken zu berücksichtigen.

Um einen irakischen Nationalstaat zu schaffen, formten die Briten in den von ihnen bis 1932 kontrollierten Gebieten einen Staat nach ihren Interessen. Ihre Oberhoheit wurde 1932 nur scheinbar beendet. Nach der Teilung Kurdistans im Sykes-Picot-Abkommen von 1916 wurden politische, soziale, wirtschaftliche und sogar gesellschaftliche Angelegenheiten im Sinne dieses Abkommens geregelt. Dies wiederum schuf schwierige Bedingungen für die Völker des Mittleren Ostens im Allgemeinen und beeinflusste auch Südkurdistan unmittelbar.

Nach dem Ende der Monarchie 1958 anerkannte der irakische Staat die Existenz des kurdischen Volkes, erlaubte ihm jedoch keine Teilhabe in politischen und administrativen Angelegenheiten. Das zentralistische System des Nationalstaates beruhend auf der sunnitisch-arabischen Bevölkerung galt weiterhin. Daraus folgte, dass die Kurden nicht als Partner betrachtet wurden. Ebenso wurden alle anderen religiösen Gruppen marginalisiert. In manchen Fällen kam es zum Schlimmsten: dem Versuch ihrer Ausrottung.

Als das oben erwähnte globale kapitalistische System Saddam Hussein in seiner Propaganda zur Überwindung der Krise als Hindernis für Erneuerung und Expansion betrachtete und die Interessen im Mittleren Osten einer Neubewertung unterzog, startete es eine Militäraktion und entfernte ihn. Damit endete die Ära der Baath-Partei, eines Einparteienmodells. Tatsächlich lässt sich anführen, dass »das Ende der Baath-Partei und Saddam Husseins der Anfang vom Ende des Nationalstaatsmodells der kapitalistischen Moderne« ist. Von da an gab es jedoch keine weiteren Veränderungen. Die Souveränität wurde lediglich von den sunnitischen Arabern an die schiitischen Araber übertragen. Über den schiitischen Einfluss gelang es dem Iran, den Irak zu beherrschen.

Doch wie war die Situation in Südkurdistan? Was wurde in den letzten 24 Jahren erreicht? Wir können dies folgendermaßen skizzieren: Seit 1991 haben die beiden großen politischen Parteien

(KDP und PUK) Südkurdistan regiert. Beide haben die Mentalität der Baath-Partei und des zentralistischen Nationalstaatsmodells nicht überwunden. Beide haben versucht, gesellschaftliche Verschiedenheit zu eliminieren, was das Zusammenleben negativ beeinflusst hat.

Im Süden bestehen drei Hauptprobleme, die alle Aspekte des Lebens beeinflussen. Das erste ist das Fehlen einer demokratischen und institutionalisierten Verwaltung, die auf dem Konzept der Staatsbürgerschaft beruht. Dadurch wurden Intransparenz und Unrecht gefördert. Bekanntlich führt der Irak die Liste der korruptesten Staaten der Welt an. Laut Transparency International hat sich diese Situation metastasenartig nach Südkurdistan ausgebreitet. Das dortige System beruht auf ökonomischer Monopolisierung, durchgeführt von diesen so genannten Parteien, die in Wirklichkeit von einer Handvoll Familien geführt werden. Auf der gesellschaftlichen Ebene ist es geprägt von Konsum anstelle von Produktion.

In der Ära der Baath-Partei wurde durch ein Dekret Saddam Husseins allen Arbeitern der Status *minderwertig* zugewiesen. In der Folge wurden Dörfer, die Quellen der Produktion darstellten, zerstört. Während der Anfal-Operation wurden hunderttausende Kurden getötet. Der Name »Anfal« stammt aus dem Koran und sollte die ethnischen Säuberungen religiös legitimieren. Einige Regionen wie Halabdscha wurden mit chemischen Waffen bombardiert. Das Grundproblem ist, dass die kurdischen Behörden in Südkurdistan nicht fähig waren, ein neues Regierungs- und Parteienmodell zu installieren. Sie hatten niemals ein Projekt für eine demokratische Institutionalisierung. Es gelang ihnen nie, außerhalb des konventionellen Nationalstaatsmodells zu denken.

Die meisten negativen Auswirkungen hatte diese Situation auf die Frauen. Die dokumentierten Zahlen über Gewalt gegen Frauen sind so besorgniserregend wie die der undokumentierten Fälle. Nach einer Statistik der halb unabhängigen »Institution für Ziviles und Publikation« werden jährlich mindestens 370 Frauen getötet. Dies bedeutet, dass täglich mehr als eine Frau getötet oder zum Selbstmord gezwungen wird. Bis heute gibt es keinen Raum in der politischen oder wirtschaftlichen Sphäre, in der Frauen sich ausdrücken können. Es gibt Frauen-Institutionen, doch ist es ihnen nicht gelungen, auch nur die kleinsten Veränderungen in der Gesellschaft zu bewirken. Frauen werden nicht berücksichtigt, da sowohl die Autorität als auch die Gesellschaft vom männlichen Charakter geprägt ist, was sich in jedem Aspekt des Lebens widerspiegelt.

Vor dem Hintergrund der steigenden Gewalt haben Frauen nie versucht, die Tabus zu brechen und beispielsweise den Sarg einer dieser Frauen zu tragen und sich so dem entgegenzustellen. Meistens wurden diese Morde als Ehrenmorde etikettiert, was die Frauen zögern lässt, die Opfer zu verteidigen. Die Anstrengungen der Frauen sind gering, weisen organisatorische Schwächen auf und beschränken sich auf elitäre Gruppen, die vom Großteil der Gesellschaft isoliert sind und Arbeit für Frauen als Beruf betrachten und nicht als feministische Bestrebung.

Bis 2003 war die Situation der Frauen das Ergebnis einer Stammesgesellschaft. Seither wird die Gesellschaft Südkurdistans vom globalen Kapital durchdrungen, das nicht nur seine Waren einführte, sondern auch eine neue Kultur injizierte, die mit eigenen Normen gesättigt ist. In der Zwickmühle zwischen einer unveränderten lokalen, restriktiven Norm und einer fremden, injizierten Kultur finden sich die Frauen in einer noch viel kritischeren Situation wieder.

Die Gesellschaft profitiert nicht vom Ölreichtum, der auf mehrere Milliarden Dollar jährlich geschätzt wird. Trotzdem drängt eine Elite auf ein Lebensmodell, das dem Anschein nach auf freiem Markt und Neoliberalismus basiert. Doch diese Normen werden einer Gesellschaft übergestülpt, in welcher Blutsverwandtschaft und der Begriff des Eigentums herrschen. Zu der Zeit, da ich dies schreibe, sind seit Monaten die Löhne im öffentlichen Dienst nicht bezahlt worden. Die Menschen werden ihrer grundlegenden Rechte beraubt, zu denen monatliche Lohnzahlungen, Strom, sauberes Wasser, Straßen und ein modernes Bildungssystem gehören.

Das zweite Problem in Südkurdistan liegt im Verhältnis zur irakischen Zentralregierung. Wie die kurdischen politischen Parteien, Autoren, Akademiker, Journalisten etc. die irakische Regierung kritisieren! In ihrer Konfrontation mit sowohl sunnitischen als auch schiitischen Arabern benutzen sie einen harten, nationalistischen Diskurs. Noch niemand von ihnen hat ein neues Paradigma oder Regierungsmodell vorgelegt. Ihre konventionellen Methoden haben auch das Verteidigungssystem in Mitleidenschaft gezogen. Wir haben gesehen, wie ISIS Mossul innerhalb kurzer Zeit besetzte, weil die irakische Armee keine nationale Streitmacht unter der Hegemonie einer einzigen Ideologie war. Dies war das Startsignal für den Zerfall des alten Irak. Es befeuerte auch die Moral der ISIS-Militanten, die später Şengal angriffen; die Stadt, die eine blutende Wunde in unseren Herzen ist. Vor diesem Hintergrund müssen wir uns als Kurden kritisch selbst hinterfragen. Warum? Nicht alle Kurden haben die gleiche Meinung, und in wichtigen und strategischen Fragen gibt es verschiedene Ansichten. Diese Ansichten teilen sich in zwei verschiedene Ideologien. Die eine betrachten politische, administrative, soziale und ökonomische Angelegenheiten aus der Perspektive von Autorität und Staat, während die andere sie aus einer nichtstaatlichen Perspektive betrachtet. Die letztere war bisher schwach und unorganisiert.

Diese Dichotomie war in der Frage von Şengal und den jesidischen Kurden offensichtlich. Weder wurden die Jesiden geschützt, noch wurde ihnen erlaubt, ihre eigenen Verteidigungseinheiten zu bilden. Als die bewaffneten Kräfte der Demokratischen Partei Irakisch-Kurdistans (KDP) Şengal verließen, wurde es ISIS zur Besatzung überlassen, denn es gab dort keine nationale Verteidigungskraft, um es zu verteidigen. Nach inoffiziellen Zahlen wurden mehr als 3700 jesidische Frauen und Kinder von ISIS verschleppt und in Mossul und Rakka auf Märkten als Sexsklaven verkauft.

Was ich bisher aufgeführt habe, sind die Folgen und die Ideologie einer herrschenden Elite, welche die Gesellschaft mit einer Perspektive von Herrschaft und Zentralisierung regieren will. Sie ist nicht in der Lage, sich eine Lösung jenseits des Staates vorzustellen. Dabei fehlt ihr nicht nur ein Projekt für einen Staat, sondern sie benutzt einen schwankenden Diskurs, der sich im Orbit der Nachbarstaaten bewegt. Dies ist das dritte Problem, unter dem Südkurdistan leidet.

Diese Ideologie präsentiert den Kapitalismus als ein optimales System mit dem Potential, gesellschaftliche Probleme zu lösen, dabei ist er selbst die Quelle aller Probleme. Doch ist dies das gesamte Südkurdistan? Zweifellos nicht. In der Gesellschaft ist die Suche nach Freiheit präsent; diese Suche gibt es sowohl in den alternativen Medien als auch in einem Teil der Frauenbewegung. Seit 2015 befinden sich Frauen in einer neuen Phase des Aktivismus und fordern ihre Rechte auf ganz andere Weise als in der Vergangenheit. Noch sind sie nicht in einer Weise radikal organisiert, die das Erreichen ihrer Ziele möglich macht. Als Theorie ist es da, aber in der Praxis leidet es noch unter großen Schwächen.

Dieses neue Paradigma postuliert, dass die Aktivistinnen ihre Gesellschaft von unten organisieren sollen, anstatt auf staatliche Autoritäten zu warten. Jetzt gibt es neue politische Jugend- und Frauenbewegungen, die sich von denjenigen unterscheiden, die sich als islamistisch oder säkularistisch betrachten. Die letzteren beiden glauben, sie könnten Veränderung bewirken, indem sie die Macht ergreifen. Diese Methode wurde in den letzten Jahren versucht, aber nichts änderte sich und kein Problem wurde gelöst. Dies zeigt, dass Veränderung nicht von Autoritäten initiiert wird, sondern von der Organisierung der Gesellschaft herrührt. Diese alternative Sichtweise hat sich zunehmend ausgebreitet und verdrängt die alte, totalitäre Sichtweise.

Unter Frauen gibt es zwei Ansichten über die Lösung der Probleme von Frauen: Eine Gruppe von Frauen glaubt, dass Lösungen durch Veränderungen von Gesetzen kommen. 2011 wurde ein Gesetz verabschiedet, um die Gewalt gegen Frauen zu stoppen. Doch bis heute wird es nicht umgesetzt. Auch heute noch ist es Männern erlaubt, vier Ehefrauen zu haben – mit nur leichten Einschränkungen. Eine andere Ansicht, die Frauen (individuell und als Institutionen) vertreten, ist die zu sagen: »Ja, Gesetze sind wichtig, aber ihre Umsetzung und Veränderung in der Gesellschaft hängen von der Organisierung der Gesellschaft ab.« Diese Methode der Selbstorganisierung wurde von Abdullah Öcalan theoretisch formuliert. Gemeint ist Selbstorganisation im Rahmen von Räten, Kommunen und autonomen Komitees, die gesellschaftliche Probleme nicht nur in städtischen Regionen, sondern auch auf dem Land angehen.

Eine Tatsache zieht sich durch die Geschichte Kurdistans und des Irak: Unsere Region gleicht einem Friedhof für Pläne und Projekte, die von außen kommen. Historisch gesprochen weist diese Region externe Pläne und Projekte zurück und erlaubt ihnen nicht, sich einzunisten. Die einzigen Projekte, welche die Probleme dieser Region lösen können, sind solche, die interne Dynamiken ernst nehmen.

Mit einem Beispiel möchte ich ein Schlaglicht auf das Konzept des Patriarchats werfen. Klassischerweise betrachten konservative Männer die Frauen als Besitzstück und Ehre; sich selbst verstehen sie als Verteidiger dieser »Ehre«. Dieses Konzept reichte jedoch in Şengal nicht aus. Sie warfen ihre Gewehre weg, flohen und überließen die Bevölkerung ihrem Schicksal. Werfen wir einen Blick auf die Nachwirkungen der Besatzung von Şengal, so sehen wir, wie kurdische junge Männer und Frauen, die vom erwähnten zweiten, alternativen Paradigma beeinflusst waren, nach Kirkuk, Dschalawla und Şengal eilten, um neben den Peschmerga gegen die ISIS-Dschihadisten zu kämpfen. Dies hat eine neue Atmosphäre von Nationalstolz und Selbstvertrauen geschaffen. In diesen Regionen, wo traditionelle Normen vorherrschten, wurden Männer, die sich immer als Autorität betrachtet hatten, in ihrer Männlichkeit erschüttert, als sie sahen, wie Frauen gegen ISIS kämpften, und sie beschlossen, sich dem Kampf anzuschließen. Dieser Geist hat jetzt die gesamte Gesellschaft ergriffen und dazu geführt, dass bestimmte Dinge infrage gestellt werden.

Wir als kurdisches Volk mögen wegen unserer kulturellen, sprachlichen und religiösen Vielfalt unterschiedliche politische Ansichten haben, doch unsere Einheit kann radikale Veränderung hervorbringen. Dies gilt besonders, wenn wir Kapital und Staat zutreffend analysieren. Wenn wir das bestehende Modell überwinden, müssen wir ein neues suchen. Wir müssen an die innere Dynamik unserer Gesellschaft, besonders der Frauen, glauben, um den Wandel zu bewirken.

Necîbe Qeredaxî *wurde 1967 in Sulaimaniyya geboren. Sie besitzt einen Abschluss in Chemie an der Al-Mustansiriyya-Universität in Bagdad. Sie kämpft seit 1996 aktiv für Frauenbefreiung. 1997 begann sie ihre journalistische Tätigkeit bei der Zeitung Jiyana Azad. Seit 1999 arbeitet sie als Radio- und TV-Journalistin.*

5.7 Shirzad Kamanger

Rojhilat – das Modell KODAR

In dieser historisch sehr wichtigen Phase hat die kapitalistische Moderne den Menschen in der Region nichts außer Krieg und Genozid gebracht. Der Krieg zwischen den starken Investoren der Moderne und den Machthabern im Mittleren Osten ist an einen kritischen Punkt gelangt. Auf der anderen Seite leistet dagegen die Einheit der demokratischen Gesellschaft Widerstand, um die Konflikte in der Region zu überwinden. Es ist ganz offensichtlich, dass der Dritte Weltkrieg heute in der Region ausgetragen wird. Natürlich ist dieser Krieg im Vergleich zum Ersten und zum Zweiten Weltkrieg weitaus intensiver, umfangreicher und länger. Das System der Kapitalmächte in der Region ist zu keiner Entwicklung fähig. Man sieht, dass es zerfällt. Die klassisch zentral geführten Staaten können auch nicht mehr in der bisherigen Form weiterregiert werden. Ihre Kraftlosigkeit macht sich sichtlich bemerkbar. Das Nationalstaatsmodell und seine Strukturen haben nicht nur den Widerstand der Völker, sondern auch das kurdische Volk zu keinem Ergebnis geführt. Das Modell war jederzeit Anlass für die Zunahme der Probleme und Konflikte. Die Alternative zur Überwindung der Probleme und der Ausweglosigkeit, die das Nationalstaatsmodell angerichtet hat, ist das Projekt des demokratischen Systems und seine Umsetzung. Deshalb ist dieses Modell historisch überaus bedeutsam und lebensnotwendig.

Iran – wahre Geschichte und Gegenwart
Man kann sagen, dass im Iran alle Nationalitäten und Religionen des Mittleren Ostens vertreten sind. Sollte er all diese unterschiedlichen gesellschaftlichen Gruppen unter einer nationalistisch- oder religiös-hegemonialen Ideologie zu vereinen suchen, dann wird das Land mit schwerwiegenden Problemen konfrontiert. Der Iran betreibt ein

streng nationalistisches Modell der religiösen und gesellschaftlichen Unterdrückung. Es ist eine moderne Form des Kapitalismus, er treibt aber im eigenen Interesse jederzeit Antipropaganda gegen die Moderne. Der Iran ist einer der Staaten im Mittleren Osten, die unausweichlich vor Konflikten stehen.

Es gibt bis heute keine wissenschaftliche Forschung zur Historie der Menschen im Land oder zur Aufklärung über das gesellschaftliche Leben im Hinblick auf Wirtschaft, Politik und Kultur. Über den Widerstand gegen Könige und andere Herrscher ist aus wissenschaftlicher Forschung ebenfalls nichts zu erfahren.

Historiker und Gelehrte haben keine nennenswerten Erkenntnisse gewonnen über die historischen Lebensweisen der Gesellschaften. Der Großteil iranischer und ausländischer Historiker hat sich nicht auf die gesellschaftlichen und ökonomischen Belange der Menschen konzentriert, vielmehr war ihr Ziel die eigene Existenzsicherung. Ihre Dienstleistung wie ihre Meinung haben sie in den Dienst der Herrschaft gestellt.

Vor diesem Hintergrund ist die Islamische Republik ein sehr gutes Beispiel. Der Iran ist in gesellschaftlicher, religiöser und kultureller Hinsicht sehr heterogen zusammengesetzt. Dort leben Assyrer, Kurden, Perser, Araber, Belutschen, Turkmenen mit ihrer jeweiligen Sprache und Religion zusammen.

Die islamische Regierung des Iran hat alles für die Homogenisierung der iranischen Gesellschaft unternommen und auf dieser Basis jeglichen demokratischen Fortschritt und die Menschenrechte unterdrückt. Die Probleme der Frauen, der verschiedenen Volksgruppen und Glaubensrichtungen sind nicht gelöst worden und Tag für Tag werden sie gravierender. Die wirtschaftliche, politische, gesellschaftliche und kulturelle Situation einerseits und die regionalen Beziehungen andererseits führen ihn zur Niederlage. Es wird erwogen, seine Hegemonie über andere Staaten in der Region auszubreiten.

Angesichts seiner wahren Geschichte dürfen wir den Iran nicht als historischen Ursprung eines Staates oder einer Demokratie betrachten. Also hat seine Historie nicht mit Königen und Herrschern begonnen und die Islamische Republik nicht zu dem gemacht, was sie heute ist. Leider ist uns bis heute immer eine Regentschaft von Königen gelehrt worden, die stets den Staat geschützt hätten und in deren Schatten wir gelebt haben sollen. Aber die wahre Geschichte wurde verfälscht, die staatlichen Institutionen müssen sich aus der Geschichtsschreibung des Iran zurückziehen und die Identität aller Völker akzeptieren.

Seit Jahren kämpfen das kurdische Volk und seine Freiheitsbewegung um das Überleben und ihre Freiheit. Sie stützen sich auf ihre Basis, die es ihnen ermöglicht, das Nationalstaatssystem zu überwinden und mit einer demokratischen Lösung für gesellschaftliche und politische Probleme eine Alternative zu schaffen. Der demokratische Konföderalismus ist die Lösung, weil er darauf ausgerichtet ist, dass verschiedene Völker zusammenleben können. Auf dieser Basis wird das System von Kurden und den in Ostkurdistan sowie Iran lebenden Völkern als demokratisches Modell zur Lösung ihrer Probleme akzeptiert und umgesetzt.

Grundsätze des demokratischen Konföderalismus in Ostkurdistan:

1.) Der Nationalstaat stellt das größte Hindernis dar für die Umsetzung und Ausweitung der Demokratie und für den Frieden in der Gesellschaft. Politisch-gesellschaftliche Freiheit kann nur außerhalb des Staatssystems erreicht werden. Die Hegemonialkräfte des kapitalistischen Systems haben für mehr Gewinn immer eine Politik der Zerstörung und der Eskalation von Auseinandersetzungen zwischen den Völkern genutzt. Das Modell Nationalstaat mit einer homogenen Gesellschaft ist der Feind aller gesellschaftlichen Vielfalt. Der demokratische Konföderalismus ist dagegen kein Staats-, sondern ein demokratisches Modell, das Freiheit und den Willen der Individuen unterstützt.

Session V: Lehren aus alternativen Praktiken

2.) Der demokratische Konföderalismus kämpft gegen Paradigmen, die die Gesellschaft verschwinden lassen und liberalen Individualismus befördern, und beruht auf der Wahrung der Balance zwischen Individuum und Gesellschaft.
3.) Das entscheidende Organ im demokratisch-konföderalen System ist die Gesellschaft selbst. Die Erklärungen, Entscheidungen und ihre Umsetzung erfolgen durch die in Wahlen bestimmten demokratischen Kräfte. Die Demokratie wird unter Beteiligung aller bestehenden gesellschaftlichen Vielfalt gelebt. In diesem System Gewählte sind Führungskräfte, die verantwortlich sind für die Umsetzung der von der Gesellschaft getroffenen Entscheidungen.
4.) Entscheidungen werden von Volksräten in Siedlungen, Dörfern, Städten und Provinzen getroffen. Das Beschlussorgan mit der stärksten Initiative sind die Volksräte. Ein Exekutivrat, der alle diversen Gruppen repräsentiert, setzt die Beschlüsse um.
5.) Der demokratische Konföderalismus ist ein demokratisches System, das alle Teile und Farben der Gesellschaft, allen voran die Frauen und die Jugend, auf der Basis von Freiheit und Gleichbehandlung umfasst. Dementsprechend werden auch die Volksräte strukturiert. Seine Kraft bezieht dieses System aus der Gesellschaft, Kultur, Wirtschaft, Wissenschaft, Kunst, politischen Verteidigung, Diplomatie sowie dem Recht, das die gesellschaftliche Vielfalt berücksichtigt.
6.) Das Verhältnis zwischen dem demokratischen Konföderalismus und dem Staat wird durch die Formel »Staat + Demokratie« ausgedrückt. Die Arbeitsbasis ist ein angemessener Kompromiss, der gegenseitige Anerkennung zwischen Staat und dem System der demokratischen Selbstverwaltung der Gesellschaft vorsieht. Ohne den Staat zu negieren oder Teil von ihm zu werden, ist der demokratische Konföderalismus ein Modell, das auf der Demokratisierung der Gesellschaft beruht.

7.) Damit der demokratische Konföderalismus mit dem Iran unter einem gemeinsamen politischen Dach seinen Platz einnimmt, muss sein Status staatlich anerkannt werden. Es ist wichtig zu wissen, dass es nicht Ziel des demokratischen Konföderalismus ist, Teil im Staatssystem zu werden. Aber das Führungsmodell, d. h. die demokratische Autorität der Gesellschaft, gilt innerhalb der iranischen Grenzen. Es ist offensichtlich, dass für die Realisierung einer solchen Autorität zwischen Staat und demokratischer Gesellschaft eine umfassende basisdemokratische Legitimierung erforderlich ist. Andernfalls wird der demokratische Konföderalismus nur einseitig verwirklicht.

8.) Die Freiheit der Frau ist eine der unabdingbaren Forderungen des demokratischen Konföderalismus. Das Maß ihrer Freiheit spiegelt die Freiheit der Gesellschaft wider. Demokratische Politik ohne Frauen kann nicht funktionieren, und Frieden zu schaffen und sich zu verteidigen ist nicht möglich. Die Frau ist wie eine einheitliche Konföderation, die sich selbst leitet und fester Bestandteil im demokratischen Konföderalismus ist.

9.) Im System KODAR haben Jugendliche einen bedeutenden Platz und spielen eine Pionierrolle. Die Jugend ist eine starke demokratische und Freiheit fordernde Kraft, mit dem Potential zur Entwicklung einer ethischen und politischen Gesellschaft. Sie nimmt ihren Platz ein in KODAR als konföderale und eigenständige Kraft und mit eigener Leitung.

10.) Die kapitalistische Moderne hat durch die »Anbetung« des Kapitals, Industrialisierung und die Tendenz zum Nationalstaat die Umwelt verwüstet. Im demokratischen Konföderalismus wird ökologischen Problemen mit großer Vorsicht und Aufmerksamkeit begegnet und es wird versucht, Harmonie und Zusammenhalt herzustellen. Mit dem Wiederaufbau einer ökologischen Kultur in der Gesellschaft wird sie sich gegen Besetzung, Vernichtung und Unterdrückung behaupten. Wirtschaft und ökologisch bewusste Gesellschaft sind grundlegende Ziele.

11.) Der demokratische Konföderalismus ist eine Verteidigung gegen die Anfeindungen durch fremde Besetzer und die unsichtbar Herrschenden in der Gesellschaft. Jedes Individuum im demokratischen Konföderalismus hat das Recht auf Verteidigung. Aber das bedeutet nicht, dass eine militärische Einheit gegründet werden darf. Verteidigungseinheiten sind eine praktische Initiative, aber sie erledigen ihre Arbeit unter der Aufsicht der Entscheidungsorgane und demokratisch-politischer Verbände.

Das System:
Das »System der Demokratischen und Freien Gesellschaft von Westkurdistan« (KODAR) ist ein konföderales Gesellschaftssystem, das das Lösungsmodell für nationale Rechte selbst beschließt. Demokratie, Freiheit der Frau und ökologisches Leben stehen im Vordergrund.

Es ist kein Staatssystem, sondern es handelt sich um ein Führungsmodell für die demokratische Gesellschaft, Politik und Kultur. Alle ethnischen, nationalen, religiösen und kulturellen Gruppen können sich in Form einer Kommune, eines Rates oder Kongresses, einer Akademie, Gewerkschaft, Kooperation und Partei selbst verwalten, sich auf der Basis demokratischer Inhalte (im Hinblick auf Politik, Gesellschaft, freies und gleichberechtigtes Leben, Wirtschaft, Recht, Kultur, Bildung, Verteidigung und Diplomatie) leiten. Wahlen und demokratische Entscheidungen finden auf allen Ebenen Anwendung. Das Zusammenleben der Vielfalt in einer Gesellschaft erfolgt auf der Basis freiheitlicher und demokratischer Maßstäbe. Zur Konfliktlösung in der kurdischen Gesellschaft und anderen ethnischen, nationalen und konfessionellen Gruppen in Kurdistan wird keine staatliche Lösung angewandt, sondern das demokratische Modell. Für unsere Gesellschaft bevorzugen wir das Modell der demokratischen

Nation und für den Iran das konföderale Modell der Nationen und demokratischen Gesellschaft.

Shirzad Kamangar *war die letzten 15 Jahre im Iran und Kurdistan politisch aktiv. Er ist Ratsmitglied der »Partei für ein freies Leben in Kurdistan (PJAK)«. Sein Bruder Farzad Kamangar, ebenfalls ein Menschenrechtsaktivist, wurde im Mai 2010 vom iranischen Staat aufgrund seiner politischen Ansichten erhängt.*

5.8 Selma Irmak

Bakur: Vom Staat zur Demokratie

Seit der Französischen Revolution 1789, die den Übergang vom Feudalismus zum kapitalistischen System markiert, ist der Nationalstaat die Staatsform, deren Legitimation durch die Herrschaft einer Nation innerhalb ihrer Grenzen gekennzeichnet ist. Benannt wird der Staat als politische und geopolitische Entität, die Nation jedoch als kulturelle und/oder ethnische Entität. Der Nationalstaat adaptiert aber beides innerhalb einer bestimmten Geographie und unterscheidet sich dadurch von den vorherigen Staatsgebilden.

Im Unterschied zu anderen Staaten in der Geschichte liegt dem Modell Nationalstaat zugrunde, dass alle Bürger des Staates eine gemeinsame Sprache, eine gemeinsame Kultur und gemeinsame Werte teilen. Obwohl der Begriff Nationalstaat den Gedanken des Rechts auf Selbstbestimmung und Autonomie einer jeden Nation beinhaltet, gibt es vielerorts auf der Welt weiterhin Probleme politischer, ethnischer, religiöser und sozialer Art. Aus dieser Sicht führt das System »Nationalstaat« zu tiefen Widersprüchen innerhalb der Gesellschaften. Bekanntlich hatte es während der Zeit der (Kaiser-)Reiche und der vorhergehenden Ära der Stadtstaaten solch tiefe Spaltungen und Widersprüche innerhalb der Gesellschaften nicht gegeben. Neben den städtischen, kommunalen und regionalen autonomen Verwaltungen, die dem Nationalstaat zum Opfer fielen, waren es die kulturellen Traditionen. Unter jeder gesellschaftlichen und staatlichen Führung hatten Städte, Kommunen und Regionen ihre eigene Verwaltung und waren stets autonom. Ein strenger Zentralismus ist somit eine nationalstaatliche Krankheit mit dem Charakter einer monopolistischen Modernität.

Die nationalstaatliche Verwaltungsform der Türkei folgt, mit dem politischen und gesellschaftlichen Genbestand der Vergangenheit ausgestattet, einer streng zentralistischen Staatstradition. Die türkische Republik, die einer Staatstradition folgt, in der seit der osmanischen Zeit sogar ein Brudermord zum Schutz der Einheit des Staates mit einer Fatwa legitimiert wird, hat in dem von unterschiedlichen Völkern bewohnten Anatolien mit der Logik des Nationalstaats den Weg der Einheitlichkeit eingeschlagen und den dortigen Menschen sehr viele Schmerzen zugefügt. Obwohl in Anatolien vielerlei Völker leben, wurden sie all ihrer Rechte beraubt. Noch immer ist die Diskussion darüber nötig, warum die Kurden während des Niedergangs der Osmanen und der Gründungsphase der türkischen Republik keine Linie entwickeln konnten, die ihnen eine Unabhängigkeit verschafft hätte. Eine wichtige Ebene dieser Diskussionen ist die Unabhängigkeitszusage an die Kurden. Auch wenn aktuell das der Öffentlichkeit durch die kurdische Bewegung vorgelegte Projekt der demokratischen Autonomie den Anschein erweckt, erstmalig in der Diskussion zu stehen, so zeigen historische Belege, dass diese Frage schon in der Zeit 1918–1923 intensiv diskutiert wurde. Damit die Kurden keinen unabhängigen politischen Weg einschlugen, nutzten die Kemalisten dieses Versprechen zudem konjunkturell und schrieben durch dessen Bruch nach dem »Befreiungskrieg« die Geschichte um, als habe es ein solches Versprechen nie gegeben. Es ist zu betonen, dass die kurdischen Aufstände und Widerstände nach 1923 ihren Ursprung in diesem nicht erfüllten Versprechen hatten. Wir bieten der Türkei und Nordkurdistan mit einem vorgelegten Projekt eine Perspektive: den Erhalt der in chronische und strukturelle Verwicklungen verstrickten staatlichen Funktionsfähigkeit und das Aufzeigen einer Zukunft für die Völker der Türkei. Denn die Ära eines Staatssystems, das nur durch eine Hand geführt wird, ist vorbei.

Die politische Ebene der demokratischen Autonomie
Im Rahmen der Demokratisierung der Türkei nennen wir die politische Beschaffenheit, die die Redefreiheit für unterschiedliche Identitäten und deren Selbstorganisation beinhaltet und die Freiheit für die Ausübung von Aktivitäten des sozialen und kulturellen Lebens

schafft, die demokratische Autonomie. Diese genannten Freiheiten gelten nicht nur für eine Region oder eine gesellschaftliche Gruppe, sondern für alle in der Türkei lebenden ethnischen und sozialen Gruppen. Denn Freiheit kann nicht geographisch eingezäunt werden.

Die demokratische Autonomie ist die Bewegung des kurdischen Volkes, um seine eigene Demokratie aufzubauen und sein eigenes Gesellschaftssystem zu organisieren. Es bedeutet nach innen eine demokratische Nation und nach außen einen übernationalen Aufbau. Es ist eine Selbstverwaltungsorganisation der Gesellschaft, die aus der Einheit von politischer, sozialer, ökonomischer, kultureller, religiöser, ethnischer und geschlechtlicher Freiheit und ökologisch-kommunaler Organisierung der Gesellschaft besteht.

In Bezug auf die kurdische Frage bedeutet dies die verfassungsrechtliche Anerkennung der kurdischen Identität, Bildung in der Muttersprache, Freiheit für die kurdische Kultur und ihre Unterstützung wie bei anderen Kulturen, die Meinungs-, Organisations- und politische Betätigungsfreiheit mit der kurdischen Identität und damit verbunden regionale Räte, in denen das kurdische Volk seinen eigenen Willen durch Diskussionen und eigene Lösungen herausarbeiten und der zentralen Regierung einige Forderungen für manche Probleme weiterleiten kann. Dies ist die Definition der demokratischen Autonomie. Und das bedeutet, dass die Gesellschaft – das kurdische Volk voran – auf der Grundlage einer neuen Organisierung von neuem mit der Politik zusammentrifft. Demokratische Autonomie soll heißen, ein Modell in der Realität der Türkei und des Nahen Ostens, in dem die Politik ihren verdienten Platz einnimmt, ihren verdienten Wert gewinnt. Aus diesem Grund ist es enorm wichtig, die Basis der eigenen Politik zu diskutieren und sowohl den Inhalt der sich materialisierenden Politik als auch deren Form und Ausführung zu erarbeiten.

Die juristische Ebene der demokratischen Autonomie
Mit seinem Widerstand und seinen vielen Opfern hat das kurdische Volk der Welt in den letzten vierzig Jahren seine Existenz bewiesen.

Dass im 21. Jh. ein Volk von nahezu vierzig Millionen einen Kampf führen muss, um seine Existenz zu beweisen, und das mit sehr vielen Opfern bezahlt, ist nicht nur eine Schande für die Menschheit, sondern unerlässlich für die Kurden für ein ehrenhaftes Leben. Identität und Sprache eines Volkes werden verleugnet und verboten, was nicht einmal bei Tieren passiert. Mit ihrem Widerstand haben die Kurden ihre Identität in all ihren Dimensionen neu erschaffen und gewonnen. Aus ihrer Sicht gilt es ab jetzt, diese Identität auf jeder Ebene zu organisieren und juristisch, politisch, ökonomisch, kulturell und im Bereich der Selbstverteidigung und Diplomatie konkret umzusetzen.

Ein Ergebnis des Widerstands der Völker und der Gesellschaft ist die Entwicklung einer rechtlichen Phase, in der derzeit die Menschenrechte der dritten Generation auf einer universellen Ebene erzielt werden.

Es sind in globaler Hinsicht die »Menschenrechte der dritten Generation«, die »Solidaritätsrechte« erreicht worden, die neben den im Schatten des Liberalismus erlangten »Menschenrechten der ersten Generation«, in der Literatur als »Individuelle Rechte und Freiheiten« beschrieben, und den eher vom realsozialistischen System anerkannten »ökonomischen, sozialen und kulturellen Rechten«, den »Menschenrechten der zweiten Generation«, bestehen. Das ist zweifellos eine für die Gesellschaft vorteilhafte Situation und schränkt die Staaten in einem nicht unbedeutenden Maße ein. Aber sie bietet den Staaten auch die Gelegenheit, sich damit zu maskieren und ihre Existenz zu verlängern. Daher darf sich die Gesellschaft nicht nur auf die rechtlichen Regelungen ihrer Beziehungen zum Staat beschränken, sondern muss auch ihre im Grunde an der Ethik orientierten Selbstorganisationen entwickeln: Das ist das Nonplusultra für die Freiheit, die Gleichheit und die wahre Befreiung. Da unser Verständnis von einer demokratischen Autonomie nicht auf eine regionale oder geographische Region beschränkt ist, sondern sich auf die Existenz gesellschaftlicher Identitäten bezieht, gründet sie nicht wie in ähnlichen Fällen auf rein rechtliche Vorgänge. Es ist keine wie in Frankreich nach Regionalverfassungen organisierte Autonomie. Sie ist als eine Organisation der eigenen Autonomie von Gesellschaften, die sich organisieren wollen, als eine Autonomie auf der Grundlage eines gemeinschaftlichen »Gesellschaftsvertrages« zu verstehen. Dieser Gesellschaftsvertrag kann sowohl für eine ethnische als auch für eine religiöse Gruppe gelten. Oder als eine eigene Organisierung und gesellschaftliches Übereinkommen der Frauen oder Jugendlichen, als eigene gesellschaftliche Kategorie umgesetzt werden.

Folglich müssen bei der Gestaltung einer demokratischen Verfassung all diese Realitäten mit ins Auge gefasst werden.

Die ökonomische Ebene der demokratischen Autonomie
Die seit langem diskutierte dominierende Herangehensweise ist die Analyse der Beziehungen zwischen den Gesellschaftssystemen und der Ökonomie. Die gesamte positivistisch denkende (den materialistischen, historischen Ansatz inbegriffen) Forschungslandschaft teilt die Geschichte und die Gesellschaft in Epochen ein und etikettiert sie. Dieser Auffassung zufolge wurden Geschichte und Gesellschaft in Bezug zur Ökonomie je nach Phase in primitiv kommunalistische, Sklavenhalter-, feudalistische, kapitalistische und sozialistische Gesellschaften gegliedert. Demnach hat sich die gesellschaftliche Entwicklung entlang dieser genannten Reihe abgespielt bzw. wurde von dieser historischen Entwicklung der Gesellschaften ausgegangen. Die Arbeit ist im Kapitalismus zur Ware verwandelt und auf höchster Ebene entfremdet worden. Dies könne nur der Sozialismus abwenden. Erst dann werde die Arbeit, deren Äquivalent verheimlicht wird, ihren eigentlichen Wert erreichen und vor ihrer eigenen Entfremdung gerettet werden. Sicher wird diese Befreiung nicht im Realsozialismus, dem Derivat der etatistischen Zivilisation, möglich sein. Denn unter diesem System herrscht ein Staatskapitalismus, der nicht auf der Herrschaft des Privatkapitalismus, sondern auf der einer bürokratischen Klasse beruht. Daher wird erst im demokratischen Sozialismus die Überwindung der Entfremdung des im Realsozialismus noch heimlicheren Wertes der Arbeit gewährleistet sein.

Die kulturelle Ebene der demokratischen Autonomie

Einer der Grundsätze der demokratischen Autonomie ist, dass das Volk selbst seine Entscheidungen über gesellschaftliche und vitale Probleme und über seine Bedürfnisse trifft und umsetzt. Als Organisation und Volk wird von uns erwartet, diese Bestimmungen richtig und ausreichend zu diskutieren und beim Aufbau einer demokratischen Nation, entsprechend den gesellschaftlichen Bedürfnissen und aktuellen Entwicklungen, entscheidend in die Praxis umzusetzen.

Die Unterschiede, die Vielfalt und der Reichtum des gesellschaftlichen Lebens zeigen, dass eine homogene Einheit nicht möglich ist und der Wunsch danach oder ihr Aufzwingen ein Kulturmassaker bedeutet. So gesehen ist die demokratische Nation eine gesellschaftliche Form, die trotz des Wandels von Zeit und Ort seit Millionen von Jahren »wie ein fließender Fluss« alle Reichtümer in sich aufsammelt. Sie trägt alle »guten, richtigen, freien und schönen« Werte für die Zukunft und das Leben in sich. Hier tritt auch der deutliche Unterschied zu den Nationalstaaten zutage, die das Volk mit Nationalismus einlullen. Eine demokratische Nation drückt die Identität des Reichtums der Völker und Kulturen aus. Da über ihr keine andere Nation einen Staat gründen kann, ist sie kommunal und demokratisch. Wegen dieser Besonderheit kann ein Volk seine bis dato geltenden kommunalen Werte kultureller Identität verdient in der demokratischen Nation ausleben.

Kurzum, die mit diesen Besonderheiten definierbare demokratische Nation ist trotz der Probleme und des Gifts des Nationalismus, dem das gesellschaftliche Leben unter der Kultur der Macht ausgesetzt ist, Realität. Trotz des kulturellen Massakers des kapitalistischen Systems der letzten 400 Jahre, die Gesellschaft zu vereinheitlichen, haben viele Sprachen, Religionen, Kulturen, Sippen, religiöse Gemeinden usw. insbesondere im Nahen Osten und in verschiedenen Weltregionen bewiesen, dass für verschiedenste Identitäten die Form der demokratischen Nation weit realistischer ist. Bekanntlich wird als Ergebnis der Vergiftung der Nationen mit Nationalismus durch den Kapitalismus zwischen Teilen der demokratischen Nation Unruhe gestiftet, was zu Auseinandersetzungen bis hin zum Krieg führt. Die gesellschaftlichen Reichtümer einer Nation aus tausenden Jahren zum Nutzen der Herrschenden dem Staat anzupassen, darin Machtpositionen zu setzen, gegeneinander aufzuhetzen, um eine Seite zu beherrschen – das hat das gesellschaftliche Leben regelrecht verwüstet.

Die diplomatische Ebene der demokratischen Autonomie
Es gibt sehr unterschiedliche Definitionen der Diplomatie, zum Teil richtige. Es geht um die Beziehungen zwischen Diplomatie und Macht, zur strategischen Gesinnung, zum politischen Willen, zur Historie usw.

Zuschreibungen wie »die Diplomatie ist der unbewaffnete Krieg« oder »der Krieg ist Diplomatie mit Waffen« stehen hoch im Kurs. Mit diplomatischer Arbeit beauftragte Institutionen oder Personen schützen die Vorteile der zugehörigen Hegemonie, setzen ihren Willen bei der Gegenseite durch, erreichen mit geringsten Zugeständnissen größte Vorteile usw., wobei alle geführten Gespräche und unterschiedlichen Aktivitäten im diplomatischen Rahmen stattfinden. Öffentlichkeit, Propaganda, Informationen, Lobbyarbeit usw. sind in diesem Zusammenhang zu bewerten.

Wenn von Diplomatie die Rede ist, dann sind eher die zwischenstaatlichen Beziehungen der erste Gedanke. Gleichwohl haben sich insbesondere seit der Globalisierung in den letzten fünfzig Jahren, der revolutionären Entwicklung der Medienkommunikation, der Wandlung der Welt in ein kleines Dorf bei gleichbleibendem Charakter der Diplomatie Umfang und Akteure fundamental gewandelt. Es ist erkennbar, dass beispielsweise internationale Unternehmen, demokratische Massenorganisationen, Gewerkschaften, Nichtregierungsorganisationen (NGOs), nationale Befreiungsbewegungen usw., also nahezu alle Institutionen legale/illegale diplomatische Beziehungen und Tätigkeiten ausbauen. Daher kann gesagt werden, dass Diplomatie nicht mehr ein Monopol staatlicher Aktivitäten ist.

Es ist ein ernsthafter Trugschluss zu glauben, dass zwischenstaatliche Diplomatie zur Lösung von Problemen genutzt wird. Manche Probleme sind insbesondere Staaten und Vermögensgruppen nicht gewillt zu lösen. Wenn Völker und Gesellschaften sich selbst überlassen sein würden, dann würden sie, wie umfangreich oder tiefsitzend die Probleme untereinander auch immer wären, um jeden Preis einen entsprechenden Lösungsweg finden. Und in genau solchen Situationen setzen die globalen Vermögensvertretermächte, Monopole der Macht und des Kapitals die offizielle Diplomatie ein, die zweigleisig zum einen die Öffentlichkeit in die Irre führt, als seien sie auf der Suche nach Lösungen, und zum anderen Lösungsmöglichkeiten beseitigt.

Es gibt derzeit unzählige Beispiele dafür. Kurdistan und Palästina, was nicht nur die entsprechenden Völker und den Nahen Osten, sondern auch die Welt in hohem Maße betrifft, sind die ersten historischen Probleme, die dazu einfallen. Staaten und Monopolisten des globalen Kapitals und den Machthabern der Nationalstaaten verhindern gemeinsam, dass ihnen eine freie Partizipation, nationale, gesellschaftliche und identitätsbezogene Anerkennung mit Methoden der demokratischen Politik und gegenseitiger Respekt zuteil werden. Dazu wird dann je nach Situation die staatliche Diplomatie oder Assimilation und Massaker eingebracht. Dass die Diplomatie eine solche verhängnisvolle Rolle spielt, ist die Mission, die ihr Kapital und die monopolistische Herrscher übertragen haben.

Die Ebene der Selbstverteidigung der demokratischen Autonomie

Wenn gesellschaftliche Sicherheit zur Sprache kommt, dann fällt dazu die Umsetzung jeder möglichen gesellschaftlichen Organisierung ein, die alle Hindernisse (militärisch, juristisch, amtlich usw.) für die Ausübung der identitätsbezogenen Besonderheiten (Sprache, Kultur etc.) beseitigt und alle Angriffe auf das elementare Leben (im ethisch-politischen Gefüge) abwehrt. Natürlich verlangt dies eine gesellschaftliche Organisierung, die auf dem eigenen Willen beruht und nicht auf der Machtteilung mit dem Staat. Man betrachte alle

Session V: Lehren aus alternativen Praktiken

Staaten, die vorgeben, im Namen der Gesellschaft und im Interesse der Öffentlichkeit und ihrer Sicherheit zu existieren. Darum herrsche überall, wo kein Staat sei, Anarchie, Terror, Chaos. Die Auffassung, niemand sei dann seines Lebens sicher, es gebe keine Arbeitssicherheit, ist fest etabliert. Dabei ist die Menschheitsgeschichte Zeugin des Gegenteils. Ein Staat und seine zivilen/militärischen/bürokratischen Institutionen oder Sicherheitsorganisationen sind keine Garantie für die Interessen oder die Sicherheit der Öffentlichkeit. Seit Millionen Jahren haben Gesellschaften, wenn auch heute eingeschränkt, ohne besondere Organisierung die gesellschaftliche Ordnung gewährleistet und tun dies immer noch. Der Weg zur gesellschaftlichen Sicherheit führt also nicht, wie in der etatistischen Auffassung vorherrschend, über gesetzliche Regularien und Sondersicherheitseinheiten. Ganz im Gegenteil sind dies Gründe für gesellschaftliche Unsicherheit. Sicherheit entsteht in einem ethisch-politischen Umfeld, also einer demokratischen Gesellschaft. Daher bedeutet die Selbstorganisation (Räte, Kommunen, *ocak's*, Kooperativen, Bildungs- und Gesundheitsorganisationen, ökonomische Betriebe etc.) der Gesellschaft in allen Lebensbereichen die Gewährleistung der Sicherheit. Angesichts insbesondere der derzeitigen globalen militärischen Organisationen, Techniken und Kriege mag eine zivile Organisation vielleicht nicht den gesamten Sicherheitsbedarf abdecken. Aber dennoch sollten alle aus der Notwendigkeit geborenen Sicherheitseinheiten oder -aufgaben unter gesellschaftlicher Aufsicht stehen.

Kommunen und konföderale Organisationen des 17./18./19. Jh. hatten die Befugnis über die entstandenen militärischen und juristischen Formierungen. Auch im antiken Athen waren Militär und Kommandanten dem Parlament unterstellt. Die Athener hatten keine ordentliche Armee, es gab wie in der heutigen Schweiz periodisch militärische Ausbildungseinheiten. Wenn notwendig waren alle Athener mit Auftrag des Parlaments Soldaten. Unvergessen, dass sich das Heer Athens mit Zehntausenden den Hunderttausenden des persischen Heeres entgegenstellte und die Demokratie bewahrte. Demokratie kommt zustande, wenn sich vom Staat entfernt und die

Gesellschaft zur Grundlage genommen wird. Denn der Grundfeind der Gesellschaft ist der Staat mit den ihm angehörenden Sonderorganisationen. Aus diesem Grund ist die Selbstverteidigung in der demokratischen Autonomie die grundlegende Verteidigung der Identität auf gesellschaftlicher Ebene.

Selma Irmak ist Co-Vorsitzende des DTK (Demokratischer Gesellschaftskongress) und Aktivistin der kurdischen Frauenbewegung. Sie ist auch Mitbegründerin der DTP (Partei der Demokratischen Gesellschaft). Im Rahmen der KCK-Razzien wurde sie trotz ihrer Kandidatur als Bürgermeisterin Diyarbakırs festgenommen. Während des Verfahrens wurde sie 2011 zur Abgeordneten gewählt. Nachdem sie 2014 aus dem Gefängnis gekommen war, trat sie der im Parlament vertretenen HDP-Gruppe bei.

5.9 John Holloway

Der Vierte Weltkrieg und wie er gewonnen werden kann
Ein Tribut an die Kurden und die Zapatistas

I

Eine wundervolle Ehre, eine wundervolle Begeisterung. Ich lerne so viel über die kurdische Befreiungsbewegung. Aber es ist mehr als die kurdische Bewegung, oder? Es gibt ein Überströmen, ein Überströmen aus Kurdistan und wir sind dieses Überströmen. Wir, die wir nicht nur hier sind, um über Sie zu lernen, sondern weil sie Teil von uns sind, so wie wir Teil von ihnen sind. Wir, die wir beständig angegriffen werden und verzweifelt nach einem Ausweg suchen. Wir sind nicht nur hier, um sie zu unterstützen, sondern auch weil wir in ihnen eine Hoffnung für uns selbst sehen. Wir, die wir versuchen eine andere Welt zu weben gegen-und-jenseits[1] von dieser Welt der Zerstörung und des Todes und nicht wissen wie wir es tun können und dies ist der Grund dafür, warum wir gehen, fragend, fragend gehen wir, lernend gehen wir, umarmend gehen wir.

Wir werden zunehmend aggressiver angegriffen, so aggressiv, dass es manchmal wie eine schwarze Nacht ohne Morgendämmerung zu sein scheint. Die Zapatistas nennen dies den Vierten Weltkrieg, aber die Bezeichnung spielt keine Rolle. Der Krieg des Kapitals gegen die Menschheit ist der Begriff, den wir in den letzten beiden Tagen gehört haben. Ayotzinapa[2] ist der Begriff, der jetzt in den Ohren von

---

1 Dieser Begriff muss bei Holloway in engem Zusammenhang mit der Kategorie des Tuns verstanden werden. Dieses ist als nicht-instrumentelles Handeln zu verstehen, dem eine Hoffnung auf Befreiung dort innewohnt, wo es über den Widerstand »gegen« den Kapitalismus auf »jenseits« des Kapitals zu konstruierende gesellschaftliche Verhältnisse hinausgeht; Anm.d.Ü.
2 Im September 2014 wurden 43 StudentInnen des Grundschullehrerseminars »Raúl Isidro Burgos« in Ayotzinapa, im mexikanischen Bundesstaat Guerrero »verschwundengelassen«. Die Praxis des Verschwindenlassens wendet der mexikanische Staat mindestens seit den StudentInnenbewegungen der 1970er an, die Straflosigkeit führt dazu, dass diese Fälle,

uns, die wir in Mexiko und weit darüber hinaus leben, widerhallt, aber es gibt viele, viele Bilder des Horrors der kapitalistischen Aggression: Guantánamo, das Ertrinken von 300 MigrantInnen im Mittelmeer vor wenigen Wochen[3], ISIS und der scheinbar nicht endende Horror des Krieges im Nahen Osten, die durch die Austeritätspolitik in ganz Europa und insbesondere in Griechenland verursachten Schäden, die beständigen Angriffe auf kritisches Denken an den Universitäten auf der ganzen Welt. Und so weiter, und so weiter. Alles Symbole für die gewalttätige Obszönität einer Welt, in der das Geld Herr und Gebieter ist. Der Vierte Weltkrieg also, nicht als bewusst kontrollierter Angriff, sondern als logisch kohärenter und beständig erneuerter Angriff des Geldes gegen die Menschheit.

II

Der Vierte Weltkrieg: kapitalistische Krise, das Kapital versucht verzweifelt zu überleben, das Kapital kämpfend mit allen zur Verfügung stehenden Mitteln, um das Überleben eines Systems zu sichern, das keinen Sinn ergibt, das keine Bedeutung hat, jenseits seiner eigenen Reproduktion.

Die bloße Existenz des Kapitals bedeutet einen Angriff. Es ist ein Angriff, der jedem von uns jeden Tag sagt: »Du musst Dein Handeln in bestimmter Weise formen, das einzige Handeln, das in dieser Gesellschaft zählt, ist das Handeln, das zum Profit des Kapitals beiträgt, anders ausgedrückt Arbeit«. Dies ist die Arbeitswerttheorie, die Theorie, die in den letzten beiden Tagen vielfach geschmäht wurde.

Die Marxsche Arbeitswerttheorie ist aus drei Gründen von grundlegender Bedeutung. Erstens sagt sie uns, dass das Kapital von der Umwandlung unserer alltäglichen Aktivität in Arbeit (was von Marx

---

anders als nach Beendigung der Militärdiktaturen Südamerikas, praktisch keine Aufklärung finden. Im Gefolge von Ayotzinapa gab es landesweite Massenmobilisierungen, die die Aufklärung des Falles und ein Ende der Praxis des Verschwindenlassens forderten; Anm.d.Ü.

3 Im Februar 2015 verkündeten die Vereinten Nationen, dass über 300 MigrantInnen, die auf drei Boote verteilt waren, wahrscheinlich im Mittelmeer ertrunken seien. Die EU hatte 2014 das Hilfs- und Rettungsprogramm »Mare Nostrum« für Bootsflüchtlinge aus Afrika eingestellt, Italien hat seitdem nur noch Patrouillenboote laufen; Anm.d.Ü.

Session V: Lehren aus alternativen Praktiken

als abstrakte oder entfremdete Arbeit bezeichnet wird), in jene besondere Aktivität, die Wert und letztlich Profit für das Kapitals schafft, abhängig ist. Dies kündet von der Schwäche des Kapitals, dass es von uns abhängig ist. Zweitens sagt sie uns, dass diese Umwandlung unserer Aktivität in Arbeit ein totalisierender Prozess ist, der uns der vereinheitlichenden Logik des Profits unterwirft. Dies zeigt uns bereits, dass die Revolution ein Entwirren dieses Totalisierungsprozesses sein muss, eine Bewegung der Enttotalisierung (oder Autonomisierung), eine Erschaffung einer Welt vieler Welten, wie die Zapatistas es ausdrücken. Und drittens sagt sie uns, dass dieser Antrieb unsere Aktivität (oder unser Tun) umzuwandeln, einer Dynamik folgt: die leitet sich von dem Umstand ab, dass die Größe des Werts durch die Quantität der gesellschaftlich notwendigen Arbeitszeit zur Herstellung einer Ware bestimmt ist und den Umstand, dass diese konstant am Fallen ist. Die Schwäche des Kapitals liegt nicht nur in der Notwendigkeit begründet, dass es unsere Aktivität in Arbeit umwandeln muss, sondern auch darin, dass es davon abhängig ist, uns schneller und schneller arbeiten zu machen: die inhärente Schwäche wird zur tendenziellen Krise. Marx' Theorie der Arbeit ist ein Schrei, ein Schrei des Schmerzes und des Zorns gegen die Obszönität einer derartigen Weise unser kreatives Tun zu organisieren, aber es ist auch ein Schrei der Hoffnung, dass dieses System, das uns zerstört, eine tödliche Schwäche hat, nämlich den Umstand, dass es von uns abhängig ist.

Es ist wichtig, dieses zu sagen, denn vieles von dem, was gestern gesagt wurde, schien nahezulegen, dass Marx eine auf Arbeit gegründete Gesellschaft für gut befunden hätte, wenn er doch tatsächlich das genaue Gegenteil davon sagt. Wenn ihr das *Kapital* nicht gelesen habt, so lest es bitte; wenn ihr es gelesen habt, so lest es bitte erneut. Diese Aufforderung ist an Euch alle adressiert: vor allen an die Anarchisten unter Euch, und mehr noch an die Marxisten unter Euch, und an Dich, David Graeber, und an Dich, David Harvey und, sofern es eine Möglichkeit gibt, dass meine Worte Dich in Deinem Inselgefängnis erreichen, an Dich, Abdullah Ocalan.

Arbeit bedeutet die Produktion von Bedeutungslosigkeit. David Graeber hat dies gestern sehr gut ausgedrückt, aber Marx hat dies auch vor 150 Jahren gesagt. Aber es ist mehr als das: Arbeit ist die Zerstörung der menschlichen und der nicht-menschlichen Formen des Lebens.

III

Das Kapital ist Aggression und in seiner Krise gibt es eine Intensivierung dieser Aggression. In der gegenwärtigen Krise stößt das Kapital an die Grenzen seiner Möglichkeit dem menschlichen Leben die Logik des Kapitals, die Logik des bedeutungslosen schneller-schneller-schneller aufzuerlegen. Wir sind die Krise des Kapitals.

Es versucht auf zweierlei Wegen eine Lösung zu finden. Erstens indem es härter drängt, autoritärer wird, alle diejenigen, die seinen Ambitionen als Hindernis im Wege stehen verdrängt: Ayotzinapa, fünfzig politische Gefangene im Staat Puebla, wo ich lebe. Und zweitens, indem es ein großes Spiel des Glaubenmachens spielt: wenn wir Dich nicht in der Art und Weise, wie es für uns erforderlich ist, ausbeuten können, dann lass uns vortäuschen, dass dies möglich ist, lass uns den Kredit/die Schulden ausweiten: deswegen die enorme Expansion des Kapitals in der Geldform. Aber die Krise von 2008 kündigt deutlich die Grenzen des Spiels »Lass-uns-vortäuschen« an und zwingt das Kapital noch autoritärer zu werden. Der Vierte Weltkrieg, Krieg gegen die Menschheit.

Wir müssen diesen Krieg gewinnen: ihn zu verlieren hieße, die mögliche oder wahrscheinliche Vernichtung menschlichen Lebens zu akzeptieren. Mit den »Krieg gewinnen müssen«, meine ich nicht, die Bankiers oder Politiker an den Lampenpfählen aufzuknüpfen (wie attraktiv auch immer dies sein mag), sondern ich meine, dass wir die Dynamik der Zerstörung des Kapitals brechen müssen. Hört auf das Kapital zu machen, hört auf, zu arbeiten. Lasst uns stattdessen etwas Vernünftiges machen, etwas Sinnvolles, lasst uns die Grundlagen für eine andere Weise des Lebens legen.

Die Strategie, sich des Kapitals zu entledigen indem das Kapital reproduziert wird, wenngleich auch auf einer weniger aggressiven Grundlage, funktioniert nicht, wie wohlmeinend auch immer sie sein mag und wie echt auch immer einige ihrer Vorteile sein mögen. Seht Euch Bolivien an, seht Euch Venezuela an, seht Euch jetzt Griechenland an: es gibt keinen sanften Kapitalismus. Griechenland zeigt uns jetzt Tag für Tag, dass die scheinbar realistische Strategie der Erschaffung einer anderen Gesellschaftsform mittels des Staates vollkommen unrealistisch ist.

Es ergibt keinen Sinn zu glauben, dass wir aufhören können, das Kapital zu machen, indem wir es mittels des Staates versuchen, denn der Staat ist eine Form gesellschaftlicher Verhältnisse, deren Existenz sich aus dem Kapital ableitet. Wir müssen einen anderen Weg gehen, verschiedene Wege, wo die einzigen Pfade diejenigen sind, die wir schaffen, indem wir auf ihnen gehen. Und es ist unsere Verantwortung, eine Verantwortung, die nicht delegiert werden kann. Sie kann nicht an die Politiker delegiert werden, sie kann aber ebenfalls nicht an die kurdische Befreiungsbewegung oder die Zapatistas delegiert werden. Der Kampf ist unserer, hier-jetzt in Hamburg oder wo immer wir auch leben – wo immer wir auch leben und nicht nur dort, wo wir geboren wurden oder sogar dort wo unsere Eltern geboren wurden, obgleich der Ort, wo wir geboren wurden und gelebt haben, Teil des Ortes ist, an dem wir jetzt leben.

Wir stehen im Zentrum, dieses »Wir« von dem wir ausgegangen sind: ein selbstwidersprüchliches Wir, ein Wir, die wir fragend gehen, träumend gehen. Vor allem ein Wir, die wir webend gehen. Praktisch erschaffen wir die Grundlagen einer anderen Gesellschaft, indem wir sie zu einer Bewegung verweben, die sich gegen-und-jenseits der kapitalistischen Einbindung unserer Aktivität in totalisierende, bedeutungslose Arbeit richtet. Dies ist nicht bloß ein Projekt, es ist etwas, das wir bereits tun und das schon immer im Zentrum aller antikapitalistischen Kämpfe stand. Wir drängen mit dem Tun gegen das Kapital, das heißt, indem wir eine Welt vieler Welten weben die zur Selbstbestimmung drängen. Alle diese Formen des Webens sind widersprüchlich, alle müssen sich dem extrem komplexen Problem der Verbindung zur Welt, die von Geld, vom Wert beherrscht wird, stellen: deswegen können sie nicht wirklich als Autonomien verstanden werden, sondern am ehesten noch als Autonomisierungen, als Risse in der oder als Einreißen der Textur der Herrschaft.

In diesem Ansatz liegt Poesie: nicht notwendigerweise in der Sprache aber der Bewegung des Kampfes selbst. Wir leben jetzt in einer Welt, die noch nicht existiert, hoffend, dass wir sie erschaffen können, indem wir sie leben. Wir leben in einer Welt, die potenziell existiert, wir leben im Konjunktiv anstatt im Indikativ. Es gibt keine zukünftige Revolution, dies ist kein Post-Kapitalismus, den wir erschaffen, es ist ein in-gegen-und-jenseits des Kapitalismus hier und jetzt. Wir brechen die Homogenität der Zeit, wir brechen die Grenzen des Raums. Für die Zapatistas ist die Würde der zentrale Begriff, die Würde derjenigen, die kämpfen, die Würde all derjenigen, die in-gegen-und-jenseits einer Welt der Negation der Würde leben. Die so offensichtliche Poesie in den von der Person, die Subcomandante Marcos (jetzt Galeano) war, geschriebenen Kommuniqués ist nicht die Poesie einer Person, sondern die Poesie einer Bewegung und sie ist kein dekoratives Beiwerk der Bewegung: sie ist der Kern der Bewegung selbst. Dies ist nicht nur die Poesie der Zapatistas, sondern der Tradition des kritischen Denkens, das sich in Marx, Bloch, Adorno, Benjamin, Marcuse, Vaneigem und weit jenseits davon ausdrückt. Dies ist die Poesie, die in vielen der Präsentationen der letzten zwei Tage so gegenwärtig war.

IV

Dieser Ansatz ist sehr anziehend. Es liegt eine Schönheit darin und auch ein ethischer Kern. Er bringt Ethik und revolutionäre Politik in Übereinstimmung: die Welt, die wir erschaffen, ist die Welt, von der wir denken, dass sie existieren sollte. Aber ist dies realistisch? Ist die Präfiguration der Welt, die wir erschaffen wollen, in diesen Zeiten des Krieges, in diesen Zeiten akuter kapitalistischer Aggression ein realistischer Ansatz? Es reicht nicht aus, moralisch im Recht zu sein oder poetisch aufregend zu sein: wir wollen den Vierten Weltkrieg tatsächlich gewinnen indem wir ihn beenden, indem wir eine von Kapitalismus befreite Welt schaffen wollen.

Wir wissen es nicht. Wir wissen, dass der erste Ansatz (der scheinbar realistische) nicht funktioniert, aber das bedeutet nicht, dass der zweite Ansatz funktioniert. Wir wissen auch, dass der zweite Ansatz unvermeidbar widersprüchlich ist, dass es dort keine Reinheit gibt. Wir kämpfen, indem wir eine andere Welt weben, auf viele verschiedene Weisen. Dies sind Formen des Webens, die auf der ganzen Welt stattfinden, Formen des Webens, die beständig vom Kapital bedroht sind, beständig vom Kapital niedergeschmettert werden, von uns beständig wieder aufgegriffen werden. Das Weben in diesem Audi-Max während der letzten drei Tage ist ein kleines, aber, ich hoffe, bedeutsames Beispiel. Es gibt kein Modell, es gibt keine Regeln, wie es gemacht werden sollte. Aber es gibt herausragende Beispiele, Beispiele, die den dunklen, deprimierenden Himmel erhellen, Beispiele, die uns durch ihre Stärke und Schönheit inspirieren. Der Kampf der Zapatistas ist ein prächtiges Beispiel dieser Art. Der kurdische Kampf mit all seiner kreativen Schönheit von der wir gehört haben, ein anderes.

***John Holloway** ist Professor der Soziologie im Institut für Geistes- und Sozialwissenschaften in der Benemérita Universidad Autónoma de Puebla, Mexico und Ehrengastprofessor in der Universität Rhodes in Südafrika. Er hat zu den Themen marxistischer Theorie, der zapatistischen Bewegung und über neue Formen des antikapitalistischen Widerstands publiziert. Seine Bücher »Die Welt verändern ohne die Macht zu übernehmen« und »Kapitalismus aufbrechen« wurden international diskutiert und in 11 Sprachen übersetzt.*

5.10 Andrés Pierantoni Giua

Die Bolivarische Erfahrung von Venezuela bis Bolivien: Plurinationalismus und Stärkung der Community

In der kurzen Zeit, die ich für meine Präsentation zur Verfügung habe, werde ich versuchen, einige Entwicklungslinien zu zwei Aspekten aufzuzeigen, die von den Genossen Mehmet Ali Doğan und Giran Özcan als von besonderem Interesse für diesen Kongress angefragt wurden und denen ich für ihre Zusammenarbeit beim Entwurf des Beitrags danke: Plurinationalismus und Stärkung der Community.

Tatsächlich hängen beide Überschriften als zwei Seiten derselben Medaille miteinander zusammen: In Bolivien und Ecuador ist das Konzept des Plurinationalismus verflochten mit indigenen Communities [*Gemeinschaften; Anm. d. Ü.*] oder denen der Afro-Nachfahren, die in ihrer »Pacha Mama«-Anschauung [*Mutter Kosmos; Anm. d. Ü.*] verwurzelt sind und auf Traditionen basieren, wie sie auch für die Gesellschaft Rojavas gelten. Im Falle von Venezuela sind es stattdessen aber zumeist urbane entwurzelte Gemeinschaften, ähnlich wie in den kurdischen Ghettos, z. B. in den Vorstädten von Istanbul.

Plurinationalismus in Bolivien und Ecuador

In einem der wesentlichen Texte zum Verständnis des Denkens von Öcalan und der kurdischen fortschrittlichen Kräfte, »Demokratischer Konföderalismus«, heißt es:

»Der Demokratische Konföderalismus kann als eine Art der Selbstverwaltung im Unterschied zur Verwaltung durch den Nationalstaat beschrieben werden. Auf lange Sicht können Freiheit und Gerechtigkeit einzig in einem dynamischen konföderalen und demokratischen Prozess erreicht werden. Weder die totale Zurückweisung noch vollständige Anerkennung des Staates sind für demokratische zivilgesellschaftliche Bestrebungen nützlich. Die Überwindung des Staates, insbesondere des Nationalstaates, ist ein langwieriger Prozess.«

Ohne jeden Zweifel ist der plurinationale Staat Bolivien, nicht nur in den Communities, sondern auch auf Landes- und Staatsebene, dabei Vorreiter in Lateinamerika, was in bestimmten Artikeln ihrer Verfassung deutlich wird:

Artikel 1: Bolivien wird ein einheitlicher Rechtsstaat, plurinational, gemeinschaftlich, (…) demokratisch, interkulturell, dezentral und autonom. Bolivien gründet sich auf den (…) politischen, ökonomischen, rechtlichen, kulturellen und sprachlichen Pluralismus innerhalb des integrierenden Prozesses des Landes.

Artikel 2: In Anlehnung an die vorkoloniale Existenz von Nationen sowie einer indigenen Bauernschaft und ihrer angestammten Herrschaft über ihre Territorien, wird ihre Selbstbestimmung innerhalb der Einheit des Staates garantiert, bestehend aus ihrem Recht zur Selbstbestimmung, zur Selbstregierung, über ihre Kultur, die Anerkennung ihrer Institutionen und Konsolidierung ihrer territorialen Einheiten …

Artikel 3: Die bolivianische Nation besteht aus allen bolivianischen Frauen und Männern, den Nationen und einheimischen Bauern, den indigenen Völkern, den interkulturellen Gemeinschaften und den Afro-Boliviern, die zusammen die bolivianische Bevölkerung bilden.

Artikel 5: I. Die offiziellen Sprachen des Staates sind Spanisch und alle Sprachen der Nationen und indigenen Völker, wie aymara, araona, baure, besiro, canichana, cavineño, cayubaba, chacobo, chiman, that eija, guaraní, guarasu'we, guarayu, itonama, leco, machajuyai-kallawaya, machineri, maropa, mojeño trinitario, mojeño-ignaciano, moré, moseten, movima, pacawara, puquina, quechua, sirionó, tacana, tapiete, toromona, uru-chipaya, weenhayek, yaminawa, yuki, yuracaré and zamuco (insgesamt 36!)

Artikel 9: Zweck und wesentliche Funktionen des Staates, neben anderen durch die Verfassung und das Gesetzeswerk bestimmt, sind:

1. Sicherung und Festigung plurinationaler Identitäten;
2. Förderung gegenseitigen Respekts und plurilingualer, interkultureller und intrakultureller Dialoge;

3. Erhaltung der plurinationalen Diversität, wie das historische und menschliche Kulturerbe.
Artikel 98: ... kulturelle Diversität bildet das wesentliche Fundament des gemeinschaftlichen plurinationalen Staates ...

Ein ähnlicher Ansatz kann in bestimmten Artikeln der Verfassung der Republik von Ecuador gewürdigt werden:
Artikel 1: Ecuador ist ein verfassungsgebundener Staat mit einem Rechtswesen und einer Justiz, einheitlich, interkulturell, plurinational und säkular. Er ist in Form einer Republik organisiert und wird auf dezentrale Weise regiert.
Artikel 3: ... fundamentale Aufgaben des Staates sind (...) die Stärkung nationaler Diversität in Einheit ...
Artikel 60: angestammte, indigene Völker, Afro-Ecuadorianer und Montubios können Wahlbezirke für die Erhaltung ihrer Kultur einrichten. Das Gesetz soll ihre Gestaltung regeln. Die Kommunen, die über kollektive Ländereien verfügen, werden als angestammte Form von territorialer Organisierung anerkannt.
Artikel 257: Im Rahmen der politischen administrativen Organisierung können indigene oder afro-ecuadorianische Wahlbezirke errichtet werden, die entlang der Prinzipien des Interkulturalismus, Plurinationalismus und in Übereinstimmung mit den bestehenden kollektiven Rechten regiert werden sollen. (...) Zwei oder mehr Bezirke, die von indigenen oder multikulturellen territorialen Regierungen verwaltet werden, können zusammengeführt einen neuen Wahlkreis bilden.
Artikel 318: Der Staat wird die Leitung und den Betrieb von wasserwirtschaftlichen Initiativen der Communities und die Versorgung durch öffentliche Dienste stärken, indem Anreize zu einer Zusammenarbeit zwischen dem Staat und der Community zur Sicherung von Dienstleistungen geschaffen werden.

Bei Sichtung der Rojava-«Charta» oder des »Gesellschaftsvertrags« können wir ähnliche Ansätze finden: »Wir, die Bevölkerung der un-

Session V: Lehren aus alternativen Praktiken

abhängigen Gemeinschaften, einig im Geiste der Versöhnung, des Pluralismus und der demokratischen Partizipation, die allen die Möglichkeit auf freie Entfaltung im öffentlichen Leben sichert (...) Um diese Charta zu etablieren, verkünden wir ein politisches System und eine zivilgesellschaftliche Verwaltung, die sich auf einen Gesellschaftsvertrag gründen, der dem vielfältigen Mosaik Syriens gerecht wird ...«

Die Erfahrung von Venezuela: Die Kommunen (»Comunas«) als Zellen einer neuen Gesellschaft und eines neuen Staates
Anders als in Bolivien und Ecuador liegt in der Bolivarischen Republik Venezuela der Anteil der indigenen Völker, die noch immer auf angestammtem Land und unter angestammtem Recht sowie Brauch leben – trotz eines ganzen Kapitels (VIII) in ihrer Verfassung über »die Rechte indigene Völker«, die den kollektiven Besitz von Ländereien einschließen – bei aktuell nur 2,5 % der Bevölkerung (725.141 von 28.946.101 Einwohnern, Zensus 2011). Die gesamte ländliche Bevölkerung umfasst nur 22,2 %, was der Öl-basierten Wirtschaft geschuldet ist, deren Pacht hauptsächlich den großen Städten und ihren Versorgungswegen zugeteilt war (»Versorgung« meint den Import von Fertigprodukten und Zwischengütern zur Verarbeitung in Fabriken), weshalb sich die Ressourcen und Arbeitsplätze im mittleren nördlichen Küstenstreifen des Landes konzentrieren.

In der Ideologie von Comandante Chávez umfasst der Begriff Kommune (»Comuna«) nicht nur ökonomische, soziale und ethisch-kulturelle Aspekte, sondern, wie wir anschließend zusammenfassen werden, auch den Aspekt einer »sozioterritorialen Gerechtigkeit« (»Heimatplan«, 3.4.1) als unerlässliches Werkzeug, um die Bevölkerung und die Haushaltsressourcen in Richtung einer »ganzheitlichen Entwicklungsachse« umzuverteilen. Beispiele dafür sind die nördliche Llanero-Achse (gemäß den Projekten für die »mittleren städtischen Zentren« – gerade südlich des oben genannten Küstenstreifens –, eingebracht während der 1980er Jahre durch die GTZ, die Kooperationsinstitution Deutschlands, »eines »Referenz-Landes«

für städtische Raumplanung) und der Orinoco-Gürtel (55.314 qkm oder 6 % des Kernlandes von Venezuela, wo die weltweit größten Ölreserven nachgewiesen sind).

Niemand besseres als Chávez, geboren und aufgewachsen in einem Dorf im tiefsten Venezuela, erkannte die kulturelle Verelendung und den Verfall von Werten, verursacht durch die rasante Landflucht in die Städte und »städtische Ghettoisierung«, die in Venezuela hauptsächlich in der zweiten Hälfte des letzten Jahrhunderts Einzug hielt.

In dieser Hinsicht ist das Konzept der Kommunen sowohl taktisch als auch strategisch: Letzteres steht im Zusammenhang mit der bereits erwähnten »sozioterritorialen Gerechtigkeit« und Ersteres mit der Wiederherstellung der territorialen und sozialen Bedeutung von Zugehörigkeit und Solidarität von ländlichen Dörfern, selbst inmitten der großen Städte, namentlich in ihren Slums (vor der Bolivarischen Revolution als »marginal« bezeichnet): »Die Verfassung des Sozialismus [ist] unser Modell. Wir müssen Modelle territorialisieren«, beharrte Präsident Chávez im sogenannten »Golpe de Timón« (Richtungswechsel). In einem kürzlich veröffentlichten Dokument des Präsidialrats der Volksregierung zu den Kommunen, das sich mit ihren Beziehungen zur Natur befasst, werden die »Verländlichung der Stadt« und die »Wiederbegrünung des Lebens« genannt.

In demselben Heimatplan wird beispielsweise das Erbe von Chávez auf die Zukunft übertragen (2013–1019). Für den Großen historischen Plan Nr. 1 (»Um das wertvollste Gut, das wir nach 200 Jahren wiedererlangt haben, die nationale Unabhängigkeit, zu verteidigen, auszuweiten und zu festigen«) sind zwei allgemeine und strategische Ziele hervorgehoben »1.1.3. Die Macht des Volkes stärken und erweitern« und »1.4. Eine Selbstversorgung bei der Ernährung erreichen«.

Öcalans Aufforderungen zur »Rückkehr zum ländlichen Leben« (um das angestammte kurdische Territorium wiederzuerlangen, das von Dämmen überflutet und allen möglichen Eingriffen ausgesetzt ist, aber auch um das sozioterritoriale Gefüge wiederzugewinnen, das ein »Zurück in die Zukunft« von direkter Demokratie erlaubt) zeigen, dass die Visionen von Chávez, den Zapatistas und Öcalan aus einem ähnlichen Hintergrund heraus stammen, sowohl geographisch (Landleben) als auch historisch (»das Ende der Geschichte«: der Fall der Berliner Mauer und der Zerfall des »Realsozialismus«) und alle eine ähnliche Perspektive formulieren.

Das Konzept der Kommunen, durchweg das ganze Projekt der Bolivarischen Revolution, bekam im letzten Abschnitt des Lebens von Comandante Chávez höchste Priorität, und zwar wurde es auf der letzten Kabinettssitzung am 20. Oktober 2012 (nach seinem letzten Wahlsieg von 55,07 % der Stimmen mit einem historischen Nichtwähleranteil von nur 19,51 %) unter der Losung »Die Kommune oder nichts!« als das »Golpe de Timón (Kurswechsel) für eine neue Phase der Bolivarischen Revolution« bezeichnet.

Bis dahin war die einzige Wahlniederlage der Bolivarischen Revolution (mit dem knappen Ergebnis von 49 %) im Referendum für die Verfassungsreform am 2. Dezember 2007 gewesen: fast fünf Jahre vor diesem »Golpe de Timón«.

Am 6. Januar 2008, einen Monat nach dieser Schlappe, übte Chávez bei »Aló Presidente« Folge 299 [TV-Talkshow mit Chávez; Anm. d. Ü.] folgende Selbstkritik: »Wir können nicht auf das geplante Reformtempo gehen. Ich ziehe es vor, das Tempo zu drosseln, die Volksorganisation zu stärken, die Macht des Volkes, und wenn wir später so weit sind ... dann das Tempo wieder anzuziehen ... Jetzt müssen wir uns um den Zusammenhalt des Ganzen kümmern, den Zusammenhalt der Massen, Parteien, Menschen, sozialen Bewegungen ... die Explosion von kommunaler Macht. Sicherlich bezog sich meine Vision auf die Explosion, die auf die Reform angewiesen war, also was wird jetzt geschehen, keine Explosion, sondern ein schrittweiser Anstieg ...«

Und um einen solchen »schrittweisen Anstieg« zu erreichen, war die Antwort, »dem Volk mehr Macht geben durch die Organisation, ihm Aufgaben und Mittel übertragen«, zusammen mit u. a. Art. 184 der Verfassung der Bolivarischen Republik von Venezuela: »Das Gesetz wird offene und flexible Mechanismen für die Staaten (Regionen) und Kommunalverwaltungen schaffen, um zu dezentralisieren und Gemeinschaften sowie organisierten Nachbarschaftsgruppen Dienstleistungen zu übertragen, die sie benötigen ...«

Das Genannte zusammen mit »... dem sozialistischen Produktionsmodell ... zur Schaffung von kommunalen Produktionseinheiten, für die Übertragung von Produktivkraft an die Gemeinden ... Ich möchte, dass wir im Land ein paar Pilotprojekte auswählen, 20 oder 30, ... um die Gemeinderatsverbände oder ›Comunas‹ aufzubauen, in jedem Staat ein Pilotprojekt auswählen ... und dann konzentrieren wir unsere Bemühungen darauf, um daraus ein Modell zu machen, ein Ausstellungsmuster ...« (»Aló Presidente« Nr. 299).

Weil die »Überholspur«-Option mit der Verfassungsreform nicht hatte verwirklicht werden können (um u. a. direkte jährliche Zuteilungen von Haushaltsmitteln der Regierung an die »Comunas« zu ermöglichen), wurde ein Gesetzespaket erlassen, und zwar zwischen November 2009 (neues Gemeinderatsgesetz), März 2010 (das Bundesratsgesetz) und Dezember 2010 (das Gesetzes-Quintett über die Volksmacht, gesellschaftliche Kontrolle, die »Comunas«, das Gemeindewirtschaftssystem und das gemeindestaatliche Planungssystem), das u. a. von der lokalen (Kommunalverwaltungen) zur regionalen (staatlichen) Ebene (die Bolivarische Republik von Venezuela ist »ein dezentraler Bundesstaat«) Kompetenzen auf folgende Instanzen ausweitete: Planung & Budget (von der Debatte über die Bewilligung bis zur Kontrolle) und Landesplanung & -verwaltung.

In Übereinstimmung mit dem oben Genannten wurden die Gemeindefunktionen mit der Reform des Kommunalverwaltungsgesetzes im selben Dezember 2010 wesentlich reduziert, um jene Aufgabenbereiche an die neuen »Comunas« zu übertragen.

Zurück zum »Golpe de Timón (Kurswechsel) für die neue Phase der Revolution« schuf Präsident Chávez ein Gleichgewicht zwischen diesen gesetzlichen Errungenschaften und übte gleichzeitig Selbstkritik, in der anschließenden Zweijahresperiode (2011–2012) nicht mit ihrer Ausführung begonnen zu haben:

– »Ich denke, dass wir ein paar neue Vorschriften haben, dass

Session V: Lehren aus alternativen Praktiken

wir seit der Verfassung eine neue rechtliches Architektur geschaffen haben; wir haben Gemeinderatsgesetze, Gesetze über die »Comunas«, kommunale Ökonomie, Entwicklung von Distrikten, doch wir widmen ihnen keine Aufmerksamkeit; ... In den meisten der kleinen, mittleren und größeren Projekte, auf die wir drängen (Wohnungen, neue Städte, wissenschaftliche und landwirtschaftliche Entwicklungsschwerpunkte), ... sind keine Comunas«
- »Ist das unser anvisierter Kurs? Ist das der Weg? Oder ist es der Wandel aller geographisch-menschlichen Beziehungen entlang dieser Achsen? Wem nützt dieser Weg aus Sicht des Kapitalismus? Dem Kapitalisten, der nun aus seinem Land noch mehr Vieh zu niedrigeren Preisen machen wird ... So werden wir dafür sorgen, dass sich die Schere noch weiter öffnet ...«
- »Wir müssen uns mit Kleinerzeugern verbünden, vor allem müssen wir Gemeineigentum schaffen, einen sozialistischen Geist entlang der gesamten landwirtschaftlichen Produktionskette über den Vertrieb bis zum Verbrauch prägen ... Wir dürfen nicht das Kernstück dieses Projekts aus dem Auge verlieren: Wir dürfen nicht weiter Fabriken wie Inseln im Meer des Kapitalismus eröffnen, weil sie von diesem Meer verschluckt werden.«

Schließlich wurden drei Leitlinien aufgestellt:
- Ökonomisch: »Diese produktiven Neuansiedlungen sollten engeren partnerschaftlichen Umgang untereinander pflegen, um sich zu vergrößern.« (Der Heimatplan, 2.1.1.1)
- Sozioterritorial: »Als Beitrag zur Umfeldverbesserung (...) den Communities die Teilhabe und Kontrolle bei sozialen und ökonomischen Prozessen erlauben« (ebd., 2.1.3.4), und schließlich
- institutionell: geteilte Regierungsaufgaben, geteilte und gemeinsame Handlungsagenda, entwickelt zwischen Regierungs- (auf nationaler, regionaler und lokaler Ebene) als

auch Comunas-Instanzen; (nach Vereinbarungen des Präsidialrats der Volksregierung mit den Comunas, auf die wir später eingehen werden, vom letzten Dezember) .
Präsident Chávez schloss seinen »Golpe de Timón« (Kurswechsel) folgendermaßen: »Das Problem ist kultureller Natur, Genossen, weil sich der Sozialismus des 21. Jahrhunderts angesichts seines Ablebens erneuert, etwas wirklich Neues sein sollte. Neu an unserem Modell ist im Wesentlichem sein demokratischer Charakter, seine neuartige demokratische Hegemonie, die uns dazu verpflichtet, nicht aufzuerlegen, sondern zu überzeugen. Von daher geht es um das Vermitteln, um die Frage der Kommunikation, die Art und Weise zu argumentieren…«

Die zentrale Herausforderung in diesem Kontext liegt darin, wie erreicht werden kann, dass das »Meer des Kapitalismus« die kommunalen Territorien nicht überschwemmt., wie es auch der Vizepräsident von Bolivien, Garcia Linera in seiner zweiten Ansprache sagte: »Diese beschleunigte Globalisierung der Produktion ist aus der formalen, externen Subsumierung von landwirtschaftlicher kommunaler Arbeit resultiert, sodass sowohl nicht-Kapitalisten als auch vor-Kapitalisten dem Kommando einer anhaltenden Hervorbringung kapitalistischer Akkumulation unterworfen sind. Diese Art der fortwährenden primitiven Akkumulation drängt die Nationen und indigene Völker Afrikas, Lateinamerikas und Asiens explosionsartig dazu, Nationen, Klassen zu bilden und auf der Erkenntnisbasis des Kapitalismus aufzubauen, selbst wenn sie keine Nation, keine Klasse bilden oder über keine kapitalistische Erkenntnisbasis verfügen. Das staatliche politische Indianertum in Bolivien, der Widerstand in Mexiko oder Brasilien und in anderen Teile der Welt, indigene und Bauernaufstände sind eine lebhafte Veranschaulichung dessen… der Widerspruch zu dieser neuen Stufe des Kapitalismus« (9 Thesen über den Kapitalismus, Linkes Forum, Pace Universität, New York, Juli 2013). Der selbe Garcia Linera erläuterte ferner in seiner 8. These: »… der Kampf um die Staatsmacht, der im Sinne von Gramsci vor allem eine Sache der Hegemonie ist, meint ein politisch-kulturelles

Session V: Lehren aus alternativen Praktiken

Konstruieren, keine einfache Übernahme der Staatsmacht...«

Die Komplexität der Herausforderung vom »Meer des Kapitalismus« können wir aus dem Verlauf herauslesen, den wir aus dem »Ersten Nationen Plan 2007–13 (Simon Bolivar Nationalprojekt) extrahiert haben« und der die Frustration und die Selbstkritik ausführlichst erklärt, die durch Kommandante Chávez in seinem »Golpe de Timón« (Kurswechsel) ausgedrückt wird.

Im Oktober 2012 führte Chávez vor Augen, dass der Anteil der Wirtschaft Venezuelas in den »Empresas Capitalistas des Estado« (Staatliche Unternehmen) unterm Strich (2013), erhöht wurde (zum Nachteil der »kapitalistischen Privatunternehmen«), doch nicht der des »Empresas de Economía Social" (sozialen Wirtschaftsunternehmen), der noch immer trotz seiner Schlüsselfunktion im Sozialismus des 21. Jahrhunderts marginal bleibt: Als Grundlage für einen neuen Metabolismus im Übergang zum Sozialismus, der daraus besteht, »neue Formen der Organisation von Produktion zu fördern, die die Produktionsmittel in den Dienst der Gesellschaft stellen...« (Heimatlandplan, 2.1.1).

Damit ist die »Situación Futura" (Zukunftssituation), die 2006 mit dem Ziel der Vollendung im Jahr 2013 geplant wurde, weit entfernt von ihrer Umsetzung!

Auf der anderen Seite waren, im scheinbaren Widerspruch dazu, die Auswirkungen des Community-Projekts in Wahlangelegenheiten deutlich: Das erste Gesetz zu den Kommunalräten im April 2006 trug dazu bei, die 60 %-Stimmenbarriere zu durchbrechen (Chávez wurde im Dezember 1998 mit 52,76 % zum Präsidenten gewählt, stabilisierte sich im Juli 2000 und August 2004 auf 59,76 und 59,09 % entsprechend), während der Höhepunkt der Stimmen in der Bolivarischen Revolution bislang (62,88) in den Präsidentschaftswahlen 2006 erreicht wurde (d. h. 8 Monate nachdem das Gesetz zu den Kommunalräten erlassen und umgesetzt wurde).

Die in der »*Situación Futura*" erwähnte ›Kehrseite der Medaille‹ bezieht sich auf die geringen Erfolge hinsichtlich der Umformung der Wirtschaft von einer überwiegend privaten und staatlichen zu einer zunehmend »sozialen« (kommunalen), was der Realität geschuldet ist, dass die Community-Netzwerke der ersten Zeit (2006) zur Unterstützung der Präsidentschaftskampagnen oder regionalen sowie lokalen Wahlen herangezogen wurden, im Austausch mit Regierungsressourcen, die ihnen für soziale Projekte zugeteilt wurden (z.B. Unterkünfte).

Das Ergebnis war folglich positiv in Angelegenheiten der Wahlen, doch weniger in Bezug zu strukturellen Veränderungen. Die Priorität der Wahlkampagnen waren indessen ein »Muss«, und zwar nach dem Staatsstreich vom April 2002 und dem Streik im staatlichen Öl-Unternehmen (2. Dezember 2002 bis 3. Februar 2003), um die internen und externen Bedrohungen gegen die Bolivarische Revolution mittels neunzehn (19) Wahlvorgängen zu bannen.

Die erste Herausforderung ist folgende: Während der rekordartigen Umsetzung von »westlichen demokratischen Mustern« in Wahlangelegenheiten, wurden strukturelle Veränderungen vernachlässigt und vertagt, wodurch die Wirtschaft –bis heute– anfällig für ein noch aggressiveres »Meer des Kapitalismus« wurde: Sinken des Ölpreises, US-Sanktionen usw..

Ähnliches ist, wenn auch nicht allzu angespannt, Evo Morales in Bolivien (, der die Wahlen von Januar 2006, Januar 2010 und Oktober 2014 gewann), den Sandinisten in Nicaragua (November 2006 und 2011) und Correa in Ecuador (Januar 2007, April 2009 und Februar 2013) widerfahren. Bedauerlicherweise war dies nicht der Fall in Honduras (Manuel Zelaya, gewählt im Januar 2006 und abgesetzt im Juni 2009) und Paraguay (Fernando Lugo, gewählt im August 20008 und abgesetzt im Juni 2012).

In diesem Sinne ist die Warnung im »Golpe des Timón« (Kurswechsel) noch immer als letztes und bedeutendes »legado de Chávez« (Vermächtnis von Chávez) wirksam: Die Notwendigkeit, die Kommunalprojekte von Verteilungsmechanismus der Öl-Verpachtungen in zehntausende kleinere Community-Räte umzuwandeln (mehr als 400 Familien begleitend, die jeweils abgeschieden von Lösungen für ein paar Wassertanks und Treppen sind). Einen Mechanismus von

Session V: Lehren aus alternativen Praktiken   359

einer aktuellen Stärkung durch die größeren »Kommunen« (die jeweils Community-Räte integriert haben) bei der Planung und dem Management zu etablieren. Nachhaltige sozio-produktive Projekten mit Gewinnen, die dem Kommunen-Netzwerk wieder-zugeteilt werden, zu installieren. Kompetenzen und Resourcenübertragung usw..

Solch eine graduelle Steigerung der »Zellen« (Kommunen) und ihrer Vereinigungen, die gleichzeitig die alten Strukturen ersetzen, würde eventuell einen Sprung in Richtung des Hauptziels von Chávez ermöglichen, den »kommunalen Staat«.

Die Komplexität dieses Prozesses kann aus seinem sozialen Fundament heraus eingeschätzt werden: Nichts war weiter entfernt von der orthodoxen marxistischen Vision, dass eine Revolution größtenteils durch »Lumpenproletariat« getragen wird, und zwar eher unter einer kulturellen und »religiösen«-Führung, denn politischen und ideologischen. Eine Führung, die den Ausgegrenzten eine neue Allianz mit dem Staat anbietet, zumindest einen fairen Teil seiner Einkünfte als ein ölreicher Staat.

Nichts lag in weiterer Ferne nach dem Vertrauensbruch des Bolivarischen ›Sozial-Pakts‹ mit Sklaven und verarmten Farmern (denjenigen verliehen, die Ränge in der Unabhängigkeitsarmee eingenommen hatten) durch dieselben Bolivarischen Leutnants, die das Bolivarische »Groß-Kolumbien« in die Republik Venezuela, Ecuador und Kolumbien aufteilten (aus dem Panama sich 1903 heraustrennte).

Dieser Vertrauensbruch blieb dem Volke Venezuelas unvergessen und von Zeit zu Zeit ist sein Rückstoß in »vulkanischen« Ausbrüchen zu spüren, wie zuletzt am 27. Februar 1989 (»Caracazo« mit mehr als 3000 Opfern), der dem Chávez-Aufstand vom Februar 2002 und seinem Wahlsieg vom Dezember 1998 Schwungkraft verlieh.

Derselbe Staat, wenn auch mit personellen Veränderungen, verfolgt weiterhin die »alte und harmonische Praxis« (Heimatland-Plan, Präsentation). Die Lösung liegt darin, »die ererbte Form der Staatsbourgeoisie zu zerreiben... durch die Radikalisierung einer partizipatorischen und federführenden Demokratie« (ebd.), was den Dreh-

und Angelpunkt der kommunalen Macht bildet. Das ist eine andere Herausforderung, vielleicht die wichtigste.

In Anbetracht dessen ist erwähnenswert, dass das Schema des Demokratischen Konföderalismus von Öcalan wie auch »die Anwendung demokratischer Entscheidungsfindungsprozesse von der lokalen bis zur globalen Ebene« miteinander zusammenhängen. Eine Übertragung kann nicht automatisch auf die Lebenswelt Venezuelas, Bolivien und Ecuadors erfolgen, weil die wesentliche Ressourcen dieser Länder und auch in den meisten anderen Lateinamerikas nicht aus der Arbeitskraft des Volkes, wie in den meisten Gebieten Kurdistans, sondern auf der Verpachtung der Bodenschätze und Rohstoffe beruhen. Diese können nur durch große Unternehmen, multinationale oder staatliche, abgebaut und verwertet werden. Ähnliches gilt für die komplexe Situation in Südkurdistan, da ein großer Teil der Bevölkerung von der Öl-Pacht lebt, die durch die Regierungen Barzanis und Talabanis verteilt wird.

Andererseits bedeuten frische Landwirtschaftsprodukte anstelle von Industrialisierten, die die Grundbedürfnisse im Umkreis der Communities und nicht durch Überseeprodukte befriedigen, eine aus sowohl sozialer aber auch ökonomischer Sicht vernünftigere Alternative: Nicht immer auf der Mikroebene (z.B. Produktionskosten einer Kleinindustrie versus einer großen) aber auf der Makroebene sehr wohl (Einsparungen von Transporten und Energien, weniger Umweltbelastung, weniger infrastrukturelle und soziale- z. B. Gesundheit-Kosten usw.).

Diese neue Vision einer nachhaltigen Entwicklung (von Chávez, der Zapatista, Öcalan und vielen anderen) erreichet eventuell die Generalversammlung der Vereinten Nationen (unter der Präsidentschaft von Bruder D´Escoto 2008–2009 durch einige Empfehlungen der »Stiglitz Kommission«) und auch die UNCTAD [United Nations Conference on Trade and Development- Konferenz der Vereinten Nationen für Handel und Entwicklung, Anm. Ü] in ihrer Doha-Konferenz »wir betonen die Bedeutung der Förderung von regionalen Industrien, … die einen produktive Arbeitsmarkt und lokale Communities stärken« (Doha12).

In Kenntnis dieser Herausforderung und dem Vermächtnis des Kommandanten Chávez, widmete Präsident Maduro dem Allgemeine Ziel 2.3.1.4. des »Heimatland-Plans«: besondere Aufmerksamkeit: »die Festigung und Begleitung der Volksmacht in der Periode von 2013–2018 wird die Errichtung von 3,000 sozialistischen Kommunen sichern«, die die »39,000 Kommunalräte, in denen 4.680.000 Familien leben und die 21.060.000 Bürger repräsentieren werden. Beispielsweise werden ungefähr 68% der Bevölkerung Venezuelas im Jahr 2019 (30.550.479) in dem Vereinigungssystem der Kommunas leben«.

Am 1. April, als ich das Flugzeug zu dieser Konferenz bestieg, erreichten wir 1035 registrierte Kommunen.

Außerdem richtete, wie bereits erwähnt, Präsident Maduro im letzten September den Präsidialrat der Volkregierung zusammen mit den Kommunen ein, damit sie einen direkten Zugang zum höchsten Regierungsgremium, dem Föderalen Regierungsrat erhalten.

Aber wenn wir den selbst-kritische »Golpe de Timón« (Kurswechsel) auf den neuesten Stand bringen wollen, müssten wir noch immer sagen, dass trotz anhaltendem quantitativen Anstieg (angetrieben durch die Unterbringungspläne: 120,000 von 677,400 Unterkünfte wurden seit 2011 bis zum vergangenen Februar vom Kommunalen Netzwerk gebaut und 180,000 von 400,000 sollen noch in diesem Haushaltsjahr errichtet werden) die qualitative Schwelle noch immer unter den Erwartungen bleibt (hinsichtlich der kommunalen Umverteilung in der Wirtschaft Venezuelas, wie zuvor erwähnt), auch wenn diese ökonomische Herausforderung das rechtliche Rückgrat sowohl der Kommunen als auch des kommunalen Wirtschaftssystems bildet.

Noch immer muss die »Wirkung der Qualität« des Community-Projekts von Chávez aus einem sozialen Blickwinkel heraus gefestigt werden, um eine Schlüsselfunktion für das Selbstvertrauen und den Bewusstwerdungsprozess des Volkes einzunehmen, namentlich für die Frauen: Die meisten der Community-Anführer Venezuelas sind Frauen, hauptsächlich Hausfrauen und alleinerziehende Mütter. Chávez, wie auch Öcalan, war ein wahrer »Feminist« und in seinen

Reden hob er stets die Rolle der Frauen in der Bolivarischen Revolution hervor.

Auf der anderen Seite entsprangen die stärksten und eigenintiativen Kommnen aus Regionen, in denen die Geschichte der Kämpfe eher oberflächlich waren: z.B. aus der *»Máximo Vizcaya Socialist Comuna"* in der ländlichen Umgebung des Bezirks Campo Elías oder beispielsweise entstsprang aus dem Staat Yaracuy (einem der Guerilla-Gebiete der 1960er) die *»Comuna Renacer de Bolívar"* (Wiedergeborene der Bolivaren) in der La Vega-Gemeinde, aus der viele linke Anführer der Hauptstadt Caracas City stammten.

Vielleicht ist dies bislang der wichtigste Aspekt des Kommunalen und dem ganzen »Chavista«-Projekt: Den Menschen eine Möglichkeit zu geben, ihr kollektives Gedächtnis wiederzuerlangen, entwurzelt seit Jahrzehnten, ähnlich wie bei den Kurden. Dies auch dort zu erreichen, wo die kommunale Bewegung noch immer die Staatsbürokratie als Last wahrnimmt, von Chávez als »ererbten bourgeoisen Staat« bezeichnet.

Solange ein solcher nationaler »bourgeoiser Staat« Teil des Südamerikanischen »Demokratischen Konföderalismus« ist, bestehend aus unserer Geschichte und Kultur, wird kein soziales Emanzipationsprojekt gegen die lokalen und »imperialen« Oligarchien in den einzelnen südamerikanischen Ländern durchführbar sein: In dieser Hinsicht haben Chávez und Öcalan einen ziemlich ähnlichen Weitblick.

Andrés Pierantoni Giua *studierte Politikwissenschaft in Mailand. Er arbeitete als Geschäftsmann und politischer Berater. Momentan dient er 11 Community-Räten in den ländlichen Gebieten von Hatillo-Baruta als Koordinator und ist für das Handelsministerium von Venezuela als Berater tätig.*

Session V: Lehren aus alternativen Praktiken

5.11 Janet Biehl

Bürgerversammlungen, von Neuengland bis Rojava

Seit mittlerweile einigen hundert Jahren stellen städtische Bürgerversammlungen[4] die Form lokaler Regierungen im nördlichen Neuengland dar. Dies gilt auch für den Staat Vermont, wo ich lebe. Jedes Jahr versammeln sich die Bürger aller 240 Städte am ersten Dienstag im März in einer lokalen Schule oder an einem anderen großen Versammlungsort, um Entscheidungen für ihre Gemeinschaften zu treffen. Es ist das letzte Aufbäumen des Winters und ein sicheres Zeichen dafür, dass der Frühling kommen wird, ist das jährliche Erblühen der Basisdemokratie.

In einigen wichtigen Aspekten entsprechen die städtischen Bürgerversammlungen der Landstädte den Kommunen Rojavas. Es sind demokratische Versammlungen, in denen von Angesicht zu Angesicht gesprochen wird. Sie finden auf der niedrigsten Verwaltungsebene, der lokalen statt: In Vermont haben die Landstädte meist unter 2500 Einwohner, das Äquivalent zu Dörfern in Rojava.

Aber es gibt auch Unterschiede. In Rojava gibt es städtische Bürgerversammlungen auch in Stadtteilen von Mittelstädten. In Vermont jedoch gibt es sie nur in den Landstädten. Mit Ausnahme der Stadt Burlington[5], in der Murray Bookchin städtische Bürgerver-

---

[4] Gemeint sind »town meetings«. In den USA obliegt die Regulierung der kommunalen Verwaltungsstrukturen den Bundesstaaten. Die Begriffe »town« und »city«, die beide mit »Stadt« übersetzt werden können, werden in vielen US-Bundesstaaten uneinheitlich verwendet. In den nördlichen Neuengland-Staaten der USA (Connecticut, Maine, Massachusetts, New Hampshire, Rhode Island und Vermont) spielen die »towns« aufgrund der spezifischen Eroberungsgeschichte eine besondere Rolle und haben oftmals eine dem Landkreis (»county« = Landkreis, Bezirk) ebenbürtige oder sogar übergeordnete Rolle. Mit »town« werden hier »Landstädte«, also Städte mit bis zu 5000 Einwohnern, und mit »city« Mittelstädte, also Städte mit bis zu 100.000 Einwohnern, übersetzt; Anm. d. Ü.

[5] Hauptstadt von Vermont mit über 42.000 Einwohnern; Anm. d. Ü.

sammlungen mit geschaffen hat, verfügen die Stadtteile der Mittelstädte nicht darüber.

In Rojava sind die Gemeinden die Grundlage der gesamten Selbstverwaltung und sind von daher mit souveräner Macht ausgestattet. Die Gemeinden teilen die Macht, aber sie teilen sie horizontal. In Vermont verfügen die Landstädte nur in lokalen Angelegenheiten über souveräne Macht. Die Macht ist vertikal geteilt, zwischen den Landstädten, dem Staat Vermont und der Bundesregierung in Washington.

In Rojava treffen sich die Gemeinden regelmäßig, denn sie stellen die Basis der demokratischen Selbstverwaltung der Gesellschaft dar. Die städtischen Bürgerversammlungen kommen nur einmal im Jahr zusammen, obgleich sie sich häufiger treffen können, wenn sie es wollen.

In Rojava gibt es verschiedene Ebenen von konföderierten Räten, durch die sich die Gemeindeversammlungen in größeren Gebieten kollektiv selbst verwalten. In Vermont bilden die städtischen Bürgerversammlungen der Landstädte keine Konföderationen, mit Ausnahme lose miteinander verbundener Nichtregierungsorganisationen.

In Rojava werden die Entscheidungen der Bürger der Gemeinden durch die anderen Ebenen nach oben transportiert. In Vermont passiert dies mit den Entscheidungen, die in den Landstädten getroffen werden, nicht, auch wenn die Städte nichtbindende Entschließungen zu nationalen oder internationalen Angelegenheiten treffen können, wenn sie es wollen. Am berühmtesten ist die 1982 getroffene Entschließung, in der mehr als 150 Städte sich gemeinsam für ein Einfrieren der Nuklearwaffentests aussprachen. Diese Entscheidungen waren alle nicht bindend, sie entfalteten moralische, aber keine politische Macht. Nichtsdestotrotz war ihre moralische Macht stark, denn sie initiierte eine ganze Bewegung, die ihren Höhepunkt in einer Demonstration in New York mit einer Million Teilnehmern fand.

Wir können die Unterschiede zu ihren Ursprüngen zurückverfolgen. Die Gemeinden in Rojava sind brandneu; die städtischen Bürgerversammlungen sind Jahrhunderte alt, älter als die Vereinigten Staaten als Nation. Die Kommunen und ihre Konföderationen in Rojava hatten ihren Ursprung in Öcalans demokratischem Konföderalismus und gestalteten sich bewusst auf der Grundlage eines spezifischen Programms von Versammlungen in Konföderationen. Die städtischen Bürgerversammlungen Neuenglands reichen bis zu den ersten Siedlungen von Puritanern aus England in Massachusetts im siebzehnten Jahrhundert zurück. Bemerkenswert ist, dass Öcalan von Bookchin[6] beeinflusst wurde, der die städtischen Bürgerversammlungen untersucht hatte und von diesen zur Schaffung des libertären Kommunalismus inspiriert wurde.

Damals kam es in Europa zur Reformation, eine Reaktion gegen die Korruption, den Nepotismus und die Dekadenz der Katholischen Kirche. Der Protestantismus war eine Reformbewegung und es gab unterschiedliche Ausprägungen des Protestantismus, einige Gruppen forderten weiter gehende Reformen als andere. Die Version der Puritaner war sehr extrem: Sie lehnten die Gültigkeit jeglicher kirchlicher Hierarchie, die zwischen der Gemeinde der Gläubigen und Gott vermitteln sollte, ab. Das war zu der damaligen Zeit sehr radikal.

Dies führte dazu, dass puritanische Gemeinden autonome religiöse Körperschaften waren, die für sich in Anspruch nahmen, dass sie und nur sie heilige Texte für sich interpretieren konnten. Sobald sie sich nach 1629 in Neuengland ansiedelten und dort Städte gründeten, wo zuvor keine existiert hatten, wurde die religiöse Autonomie in die bürgerliche Welt in der Form politischer Autonomie ausgedehnt. Die Gemeinde des Gottesdienstes wurde zur regierenden städtischen Bürgerversammlung. Sie mögen Regeln für ihre Religion aufgestellt haben, aber sie haben Gesetze für ihre Gemeinden erlassen.

In den Jahren vor der Amerikanischen Revolution[7] breiteten sich

---

6 Murray Bookchin (1921–2006), US-amerikanischer libertärer Sozialist und dem Öko-Anarchismus verbunden, den er mitbegründete. Einige seiner Werke sind auch auf Deutsch übersetzt; Anm. d. Ü.

7 Periode zwischen 1765 und 1783, in der sich Bewohner der 13 amerikanischen Kolonien von Großbritannien lossagten und im Laufe von Rebellionen 1776 die Vereinigten Staaten von Amerika gründeten; Anm. d. Ü.

die städtischen Bürgerversammlungen außerhalb Neuenglands sogar bis hin nach Charleston, South Carolina, aus. Und in den 1770ern waren sie Motoren der revolutionären Aktivität gegen die britische Herrschaft, insbesondere die städtische Bürgerversammlung in Boston. Aber nachdem die USA ihre Unabhängigkeit erreicht hatten, führten konservative Kräfte eine Konterrevolution gegen die Institutionen der Volksmacht durch. Sie stellten sicher, dass die städtischen Bürgerversammlungen an den meisten Orten durch eingegliederte Formen kommunaler Regierung, für die in städtischen Wahlbezirken Stadträte und Bürgermeister gewählt wurden, ersetzt wurden. Nur die nördlichen Städte Neuenglands hielten an ihren demokratischen Versammlungen fest.

Diese treffen sich weiterhin und wir wissen einige Sachen über sie. Sie kommen am ersten Dienstag des März zusammen und beginnen am frühen Morgen. Ein Moderator führt durch das Treffen. Alle erwachsenen Bewohner einer Stadt können ihm beiwohnen und sich beteiligen.

Die Tagesordnung besteht aus verschiedenen Punkten, die von den Bürgern vorab vorgebracht werden können; die Tagesordnung wird dreißig Tage vor der Versammlung angekündigt. Dabei kann es konkrete Themen geben, wie etwa die Frage, ob eine Straße repariert oder ein neuer Feuerwehrwagen gekauft werden soll. Das beherrschende Thema ist jedoch der Stadthaushalt, der unweigerlich zu vielen Diskussionen führt, da die Höhe der Ausgaben einer Stadt in einem bestimmten Jahr ihre Prioritäten wiedergibt, es handelt sich um ein ethisches Dokument. Wenn die Diskussion zu einem bestimmten Thema abgeschlossen ist, stimmen die Bürger durch Handheben ab, dann diskutieren sie das nächste. Sie wählen auch Stadtbeamte, das sogenannte *selectboard*, also den ehrenamtlichen Vorstand, der die Ausführung der Entscheidungen während des kommenden Jahres überwacht.

Die Bewohner sitzen auf harten Klappstühlen aus Metall (wie ich sie in Rojava gesehen habe!), die unbequem werden, aber sie machen dennoch weiter und die Versammlung dauert normalerweise drei bis vier Stunden. Entweder währenddessen oder im Anschluss gibt es eine Mittagspause, alle haben selbstgemachtes Essen mitgebracht.

Diese Charakteristika einer städtischen Bürgerversammlung sind mehr oder weniger dieselben wie im letzten Jahrhundert. Und aus historischer Sicht kennen wir die getroffenen Entscheidungen und die gewählten Vorstände, denn die Protokolle der Versammlungen sind in den Städten archiviert.

Geschichten über die städtischen Versammlungen sind in die Überlieferungen Vermonts eingegangen. Sie wurden vielfach bewundert. Der Philosoph Henry David Thoreau nannte die städtischen Bürgerversammlungen »den wahren Kongress (…) der respektabelste, der sich je in den Vereinigten Staaten versammelt hat«. Zu anderen Zeiten haben sich Politiker des Mainstreams über sie lustig gemacht, es als das Herumeiern ungebildeter ländlicher Tölpel bezeichnet. Murray Bookchin argumentierte, dass es sich um seltene Fälle von Versammlungsdemokratie in der Tradition Athens handele, eine Tradition, von der ich meine, dass Rojava im Begriff ist, sich ihr anzuschließen.

Aber aus Sicht der Sozialwissenschaften wissen wir historisch nicht sehr viel über die städtischen Bürgerversammlungen, denn niemand hat sie genau erforscht. Um zu wissen, was in einer Bürgerversammlung stattfindet, wie sich zum Beispiel die Diskussion entwickelt, muss man persönlich vor Ort sein. Aber die Versammlungen finden alle gleichzeitig statt und man kann sich nicht in 240 Menschen aufspalten.

Wir wissen deswegen zum Beispiel nicht, wie viele Leute teilgenommen haben, das heißt, welcher Prozentsatz von Einwohnern zur Versammlung kam. Wie viele von ihnen sprachen und wie viele schwiegen? Ergriffen bei kleineren Versammlungen mehr Menschen das Wort als bei größeren? Bei dichtgedrängten oder bei spärlich besuchten Versammlungen? Wie häufig sprach eine bestimmte Person? Wie viele Frauen nahmen teil und wie viele ergriffen das Wort und wie viele schwiegen? Wie hat sich all dies im Laufe der Zeit entwikkelt? Liefen die Versammlungen in reicheren Gemeinden anders ab als die in ärmeren? Wie war es in gemischten Gemeinden? Ergriffen die Reichen und Gebildeten mehr das Wort als die Armen und weniger Gebildeten?

Das heißt, wir wussten diese Dinge bis vor kurzem nicht. Ein Professor für Politische Wissenschaft eines Colleges in Vermont beschloss 1970, dieses sehr wichtige Thema zu erforschen. Er war mit den städtischen Bürgerversammlungen groß geworden und war frustriert darüber, dass die konventionelle politische Wissenschaft nicht über die städtischen Bürgerversammlungen sprach, wenn es um Demokratie ging. Es gab nicht ein einziges diesem Gegenstand gewidmetes Buch.

1970 hatte Frank Bryan eine großartige Idee. Er gab seinen ca. 30 Studenten die Aufgabe, zu diesen Versammlungen zu gehen. Jeder sollte daran teilnehmen, die Anzahl der Menschen, die Verteilung der Geschlechter und vielleicht etwas zum sozioökonomischen Status der Teilnehmenden aufzeichnen. Die Studenten sollten Beginn und Ende der Versammlung notieren. Wenn jemand das Wort ergriff, sollten sie in eine Tabelle zum Beispiel »Mann mit Glatze in Karohemd«, »Frau mit braunen Haaren in grüner Weste« eintragen. Sie wollten das Thema, zu dem die Personen sprachen, die Häufigkeit und die Dauer eintragen. Am Ende der Versammlung hatten die Studenten alle Daten zusammen und brachten sie zu Frank Bryan zurück. Als Sozialwissenschaftler war er in der Lage, sie zusammenzubringen, zu berechnen, Regressionsanalyse und all diese Dinge einzusetzen und daraus Informationen zu gewinnen. Er führte dies von 1970 bis 1998 fort und veröffentlichte die Ergebnisse in seinem 2004 erschienenen Buch »Real Democracy« (»Wirkliche Demokratie«), das ich sehr empfehle.[1]

Er hat unser Wissen vertieft. Durchschnittlich nahmen 2004 ca. 20 Prozent der Einwohner teil. Dies ist eine vernünftige Beteiligung für eine ganztägige Versammlung. Im Durchschnitt sprachen 44 von

---

1 Frank Bryan, *Real Democracy: The New England Town Meeting and How It Works* (Chicago: University of Chicago Press).

100 Teilnehmern. Zehn Prozent der Personen mit den meisten Beiträgen machten 50 bis 60 Prozent der gesamten Redebeiträge aus. Normalerweise sprechen sie für eine oder zwei Minuten. Einige tun nur ihre Meinung kund und das war es dann, andere führen eher Gespräche, die zu Dialogen mit mehreren Beteiligten führen. Je weniger Personen an der Versammlung teilnehmen, desto gleichmäßiger verteilten sich die Beiträge auf die Anwesenden.[2]

In der Dauer der Versammlungen oder der Beteiligung an ihnen gibt es zwischen reicheren und ärmeren Städten kaum Unterschiede. Im achtzehnten Jahrhundert hatte Ralph Waldo Emerson über Bürgerversammlungen in Concord, Massachusetts, geschrieben: »Die Reichen halten Rat, aber die Armen auch; und außerdem die Gerechten und die Ungerechten.« Dasselbe gilt heute auch. So konnte Bryan feststellen, dass der Sozialstatus die Beteiligung nicht unterschiedlich beeinflusst.[3] Menschen mit hohem Bildungsstand und Vermögen dominieren das öffentliche Gespräch nicht. Jeder hat seine Meinung. Wenn es zu Konflikten kommt, steigt tatsächlich die Beteiligung.

Was Frauen angeht, so machten sie im Durchschnitt zwischen 1970 und 1998 46 Prozent der Versammlungsteilnehmenden aus. Aber sie stellten nur 36 Prozent derjenigen dar, die das Wort ergriffen, und ihre Beiträge machten nur 28 Prozent der Wortbeiträge aus. In kleineren Orten sprachen sie mehr als in größeren.[4]

Doch Bryan stellte auch fest, dass die Beteiligung von Frauen über diesen Zeitraum anstieg. 1970 war die zweite Welle des Feminismus gerade voll in Schwung und viele Frauen müssen das Gefühl gehabt haben, dass die politische Beteiligung eine Domäne der Männer war. Aber bis 1998 nahmen sie in größerer Zahl als am Anfang teil und ergriffen häufiger das Wort.

Dennoch, selbst mit 46 Prozent wird die Geschlechterquote in Rojava übertroffen und 46 Prozent übertreffen die Beteiligung von Frauen in anderen Regierungsbereichen der USA. Von Stadträten bis

---

2 Ibid., S. 151, 155, 154.
3 Ibid., S. 183.
4 Ibid., S. 189, 214, 226.

hin zur Regierung in Washington ist die Beteiligung viel niedriger. Im Senat der USA sind Frauen nur zu 20 Prozent vertreten. Die Beteiligung der Frauen belegt die Bedeutung einer Demokratie in Versammlungsform für Frauen und der Frauen für die Demokratie in Versammlungsform.

Die Städte hielten ihre Versammlungen jahrhundertelang ab, bevor Frank Bryan die großartige Idee hatte, diese Art der Information aufzuzeichnen. Ich hoffe, Rojava wartet nicht so lange, um seine Versammlungen aufzuzeichnen. Was für ein großartiges Projekt wäre dies für Studenten der Mesopotamien-Akademie in Qamişlo, die Beteiligung in den Gemeinden von Rojava zu dokumentieren! Wie nützlich könnte es sein, um zu wissen, was in der eigenen Gesellschaft vor sich geht, und damit die demokratische Selbstverwaltung verteidigen und Außenstehenden erklären zu können.

Jenseits der Zahlen stellen die städtischen Bürgerversammlungen des nördlichen Neuenglands wichtige kulturübergreifende Erfahrungen zur Verfügung, die sicherlich in den Gemeinden Rojavas geteilt werden.

Erstens sind die Bürgerversammlungen nicht nur Orte der politischen Beteiligung, sie sind auch Schulen der politischen Beteiligung.

Vielen Menschen fällt das Sprechen in der Öffentlichkeit schwer, macht es gar Angst. In einer Versammlung ist es sogar noch angsteinflößender, denn deine Äußerungen sind an Handlungen, das heißt Abstimmungen, Treffen von Entscheidungen, gebunden, die das Leben der Menschen in der Gemeinde beeinflussen werden. Dies ist für Fremdgruppen[5], also Frauen, Minderheiten, die sich aufgrund ihrer Identität selbstbewusst fühlen mögen, noch nervenaufreibender.

Aber in der städtischen Bürgerversammlung lernt man, den Mut zu sprechen aufzubauen. Man lernt, sich nicht davor zu ängstigen,

---

5 Von Henri Tajfel entwickelter Fachbegriff aus der Sozialwissenschaft (Gegenbegriff »Eigengruppe«; engl.: in-group – out-group), mit dem die Zugehörigkeit zu einer dominierenden oder nicht dominierenden Gruppe und die damit verbundenen Abgrenzungstendenzen charakterisiert werden; Anm. d. Ü.

unbeabsichtigt etwas Triviales oder Lächerliches zu sagen, denn alle tun dies von Zeit zu Zeit. Dies gibt den Menschen Selbstvertrauen und sie entwickeln ihre bürgerlichen Fähigkeiten und gar Leitungsfähigkeiten.

Eine zweite Erfahrung: In städtischen Bürgerversammlungen lernen Menschen bürgerlichen Umgang. Es ist einfach, jemanden, der weit weg ist, zu kritisieren, zum Beispiel, wenn man hinter dem Computer sitzt, oder über das Internet.

Aber in einer städtischen Bürgerversammlung sitzt man mit Menschen zusammen, mit denen man nicht übereinstimmt, die auch deine Nachbarn sind. Im Internet können wir die Seiten, mit denen wir nicht übereinstimmen, einfach wegklicken, aber in einer städtischen Bürgerversammlung muss man zusammensitzen und seinen Nachbarn dabei zuhören, wie sie ihre Ansichten zum Ausdruck bringen. Das führt zu verbesserter Information, zu besserem Verständnis. Man lernt, seine Meinungsverschiedenheit friedlich auszudrücken, man lernt, wie Bryan hervorhebt, Nachsicht in den städtischen Bürgerversammlungen. Man lernt, andere nicht zu beschimpfen oder seine Verachtung oder Intoleranz nicht zu zeigen, denn die Person ist auch der Hundefänger des Ortes oder der medizinische Notfalltechniker oder Elternteil des besten Schuldfreundes deines Kindes. Wer weiß, du magst deine Haltung verändern oder sie mögen ihre Haltung verändern, nachdem sie dir zugehört haben. Oder vielleicht arbeitet ihr einen Weg aus, wie beide Ansichten miteinander in Einklang zu bringen sind.

Aber wie auch immer das Ergebnis aussieht, dieser Prozess ist für die Gemeinde als Ganzes gesünder. Er lehrt bürgerliche Kooperation und Soziabilität und schafft Vertrauen. Und er führt zu besseren Entscheidungen.

Murray Bookchin, in New York aufgewachsen, war von städtischen Prozessen immer fasziniert gewesen, davon, wie Fremde in das Leben der Gemeinde aufgenommen wurden, von der reichen Textur eng verbundener Nachbarschaften, Städte und Dörfer. Er schätzte den sozialen Diskurs zwischen Menschen, die an einem Ort lebten, ihn in lokalen Netzwerken, Klubs, Zünften, Vereinen und insbesondere Cafés pflegten, selbst in den Straßen der Nachbarschaft. Diese Soziabilität, so dachte er, war der Kern der Freiheit: Sie bot Zuflucht vor den homogenisierenden, bürokratischen Kräften des Staates und des Kapitalismus und verkörperte die »materiellen, kulturellen und geistigen Mittel zum Widerstand«.[6]

Das war der Grund, weshalb er die Bürgerversammlungen wiederbeleben und vervielfachen wollte, damit sie nicht nur in den Städten Neuenglands existierten, sondern auch in städtischen Nachbarschaften. Die Verbreitung der Versammlungen und ihre anschließende Koordinierung in Konföderationen gegen den zentralisierten Staat, so sagte er, ermögliche die Dezentralisierung der Macht in handhabbare Gemeindegruppen.

In den Zeiten sozialer Unruhe »haben sich die Menschen [meistens] der Versammlung als Form der ... Übernahme von Kontrolle ihres Schicksals zugewandt. ... Anscheinend haben wir hier etwas, dessen Realität verbleibt ... Etwas im Geiste des Menschen ... macht Steuerungssysteme erforderlich, die auf einer Entscheidungsfindung basieren, die von Angesicht zu Angesicht funktioniert, sowohl eine personalistische als auch eine beteiligende Politik. Es ist, als würde das Bedürfnis nach Gemeinschaft und des Gemeinschaftbildens ... vom menschlichen Geiste selbst ausgehen.«[7]

Janet Biehl ist unabhängige Autorin und schreibt über Demokratie und Ökologie. Sie bloggt unter: biehlonbookchin.com. Ihr Buch »Ecology or Catastrophe: The Life of Murray Bookchin« erscheint im September 2015. Sie lebt in Burlington, Vermont.

---

6 Murray Bookchin, »The American Crisis II«, Comment 1, Nr. 5 (1980), S. 7.
7 Murray Bookchin, *The Rise of Urbanization and the Decline of Citizenship* (San Francisco: Sierra Club, 1986), S. 257.

5.12 Gönül Kaya

Schlusswort

Ich weiß, dass Ihr *nicht* sehnsüchtig das Ende dieser Konferenz erwartet. Aber wir müssen Schluss machen. Wir hatten ein dreitägiges Programm und möchten mit einer letzten Dankesrede schließen.

Liebe Freundinnen und Freunde, im Namen des Vorbereitungskomitees kann ich sagen, dass wir hier drei Tage lang begeistert gesehen haben, wie die Probleme unter verschiedenen Überschriften in Redebeiträgen behandelt und diskutiert wurden. Viel wurde hier in drei Tagen geleistet. Wir wollten, wenn auch in gedanklicher und theoretischer Hinsicht, praktische Erfahrungen mit diesen gedanklichen Anstrengungen zusammenbringen. Das haben wir versucht. Insofern können wir sagen, dass wir unsere Konferenz »Die kapitalistische Moderne herausfordern« erfolgreich abschließen. Ich möchte im Namen des Vorbereitungskomitees noch ein letztes Mal allen danken, die daran mitgewirkt haben. Da ist zum Beispiel der Rat der kurdischen Gesellschaft in Hamburg, das kurdische Gesellschaftszentrum, der Frauenrat »Rojbin« in Hamburg, alle, die ihre Häuser geöffnet haben, uns ernährt und beschützt haben, die Kraft unserer Selbstverwaltung, allen Werktätigen, der Moschee der kurdischen Gemeinschaft, dem alevitischen Dergah, allen möchte ich herzlich danken. Deutsche und kurdische junge Menschen haben sich vielfältig beteiligt, von der Anmeldung bis zur Essensausgabe, Getränke, Aufräumen, bei der Kopfhörerausgabe – überall haben sie Tag und Nacht gearbeitet.

Einer Gruppe wurde schon oft gedankt, aber wir danken noch einmal den Dolmetscherinnen und Dolmetschern, die eine große, große Last gestemmt haben. Heute nicht mehr hier sind die kurdischen MusikerInnen und SängerInnen, die uns gestern eine wunderschöne kleine Tour durch Kurdistan beschert haben. Auch ihnen gilt unser Dank. Die ModeratorInnen und alle RednerInnen, die sich mit ihren Ideen, Vorschlägen, Kritiken und Erwartungen beteiligt haben – sie sind teils aus der Nähe, teils von weit hergekommen. Ihnen allen danke ich.

Am allerwichtigsten: Wir danken Euch, die Ihr drei Tage zugehört und Euch beteiligt habt, als Suchende nach Freiheit und Wahrheit. Einen wichtigen Anteil am Erfolg dieser Konferenz haben wir alle, die wir als die 99 % der kapitalistischen Moderne entgegenstehen, egal wie alt wir sind, egal wo wir herkommen. Wir sind Menschen auf der Suche, wir suchen ein neues, freies Leben. Wir haben Einwände. Es gibt Dinge, die wir ablehnen. Wir sind wütend. Und dies ist auch die Grundlage des Erfolgs dieser Konferenz: die Ablehnung dieser Moderne. Das ist ein ganz wichtiger Punkt. Wenn wir hier erfolgreich waren, dann liegt das daran, dass wir uns in diesem Punkt sicher sind.

Wir wissen, dass die kapitalistische Moderne überall auf der Welt massiv angreift. Feminizid, Zerstörung der Natur, kultureller Genozid, gesellschaftlicher Genozid, die Ermordung des Individuums, Genozid an Religionen – eine ganze Reihe an Massakern gehen auf sein Konto. Von Indien bis Kenia, auch das Beispiel Mexiko wurde genannt, Jugendliche, Studierende, Frauen wurden ermordet. Diese Massaker werden durch Handlanger des Systems und innerhalb seiner Logik verübt, was immer ihre Namen sein mögen.

Aber wir haben auf dieser Konferenz auch dies gesehen: Derartige Angriffskonzepte, der dritte, der vierte Weltkrieg – all dies findet statt. Aber es gibt auch eine große Kraft. Es gibt auch eine große Entschlossenheit. Auch wenn wir uns an verschiedenen Orten befinden, es gibt Frauen und Männer, die das Gleiche glauben, die sich selbst vertrauen, die den anderen vertrauen. Diese Konferenz hat dies noch einmal deutlich gemacht und in diesem Sinne haben wir hier die kapitalistische Moderne herausgefordert.

So ist etwas Großes in unser Leben getreten, in Form von Kobanê, in Form von Rojava. Auch in Kobanê, in Rojava, gab es eine Herausforderung. Im Mittleren Osten, den die kapitalistische Moderne

Session V: Lehren aus alternativen Praktiken

erneut besetzen will, fand ein Aufstand, eine Revolution statt. Und hier, auf unserer Konferenz, haben wir versucht, dieses Modell, diese Erfahrung, diesen Mut zu verstehen. Wir haben diskutiert, es gab Fragen, Vorschläge und Einschätzungen. Insofern sollt Ihr wissen, dass Ihr damit einen großen Beitrag zur Revolution in Kobanê, in Rojava, geleistet habt. Denn wir wissen, die Revolution geht weiter, sie ist noch nicht vorbei. Daher wollen wir noch einmal für diesen verantwortungsvollen Umgang danken.

Durch die Diskussionen und Vorschläge auf unserer Konferenz haben wir gesehen, dass wir vieles gelernt haben und natürlich auch noch vieles lernen müssen. Aber ein Punkt, an dem wir als Vorbereitungskomitee glauben, dass wir eine Verantwortung tragen, ist der, dass die Fragen und Diskussionen, die wir hier geführt haben, nicht hier zurückbleiben. Überall, wo immer wir hingehen, in jedes Haus, sollten wir diese Diskussionen hintragen. Das bedeutet, jeden Menschen zu erreichen, die Akademie in die Bevölkerung zu tragen, das Wissen zu vergesellschaften. Denn die eigentliche Akademie ist die Gesellschaft, das Teilen von Wissen findet eigentlich in der Gesellschaft statt. Das glauben wir. Ob sich der Erfolg dieser Konferenz fortsetzt, hängt davon ab.

Wir haben also viel gelernt, vielleicht haben sich neue Fragen gebildet. Diese werden wir in Zukunft diskutieren. Wir haben keine Angst vor neuen Fragen, keine Angst vor Kritik. Wir glauben, dass wir mehr davon brauchen. Und wir fangen bei uns selbst an, mit der eigenen Verantwortung. Lasst uns mehr kritisieren und die Kritik organisieren.

Das haben wir auch bei den hier genannten Beispielen gesehen. Professor Holloway hat von Rissen gesprochen. Ja, auch hier ist ein Riss entstanden. Die Risse in Rojava, in Mexiko, bei den Zapatistas, der Widerstand eines winzigen Amazonasstamms, der Widerstand von Frauen in Asien, in Indien, in Afghanistan, im Iran, überall, die Risse beim Widerstand in Kurdistan und die Risse, die hier entstanden sind: Lasst sie uns vergrößern. Lasst uns zusammenkommen, sagen wir.

Für die Zukunft erwarten wir als Vorbereitungskomitee von Euch neue Vorschläge. Was können neue Überschriften, neue Dimensionen sein? Für die weitere Arbeit erwarten wir Eure Beiträge. Bitte schreibt uns Eure Kritiken und Vorschläge. Wir hoffen und beabsichtigen, noch weitere Konferenzen zu organisieren.

Wir glauben noch etwas anderes, es wurde hier oft erwähnt und auch ich möchte das noch einmal tun. Wir haben hier über seine Idee der demokratischen Moderne diskutiert, versucht, sie zu verstehen und zu teilen. Wir hoffen, glauben und wollen, dass Abdullah Öcalan bei der nächsten Konferenz dabei sein wird.

Liebe Freundinnen und Freunde, wenn Ihr erlaubt, werden wir diese Konferenz allen widmen, die der kapitalistischen Moderne Widerstand leisten, wo immer in der Welt sie sich befinden, von kleinen Kommunen bis zu großen Bewegungen, feministische, ökologische, demokratische, nationale Bewegungen, Völker, Glaubensgemeinschaften, allen GegnerInnen des Systems, die Widerstand leisten, allen, die diesem Widerstand ihr Leben widmen. All sie grüßen wir nochmals und schließen mit den Worten: Ja, wir sind hier, wir sind auf den Beinen, wir stehen auf der Seite des Widerstandes, wir stehen für ein freies Leben. Wir glauben an die Wahrheit und ein freies Leben. Wir sagen: »Wahrheit ist Liebe, Liebe ist freies Leben.« Vielen Dank.

Gönül Kaya *engagiert sich seit 1991 aktiv im Kampf kurdischer Frauen für Freiheit und politische Gleichberechtigung. Sie ist Vorstandsmitglied der Internationalen Freien Frauenstiftung. Sie war Kolumnistin bei der Zeitung Özgür Politika, die in Europa erscheint. Derzeit ist sie Kolumnistin bei der Frauenzeitung Newaya Jin und Vertreterin für die »Internationale Vertretung der Kurdischen Frauenbewegung«.*

Das Konzert (mit Rotinda, Zelal Gökçe, Meral Tekçi & Mehmet Akbaş) und die Redebeiträge in der Originalsprache sind auf unserem YouTube-Kanal »Network for an Alternative Quest« verfügbar.

Session V: Lehren aus alternativen Praktiken